욕망하는 인간의 탄생

이 저서는 2014년 정부(교육부)의 재원으로 한국연구재단의 지원을 받아 수행된 연구입니다.
(NRF-2014S1A6A4027249)

욕망하는 인간의 탄생

세기전환기 독일 문학에서 발견한 에로틱의 미학

홍진호 지음

21세기북스

1.

19세기 후반부터 20세기 초에 독일은 산업혁명과 함께 사회의 모든 분야에서 혁명적인 변화를 경험했다. 이러한 변화는 일상생활과 사회구조, 정치체계 등 눈에 보이는 영역에만 국한되지 않았다. 산업혁명의 토대가 된 자연과학의 절대적인 영향하에 철학과 문학, 예술, 종교 역시 커다란 도전에 직면했으며, 세계와 인간을 이해하는 전통적인 관점 역시 뿌리부터 흔들리기 시작했다. 이 책에서는 이러한 변화의 한복판에서 독일어권 문학이 어떠한 양상으로 전개되었는지를 특히 19세기 후반에 형성된 새로운 인간관을 중심으로 개관한다.

2.

문학을 이해하고 설명하는 방법은 여러 가지가 있지만, 이 책에서는 문학을 한 시대의 사회적·문화적 영향하에 생성된 것으로 기술한다. 이러한 관점은 특히 외국 문학을 이해하는 데 도움이 되는데, 우리가 외국 문학을 읽을 때 그 작품이 쓰인 시기의 사회·문화적 상황을 알지 못하여 작품을 올바로 이해하지도, 즐기지도 못하는 일이 많기 때문이다. 또 이러한 관점으로 문학작품을 이해하다 보면 우리는 거꾸로 문학작품을 매개로 그 나라의 사회와 문화를 좀 더 깊이 있게 살펴볼 수 있다. 이 책을 읽는 독자들은 자연주의와 세기전환기의 독일 문학뿐만 아니라 19세기 후반부터 세기전환기까지 독일의 사회와 문화도 함께 이해할 수 있을 것이다.

3.

이 책은 기본적으로 독일 문학을 전공하는 학생과 연구자에게 도움이 되는 내용을 담고 있다. 특히 당대의 문학을 이해하는 데 필수적이지만 아직 번역된 바 없는 텍스트를 다수 번역·소개하고 있으며, 아직 국내에 본격적으로 소개되거나 국내에서 연구되지 않은 작품 및 작가, 주제에 대한 연구 결과를 담고 있기도 하다.

하지만 이 책은 동시에 독일의 문학과 문화에 관심이 있는 일반 독자들을 위한 것이기도 하다. 독일의 역사나 문학에 대한 지식이 없어도 내용을 쉽게 이해할 수 있도록 시대적 맥락과 작가, 개념 등을 자세하게 설명했으며, 논문의 딱딱한 형식은 배제했기 때문에 누구라도 어렵지 않게 이 책의 내용을 따라갈 수 있을 것이다.

최근에는 비교적 쉽게 읽을 수 있는 좋은 인문 교양서가 많이 출간되고 있으며, 그중 일부는 많은 독자들에게 사랑을 받고 있다. 인문학에 몸담고 있는 학자로서 이는 매우 기쁜 일이라 생각하지만, 때때로 더 전문적인 내용을 담은 인문학 서적들도 더 많은 독자들에게 수용되었으면 좋겠다는 바람을 갖게 될 때가 있다. 이러한 책들은 오히려 우리가 인문학 서적을 읽을 때 기대하는 주제들, 예컨대 '삶이란 무엇인가?', '세계란 무엇인가?', '문학이란 무엇인가?' 등과 같은 일반적이고 큰 주제들을 직접적으로 다루는 경우가 드물지만, 더욱 구체적이고 깊이 있는 지식과 성찰을 통해 삶과 세계, 문화와 예술을 더 깊이 이해할 수 있도록 해주기 때문이다.

그러나 이러한 전문 서적들은 많은 지식을 요구하거나, 딱딱한 학문적 형식으로 쓰여 일반 독자들에게 어렵게 느껴지는 것도 사실이다. 이 책은 어떻게 하면 이러한 문제들을 극복할 수 있을지에 대한 고민의 결과다. 더 전문적인 내용을 담되, 선행 지식이 없는 독자들도 쉽고 재미있게 읽을 수 있도록 내용을 구성하는 것이 이 책을 쓰면서 첫 번째 목표로 삼은 것이었다. 이러한 노력이 결실을 맺어 더 많은 독자들이 이 책의 내용을 즐길 수 있기를 바란다.

4.

이 책은 크게 세 부분으로 구성되어 있다. 1부에서는 19세기 중반부터 세기전환기까지의 역사적 흐름과 사회·문화적 발달 양상을 살펴본다. 이 책에서는 당대의 문학을 새로운 세계관과 인간관의 관점에서 살펴보고자 하므로, 그러한 세계관과 인간관이 만들어진 배경과 과정을 이해하는 것은 이후의 논의를 이해하는 데 매우 중요하다. 2부에서는 19세기 후반 자연주의 문학에서 산업혁명과 자연과학의 발달, 이로 인한 사회적·정치적 구조의 격변과 새로운 세계관과 인간관의 출현이 문학적으로 어떻게 수용되었는지를 살펴본다. 3부에서는 자연주의의 문학적 형식과 내용을 결정지었던 것과 동일한 인간관과 세계관이 세기전환기 문학에 이르러서는 어떻게 전혀 다른 문학적 양상으로 나타나는지를 상세하게 살펴본다.

이 책에서는 자연주의와 세기전환기의 문학적 경향을 밝히기 위해 각각 6편씩, 모두 12편의 문학작품들을 분석한다. 시대를 대표하는 잘 알려진 작품들도 있지만, 해당 시기 문학의 성격을 잘 드러내주기에 선택한, 상대적으로 덜 알려진 작품들도 있다. 이 시기의 대표적인 문학작품들이 일부 배제되어 있는데, 이는 주요 작품을 모두 다룰 수 없는 현실적인 한계 때문이기도 하고, 또 이 책을 서술하는 관점에서 시야에 들어오지 않는 작품들이기 때문이기도 하다. 그러한 작품들을 여기서 제시하고 있는 관점에서 어떻게 이해할 수 있을지 생각해보는 것은 아쉽게도 독자의 몫으로 남겨야 할 것 같다.

이 책에서 다루는 12편의 작품 중 『해 뜨기 전』, 「선로지기 틸」, 『라이겐』, 『봄의 깨어남』, 『꿈의 노벨레』, 「트리스탄」, 「672번째 밤의 동화」는 이미 한국어로 번역되었다. 이 책을 더 재미있게 읽기 위해 이 작품들을 꼭 미리 읽어볼 것을 권한다.(한국어로 번역되지 않은 작품들은 작품 해석에 앞서 줄거리를 요약해놓았으니 해석을 이해하는 데는 큰 문제가 없을 것이다.)

앞서 밝힌 대로, 이 책에서는 격변하는 시대 상황과 문학적 경향을 더욱 구체적으로 이해할 수 있도록 다양한 자료들을 발췌·번역하여 제시한다. 대부분은 국내에 번역·소개된 적이 없는 것들이지만, 이미 번역본이 있는 경우라도 모두 새롭게 번역했다. 슐레지엔 지방의 사투리로 쓰인 게르하르트 하우프트만의 『직조공들』에서 인용한 텍스트만 사투리를 잘 살린 국내 번역본에서 인용했다.

5.

독일의 자연주의와 세기전환기 문학은 문학적 프로그램과 구체적인 작품의 경향에서 이전에 볼 수 없었던 다양성을 보여준다는 점에서 현대문학의 출발점으로 볼 수 있다. 그러나 그러한 다양성은 단순화를 통해 일관된 경향을 보여주고자 하는 전통적 문학사 기술 방식으로는 쉽게 담아낼 수 없다. 그 결과 이 시기를 다루는 전통적인 문학사들은 당시의 문학을 지나치게 단순화해 다양한 문학적 양상을 시야에서 놓치거나(자연주의), 새롭게 등장한 문학적 다양성을 제대로 개관하지 못하고 '양식다원주의'라는 모호한 개념 뒤에 숨어 여러 문학적 조류를 나열하기만 하는 경우(세기전환기 문학)가 많다.

물론 500년이 넘는 독일 문학의 역사 전체를 개관하는 데 단순화와 나열을 바탕으로 하는 문학사 기술이 효과적인 방법이라는 사실은 그동안 충분히 검증되었다고 생각한다. 또한 지난 30여 년 사이 출간된 주제 중심의 문학사적 연구들이 위에서 언급한 문제점을 대부분 보완해준 덕분에, 전통적인 문학사와 새로운 주제 중심 문학사를 함께 참고한다면 19세기 후반부터 1차 세계대전까지의 독일 문학을 개관하는 데 큰 어려움은 없을 것이다.

그럼에도 19세기 후반의 자연주의와 세기전환기 문학을 새로운 인간관과 세계관을 중심으로 개관하는 이 책을 집필한 이유는 전통적인 문학사와 주제 중심 문학사의 장점을 아우르는, 말하자면 시대를 개관하되 해당 시기 문학의 가장 중요한 토대가 되는 경향 중 하나를 더욱 깊이 있게 바라보는 연구서가 필요하다는 생각 때문이었다. 물론 두 마리 토끼를 다 잡을 수는 없기에, 이러한 종류의 문학사는 개관으로서는 시야가 편협하고, 주제 중심 연구로서는 지나치게 개관적이라는 태생적인 단점이 있을 수밖에 없다. 따라서 이 책의 독자들은 이 책 하나로 이 시대의 문학을 완전히 개관할 수 없으며, 이 책의 시야에서 보이지 않는 중요한 문학적 경향이 존재하고, 또 이 시대를 바라보는 다른 관점이 존재할 수도 있다는 사실을 염두에 둬야 할 것이다.

그러나 이 책이 하나의 관점으로 정리하기 어려워 보이는 이 시기의 문학적 현상들 이면에 자연주의 문학에서 시작되어 세기전환기 문학으로 굵은 줄기를 이루고 흘러가는 일관된 정신사적 흐름이 있었다는 사실을 독자들에게 분명하게 보여줄 수 있다면, 또 이를 통해 이 시기 문학을 더욱 깊이 이해하는 출발점을 제공해줄 수 있다면 이 책의 목적은 충분히 달성한 것이라 할 수 있을 것이다.

이 책을 쓰는 또 다른 중요한 이유는 독일어를 모르는 독자들과 아직 독일어에 능숙하지 않은 독일 문학 전공자들에게 이 흥미진진한 시대의 독일 문학에 더욱 깊숙이 접근할 수 있는 가능성을 열어주는 데 있다. 물론 국내에도 이미 독일 문학사를 다룬 책이 여러 권 번역·출간되었고, 외국 문학으로서 독일 문학을 수용하는 우리의 관점에서 쓴 독일 문학사도 하나둘씩 출간되고 있다. 또 해당 시기의 특정 주제를 다룬 논문들도 제법 나와 있다. 하지만 19세기 후반부터 세기전환기에 이르는 시기의 독일 문학에 대한 깊이 있는 문학사적 연구는 흔하지 않은 것이 사실이다. 이 책은 앞서 언급한 방법론의 특성상 문학사를 완전히 대신할 수는 없지만, 되도록 넓은 범위의 문학적 양상을 전달하여 이 책만으로 어느 정도는 당대 문학의 경향과 성과를 개관할 수 있도록 하고자 했다.

6.

이 책에 실린 작품 해석 중 일부는 기존에 발표한 필자의 논문을 책의 성격에 맞도록 수정·보완한 것이다. 따라서 일부 내용은 필자의 해당 논문과 동일하거나 유사할 수 있다.(1부의 「파파 햄릿」, 「시험」, 『누가 더 강한 자인가?』, 『마이스터 팀페』, 2부의 『라이겐』, 『꿈의 노벨레』, 「하모니」의 해석이 이에 해당한다.)

7.

이 책은 한국연구재단의 지원을 받아 쓰였다. 이 자리를 빌려 다양한 방식으로 한국 인문학의 발전을 위해 노력하고 지원하는 한국연구재단에 감사드린다. 또한 대중적이기 쉽지 않은 내용을 담은 이 책을 선뜻 출간하기로 결정하고, 더 많은 사람이 쉽게 읽을 수 있도록 정성껏 편집해주신 21세기북스에도 감사드린다.

성(性), 세기전환기 독일 문학과 예술의 특별한 테마

> 태초에 성(性)이 있었다.
> – 스타니슬라프 프쉬비셰피스키

클림트의 〈다나에〉와 에로틱

고대 그리스 아르고스의 왕이었던 아크리시우스에겐 어여쁜 딸 다나에가 있었다. 하지만 대를 이을 아들을 원했던 아크리시우스는 지극 정성으로 아폴론에게 기도를 올렸다. 그러나 그가 얻은 것은 아들이 아니라 "다나에가 낳은 아들에 의해 목숨을 잃게 될 것"이라는 신탁뿐이었다. 겁이 난 아크리시우스는 다나에가 남자와 만나지 못하도록 지하에 청동으로 방을 만들어 (혹은 청동으로 탑을 만들어) 보모와 함께 다나에를 그 안에 가뒀다. 어느 날 천하의 바람둥이 제우스가 하늘에서 아름다운 처녀로 성장한 다나에를 보았다. 제우스는 어떻게든 그녀를 자신의 것으로 만들고자 했으나, 땅속에 있는 다나에에게 접근할 방법이 없었다. 그러자 제우스는 꾀를 냈다. 땅속에 스며들 수 있는 비로, 그것도 자신의 권위에 걸맞은 황금 비로 변신하여 다나에에게 다가가는 것이었다.

다나에의 운명 제우스의 욕망 때문에 다나에는 결국 아들을 낳는다. 이에 차마 딸과 손자를 직접 죽일 수 없었던 아크리시우스는 다나에와 그녀의 아들을 배에 태워 바다에 던진다. 그러나 모든 신화와 전설을 통틀어 이렇게 버려져 죽은 인물은 아무도 없다. 다나에와 그녀의 아들 역시 살아남아 세리포스의 바닷가에 도착하는데, 이곳의 왕이었던 폴리덱터스는 다나에의 미모에 반하여 그녀를 아내로 삼고자 한다. 그러나 다나에는 자신이 '제우스의 아들의 어머니'임을 밝히며 이를 거부한다. 후에 건장한 청년으로 자라난 다나에의 아들까지 어머니의 결혼을 반대하자, 폴리덱터스는 우선 다나에의 아들을 제거하고자 한다. 폴리덱터스는 자신의 생일 축하 잔치에 다나에의 아들을 초대한 후 그의 영웅심을 자극하여 목숨을 걸어야만 해결할 수 있는 과제를 수행하도록 만든다. 그러나 다나에의 아들은 이 과제들을 모두 성공적으로 수행하니, 그는 바로 메두사의 목을 벤 영웅 페르세우스였다. 메두사의 머리로 폴리덱터스를 돌로 만들어버린 페르세우스는 후에 어머니 다나에와 함께 고향으로 돌아왔다가 원반던지기 대회에 참가한다. 여기서 그가 던진 원반이 갑자기 불어온 바람에 관중석으로 날아가 한 노인을 쓰러뜨린다. 그 노인은 다름 아닌 다나에의 아버지이자 페르세우스의 할아버지 아크리시우스였다. 그리스 신화에서 늘 그렇듯 신이 정한 운명은 반드시 실현된다.

얀 마뷔즈, 〈다나에〉, 1527

제우스가 황금 비로 변신하여 다나에를 범하는 장면은 서양의 화가들이 즐겨 다룬 주제 중 하나였다. 예를 들어 플랑드르의 화가 얀 마뷔즈는 아무것도 모른 채 청동 탑 속에 앉아 있다가 갑작스레 쏟아지는 황금 비를 보고 깜짝 놀라는 다나에의 모습을 보여준다. 순박한 다나에의 놀란 표정과 그녀의 몸을 부분적으로 가린 차가운 파

란색 천은 그녀의 순결함과 순수함을
보여주는 듯하다.

티치아노, 〈다나에〉, 1553~1554

　티치아노는 르네상스의 화가답게
다나에의 몸을 더욱 관능적으로 그
렸지만, 그녀의 허벅지를 감싼 하얀
천과 하얀색 침대, 그리고 무표정한
얼굴은 마뷔즈의 작품과 마찬가지
로 그녀의 순수함과 순결함을 암시한다. 여기에 신화의 내용과 무관하게 등
장한 에로스는 제우스의 욕망과 그 비윤리적 충족 과정을 '사랑'으로 포장한
다. 또한 황금 비가 아직 다나에의 몸에 닿기 전 장면을 선택한 것 역시 노골
적인 에로틱을 피하기 위한 시도로 해석할 수 있다.

　위의 두 그림과 렘브란트의 〈다나에〉의 차이는 황금 비가 황금빛으로 대
체된 것과 다나에가 낯선 빛에 더욱 적극적으로 반응하며 놀라고 있다는 점
이다. 그러나 전체적인 느낌은 별반 다를 것이 없다. 깜짝 놀라는 다나에와
보모의 표정, 하얀색 침대, 에로스 등 분명 지극히 에로틱한 상황을 묘사하
고 있음에도 렘브란트의 그림은 에로틱을 오히려 감추고자 하는 듯이 보인
다. 렘브란트뿐만 아니라 앞선 다른 화가에게서도 잘 드러나는 이러한 '감추

렘브란트, 〈다나에〉, 1636년경

기'는 그러나 꽤나 직접적이고 노골
적이어서, 어쩌면 에로틱을 묘사하되
윤리적 선을 넘지 않으려는 자기 검
열이 아니었을까 하는 생각이 들기
도 한다. 그러나 보여주기와 감추기
의 결합은 다나에라는 소재 자체가
가진 성격이자 매력이기도 하다.

　다나에가 황금 비로 변신한 제우스

와 조우하는 장면은 실제로는 지극히 에로틱한 정사 장면이지만, 제우스가 인간의 형상이 아닌 황금 비의 모습을 하고 있기에 이 장면은 그림으로 그려지더라도 노골적인 음화(淫畵)가 될 우려가 없다. 다나에가 가진 에로틱의 본질은 그림에서 회화적으로 묘사하는 장면 자체가 아니라 그 장면이 지시하는 신화의 내용, 혹은 그것이 감상자의 머릿속에 떠오르도록 만드는 장면에 있다. 노골적인 묘사 없이도 그 어떤 노골적인 그림보다 에로틱한 감성을 불러일으킬 수 있는 것이 다나에라는 소재가 가진 매력인 것이다. 따라서 다나에를 순진무구한 인물로 묘사하더라도, 보모와 에로스를 등장시켜 시각적으로 인지되는 관능을 감춘다고 하더라도, 시각적인 인상 너머에 존재하는 소재의 관능적인 매력은 약해지지 않는다. 이런 점에서 다나에는 내적·외적 검열을 효율적으로 피하며 관능을 묘사할 수 있도록 해주는 흥미로운 소재다.

20세기 초에 그려진 클림트의 〈다나에〉는 이러한 회화적 전통을 뒤집어엎는다. 다른 화가들이 그린 다나에에 비해 훨씬 좁은 시선으로 다나에를 화폭 전체에 가득 채운 클림트의 〈다나에〉에서 우선 시선을 끄는 것은 화폭을 3분의 1 가까이 차지하고 있는 다나에의 허벅지다. 그리고 그 사이로 황금 비가 쏟아져 내린다. 자세히 들여다보면 수많은 사각형과 상대적으로 적은 수의 원형 빗방울로 이루어진 이 황금 비는, 클림트의 그림에서 사각형이 남성의 성기를 상징한다는 사실을 모르는 감상자라 하더라도 이미 성행위를 떠올릴 수 있을 정도로 노골적이다. 다리 사이로 들어간 황금 비의 대부분이 엉덩이 부근을 지나면서 사라져버리기 때문이다. 이러한 노골적인 표현은 다나에의 표정 또한 성적으로 해석하게 만든다. 갑작스럽게 쏟아지는 황금 비에 놀라는 표정을 짓고 있는 다른 화가들의 다나에와 달리, 지그시 눈을 감고 입을 살짝 벌린 다나에의 표정은 그림의 전체적인 관능적 분위기로 인해 성행위 도중 절정을 느끼는 표정처럼 보인다. 클림트는 노골적인 묘사

구스타프 클림트, 〈다나에〉, 1907~1908

를 통해 감추기의 미학을 특징으로 하는 다나에의 회화적 전통을 파괴하고, 다나에라는 소재가 가진 관능성을 극단적으로 강조한 것이다.

클림트의 관능적인 묘사는 그의 다른 작품에서도 쉽게 찾아볼 수 있다. 1901년에 그린 〈유디트 I〉은 살짝 들어 올린 턱과 내려다보는 시선, 조금 벌린 입, 옷 사이로 드러난 한쪽 가슴을 통해 여인의 관능적인 아름다움을 한껏 강조하고 있다. 이 그림에 담긴 관능은 감각적으로 인지되는 것보다 더 노골적이고 파괴적이다. 유디트는 구약성서 『유딧기』에 등장하는 성녀이기 때문이다. 성서가 전하는 유디트의 이야기는 다음과 같다.

아시리아의 강력한 장수 홀로페르네스는 군대를 이끌고 유대인 마을인 베툴리아를 공격한다. 그는 성문을 잠그고 저항하는 베툴리아를 포위하고 물과

구스타프 클림트, 〈유디트 I〉, 1901

카라바조, 〈유디트와 홀로페르네스〉, 1598~1599

음식 공급을 끊어 베툴리아인들을 아사(餓死) 위기로 몰고 간다. 이때 정숙한 과부 유디트가 베툴리아를 구하기 위해 나선다. 그녀는 하녀와 함께 성을 빠져나가 아시리아인들의 진지로 가서 거짓으로 투항한 후, 홀로페르네스와 연희를 즐긴다. 그리고 홀로페르네스가 술에 취해 잠이 들었을 때 그의 목을 베어 들고 하녀와 함께 달아난다.

임진왜란 당시 적장을 끌어안고 강에 뛰어든 열녀 논개를 연상시키는 유디트는 이처럼 적장을 살해하고 유대인의 도시를 지킨 성녀다. 따라서 기독교적 전통에서 유디트는 카라바조의 그림에서처럼 연약하지만 탁월한 지혜와 의지로 적장을 물리치는 강한 여성의 전형으로 그려야 옳다.

그러나 이 신성한 이야기의 이면에는 홀로페르네스의 욕망과, 그 욕망을 이용하여 홀로페르네스를 유혹하는 유디트 등 종교적인 신성함으로 인해 금기시될 수밖에 없었던 관능적 요소들이 숨어 있다. 그리고 클림트는 유디트를 노골적으로 요부(妖婦)로 묘사함으로써 종교적인 금기와 회화적인 전통을 깨트리고 이 숨겨진 관능을 전면으로 끄집어낸 것이다.

서양 예술에서 유디트는 대부분 '폭군의 살해자'나 '자유와 기독교 질서 위에 세워진 사회질서'의 알레고리적 상징으로 사용되었다. 19세기에 이르러 유디트에 대한 새로운 해석이 예술과 문학 속에 등장하는데, 그 대표적인 예가 1840년에 발표된, 프리드리히 헵(1813~1854)의 희곡 『유디트』다. 이 작품에서 헵은 『유딧기』의 이야기를 그대로 따라가면서도 유디트가 적장 홀로페르네스에게 느끼는 이율배반적 감정을 부각함으로써 커다란 논란을 불러일으켰다. 그러나 적장의 자식을 임신했을 가능성을 깨닫고 자신을 죽여달라고 절규하는 헵의 유디트는 요부로 묘사되는 클림트의 유디트에 비하면 여전히 전통적인 성녀이자 영웅의 모습을 간직하고 있는 것으로 보인다.

세기전환기 독일어권 예술과 문학 속의 성과 에로틱

클림트의 작품 속에 드러나는 에로틱과 성에 대한 집착에 가까운 관심은 어디에서 비롯된 것일까? 복잡했던 여자관계와 여러 명의 혼외 자녀들이 암시해주는 그의 자유분방한 삶이 예술적으로 표현된 것일까? 아니면 단순히 개인 차원의 문제로만 볼 수 없는 또 다른 이유가 있는 것일까?

클림트의 개인적인 삶과 그의 관능적인 그림들 사이에는 아마도 밀접한 관계가 있을 것이다. 실제로 클림트는 아델레 블로흐-바우어 등 자신이 화폭에 담은 여러 여인들과 화가와 모델 이상의 관계였다고 알려져 있다. 그러나 그의 작품들을 그의 개인사와 관련지어 설명하는 것은 우리의 관심사가 아니다. 흔히 '세기전환기'로 일컬어지는 19세기 말과 20세기 초의 독일어권 문학을 살펴보고자 하는 우리에게 클림트의 작품들이 흥미로운 이유는, 성과 에로틱이 당대의 예술과 문학에서 가장 중요한 주제 중 하나로 떠올랐으며 클림트의 그림들이 그러한 특수한 문화적 현상을 매우 잘 보여주기 때문이다.

구스타프 클림트(1862~1918)는 세기전환기에 오스트리아 빈에서 활동한 화가로서, 빈 '유겐트슈틸' 예술을 대표하는 인물이다. 주류 회화에 반기를 들고 새로운 장식적 예술을 주창한 '빈 분리파'를 주도한 예술가들 중 한 명이기도 하다. 〈키스〉, 〈다나에〉, 〈유디트 I〉, 〈유디트 II〉, 〈베토벤 프리즈〉 등 황금색을 많이 사용한 그의 화려한 그림들은 오늘날까지 많은 사랑을 받고 있다. 그의 연인으로도 알려진 아델레 블로흐-바우어를 그린 〈아델레 블로흐-바우어 I〉은 2006년에 열린 경매에서 약 1,459억 원에 낙찰됨으로써 당시 회화 경매 사상 최고가를 기록하기도 했다.

유겐트슈틸은 흔히 '청년파 양식' 혹은 '유겐트 양식'으로 번역되는 1900년경의 예술적 경향이다. 프랑스의 아르누보 양식과 많은 부분을 공유하며, 선을 중시하는 섬세한 장식성을 특징으로 한다. 유겐트슈틸이라는 명칭은 이 예술적 경향의 대표적 예술가들이 1896년부터 뮌헨에서 발행된 주간지 〈유겐트〉('젊음'이란 뜻)를 중심으로 활동한 것에서 비롯됐다. 따라서 청년파 양식이라는 번역은 고유명사인 잡지의 이름을 굳이 한국어로 번역했다는 점에서, 또 유겐트 양식은 고유명사화된 유겐트슈틸의 일부만 한국어로 번역했다는 점에서 적절한 명칭이라고 보기 힘들다.

1900년에 『꿈의 해석』을 발표함으로써 인간의 정신을 이해하는 새로운 방법을 제시한 지그문트 프로이트는 인간 정신의 본질뿐만 아니라 인류 문명 발달의 원동력을 성 욕망에서 찾았다. 클림트, 프로이트와 함께 세기전환기 빈에서 활동한 작가 아르투어 슈니츨러는 희곡 『라이겐』(1900)에서 열 쌍의 남녀가 벌이는 비윤리적 성관계를 그려 커다란 파장을 불러일으켰으며, 역시 같은 시기 빈에서 활동한 작가이자, 디즈니의 만화영화로 유명한 『밤비』의 원작자인 펠릭스 잘텐은 『요제피네 무첸바허―자기 자신이 직접 이야기하는 빈 창녀의 이야기』(1909)라는 포르노 소설을 발표했다. 20세기를 대표하는 독일 작가인 토마스 만은 1906년에 쓴 단편소설 「벨중가(家)의 피」에서 이란성쌍둥이 남매의 근친상간을 묘사했으며, 오늘날까지도 많은 독일 극장의 무대에 올려지는 『룰루』 2부작의 작가 프랑크 베데킨트는 희곡 『봄의 깨어남』(1891)에서 청소년들의 자위, 성관계와 임신, 사디즘, 마조히즘, 자살 등을 묘사하여 당대의 독자와 관객들을 충격에 빠트렸다. 베를린에서 활동한 스타니슬라프 프쉬비셰프스키는 1893년에 『요한복음』 1장 1절을 변형한 문장인 "태초에 성이 있었다"로 시작되며, 시간(屍姦, 네크로필리아)을 연상시키는 장면이 담긴 단편소설 「추도미사」를 발표했다.

　모두 나열하자면 한두 쪽으로는 모자랄 듯한 이 수많은 사례들이 의미하는 것은 무엇일까? 클림트를 비롯한 당대의 많은 예술가들과 작가들은 무엇 때문에 성과 에로틱에 그렇게 많은 관심을 보인 것일까? 다른 모든 문명과 문화에서와 마찬가지로 독일어권에서도 성과 에로틱은 여러 가지 의미에서 항상 중요한 문제였다. 하지만 성과 에로틱이 통속적인 하위문화를 벗어나 주류 문학과 예술에서 핵심적인 주제로 자리 잡은 것은 19세기 말과 20세기 초에 이르러서였다. 대체 이 시기에 무슨 일이 벌어진 것일까? 어떻게 그동안 고급문화에서 금기시되던 '저급한' 주제가 당대 문학과 예술의 가장 중요한 주제가 될 수 있었을까? 앞으로 펼쳐질 이야기들은 이에 대한 답을 찾아가는 긴 시간 여행이 될 것이다. 이 여행은 우선 성(性)과 전혀 관계가 없을 법한 독일제국의 수립과 산업혁명에서 시작된다.

CONTNETS

서문 · 5

들어가는 글_ 성(性), 세기전환기 독일 문학과 예술의 특별한 테마 · 11

1부 ———————————————————————————

격변의 시대가 가져온 존재의 불안
−19세기 중반 이후 독일의 사회·문화적 상황

———————————————————————————

1장 혁명적 변화와 달라진 삶의 조건들 · 28

　　비스마르크와 독일의 통일 · 28

　　산업혁명 · 35

　　사회구조의 변화−노동자계급의 형성 · 39

　　정치적 변화−사회주의 정당의 성장 · 51

　　경제적 변화−창업자 시대와 대공황 · 57

　　세기말, 새로운 황제 빌헬름 2세 · 60

2장 새로운 세계관과 인간관의 형성 · 63

　　산업혁명과 자연과학 · 63

　　실증주의 철학과 결정론, 자연과학적 미학 · 71

　　진화론과 생물로서 인간 · 88

2부

아름다움과 추함, '있는 그대로'의 미학
—자연주의가 보여준 사실의 문학

1장 자연주의 운동 · 102

　　'잉크 노예'—자본주의 문학 시장의 작가들 · 104

　　자연주의 문학 집단과 잡지들 · 112

2장 자연주의의 문학적 성격 · 127

　　추한 진실의 묘사 · 128

　　자연과학적 진실의 묘사 · 133

　　감각적 진실의 묘사 · 139

3장 자연주의 문학 속의 인간 · 153

환경과 유전에 지배되는 인간-게르하르트 하우프트만 『해 뜨기 전』 · 154

성 욕망에 지배되는 인간-빌헬름 폰 폴렌츠 『시험』 · 169

물리법칙에 지배되는 인간-콘라트 알베르티 『누가 더 강한 자인가?』 · 179

사회법칙에 지배되는 인간-막스 크레처 『마이스터 팀페』 · 188

발전의 법칙에 지배되는 인간-아르노 홀츠 & 요하네스 슐라프 『파파 햄릿』 · 197

자연적 인간과 정신적 인간-게르하르트 하우프트만 「선로지기 틸」 · 211

3부

성(性) 그리고 삶, 욕망하는 인간의 발견
-세기전환기 독일 문학의 에로틱과 예술성

1장 세기전환기 문학의 전제와 경향 · 226

"자연주의의 극복"-내면으로의 시선과 주관성 · 226

"구원할 길 없는 자아"-세계의 일부로서 '나' · 235

"문명 속의 불만"-성적인 존재로서 인간 vs. 문명 · 251

"모든 병든 것들을 사랑한다"-데카당스 문학과 유미주의 · 267

2장 세기전환기 문학 속의 인간 • 279

성적인 존재로서 인간과 문명-아르투어 슈니츨러 『라이겐』 • 280

성적인 존재로서 인간과 사회·윤리적 통제-프랑크 베데킨트 『봄의 깨어남』 • 302

성적 욕망과 문명의 통제 사이의 인간-아르투어 슈니츨러 『꿈의 노벨레』 • 319

자연적 존재로서 인간 vs. 아름다운 인간 1-에두아르트 폰 카이절링 「하모니」 • 354

자연적 존재로서 인간 vs. 아름다운 인간 2-토마스 만 「트리스탄」 • 364

아름다운 인간과 삶의 부재-후고 폰 호프만스탈 「672번째 밤의 동화」 • 377

나가는 글_새로운 세계, 새로운 인간, 새로운 문학 • 395

참고자료 • 402

번역한 인용문 목록 및 출처 • 404

도판 출처 • 415

참고문헌 • 419

1부

격변의 시대가 가져온 존재의 불안

—19세기 중반 이후 독일의 사회·문화적 상황

독일의 19세기 후반은 격변의 시대였다. 이 시기에 프로이센은 오스트리아–헝가리 이중제국 및 프랑스와 전쟁을 치르고, 강력한 군사력을 앞세워 수백 년 동안 여러 영방국가들로 나뉘어 있던 독일을 통일했으며, 일상생활과 사회구조의 급격한 변화를 야기한 산업화와 경제 발전을 이루었다. 이러한 급격한 변화를 겪은 독일은 19세기 말 즈음에는 강력한 군사력과 경제력을 갖춘 강대국으로 성장했으나, 내적으로는 많은 새로운 모순과 불안 요소들을 가지게 되었다.

이처럼 급격한 변화와 발전, 내적모순이라는 19세기 후반 독일 사회의 특징은 문화와 정신의 영역에서도 동일하게 나타났다. 자연과학의 새로운 연구 결과 및 발견은 세계와 인간에 대한 새로운 통찰을 가능하게 해주었지만, 동시에 700년이 넘도록 독일인들의 정신을 지배해온 기독교의 근간을 흔들어 새로운 문화적 갈등과 존재론적 불안을 야기했다. 이러한 사회·문화적 변화와 갈등, 모순은 19세기 후반 독일 문학의 가장 중요한 연결 고리를 형성한다.

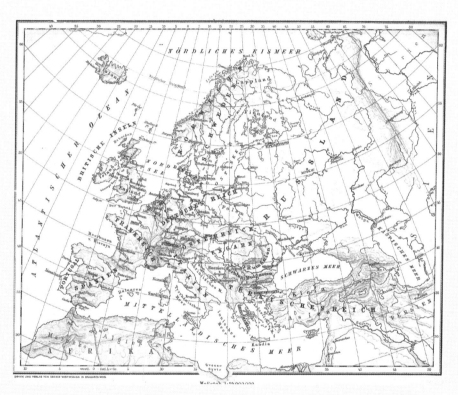

19세기 말 유럽. 중부 유럽 북쪽을 넓게 장악한 독일제국(Deutsches Reich)이 눈에 띈다. 그러나 독일은 1871년에 프로이센이 통일하기 전까지 여러 나라로 나뉘어 있었다. 독일의 남쪽에 위치한 오스트리아(Österreich)는 합스부르크 왕가가 지배하고 있었으며, 합스부르크 왕가는 오스트리아 외에 헝가리도 지배하고 있었다. '오스트리아-헝가리 이중제국'이란 명칭은 하나의 왕가가 서로 독립적인 두 국가를 지배하고 있었기 때문에 생겨났다.

혁명적 변화와
달라진 삶의 조건들

비스마르크와 독일의 통일

1862년 9월 30일, 이제 막 프로이센의 수상이자 외무부 장관으로 임명된 오토 폰 비스마르크는 당시 군대 개혁 예산의 승인을 거부하고 있던 의회에서 다음과 같은 내용이 담긴 연설을 했다.

> 오늘날의 중요한 문제들은 연설과 다수결이 아니라 — 그것이 바로 1848년과 1849년의 실수였습니다 — 피와 철에 의해 결정됩니다.

비스마르크에게 '철혈재상'이라는 별명을 안겨준 이 연설은 비록 제국의회 의원들을 설득하지는 못했지만 이후 이루어질 프로이센의 군국주의적 행보를 암시했다는 점에서 역사적인 의미가 있다. 군국주의와 보수주의의

오토 폰 비스마르크(1815~1898)는 알트마르크 지역의 융커(Junker : 근대 독일, 특히 동프로이센의 보수적인 지주 귀족층을 이르던 말)였던 귀족 출신의 아버지와 시민계급의 어머니 사이에서 태어났다. 비스마르크는 어머니의 영향하에 다른 융커 집안의 귀족 자제들과는 달리 고등교육을 받았을 뿐만 아니라, 늘 이성적으로 사고하고 국가에 봉사하도록 교육받았다. 괴팅엔과 베를린에서 법학을 공부한 비스마르크는 폼메른 지방의회에서 정치 활동을 시작했고, 점차 철저하게 보수적인 정치가로 이름을 알리게 되었다. 따로 외교관 교육을 받지 않았음에도 상트페테르부르크와 파리에 외교관으로 파견된 비스마르크는 1862년 프로이센의 재상으로 임명되었다.

1862년 의회 연설 중 비스마르크가 언급한 "1848년과 1849년의 실수"란 1848~1849년에 독일에서 동시다발적으로 벌어진 일련의 시민혁명과, 그 이후 구성된 프랑크푸르트 국민회의의 실패를 일컫는다. 혁명을 통해 이루어진 시민들의 국민회의는 일시적으로 귀족들이 독점하고 있던 정치권력의 일부를 이양받는 데 성공했으나, 내적 분열 및 군사력 부재라는 본질적인 약점으로 인하여 결국 실패하고 말았다.

철저한 지지자였던 비스마르크는 우선 의회의 반대를 무시하고 막대한 양의 국방 예산을 집행함으로써 19세기 초에 만들어진 낡은 군대 체제를 개편하고 이후 프로이센의 발전에 중대한 역할을 하게 되는 강력한 군사력을 완성했다.

막강한 군사력을 바탕으로 하는 비스마르크의 새로운 정치 외교 노선은 우선 슐레스비히-홀슈타인 공국을 놓고 벌어진 덴마크와의 전쟁에서 분명하게 드러났다. 프로이센과 덴마크 사이에 위치한 슐레스비히-홀슈타인 공국은 19세기 중반 이래로 주변국들의 복잡한 정치적 이해관계 속에 놓여 있었다. 특히 독일인과 덴마크인들이 함께 살고 있던 슐레스비히 공국이 큰 문제가 되었는데, 이는 1863년에 국내 민족주의자들의 압력을 받은 덴마크 국왕이 주변 강대국들과 맺은 합의*를 무시하고 슐레스비히를 병합하고자 했기 때문이다. 이에 프로이센은 오스트리아와 동맹을 결성하여 1864년 2월 1일 슐레스비히-홀슈타인으로 진군했고, 2주 만에 슐레스비히 전역을 장악했다. 이후 전쟁이 빨리 끝나기를 바란 영국과 프랑스는 런던에서 회담을 통해 문제를 해결하자고 제안했으며, 프로이센-오스트리아 연합과 덴마크가 이에 동의함으로써 한 달간의 휴전조약이 체결되었다. 그러나 이 기간에 타협이 이루어지지 않아 전쟁은 계속되었고, 전쟁이 재개되고 한 달 남짓 지난 시점인 1864년 7월에 프로이센과 오스트리아가 전쟁을 승리로 이끌었다. 전쟁이 끝난 후 비스마르크는 두 공국을 프로이센에 병합하고자 시도했다. 그러나 프로이센 왕과 오스트리아 황제의 합의를 얻어내지 못한 비스마르크는 결국 슐레스비히-홀슈타인 공국을 프로이센과 오스트리아가 공동으로 통치한다는 가슈타인 협정(1865년 8월 14일)에 서명할 수밖에 없었다.

프로이센과 오스트리아가 덴마크를 상대로 하는 동맹을 맺기는 했지만, 프로이센과 오스트리아를 포함하여 독일 내의 모든 국가들이 참여하는 '독일연방'의 두 강대국이자 경쟁국인 두 나라의 관계는 지극히 불안정했다. 비스마르크는 독일연방 내에서 프로이센의 영향력을 확대하기 위해 오스트리아와의 전쟁이 불가피하다고 판단했다. 이에 따라 그는 우선 주변국들과의 동맹 관계를 정비하기 위해 1865년 10월 나폴레옹 3세를 찾아가 '프랑스의 룩셈부르크 병합에 반대하지 않는다'는 조건으로 '전쟁이 일어날 경우 중립

• 1852년 5월 런던에서 프로이센, 오스트리아, 덴마크가 참여하여 이루어진 합의로, 슐레스비히와 홀슈타인의 독자적인 지방헌법 허용, 덴마크의 슐레스비히 합병 금지, 공국 내 독일인과 덴마크인의 동등한 권리 허용 등이 주 내용.

을 지킨다'는 약속을 받아냈다. 1866년 4월에는 '3개월 안에 전쟁이 발발할 경우 이탈리아의 (당시 합스부르크가의 지배하에 있었던) 베니스 장악을 묵인한다'는 조건하에 이탈리아와 비밀동맹을 맺었다.

1866년 6월 1일에 오스트리아는 독일연방의회*에 슐레스비히-홀슈타인 문제를 해결할 것을 촉구했다. 이에 프로이센은 연방의회에 대한 오스트리아의 요청이 슐레스비히-홀슈타인 문제를 독일연방의회의 동의 없이 처리하기로 한 가슈타인 협정을 위반한 것이라고 주장하며 홀슈타인에 군대를 파견했다. 이에 오스트리아는 프로이센에 대항하여 연방군대를 동원할 것을 연방의회에 요청했다. 연방의회가 연방군 동원령을 승인하자 프로이센은 즉시 독일연방이 해체되었다고 선언한 후, 1866년 6월 16일에 오스트리아, 바바리아(바이에른), 뷔르템베르크, 바덴, 작센, 하노버 등의 연방 국가들로 구성된 연합군과 전쟁을 시작했다.

흔히 독일-오스트리아 전쟁으로 불리는 이 전쟁에서 프로이센은 많은 이들의 예상과 달리 압도적인 전력으로 7주 만에 승리를 거뒀다. 프로이센의 군대는 전쟁이 시작된 지 3일 만에 작센, 하노버, 헤센-카셀을 점령함으로써 중부 독일과 북부 독일을 장악했고, 7월 3일에 쾨니히그래츠(오늘날 체코의 흐라데츠 크라로버)에서 몰트케 장군의 지휘 아래 오스트리아의 보헤미아 주둔군을 격파함으로써 남부 독일마저 장악해버렸다.**

사실상 전쟁의 승패를 결정지은 쾨니히그래츠의 승리 이후 비스마르크는 당시 프로이센의 왕이었던 빌헬름 1세와 전쟁을 이끈 장군들의 바람과 달리 오스트리아로 진군하지 않았다. 비스마르크가 보기에 북부 독일을 장악하고

- 프로이센과 오스트리아를 비롯하여 바바리아(바이에른), 작센 등 독일 내 모든 국가들이 참여하는 연방의회.
- •• 이 전투에서 4만 4,000여 명의 오스트리아 군인들이 전사하거나 부상을 입은 반면, 프로이센군의 사상자 수는 9,200여 명에 불과했다.

오스트리아를 독일 통일 문제에서 배제한다는 전쟁의 목적은 이미 달성했으며, 오스트리아에게 필요 이상의 굴욕감을 안겨주어 주변 강대국들을 자극하는 것은 현실적으로 아무런 이득도 없었기 때문이다. 따라서 프로이센의 강력한 전력에 놀란 나폴레옹 3세가 프랑스의 전쟁 개입 가능성을 언급하며 프로이센에게 종전 협상을 제안했을 때, 비스마르크가 이를 순순히 받아들인 것은 당연한 일이었다. 1866년 7월 26일 니콜스부르크에서 벌어진 예비회담과 8월 23일 프라하에서 열린 강화회담의 결과 프로이센은 슐레스비히, 홀슈타인, 하노버, 헤센, 나사우, 프랑크푸르트를 합병하여 북독일연방을 구성했다. 프랑스는 독일에 강력한 국가가 생겨날 것을 우려하여 바이에른, 바덴, 뷔르템베르크, 헤센-다름슈타트 등 독일 남부 4개 국가들의 독립은 유지되어야 한다고 주장했고, 우선 오스트리아를 배제하고 북독일 국가들을 합병하는 데 관심이 있었던 프로이센은 이러한 주장을 받아들였다. 작센은 독립성을 보장받는 조건하에 뒤늦게 북독일연방에 합류했다.

오스트리아와 프로이센의 전쟁이 끝나자 프랑스는 곧 중재의 대가로 벨기에 일부, 라인란트-팔츠, 라인 헤센, 마인츠 등 남독일연맹에 속하는 영토를 넘겨줄 것을 요구했다. 이러한 요구는 받아들여지지 않았지만 남독일연맹 국가들은 프랑스에 커다란 위협을 느꼈다. 이로 인해 전반적인 반프로이센 정서에도 불구하고 프로이센과 군사협정을 체결하지 않을 수 없었다. 이후 프로이센과 프랑스의 관계는 급격하게 악화되었다. 프랑스는 1866년에 프로이센이 한 약속과 달리 룩셈부르크를 병합하는 데 협조하지 않았다는 사실에 분노했으며, 나폴레옹 3세가 병상에 누워 있는 동안 반프로이센 경향 고문들의 영향력이 확대되고 프로이센이 독일을 통일하는 데 반대하는 그라몽이 외무부 장관에 임명되면서 프로이센과 프랑스 사이의 긴장은 급격히 높아졌다.

이러한 긴장은 1870년 봄에 스페인 의회가 프로이센 왕실에 속하는 호엔촐레른-지크마링엔 가문의 왕자 레오폴트를 스페인 왕으로 추대하기로 결정하면서 정점에 이르렀다. 비스마르크는 레오폴트가 왕위를 거절할 경우 남독일연방의 강력한 국가인 바바리아나 바덴의 왕가에서 왕위 계승 후보자가 나올 것을 우려하여 레오폴트에게 스페인 의회의 제안을 받아들이도록 설득했다. 그 결과 레오폴트는 1870년 6월 21일에 제안을 받아들이기로 결정했다. 그러자 프랑스 외무부 장관 그라몽은 곧장 강경하고 위협적인 태도로 왕위 계승 수락을 철회할 것을 요구했다. 국경을 맞대고 있는 스페인에 프로이센 출신의 귀족이 왕위에 오르는 것을 허용할 수 없었던 것이다. 프랑스의 압박에 부담을 느낀 호엔촐레른-지크마링엔가는 7월 12일에 레오폴트가 스페인 왕위에 오르지 않을 것이라고 발표했다.

스페인 왕위를 계승하지 않겠다는 호엔촐레른-지크마링엔가의 발표는 프랑스의 명백한 승리를 의미했다. 그러나 그라몽은 이에 만족하지 않았다. 그는 프로이센 주재 프랑스 대사를 휴양지 바트 엠스에 머물고 있던 빌헬름 1세에게 보내, 다시는 프로이센이 스페인 왕위 계승 문제에 개입하지 않을 것임을 약속하라고 요구했다.

이를 통해 프로이센을 모욕하고 프랑스의 힘을 과시하고자 했던 것이다. 그러나 빌헬름 1세는 이를 단호하게 거절했고, 곧 그 내용을 담은 전문을 비스마르크에게 보냈다. 바트 엠스에서 온 왕의 전문을 통해 상황을 전해 들은 비스마르크는 대오스트리아 전쟁의 영웅 몰트케 장군과 론 장군에게 전쟁을 준비하도록 지시하는 한편, 왕의 전문을 신문에 공표함으로써 국민들의 감정을 자극하여 내외적으로 전쟁에 유리한 위치

독일제국의 첫 번째 황제였던 빌헬름 1세. 비스마르크를 재상으로 임명한 인물이기도 하다.

를 선점하고자 했다. 비스마르크는 오스트리아를 배제하고 독일을 통일하기 위해서는 결국 프랑스와 전쟁을 치러야 한다는 사실을 알고 있었지만, 그 시기에 대해서는 유연하게 생각하고 있었다. 그리고 이제 비스마르크는 프랑스와 전쟁을 치러야 할 시기가 도래했음을 직감했다. 프랑스는 빌헬름 1세의 전문이 신문에 공표되기도 전인 7월 14일에 군 동원령을 내렸으며, 영국의 중재안을 거절하고 7월 19일에 공식적으로 전쟁을 시작했다. 프로이센과 동맹을 맺은 남독일연맹의 국가들은 즉각 프로이센 지지를 선언하고 전쟁에 가담했다.

승리를 확신하던 프랑스의 기대와 달리 프로이센은 전쟁 개시 후 채 두 달이 되기도 전인 9월 2일, 세당에서 벌어진 전투를 승리로 이끌고 10만여 명의 프랑스군과 나폴레옹 3세를 포로로 잡음으로써 전세를 결정지었다. 프랑스는 파리를 포위한 프로이센군에 대항하여 게릴라전을 펼치며 끈질기게 저항했지만, 1871년 1월 28일에 결국 항복을 선언했으며, 2월에 열린 예비회담과 5월의 본회담에서 강화협정에 서명했다.

프랑스를 상대로 거둔 승리는 비스마르크에게 프랑스의 견제와 개입을 무력화함으로써 통일을 위한 최후의 장애물을 제거했다는 것을 의미했다. 비스마르크는 이미 실질적으로 승전을 결정지은 세당 전투 이후 남독일연맹의 국가들과 오스트리아를 배제한 새로운 독일연방, 즉 프로이센을 중심으로 한 독일 통일에 대해 논의하기 시작했다. 이때 문제가 된 것은 바바리아가 새로운 독일연방 내에서 프로이센과 동등한 권리를 요구한 것이었으나, 비스마르크는 뛰어난 외교적 술책으로 남부 독일 국가들을 서로 대립하게 만들고, 민족주의 경향의 언론을 통해 통일에 반대하는 분리주의를 비판하도록 만드는 한편, 바바리아가 몇 가지 특권을 가질 수 있도록 양보함으로써 문제를 해결했다. 그 결과 남독일연맹의 모든 국가들은 11월 25일까지 독일제국을 선포하고 프로이센의 왕을 황제로 추대하는 데 동의했다.

1871년 1월 1일에 마침내 독일제국이 공식적으로 선포되었다. 빌헬름 1세는 1월 18일 베르사유궁전 '거울의 방'에서 독일제국의 초대 황제로 추대되었다. 새로운 독일제국의 헌법에 따라 남부 독일 국가들은 북독일연방에 흡수되었고, 이에 따라 25개의 연방 회원국, 4개의 왕국, 6개의 대공작령, 5개의 공작령, 7개의 공국, 3개의 자유도시를 거느린 독일제국이 탄생하게 되었다. 중세 이후 줄곧 분열되어 있던 독일 땅에 드디어 강력한 통일국가가 만들어진 것이다.

산업혁명

통일 및 독일제국의 탄생과 더불어 19세기 후반 독일의 모습을 근본적으로 변화시킨 또 다른 요소는 산업혁명이었다.

자연과학 및 응용과학의 발전을 토대로 한 유럽의 급격한 산업 발전, 즉

카를 에두아르트 비어만, 〈보르지히 기차공장〉, 1847

산업혁명은 이미 18세기에 시작되었다. 영국의 제임스 하그리브스는 1764년에 산업혁명의 초석이 된 복식수동 방적기인 '제니 방적기'를 발명했으며, 제임스 와트는 1769년에 인력을 대체할 수 있는 최초의 증기기관을 만들었고, 1801년에는 리처드 트레비식이 최초의 증기기관차를 시연하는 데 성공했다. 1770년대에는 카를 빌헬름 셸레와 죠셉 프리스틀리가 산소를 발견함으로써 내연기관 개발을 가능하게 만들었고, 19세기 말에는 찰스 어거스틴 콜롬브, 루이기 갈바니, 알레산드로 그라프 볼타, 요한 빌헬름 리터 등의 연구 덕분에 전기를 실용적으로 사용할 수 있는 가능성이 열렸다. 1867년에는 베르너 폰 지멘스가 발전기를 발명했으며, 1876년에는 벨이 전화기를, 1879년에는 에디슨이 전구를 발명했다. 이러한 발명과 발견을 바탕으로 한 산업 발전은 영국에서는 이미 18세기 후반부터 본격화되었으며, 19세기에 이르러서는 기계적인 대량생산을 바탕으로 하는 현대적 의미의 산업이 모습을 갖추었다.

그러나 독일의 산업화는 주변 강대국인 영국과 프랑스에 비하여 상대적으

베르너 폰 지멘스(1816~1892)는 19세기 독일을 대표하는 발명가였다. 그는 피복을 입힌 전선, 전기로 생성한 오존으로 물을 소독하는 오존관, 최초의 발전기 등을 발명했다. 1842년 요한 게오르크 할스케와 함께 '지멘스 & 할스케(오늘날의 '지멘스 그룹')'를 세운 그는 주로 전기산업 분야에서 커다란 성공을 거뒀다. 지멘스 & 할스케는 런던에서 테헤란을 거쳐 캘커타에 이르는 전신선(1만 1,000km, 1870)을 놓았고, 곧 이어 대서양을 가로지르는 전신선을 설치했으며(1874), 최초의 전기 기관차 및 전기 가로등(1879, 베를린), 최초의 전기 엘리베이터(1880, 만하임), 최초의 전차(1881, 베를린) 등을 상업화했다. 오늘날 지멘스는 독일에서 가장 규모가 큰 회사 중 하나로서 전 세계 190여 국에서 사업을 하고 있으며, 37만 명 이상의 직원을 두고 있다.

로 늦은 1850년대에 가서야 비로소 시작되었다. 여기에는 여러 가지 이유가 있지만, 독일의 뒤늦은 산업화는 무엇보다도 강력한 통일국가의 형성이 늦었다는 사실과 밀접한 관계가 있다. 산업화를 국가적 차원에서 이끌고 지원해 줄 지도력의 부재와 연방 국가들 사이의 무역장벽이 산업의 본격적인 발전을 저해한 것이다.

하지만 1871년의 통일로 산업화를 저해하던 정치적 요소가 사라지자, 독일의 산업은 놀라울 정도로 빠르게 발전하기 시작했다. 이는 1860년부터 1차 세계대전 발발 직전인 1913년까지 세계 총 산업생산에서 독일이 차지하는 비중이 어떻게 변화했는지를 살펴보면 분명하게 드러난다(참고자료 1 참조).

독일의 총 산업생산이 세계 총 산업생산에서 차지하는 비율은 1860년에 4.9%로 산업혁명이 일찍 시작된 영국의 약 25%, 프랑스의 약 60% 수준이었다. 그러나 독일제국 수립 후 10년이 지난 시점인 1880년에는 8.5%로 이미 프랑스를 뛰어넘었고, 1900년에는 13.2%로 프랑스의 두 배 가까이로 증가했을 뿐만 아니라 영국(18.5%)에 접근했다. 1차 세계대전 직전인 1913년에는

아돌프 프리드리히 에르트만 폰 멘첼, 〈철강압연공장〉, 1872~1875

14.8%로 세계 총 산업생산 증가 속도에 보조를 맞추지 못한 영국(13.6%)을 넘어섰다. 독일 산업의 이러한 급격한 발전은 같은 시기 미국의 폭발적인 산업생산량 증가(7.2%→32%)에는 미치지 못했지만, 기껏해야 세계 총 산업생산 증가에 보조를 맞추는 수준에 머물거나, 오히려 세계경제에서 차지하는 영향력이 급격히 축소된 다른 유럽 국가들과 비교해보면 놀라운 것이었다.

1850년대에 독일 산업을 주도한 것은 섬유산업이었다. 그러나 이후에 철도가 빠른 속도로 건설되고, 수송 수요가 급격하게 늘어나면서 중공업이 독일 산업 발전의 중심이 되었다. 1850년 독일 철도의 총연장은 5,856km로서 영국의 9,797km에 크게 뒤져 있었다. 그러나 5년 뒤인 1855년에 독일 철도의 총연장은 7,826km에 이르렀고(영국 1만 1,744km), 1860년에는 1만 1,089km(영국 14,603km), 1865년에는 1만 3,900km(영국 1만 8,439km)로 빠르게 늘어났다. 그리고 프로이센이 독일을 통일한 1871년에는 2만 1,471km로 거의 영국 수준(영국 2만 1,558km)에 도달했으며, 5년 뒤인 1876년에는

2만 9,305km로 영국의 철도망(영국 2만 3,695km)을 훌쩍 넘어섰다. 이후로도 독일의 철도는 폭발적으로 확장되어 1881년에는 3만 4,381km(영국 2만 3,091km), 1891년에는 4만 3,424km(영국 2만 7,902km), 1901년에는 5만 2,933km(영국 3만 0,385km)에 이르렀고, 1차 세계대전 발발 직전인 1913년에는 6만 3,378km(영국 3만 2,623km)를 기록했다.•

　철도 건설은 철강산업을 전제로 하는 장기간에 걸친 대규모 토목공사였기에 그 자체로서 19세기 중후반 독일의 산업 발전을 이끈 중요한 동력이 되었다. 하지만 철도는 다른 산업 발전의 토대가 되기도 했는데, 이는 철도와 기차가 석탄, 철 등의 원재료를 쉽고 빠르게 이동할 수 있도록 해주고, 말과 마차에 의존하던 사람들의 장거리 이동을 — 시간은 물론 가격 면에서도 — 훨씬 수월하게 만들어줌으로써 노동력의 수급을 원활하게 해준 덕분이다.

사회구조의 변화−노동자계급의 형성

　독일의 인구는 통일 이후 급격하게 늘어났다. 1875년에서 1913년 사이에 독일의 인구는 4,250만 명에서 6,700만 명으로 늘어났다. 약 40년 사이에 인구가 50% 이상 늘어난 것이다. 이러한 인구의 증가는 무엇보다도 지극히 높은 출산율 때문이었지만, 질병 및 전쟁의 위협이 감소하면서 사망률의 감소가 출산율의 증가보다 더 높았던 것도 커다란 요인이 되었다(1871년 통일 후 10년 동안 평균 기대수명은 남성 36세, 여성 38세였다. 1900년부터 1910년 사이에는

• 독일 철도의 총연장은 이 시기에 정점을 찍었다. 이후로는 철도의 길이가 조금씩 감소하여 1920년에는 5만 3,660km, 1945년에는 4만 9,313km, 1985년에는 4만 1,112km, 2005년에는 3만 8,000km를 기록했다.

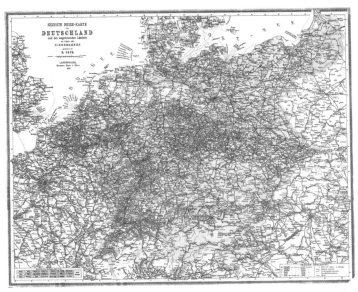

1899년 독일의 철도망. 주변 국가들에 비하여 철도망이 훨씬 더 촘촘하게 이어져 있는 것을 확인할 수 있다.

기대수명이 남성 45세, 여성 48세로 급격하게 상승했다).

이러한 인구의 증가는 산업화로 인한 삶의 질 향상의 결과이기도 했지만, 그 이전에 산업 발전의 중요한 조건이기도 했다. 농촌에서 일자리를 찾을 수 없던 수많은 사람들이 일자리를 찾아 가까운 공업도시로, 혹은 먼 도시로 삶의 터전을 옮기면서 급격한 산업 발전의 현장이었던 대도시에 풍부한 노동력이 공급되었다. 그 결과 1880년대 초에 5만 명 이상인 도시에 살고 있던 사람들 중 약 25% 정도가 타지에서 이주해 온 사람들이었으며, 그 비율은 1890년대 말 30%, 1905년에는 약 33%로 점점 더 증가했다.

이러한 인구 이동이 특히 두드러졌던 곳은 석탄 매장량이 많은 독일 서부의 루르 지역이었다. 특히 동프로이센의 영토였던 폴란드에서 루르 지역으로 이동한 인구가 많았는데, 1880년 동프로이센에서 이주해 온 루르 지역 주민은 3만 8,000명이었던 데 반해, 1910년에는 49만 7,000명에 이르렀다. 같은 해를 기준으로 모국어인 폴란드어밖에 구사하지 못하는 루르 지역 주민의 수는 24만 5,000명이었으며, 폴란드인 2세로 루르 지역에서 태어난 사람들 수만 7만 9,000명에 이르렀다.

이처럼 대규모 인구 이동의 목적지가 된 또 다른 지역은 바로 독일제국의 수도이자 시 외곽을 중심으로 빠르게 산업화하고 있던 베를린이었다. 통일 이후 일자리를 찾는 수십만의 사람들이 베를린으로 몰려든 것이다.

율리우스 하르트는 1885년에 발표된 「베를린으로 가는 기차에서」라는 시에서 고향을 떠나 베를린으로 향하는 젊은이의 정서를 다음과 같이 묘사하고 있다.

베를린으로 가는 기차에서

나는 서쪽에서 왔다, 짙은 히스목 냄새가
나를 아직 감싸고 있었고, 나의 눈앞에는
하얀 자작나무들이 투명한 공기 속으로 솟아 있었다,
시끄러운 까마귀 떼들이 날아다니는
멀고 먼 황무지, 노란 모래의 언덕
그리고 갈대로 뒤덮인 웅덩이들,
멀리서 한 목동이 갈색으로 빛나는,
작열하는 태양의 땅을 양 떼들과 함께 꿈꾸듯 지나간다.

나는 서쪽에서 왔고, 마음이 약해진 나의 정신은
빨리도 사라져버린 젊은 날들을 감싸 안았다,
내 눈에서 흐르는 것은 눈물이었나,
내 입에서 동경에 사로잡힌 한탄이 흘러나왔던가?…

서쪽에서 나는 왔고 나의 정신은 앞으로

멀리 어두운 미래의 시간으로 도망치듯 날아갔다…

나의 정신은 훌륭하게, 힘차게 솟구쳤고, 그 비행은 높았다,

그리고 싸움을 보았다, 갈망과 피 나는 상처들을.

유희는 끝났다! 밝아오는 9월 아침의

짙은 안개를 뚫고 기차의 바퀴들이 거세게

달려간다, 둔탁한 울림으로 좁은 기차 안에는

신음 소리가, 굉음이, 질주하는 바람 소리가 가득하다…

헝클어진 구름, 바람에 뒤흔들린 숲,

그리고 갈색의 바위들이 어지럽고 빠르게 지나간다,

저기에 하펠 강이 밝아온다, 강물이 쑤군거리고,

다리, 와! 둔탁한 굉음을 내며 기차가 달려 지나간다.

창문을 열어라! 저 건너가 베를린이다!

증기가, 연기가 물결치듯 솟아오르고, 그 위로 검은 안개 속에

구름이 깊게 그리고 삐딱하게 걸쳐 있다,

창백한 대기는 무겁게 짓누르며 마치 납으로 만든 듯 놓여 있다…

그 아래엔 불꽃의 아궁이―그것은 화산,

수백만의 불덩이들이 타오르는,…

그것은 천국, 달콤한 가나안―

그것은 창백하게 썩어가고 있는 지옥의 왕국이며 그림자.

굉음을 내며 기차가 달려간다, 바람이 사납게 소리를 낸다!

다른 기차 하나가 철컹거리며 빠르게 지나간다,

연기에 검게 그을린 공장들, 멀리 물 냄새를 뚫고

불길에 불길이 꼬리를 물고 번쩍인다, 음산하게, 흐리게, 점점 더 흐리게,

좁다란 집들, 좁고 작은 창문들,

어두운 다리의 아치에서 달리는 기차의 굉음이 울려 퍼지더니

이내 우리 아래쪽에서 마치 회색빛 물빛처럼 번개가 번뜩인다,

까마귀들 아래로는 파도가 피곤한 듯 거닐고 있다.

끝이다, 여행은 끝났다! 그리고 날카로운 호루라기 소리!

증기가 하얗게 날린다, … 선로에선 끼익 소리!

제동기가 강력한 마찰에 커다랗게 신음한다!

이제 점점 느려진다! 모든 이들의 얼굴이 밝아진다!

우리들 위로는 유리로 덮인 홀 그리고 소란스러운 승객들의 혼란, …

정지! 그리고 "베를린!" 이제 네 젊은 얼굴을 높이 들고,

거친 삶 속으로 힘차게 나아가라!

베를린! 베를린! 수많은 사람들이 밀치고 나아가며 물결치듯 움직인다,

너는 여기 이 어두운 군중 속에 묻혀버리게 될 것인가? …

아무 말 없이, 차갑게 네 머리 위로 걸어 지나가며,

아무도 너의 약한 손을 잡아주지 않을 것인가?

너는 찾고 있다… 너는 이 거대한 물결 속에서 세계를 찾고 있다,

반짝이는 장미를, 녹색의 월계관을, 찾고 있다, …

저 밖을 내다보아라! … 공기가 피처럼 솟아 나온다.

전투가 불타오르고 있다, 그러나 아무도 너를 보호해주지 않으리라.

저 밖을 내다보아라!— 공기가 불타고 있다, 번쩍이고 있다,

귀를 기울여보아라, 춤을 위한, 호화로운 윤무를 위한 바이올린 소리!

저 밖을 내다보아라, 창백한 안개가 퍼져 있고,

이 뼈대로부터 벌거벗은 채 아래로 내려간다—

여기엔 죽음과 삶의 욕망이 함께 존재한다,

그리고 길고 좁은 길에는 빛과 안개—

이제 내려가라, 자신 있게, 또 스스로에게 확신을 가지고,

이 거대한 물결 속에 너는 어떤 흔적을 남기고자 하는가?

이 시에서 시적 자아는 고향을 떠나 대도시 베를린으로 가는 기차에 타고 있다. 시적 자아의 회상 속에 모습을 드러내는 고향은 목가적인 자연 풍경과 여유롭고 고요한 분위기를 지닌 정적인 곳으로 묘사되고 있다. 반면 기차의 굉음과 함께 도착한 베를린은 시끄럽고, 어둡고, 음산하고, 혼란스러우며, 검은 공장들과 다닥다닥 붙어 있는 좁은 집들이 있는 괴물 같은 도시로서, 자연 풍경이 지배적인 고향과 극적인 대조를 이룬다.

그러나 이 괴물 같은 도시는 동시에 새로운 삶과 성공의 가능성을 품고 있는 곳이기도 하다. 그 가능성은 하지만 벌거벗은 욕망과 전투와도 같은 약육강식의 생존경쟁을 이겨내는 자만 실현할 수 있다. 군중 속으로 사라지는 시적 자아의 모습은 대도시의 생존경쟁에서 살아남든, 그러지 못하든, 개인성을 상실하고 오로지 동일한 가치를 지

율리우스 하르트(1859~1930)는 베를린에서 활동한 시인이자 문학비평가다. 형인 **하인리히 하르트**(1855~1906)와 함께 독일 자연주의의 시작을 알린 최초의 자연주의 잡지 〈크리티셰 바펜갱에〉(1882~1884)를 발행했다. 「베를린으로 가는 기차에서」는 1885년에 발간된 자연주의자들의 시 모음집 『현대 시인들의 성격』에 수록되었다. 이 시집은 주로 시를 중심으로 발달한 독일 초기 자연주의의 대표적인 작품집이다.

닌 수많은 노동자들 중 한 명으로 살아가는 도시 노동자의 삶을 암시하는 것처럼 보인다.

율리우스 하르트의 「베를린으로 가는 기차에서」는 산업 발전의 토대이자 결과이며, 일상적인 삶의 양상을 크게 바꿔놓은 기차를 소재로 한 대표적인 문학작품이기도 하다. 19세기 후반 이래로 기차는 문학과 예술에서 산업화된 새로운 세계를 상징하는 소재로 사용되었으며, 때로는 환희의 대상으로, 때로는 두려움과 공포의 대상으로 묘사되었다. 뒤에서 살펴볼 하우프트만의 단편소설 「선로지기 틸」에서는 이 시와 전혀 다른 방식으로 묘사되는 기차를 발견할 수 있다.

인구의 증가와 철도의 발달을 바탕으로 이루어진 대규모 인구 이동의 결과는 제국 내 도시의 급격한 성장이었다. 산업 발달이 섬유산업을 중심으로 이루어진 18세기에는 산업의 중심지가 대체로 지방의 소도시였다. 반면 19세기 중반 이후 이루어진 산업화는 노동력이 풍부한 대도시의 공장을 중심으로 이루어졌으며, 이에 따라 고향을 떠나는 사람들의 목적지 역시 대도시인 경우가 많았다. 그 결과 1871년에 36.1%에 불과하던 인구 2,000명 이상의 도시가 1910년에는 60%까지 증가했으며, 그중에서도 인구 10만 명 이상인 도시들이 가파른 성장세를 보였다.

예를 들어 1875년에 96만 6,000명이던 베를린의 인구는 1890년 158만 7,000명으로, 1910년에는 207만 1,000명으로 크게 증가했고, 베를린의 근교 도시인 샤를로텐부르크의 인구는 1875년 2만 5,000명에서 1890년 7만 6,000명, 1910년 30만 5,000명으로 35년 사이에 무려 1,000% 이상 증가했다. 함부르크의 인구 역시 크게 늘어 1875년 26만 4,000명이던 것이 1890년에는 32만 3,000명, 1910년에는 93만 1,000명이 되었고, 라이프치히의 인구는 1875년 12만 7,000명에서 1890년 29만 5,000명으로, 1910년에는 58만 9,000명으로 증가했다. 1910년에 인구가 20만 명이 넘는 22개 도시들만 계

산했을 때 1875년부터 1910년까지 인구 증가율은 202.7%에 이르렀다.(참고자료 2 참조)

이처럼 도시인구가 빠르게 증가하고, 이들이 공장의 값싼 노동자로 살아가게 되면서 사회구조에 커다란 변화가 생겨났다. 그중 가장 커다란 변화는 바로 공장노동자라는 새로운 사회 계급의 등장이었다. 급격한 인구 이동의 결과 광산 및 대도시의 공장에서 일하는 노동자의 수가 급격하게 늘어났다. 이들의 수는 1849년 32만 6,000명에서 1861년에는 54만 1,000명, 1870년에는 128만 1,000명까지 늘어났으며, 1871년에는 직업이 있는 모든 사람들 중 광산 및 공장 노동자의 비율이 이미 32.2%에 이르렀다.

그러나 이들 중 대부분은 산업화에 따른 경제 발전의 혜택을 받지 못한 채 극빈층으로 살아야 했다. 예를 들어 1870년대에 보훔에서는 전체 인구의 단 16%만이 중산층에 속했고, 83%가 하층민에 속했는데, 이는 전체 노동자 중 4/5가 하층민에 속했음을 의미한다. 이처럼 대부분의 대도시 노동자들은 특히 산업화 초기에 배고픔과 주거 불안정 등 빈곤에 시달려야만 했다. 19세기 중반에 이들은 식료품을 구입하는 데 수입의 50~70%를 지출해야만 했으며, 수요의 급증과 부동산 투기의 영향으로 치솟은 임대 비용을 감당하지 못해 지극히 열악한 주거 환경에서 살아가야만 했다. 1900년을 기준으로 베를린 가정의 43%가 방 하나짜리 집에서, 28%가 방 두 칸짜리 집에서 살았으며, 한 방에 8명이 잠을 자야만 하는 경우도 드물지 않았다. 많은 가정에서 난방은 부엌에서만 가능했으며, 화장실은 대부분 공용 정원이나 계단실에 있었다. 욕실 역시 매우 드물어서 1880년 베를린에는 1,000가구당 36개의 욕실이 있었으며, 상황이 많이 개선된 1910년에도 1,000가구당 137가구만이 욕실을 가지고 있었다.

이처럼 대부분 노동자들이 도시 빈민으로 전락한 것은 무엇보다도 산업생산을 통해 얻은 소득이 균등하게 배분되지 못한 탓이다. 예를 들어 1880년

작센에서는 상위 5%의 부유층이 전체 소득의 30~33%를 차지했으며, 하위 25~50% 소득자는 전체 소득의 12~13%를, 하위 25% 소득자는 전체 소득 중 8~9%만을 가져갔다.

게르하르트 하우프트만은 1889년에 발표된 희곡 『해 뜨기 전』에서 로트라는 인물의 입을 통하여 당시 노동자들의 비참한 삶을 다음과 같이 묘사하고 있다.

로트　예를 들면 얼굴에 땀을 흘리고 있는 사람들은 굶주리는데, 게으른 사람들이 지극히 사치스럽게 살고 있는 것이 잘못된 거예요. (…) 저는 그런 잘못된 일을 특히나 더 분명하게 목격했던 것을 기억해요. 그때까지 저는 살인이란 어떤 경우에도 범죄로서 처벌받아야 한다고 믿고 있었어요. 하지만 그 일을 보고 난 후에는 그저 온건한 형태의 살인만이 불법적이라는 사실을 분명하게 알게 되었지요. (…) 제 아버지는 비누 제조 장인이셨습니다. 우리는 공장 바로 옆에 살았었는데, 우리 집 창문이 공장 마당 쪽으로 나 있었어요. 거기서 저는 그 밖에도 여러 가지 것들을 보았답니다. 한 노동자가 있었어요. 5년 동안 그곳에서 일을 했지요. 그런데 그 사람이 심하게 기침을 하고 여위기 시작했어요 … 저는 아버지가 식사 중에 했던 말을 기억하고 있어요. 부르마이스터가 ― 그것이 그 노동자의 이름이었어요 ― 계속 비누공장에서 일을 하면 폐결핵에 걸리게 될 것이라는 거였지요. 의사가 그렇게 이야기를 했다고 해요. ― 그 사내에게는 아이가 여덟이나 있었지

게르하르트 하우프트만(1862~1946)은 독일 자연주의를 대표하는 극작가이자 소설가였다. 『해 뜨기 전』은 독일 자연주의 연극의 본격적인 시작을 알린 작품으로서 새로운 문학과 연극을 갈망하던 당대의 많은 독자와 관객들에게 열광적인 반응을 얻었다. 하우프트만과 『해 뜨기 전』에 대해서는 뒤에서 더욱 자세하게 다루기로 한다.

만, 그렇게 쇠약해진 상태에서는 다른 일자리를 구할 수도 없었어요. 비누공장에서 계속 일을 할 수밖에 없었던 거예요. 사장은 그 사람을 그대로 두는 것을 중요하게 생각했는데, 겉으로는 무슨 일이 있든 인간적으로 보이고 싶어 했던 거죠. — 8월 어느 날 오후에, 끔찍하게 더웠어요. 그날 그 노동자가 손수레 가득 석회를 싣고 공장 마당을 힘들게 지나가고 있었어요. — 저는 그때 마침 창밖을 내다보고 있었죠. 그때 그 사람이 멈춰 서는 것이 보였어요. — 자꾸자꾸 멈춰 섰어요. 그러다 결국 돌바닥에 쓰러져버렸답니다. — 저는 그곳으로 달려갔어요 — 아버지도 오셨고, 다른 노동자들도 왔어요. 그렇지만 그 사람은 그저 간신히 숨을 쌕쌕거리며 쉴 뿐이었어요. 입에는 피가 가득했고요. 저는 그를 도와 집으로 데리고 갔어요. 그 사람은 석회를 뒤집어쓴, 온갖 화학약품 악취가 나는 누더기 한 꾸러미에 불과했어요. 우리가 집에 데려다놓기도 전에 그는 죽어버렸어요. (…) 그로부터 8일이 채 지나기도 전에 우리는 그의 부인을 공장에서 사용된 양잿물이 버려지는 강에서 건져냈어요.

노동자 출신의 소설가이자 사회주의자였던 막스 크레처는 장편소설 『기만당하는 자들』(1881)에서 화려한 대도시 베를린의 이면에 감춰진 노동자들의 궁핍하고도 비참하며 무기력한 삶을 다음과 같이 묘사하고 있다.

(…) 상점들에는 아직 정적이 감돌고, 한낮의 움직임은 찾아볼 수 없다. 아직 상류층 고객들이 찾아오지 않았고, 고급 마차들도 매끈한 아스팔트 위에 서 있지 않기 때문이다 — 화려한 "서쪽" 베를린은 아직 아침 속에 잠겨 있다.
그렇지만 상점들 밖에서는 벌써 화사하고 변화무쌍한 움직임이 물결치고 있다. 이 거대도시의 생활이 밝은 아침 햇살 속에서 날카로운 소음과 둔중한 바퀴 소리와 함께 고동치고 있다. 노선마차가 종을 울리고, 버스들이 덜컹거리며 지나가고, 자동차가 꼬리를 물고 서 있다. 마치 나란히 붙어 있으면서 그 고리들이 계속해서 떨어져나가는 화사한 사슬들처럼 보행자들이 인도 위에 나타난다. 그들은 멈춰 서서 쇼윈도를 바라보지만, 아무것도 사지 않는다. 주위를 둘러보고, 계속해서 걸어간다. 바쁘게, 천천히, 쉬지 않고, 멍하게, 진지하게, 유쾌한 기분으로 ― 대도시의 시민으로서 함께 속해 있다는 느낌에 있어서는 서로가 서로를 잘 알고 있다. 그러나 개개인에 대해서는 아는 것이 없다. 그렇게 사람들은 물결치고, 또 여기저기로 빠르게 흘러간다. 살아 있는 바다, 반짝거리는, 빛나는, 기만적인, 이처럼 매혹적인, 낭떠러지와 심연으로 가득한 평지 위에서, 하품을 하며, 끔찍하게…

이것이 바로 라이프치히 거리다. 백만장자들이 살고 있는 티어가르텐 고급 저택의 녹색 정원으로부터 왕이 살고 있는 이 도시의 심장, 돌로 만들어진 심장[베를린 궁전을 뜻함]으로 이어지는 핏줄, 화려하고 열정적으로 흘러가는 베를린의 핏줄. (…)

시계는 이제 겨우 밤 10시를 넘어서고 있었다. 거리는 매우 붐볐다. 왜냐하면 오늘은 토요일, 그러니까 임금을 받는 날이었기 때문이다. 그리고 이날은 도시의 특정 지역에서 방탕한 밤을 통해 일요일로 이어지는 그런 날이었다. 그런 밤이면 베를린은 다른 외형을 갖추게 된다. 모두가 더 밝게 웃고, 모든 얼굴들이 더 즐겁게, 더 적극적으로 보인다. 돈벌이에 종속되어 있는 모든 개인들이 48시간 내내 자기 마음대로 할 수 있다는 기분을 갖게 된다. 이것이 그들을 대담하게 만들고, 자유분방하게 하며, 평소보다 더 자유롭게 숨 쉬게 하고, 경솔한 언행을 불러일으킨다. 그런 밤이면 모든 사람들이 교회에 가서 딸랑거리는 동전으로 제물을 바쳐서라도 사랑하는 하느님께서 일곱 번째 낮을 만들어주신 것에 감사를 표하기라도 할 것만 같았다. 미혼의 노동자들이 특히 엿새 동안의 긴 노동에 대한 보상을 받으려고 했다. 오늘 그들은 마치 언제고 두둑한 주머니를 치며 "오늘 우리는 즐거운 밤을 보낼 거야"라고 말하려는 것처럼 고개를 높이 들고 있다. 그리고 그 다음 주 세 번째 날에 다시 궁핍한 삶을 이어나가기 위해 선술집이나 식당에서 외상을 져야 하지만, 그것에 신경을 쓰는 사람은 아무도 없다! 오늘은 그들도 한 번 즐겨보려는 것이고, 사람을 도취시키는 베를린의 독이 섞인 숨결을 조금 맛보기 위해 돈을 기부하려는 것이다. (…)

도시 변두리에서는 삶의 쓰라림에 대한, 그리고 결혼생활에서의 실망에 대한 보상을 술에서 찾고자 하고, 또 제때에 찾는 사람들을 볼 수 있다. 선술집이 오늘은 그들의 천국이고 가득 채워진 독주 잔은 그들의 즐거움이다 — 이들은 그 속에서 이상하고 이해할 수 없는 것들을 탐닉하고, 멍한 표정으로 꿈꾸며, 거의 정신착란 상태에서 상상 속에 빠진다…

바로 그렇게 살금살금 다가오는 독에 의해 벌써 반쯤 망가진 인물이 지금 저기에서 비틀거리며 걷고 있다. 그의 작업복은 금방 벗겨지기라도 할 것처럼 그의 마른 사지를 헐렁하게 감싸고 있다. 이 남자는 알아듣기 힘든 말을 내뱉고 골골거리는 목소리로 욕을 했다 — 그를 에워싸고 있는 어린 청년들을 웃기기 위한 것이었다. 그의 옆에는 초라한 옷차림의 여윈 여인이 걸어가고 있었다. 바로 그의 가련하고 불쌍한 아내였다. 그녀는 남편을 맞이하기 위해 오랫동안 공장의 문 앞에 서 있었다. 그리고 이 술집 저 술집을 따라다녔으며, 그가 힘들게 번 돈을 술 마시는 데 쓰기 위해 주머니에서 움켜쥐는 것을 열두 번도 더 보았다. 그가 취하는 것을 보았으며, 마침내 혀 꼬부라진 소리로 말하는 것을, 더듬더듬 말하는 소리를 들었다. 그러나 그녀는 남편의 곁에서 떨어지지 않았다 — 남편이 집으로

자연주의 소설가인 **막스 크레처**(1854~1941)는 대부분 시민계급 출신이었던 다른 자연주의 작가들과는 다르게 어려서부터 직접 노동현장에서 일을 해야만 했던 노동자계급 출신의 작가였다. 크레처는 자신의 경험을 바탕으로 노동자들의 삶을 누구보다도 더 충실하고 사실적으로 그려냈다. 막스 크레처와 그의 작품들에 대해서는 뒤에서 더욱 자세하게 이야기할 것이다.

가져와야 할 몇 푼 안 되는 돈을 위해서였다. 왜냐하면 그가 인사불성이 되도록 취하기 전에는, 사람들이 그를 데리고 가야 할 때까지 취하기 전에는, 집으로 가도록 설득할 수 없다는 것을 잘 알고 있었기 때문이다. 그리고 집에는 굶고 있는 아이들이 기다리고 있었다. 빵을 달라고 소리치고 있었다. 불쌍한, 불쌍한 아이들이…

정치적 변화-사회주의 정당의 성장

산업화 초기에 독일 노동자들은 열악한 노동조건과 생활고에도 불구하고 상황을 개선해달라는 요구를 할 수 없었다. 기계를 이용해 대량생산을 하는 공장들은 수공업과는 달리 숙련된 장인을 필요로 하지 않았다. 공장에서 일하는 단순 노동자들은 도시로 밀려들어오는 다른 노동자들에 의해 언제든지 대체될 수 있었으며, 이러한 극단적인 종속 관계 속에서 아무리 비인간적인 대접을 받더라도 해고나 임금 삭감에 대한 두려움 때문에 자신들의 주장을 이야기할 수 없었다.

이 같은 상황을 극복하기 위한 노력은 두 가지 방향으로 이루어졌다. 그중하나는 직접 고용주들을 상대하여 노동조건과 임금에 대해 협상할 수 있는 노동자조합을 결성하는 것이었으며, 다른 하나는 노동자계급의 이익을 위해 노력하는 정치 세력을 형성하는 일이었다.

노동자조합은 1860년대 이후에 활발히 설립되기 시작했다. 이를 통해 노동자들이 자신들의 권익을 위해 집단적으로 목소리를 낼 수 있게 되면서 노사분규도 잦아지기 시작했다(참고자료 3, 4 참조). 사회주의자들을 중심으로 한 노동자들의 정치 세력화는 19세기 중반 이후 프로이센의 정치적 자유도가 높아지면서 본격적으로 이루어지기 시작했다. 이러한 분위기 속에서 만

페르디난트 라살(1825~1864)은 아우구스트 베벨, 빌헬름 리프크네히트와 함께 독일 초기 노동자운동을 이끈 사회주의자 중 한 명이었다. 그는 노동자들에 의한 혁명과 전 세계 노동자들의 연대를 중시했던 칼 맑스와는 다르게 노동자들이 직접 운영하는 생산조합을 통한 부의 공평한 분배와 민족주의적 사회주의를 주장했다. 그는 1863년에 독일 최초의 노동자 정당 ADAV를 만들었으나, 이듬해에 벌어진 — 당시에 여전히 성행하던 — 결투에서 총에 맞아 사망했다. 오늘날 독일의 사회민주당(SPD)은 라살이 ADAV를 결성한 1863년을 당의 원년으로 보고 있다. 그러나 1875년 SAP의 창당을 독일 사회민주당의 시작으로 보는 견해도 있다.

들어진 독일 최초의 노동자 정당은 페르디난트 라살의 주도하에 1863년에 결성된 '알게마이네 도이체 아르바이터페어라인(ADAV, 일반 독일 노동자연합)'이다.

독일 초기 사회주의를 대표하는 인물인 라살은 노동조합을 중심으로 한 노동운동에 회의적인 태도를 보였다. 그는 노동자들의 인간적인 삶을 보장하는 궁극적인 해결책은 노동자들이 직접 회사를 운영하는 것이라고 생각했다. 그러나 국가적 차원의 지원을 전제로 하는 이러한 구상은 독일제국의 「삼등급선거권법」하에서는 실현을 기대하기 어려웠다. 「삼등급선거권법」은 (남성)유권자를 소득과 재산 수준에 따라 '1등급 유권자'(전체 유권자의 4.7%)와 '2등급 유권자'(12.7%), '3등급 유권자'(82.6%)로 나누고, 각각의 유권자 그룹이 각각 동일한 수의 선거인단을 뽑는 간접선거법이었다.* 노동자계급은 수적으

---

* 여성들은 1919년에 바이마르공화국이 들어서고 나서야 선거권을 갖게 되었다.

로 압도적 우위에 있었음에도 낮은 소득 때문에 자신들의 이익과 견해를 대변해줄 의원들을 선출하기 어려웠던 것이다. 따라서 라살은 노동자들이 국가의 정책에 더 큰 영향력을 행사할 수 있도록 모든 국민이 동등한 가치의 한 표를 행사하는 보통선거의 관철을 ADAV의 핵심 과제로 삼았다.

ADAV가 본격적인 정치조직이었던 데 반해 같은 해에 설립된 '페어라인스탁 도이체 아르바이터페어라인(VDAV, 독일 노동자연합 회의)'은 자유주의 진영의 인사들이 주도하는 일종의 노동자 교육 단체로 출발했다. 이들은 노동자들을 새로운 계급으로 인식하지 않았으며, 노동자들을 교육시켜 중산층으로 성장해나가는 것을 돕고자 했다. 그러나 맑스주의자인 빌헬름 리프크네히트와 아우구스트 베벨의 영향력이 커지면서 VDAV는 점차 정치적인 조직으로 발전했다. 이듬해인 1869년에는 VDAV와 (리프크네히트와 베벨이 창당한) '잭시셰 폴크스파타이(작센 민중정당)', 그리고 ADAV의 일부 인사가 참여하여 아이제나흐에서 '조치알데모크라티셰 아르바이터파타이(SDAP, 사회주의 노동자정당)'를 창당했다.

이후 SDAP는 ADAV와는 다른 정치적 목표를 지향하며 경쟁적인 관계를 형성했다. ADAV가 국가의 틀 안에서 노동자 문제를 해결하고자 했으며 노조에 대해서도 비판적이었던 반면, SDAP는 노조에 긍정적이었으며 현체제의 국가와는 함께할 수 없다는 사실을 분명히 했다. 그러나 두 정당은 1871년 통일 이후 반사회주의적인 조치들이 강행되면서 서로 접근하여 결국 1875년 고타에서 통합 정당인 '조치알리스티셰 아르바이터파타이 도이치란트(SAP, 독일 사회주의 노동자당)'를 결성하게 된다.

SAP의 결성과 함께 발표된 「고타강령」에서 독일의 사회주의자들은 다음과 같이 자신들의 정치적 정체성과 목적을 밝히고 있다.

독일 사회주의 노동자당

「고타강령」

I. 노동은 모든 부와 모든 문화의 원천이다. 모두에게 이득을 가져다주는 노동이
란 오로지 사회를 통해서만 가능하기 때문에, 평등한 노동의무와 동등한 권
리를 가진 노동자들의 노동을 통해 생산된 모든 것들은 사회, 즉 모든 사회 구
성원들의 것이며, 이성적으로 필요하다고 생각되는 만큼 그들에게 돌아가야
한다.

오늘날의 사회에서 노동의 수단은 자본가계급이 독점하고 있다. 이로 인해 생
겨난 노동자계급의 종속은 온갖 형태의 비참함과 굴종의 원인이다.

노동의 해방을 위해서는 노동수단을 사회의 공동재산으로 만들어야 하며, 전
체의 노동이 조합에 의해 조절되어야 하고, 노동의 결과물이 정당하게 분배되
어야 한다.

노동자계급이 아닌 다른 모든 계급은 단지 반동적인 대중을 구성할 뿐이다.

노동의 해방은 노동자들에 의해 이루어져야 한다.

II. 이러한 기본 원칙들로부터 출발하여 독일 사회주의 노동자당은 모든 합법적
인 수단을 통해 자유로운 국가와 사회주의적인 사회를 만들고, 임금노동의 시
스템을 철폐함으로써 철통같은 임금법을 부수고자 하며, 모든 형태의 착취를
없애고, 모든 사회적이며 정치적인 불평등을 없애기 위해 노력할 것이다.

독일 사회주의 노동자당은 우선은 국가적인 틀 안에서 활동하지만 노동자운
동의 국제적인 성격을 잘 알고 있으며, 모든 인간의 연대를 실현하기 위하여
국제적인 노동자운동이 노동자들에게 부여한 모든 의무를 수행할 것을 결의
한다.

독일 사회주의 노동자당은 사회문제 해결을 시작하기 위하여 국가의 도움과
노동자들의 민주적인 통제하에 사회주의적인 생산 공동체를 만들 것을 요구

한다. 산업과 농업을 위하여 생산 공동체는 모든 노동의 사회주의 조직이 생겨날 수 있는 규모로 만들어져야만 한다.

독일 사회주의 노동자당은 국가의 토대로서 다음 사항들을 요구한다.

1. 국가와 지방자치단체의 모든 선거에서 20세 이상의 독일 국적을 가진 모든 사람들에게 보통, 평등, 직접 선거권과 비밀이 보장된 의무적 선거.

2. 국민들에 의한 직접 입법. 전쟁과 평화를 국민이 결정.

3. 일반적인 방위. 현재의 군대 대신 국민군대.

4. 모든 예외 법규의 철폐. 특히 언론, 결사, 집회법의 예외 법규 철폐. 자유로운 의사 표현과 자유로운 연구 및 사고를 제한하는 모든 법규의 철폐.

5. 국민들에 의한 재판. 사법의 무료화.

6. 국가에 의한 일반적이고 평등한 국민교육. 일반적인 교육의무. 모든 교육기관에서 무상 수업. 종교를 개인적인 것으로 선언할 것.

독일 사회주의 노동자당은 오늘날의 사회 내부에 다음 사항들을 요구한다.

1. 위에서 기술한 의미에서 가능한 한 정치적인 권리와 자유를 확장할 것.

2. 현재 존재하는 모든, 특히 국민에게 부담을 주는 간접세 대신에 국가와 지방자치단체에 유효한 단 하나의 진보적인 소득세.

3. 무제한적인 단결권.

4. 사회적 요구에 부합하는 일반 노동일. 일요일 노동 금지.

5. 어린이 노동 금지 및 건강과 윤리를 해치는 모든 여성 노동의 금지.

6. 노동자의 삶과 건강을 지키는 법. 노동자 주거지의 위생 검열. 노동자들에 의해 선발된 공무원들을 통한 광산 노동, 공장 노동, 작업장 노동, 가내노동의 감시.

7. 수감자 노동의 규제.

8. 모든 노동자보험조합, 구제보험조합, 지원보험조합의 자치.

이 같은 노동자들의 요구는 의회와 자유주의자들조차 정당한 국정의 동반자로 인정하지 않던 전근대적 군주제와 절대주의의 신봉자 비스마르크로서는 받아들일 수 없는 것이었다. 그리하여 비스마르크는 두 차례에 걸친 황제 암살 기도의 책임을 정당한 근거도 없이 사회주의자들에게 덮어씌우고, 이를 계기로 의회의 반대에도 불구하고 1878년에 「반사회주의법(공공을 위협하는 사회민주주의의 시도에 대처하는 법)」을 제정했다. 이 법에 따라 독일제국 내에서 모든 사회주의 활동이 제한되었으며, 이 법은 모두 네 차례의 연장을 거쳐 1890년까지 효력을 발휘했다.

그러나 「반사회주의법」에도 불구하고 사회주의의 정치적 성장 및 대중적 영향력은 지속적으로 확대되었다. 1881년 의회 선거에서 31만 1,961표(6.1%)밖에 얻지 못한 사회주의자들은 1884년 선거에서는 54만 9,990표(9.7%), 1887년에는 76만 3,128표(10.1%), 1890년에는 142만 7,000표(19.8%)를 획득했으며, 「반사회주의법」이 철폐된 이후인 1893년 선거에서는 27.2%를 득표함으로써 모든 정당 중 가장 많은 표를 얻었다.

비스마르크와 독일의 사회보장제도

현실주의자였던 비스마르크는 사회주의의 문제가 비참한 노동자들의 삶에서 비롯되었다는 사실 또한 잘 알고 있었다. 이에 비스마르크는 「반사회주의법」을 통하여 사회주의를 불법화하는 동시에 노동자들의 삶의 질을 향상시킴으로써 사회주의 성장의 근본 원인을 제거하고자 했다. 이때 만들어진 의료보험(1883), 산업재해보험(1884)은 독일 사회보장제도의 시작을 알리는 것이었으며, 동시에 세계 최초의 사회보장제도이기도 했다. 사회적 연대를 토대로 하는 사회보장제도가 극단적인 보수주의자이자 군국주의자였던 비스마르크에 의해 시작된 것은 독일 사회보장제도의 아이러니라 하지 않을 수 없다.

이러한 사회주의의 성장은 정치 세력화를 통해 인간다운 삶을 쟁취하고자 했던 노동자계급의 상황이 얼마나 절박했는지를 잘 보여줌과 동시에, 국민의 대다수를 차지하는 노동자계급을 철저하게 배제해온 기존의 정치 질서에 근본적인 변화가 생기기 시작했다는 사실을 분명하게 보여준다. 독일의 통일과 산업혁명으로 촉발된 사회적 변화가 오랜 세월 유지되어온 정치 체계까지 혁명적으로 변화시킨 것이다.

경제적 변화─창업자 시대와 대공황

19세기 중반부터 본격화된 독일의 산업화는 1871년 통일 이후 정점에 이르렀다. 흔히 '창업자 시대'라고 불리는 이 시기*의 유례없는 경제 호황과 창업 열기는 프랑스에서 유입된 막대한 양의 전쟁 보상금에 힘입은 바가 컸다. 독일─프랑스 전쟁(1870~1871)에서 패한 프랑스는 독일제국에 50억 프랑의 금화를 전쟁 보상금으로 지불했다. 독일제국 정부는 이 금을 녹여 독일제국의 금화로 찍어냈으며, 이 돈은 곧장 독일 시장에 유입되었다.

이로 인한 경제적 호황이 어떠했는지는 1870년에서 1874년 사이에 설립된 주식회사의 수로 확인할 수 있다. 1867년에서 1870년 사이에 프로이센에서 설립된 주식회사는 88곳에 불과했지만, 1870년부터 1874년까지는 무려 857곳의 주식회사가 설립된 것이다. 이에 따라 회사들의 자산 총액도 크게 늘어, 1870년 프로이센에서 설립된 주식회사들의 총 자산 가치가 90억 마르크였던 데 반해 1870년에서 1874년 사이에 설립된 회사들의 자산은 거의

• 넓은 의미의 창업자 시대는 19세기 중반부터 1873년 경제공황에 이르기까지의 산업화 시대를, 좁은 의미의 창업자 시대는 1871년 독일 통일부터 1873년까지의 시기를 뜻한다.

130억 마르크에 육박했다. 산업투자 액수도 1869년에서 1874년 사이에 세 배로 증가했다.

1870년대 초에 절정에 이른 경제 호황은 그러나 1873년에 오스트리아에서 시작된 대공황으로 종말을 고하게 된다. 오스트리아 경제는 독일에 비해 상대적으로 늦게 성장하기 시작했으나, 1867년 이후에는 빠르게 성장했다. 이러한 경제성장의 상징은 1873년 5월 1일 빈에서 개최된 세계박람회(만국박람회, 엑스포)였다. 합스부르크 왕가는 이를 통해 6년 전 대프로이센 전쟁에서의 패배를 극복하고 경제 강국의 면모를 과시하고자 했다.

당시 오스트리아 정부는 산업과 은행에 대해 독일제국과 마찬가지로 자유주의적 정책을 펼쳤는데, 이러한 정책은 주식시장과 경제계 전반에 널리 퍼져 있던 낙관주의와 함께 주가 상승의 중요한 요인이 되었다. 결국 세계박람회 직전 주가는 천정부지로 치솟았고, 빈을 비롯한 합스부르크 왕가 도시의 부동산 값 역시 급격하게 상승했다. 건축 프로젝트는 아직 완성되지도 않은 건물, 때로는 도면 상으로만 존재하는 건물을 담보로 은행에서 빌린 돈으로 추진되었으며, 주식은 액면가의 일부만 내고도 살 수 있었으므로, 충분한 현금을 보유하지 못한 투자자들도 대량의 주식을 매입할 수 있었다. 주식을 매

합스부르크 왕가는 중세부터 존재해온 유럽의 가장 강력한 왕족 중 하나였다. 1438년에 알브레히트 2세가 신성로마제국의 황제로 즉위한 이후 신성로마제국이 붕괴될 때(1806)까지 단 한 명의 황제(카를스 7세, 1697~1745)를 제외하고 모든 신성로마제국 황제가 합스부르크 왕가 출신이었다. 합스부르크 왕가는 1918년 제국이 붕괴할 때까지 오스트리아와 헝가리를 지배했다. 오스트리아의 국모로 불리는 마리아 테레지아 여왕(1717~1780)과 그녀의 딸이자 프랑스혁명 당시 단두대에서 생을 마감한 마리 앙투아네트(1755~1793)가 합스부르크 왕가 출신의 인물들이다.

입한 이후에 거둬들인 이득으로 주식 대금을 납부하는 이러한 주식거래 방식은 경제가 지속적으로 성장하고 주가가 계속 상승하리라는 절대적인 낙관주의를 바탕으로 한 것이었으나, 이는 곧 이전에 겪어보지 못한 커다란 경제위기의 결정적인 원인이 되었다.

1873년 5월 5일 당시 주식 투자자들의 중요한 투자 자금 조달처였던 프랑코–헝가리 은행이 주식 액면가 지불을 요구하면서 첫 번째 주가 폭락 사태가 발생했다. 그 결과 수많은 투자자들이 파산했으며, 세계박람회 개최일로부터 일주일이 지난 시점인 5월 9일에는 하루 사이에 120곳의 기업이 파산했다. 이날 파산한 회사들 중에는 마이어스베르크 & 루소우 은행도 있었는데, 이 은행의 파산으로 주가는 다시 한 번 대폭락을 기록했다. 이날 오후 1시에 경찰은 주식시장을 폐쇄했으며, 이후로는 단기 차관을 연장할 수 없게 되었다. 이로 인하여 다시 수많은 투자자들이 파산했으며, 더 큰 손해를 막기 위해 투자자들이 주식을 내다팔면서 막대한 양의 자금이 주식시장에

낙관주의적 역사관과 문명비관론

19세기 후반의 주식시장을 지배한 낙관주의는 응용과학과 기술의 발전을 바탕으로 끊임없이 이어진 경제성장과 주가의 꾸준한 상승을 바탕으로 한 것이었다. 그러나 그 이면에는 생물이 진화하듯 인류의 문명 역시 자연법칙적으로 끝없이 발전해나갈 것이라는 진화론적 세계관 및 낙관주의적 역사관이 숨어 있었다. 이러한 낙관주의는 몇 차례에 걸쳐 발생한 세계 경제공황과 기술로 인한 대참사들 이후로 자취를 감추고, 19세기 말에 이르러서는 오히려 세기말적 분위기에 걸맞은 문명비관론이 등장하기 시작했다. 당대 기술문명의 상징이었던 거대 여객선 타이타닉호의 침몰(1922년, 1,514명 사망)은 낙관주의의 종말을 상징적으로 보여주는 사건이다. 문명비관론의 정신사적 배경에 대해서는 뒤에서 좀 더 자세히 살펴볼 것이다.

서 빠져나갔다.

　이러한 자금 유출은 전 유럽으로 확산되어 유럽 각국의 주식시장이 차례로 붕괴하기 시작했다. 9월 19일에는 주로 철도와 부동산에 투자했던 미국 은행 제이 쿠크 & 컴퍼니가 파산하면서 주식시장 붕괴 사태는 미국으로까지 확산되었다. 이 사태로 미국 주식시장도 9월 29일까지 폐장하게 되었다. 기업 및 은행들의 연쇄 도산과 주식시장 붕괴 사태는 곧 베를린에까지 도달했다. 같은 해 10월에 베를린의 크비스트로프 연합은행이 파산하면서 베를린 주식시장에서도 주가가 대폭락을 기록했다.

　1873년에 벌어진 대공황의 여파로 오스트리아에서는 많은 은행이 파산했으며, 주식회사 절반이 사라져버렸다. 독일제국의 경제는 설상가상으로 프랑스의 전쟁 보상금 지급이 완료되면서 유동자금이 시장에서 빠르게 말라버리는 이중고를 겪었다. 그 결과 주식시장 붕괴에서 시작된 불황이 장기화되어 1879년까지 5년 이상 지속되었다. 이는 장기적인 관점에서 보면 과열된 경기가 가라앉는 조정 국면으로 이해할 수도 있으나, 중단 없는 경제성장과 주가 상승을 바탕으로 한 경제적 낙관주의에 익숙해 있던 당대인들에게는 커다란 위기로 인식되었다.

세기말, 새로운 황제 빌헬름 2세

　경제적 낙관주의의 붕괴와 함께 19세기 후반 독일 사회에 커다란 변화를 가져온 사건은 바로 빌헬름 1세의 죽음이다. 독일제국의 첫 번째 황제이자 특히 노년에 접어들어 국민들에게 많은 사랑을 받은 빌헬름 1세는 1888년 3월 9일에 92세의 나이로 사망했다. 빌헬름 1세의 뒤를 이어 자유주의자이자 영국 빅토리아 여왕의 장녀와 결혼한 프리드리히 3세가 즉위했으나, 즉위

후 99일 만에 후두암으로 사망했다. 그의 뒤를 이어 빌헬름 2세가 29세의 나이로 왕위에 오르면서 독일의 정세는 급격하게 변화했다.

즉위 이전부터 비스마르크와의 결별을 공공연하게 예고했던 빌헬름 2세는 여러 가지 정책과 정치적 문제들에서 비스마르크와 충돌한 끝에 1890년 제국의회 선거에서 지지 기반을 상실하고 군부의 지지를 얻는 데도 실패한 비스마르크의 사직서를 수리했다(1890년 3월 18일). 이로써 독일을 통일하고 독일제국을 경제적·정치적으로 강력한 국가로 성장시킨, 그러나 여러 가지 사회적·정치적 모순과 긴장 관계를 양산한 비스마르크 시대는 마침내 막을 내리게 되었다.

독일제국의 새로운 황제 빌헬름 2세는 몇 시간에 걸친 난산으로 인해 왼팔에 장애를 안고 태어났다. 제대로 움직일 수 없었던 왼팔은 오

독일제국의 마지막 황제 빌헬름 2세 (1905)

른팔에 비해 짧았다. 오늘날까지 남아 있는 빌헬름 2세의 사진 중에 그가 두 팔을 모두 곧게 편 모습을 담은 것이 없으며, 지팡이나 칼의 손잡이 위에 왼팔을 올려놓고 찍은 사진이 많은 것은 그가 이러한 장애를 숨기기 위해서 두 팔을 곧게 편 자세를 피했기 때문이다. 영국 태생인 어머니 빅토리아 왕비는 건강한 황태자를 낳지 못했다는 죄책감에 시달렸지만, 장애를 가진 황태자가 유년 시절에 겪은 고통과 열등감은 그보다 훨씬 더 컸다. 장애와 그로 인한 어린 시절의 고통은 그의 불안정한 성격 형성에 큰 영향을 끼친 것으로 알려져 있다. 역사학자 마틴 키친에 따르면 빌헬름 2세는 "재능이 뛰어나기는 했으나 생각이 깊지 않고, 노이로제 증세"가 있었으며, "허세가 심한 몽상

가"였다.

빌헬름 2세의 이러한 성격은 그의 대내외 정책에도 큰 영향을 끼친 것으로 보인다. 그는 왕위에 오른 후, 공언했던 대로 비스마르크와 결별하며 독자적인 정책을 펼치기 시작했다. 그러나 빌헬름 2세 치하의 독일은 보수 진영, 자유주의 진영, 사회주의 진영의 극단적인 대립과 각 진영 내부의 갈등과 분열로 지극히 혼란스러운 상황이 계속되었다. 특히나 문제가 심각했던 것은 외교 분야였다. 철저한 균형 위주의 외교를 통해 독일의 안정을 도모한 비스마르크가 떠나고 나자, 빌헬름 2세는 그의 할아버지였던 빌헬름 1세와 달리 외교 문제에 직접 개입했으며, 독일을 유럽의 강국으로 만들고자 노력했다. 그러나 그의 일관되지 못하고 서투르며, 철저한 예측이 결여된 외교정책과 뒤늦게 시작한 무리한 식민지 개척 경쟁, 또 해군 제독이었던 티르피츠가 주도한 전함 구축 계획으로 인해 독일은 오스트리아를 제외한 주변국들 사이에서 외교적으로 고립되었으며, 결국 1차 세계대전의 주요 원인을 제공하고 말았다. 빌헬름 2세 치하의 독일, 세기전환기의 독일은 역사와 경제의 끊임없는 진보에 대한 믿음이 몇 차례의 경제 대공황으로 붕괴된 상태에서 정치적·외교적 갈등과 문제들이 첨예하게 불거진 위기의 시대였다.

2장

새로운 세계관과
인간관의 형성

지금까지 살펴본 것처럼 19세기 중반 이후 독일에서 벌어진 급격한 변화들은 산업과 사회의 구조에서 정치적 지형과 일상생활에 이르기까지 삶의 모든 영역에 걸쳐 이루어졌다. 이러한 변화는 기본적으로 독일 사회가 현대적인 산업사회로 접어드는 과정이었지만, 다른 한편으로는 수백 년에 걸쳐 유지되어온 기독교적 세계관과 인간관이 붕괴되고 인간과 세계를 이해하는 새로운 사고체계가 형성되는 과정이기도 했다.

산업혁명과 자연과학

산업혁명이 마무리된 19세기 후반 도시의 모습은 19세기 초반에는 상상할 수 없는 것이었다. 지은이가 알려지지 않은 관광 안내 책자 『전문가를 위한 베를린』(1912)은 당시 유럽의 가장 번화한 대도시 중 하나였던 베를린의 모습을 다음과 같이 묘사하고 있다.

베를린:

독일제국의 수도이자 프로이센 왕국의 수도, 독일 황제와 프로이센 왕의 거주지, 독일제국의회와 프로이센 의회의 소재지.

최근의 자료에 따르면 베를린에는 208만 8,629명, 혹은 대공국 바덴 전체만큼의 사람들이 살고 있다. 주둔하고 있는 군대의 규모는 2만 3,000명이며, 31개의 위성 도시를 포함할 경우 베를린의 인구는 301만 9,887명까지 올라간다. 베를린의 면적은 6,352.25ha이며, 그 둘레는 45km이다. 시장은 마르틴 키르쉬너 박사이며, 부시장은 『겨울봄』과 장편소설 『녹색 닭』의 저자인 게오르크 라이케 박사다.

베를린 시의 예산은 약 3억 3,000만 마르크다. 베를린 시는 지방세로 8,900만 마르크를 거둬들인다. 베를린 시는 매년 학교를 위해 3,700만 마르크를 지출한다. '세상에서 제일 깨끗한 도시' 베를린은 거리 청소를 위해 매년 600만 마르크 이상을 지출한다. 베를린 중앙가축시장에서는 작년 한 해 동안 200만 마리의 가축이 도축되었으며, 그 밖에 1만 500마리의 말이 도축되었다. 매일 약 3,000명의 노숙자들이 시립 노숙자수용소에서 밤을 보낸다.

베를린 시민들은 시립 저축은행에 매년 7,000만 마르크를 저축한다. 총 저축액은 3억 6,200만 마르크다. 베를린 전차 선로의 총연장은 베를린에서 프랑크푸르트까지의 철도 길이와 같다. 전차만 계산해도 작년 베를린의 운송객 수는 5억 5,000만 명에 이른다. 베를린 주소책의 최신판은 대4절판 크기로 6,000쪽에 이르며, 무게는 25파운드다.

1911년 베를린에는 약 130만 명의 등록된 외지인들이 거주하고 있었다. 작년에는 그중 25만 3,838명이 외국인이었다. 작년 통계에 따르면 외지인들의 구성은 다음과 같다.

독일제국: 1,046,162

러시아: 97,683

오스트리아: 39,555

아메리카: 30,550

영국: 16,600

스웨덴: 13,721

덴마크: 11,176

프랑스: 11,070

네덜란드: 7,611

스위스: 5,048

벨기에: 3,786

이탈리아: 3,682

노르웨이: 3,595

발칸: 3,270

아시아: 1,595

스페인: 1,186

터키: 1,102

아프리카: 1,129

포르투갈: 890

(…)

베를린의 주요 기차역들은 베를린에 처음 오는 사람들이 도착하자마자 즉시 이 요동치는 거대도시에 들어왔다는 느낌을 받을 수 있는 곳에 위치하고 있다. 베를린의 방문객은 우선 숙소에 들러 옷을 잘 차려입어야 한다 ─ 어두운 색의 양복이라면 베를린에서 있을 수 있는 어떤 경우에라도 충분하다 ─ 그러고는 곧바로 대도시의 혼잡함 속으로 향하기 바란다! 처음으로 가야 할 곳은 프리드리히 거리에서 라이프치히 거리로 내려가는 길, 다음은 라이프치히 거리에서 포츠담 광장 쪽으로 올라가는 길이다. 이 길에는 '베르트하임'•이 있는데, 당연히 들어가봐야 한다. 그러면 현기증 나는 베를린 생활의 한복판에서 느끼게 되는 속수무책의 기분을 처음으로 알게 될 것이다. '베르트하임'에서 나와서는 포츠담 광장 쪽으로 계속 걸어간다. 베를린 교통의 물결에 직접 부딪혀보기 위해서는 대략 오른쪽 문에서부터 포츠담 역 오른쪽 옆에 있는 지헨 맥줏집까지 광장을 가로질러 가

• 1852년에 설립된 백화점 체인. 라이프치히 거리에 있던 베르트하임은 베를린의 건축가 알프레드 메셀이 설계하여 1897년에 완성되었으며, 당시 유럽에서 가장 큰 백화점이었다.

야 한다! 그러고 나서는 그 자리에 서서 한동안 이 계속해서 움직이는, 그 어디에서도 찾아볼 수 없는 광경을 바라본다. 저녁 7시에서 8시 사이에는 포츠담 광장까지 이어지는 이 길을 다시 한 번 걸어봐야 한다. 그러고 나서 5번 버스를 타고 되돌아간다. 이때는 버스 승강장 쪽으로, 그러니까 라이프치히 거리의 '베르트하임' 쪽을 바라보고 서야 한다. 이제 눈앞에 펼쳐지는 광경, 인파와 불빛과 자동차들의 믿을 수 없는 움직임을 보여주는 광경, 이것이 바로 베를린이다! 버스가 라이프치히 거리에서 프리드리히 거리로 돌아 들어가면 이제 그 절정을 만나게 된다. 프리드리히 거리 기차역까지 이어지는 네온사인, 전등, 투명 간판들의 불빛 물결이 넘실대는 인파들과 함께 활기를 띠기 시작하는 것이다.

—『전문가를 위한 베를린』(1912) 중

산업생산과 사회구조에 커다란 변화를 가져온 산업혁명과 산업혁명의 근간을 형성한 기술의 발달은 일상생활에도 커다란 변화를 일으켰다. 그리고 이는 — 부의 불공평한 재분배에도 불구하고 — 단순히 늘어난 소득에 따른 생활수준의 향상만이 아니라 생활 방식의 근본적인 변화를 의미했다.

예를 들어, 많은 이들이 산업혁명의 상징으로 받아들였던 증기기관차는 거리와 시간, 속도의 개념을 혁명적으로 바꿔놓았다. 걷거나 마차로 이동하던 19세기 중반의 유럽인들에게 초기에는 고작 시속 30~50km에 불과했던 기차의 속도는 건강에 대한 우려가 제기될 정도로 어마어마한 것이었으며, 거리와 공간 개념을 근본부터 바꿔놓는 교통수단의 혁명적 변화를 뜻했다. 증기기관으로 움직이는 공장의 대형 기계들은 수공업에 의한 생산과는 차원이 다른 대량생산을 가능하게 했으며, 전통적인 산업생산과 노동의 방식을 완전히 바꿔놓았다. 거리에는 가스 대신 전기를 사용하는 가로등(1879, 베를린)이 어두운 밤거리를 밝혀주었고, 전기를 사용하는 엘리베이터(1880, 만하임)가 계단을 걸어 올라가는 수고를 덜어주었다. 거리에는 행인들, 마차와

1901년 베를린 할레셰스 토어 부근의 모습. 전기 가로등, 전차와 마차가 동시에 거리를 달리는 모습 등을 볼 수 있다.

함께 전기모터를 사용하여 움직이는 전차(1881, 베를린)가 달렸으며, 곧 자동차(1886)가 거리를 지배하게 되었다. 현관문의 노커(쇠고리)는 전기를 사용하는 초인종으로 대체되었고, 19세기 중반에 발명된 사진술에 힘입어 사진이 초상화를 대신하게 되었다. 1894년에는 프랑스의 뤼미에르 형제가 움직임을 담는 기술, 즉 영화 기술을 발명함으로써 정글에 가지 않고도 맹수들이 사냥하는 모습을 볼 수 있게 되었으며, 그로부터 오래되지 않아 사람들은 하늘을 날아다니는 비행선(1900)이나 비행기(1903)의 모습을 볼 수 있게 되었다.

이처럼 산업혁명과 기술의 발전은 당대 유럽인들의 삶을 근본적으로 뒤바꿔놓았다. 이에 따라 산업혁명과 기술의 발전은 — 끊임없이 상승하는 주가와 더불어 — 19세기 중반 이후 낙관적 역사관의 바탕을 이루는 동시에 인류 문명 진보의 원동력으로, 또 진보하는 인류 문명의 상징이자 증거로 인식되었다.

그러나 문화적·정신사적인 맥락에서 당대 유럽인들에게 산업혁명 및 기술보다 더욱 본질적인 영향력을 행사한 것은 바로 자연과학이다. 자연과학은 산업혁명 및 기술 발전의 근원으로서 19세기 중반 이후 성취한 경제 성장, 더 나아가 인류 문명의 진보에 결정적인 역할을 한 것으로 여겨졌기 때문이다. 실제로 산업혁명 시기의 산업 발전은 자연과학적 방법론 및 자연과학의 발견과 연구 결과들을 토대로 하고 있다는 점에서 기존의 산업 발전과 확연하게 달랐다.

이를 가장 잘 보여주는 것 중 하나가 열역학과 증기기관의 발전이었다. 18세기 후반 스코틀랜드에서 윌리엄 컬런, 조지프 블랙 등에 의해 시작된 열역학의 주요한 발전은 역시 스코틀랜드 글래스고에서 살던 젊은 기구 제작자이자 증기기관의 혁신을 주도한 제임스 와트에게 커다란 영향을 미쳤다. 와트는 글래스고와 런던에서 자연과학과 기술혁신이 구별 없이 뒤섞여 이야기되던 모임에서 활동했으며, 그곳에서 조지프 블랙이나 그의 제자인 존 로빈슨 같은 과학자들의 영향을 받았다. 1820년대에 프랑스의 사디 카르노가 진행한 증기기관의 열역학 연구들도 증기기관 발전에 커다란 영향을 끼쳤다. J. 줄, R. E. 클라우지우스, 켈빈 등이 정립한 열역학 이론들은 또한 내연기관 발명과 발전에도 결정적인 토대를 제공했다. 1862년에 프랑스의 보 드 로샤는 이들의 열역학 이론을 토대로 효율적인 4행정 내연기관을 고안했고, 이는 1877년 독일에서 니콜라우스 아우구스트 오토에 의해 실제로 구현되었다. 내연기관은 지속적으로 발전하여, 1883년에는 고트리프 다이믈러가 석유를 사용하는 내연기관을, 1885년에는 프리스트만이 중유를 사용하는 내연기관을 발표했으며, 1893년에는 루돌프 디젤이 '디젤엔진'을 발명함으로써 현대적인 내연기관의 발전이 이루어졌다.

19세기 말 독일의 산업을 주도한 전기산업 역시 자연과학의 토대 위에서 성장했다. 19세기에 게오르크 지몬 오옴, 마이클 페러데이, 클러크 맥스웰 등이 크게 발전시킨 전기와 자기장에 대한 연구는 베르너 폰 지멘스가 발명한 발전기, 1881년에 베를린에 처음으로 설치된 전화망, 같은 해에 역시 베를린에 도입된 전차와 같은 전기 설비 및 기기를 통해 삶의 조건을 근본적으로 변화시키는 동시에 새로운 산업 발전의 동력을 만들어냈다.

19세기 후반 이후 독일은 자연과학 연구 및 이를 바탕으로 한 발명과 산업적 활용에서 ― 특히 전기공학, 광학, 화학, 정밀기계 분야에서 ― 두드러진 성과를 거뒀다. 1914년까지 모두 14명의 노벨상 수상자가 독일에서 나왔으며, 빌헬름 황제 협회(1911, 오늘날의 막스-플랑크-인스티튜트)와 같이 국가의 지원을 받는 대규모 자연과학 연구기관들이 설립되었다. 이러한 연구의 성과들은 산업으로 이어져 1880년에만 6,000건, 1910년에는 거의 4만 5,000건에 이르는 특허가 등록되었다. 이러한 분위기 속에서 자연과학은 단순히 진리를 탐구하는 학문으로서뿐만이 아니라, 산업 발전은 물론 인간의 삶과 문명의 진보를 가능하게 해주는 근본적인 힘으로서 권위를 얻게 되었다.

시대를 바꾸는 힘으로서 자연과학에 대한 찬사는 뛰어난 발명가이자 주식회사 지멘스의 창립자였던 베르너 폰 지멘스가 1886년 '자연과학자 및 의사 협회'에서 행한 연설 〈자연과학의 시대〉에서 잘 드러난다.

자연과학자 및 의사 협회는 거의 60여 년 전에 그 이전까지는 오로지 폐쇄적인 전문가 집단 안에서만 이루어지던 자연과학을 공공의 삶에 개방하고 이를 통하여 자연과학을 실용적으로 이용 가능한 것으로 만듦으로써, 우리의 조국에서 그 누구보다도 먼저 자유 연구의 기치를 높이 들어 올렸습니다. 그것은 중대한 결과를 가져온 걸음이었습니다. 이를 통해 인류의 새로운 시대가, 우리가 자연과학의 시대라 부를 충분한 이유가 있는 그런 시대가 시작되었기 때문입니다.
자연은 육체적으로 그저 나약할 뿐이었던 원시 인간에게 생존투쟁을 위한 가장 강력한 무기, 즉 정신의 힘과 관찰의 능력을 주었고, 자연의 힘을 이용하도록 만

베르너 폰 지멘스(1816~1892)

들어주었습니다. 그리고 인류는 자연의 힘을 원하는 목적에 활용하는 데 필요한 지식을 쌓아감으로써 이미 아주 오래전부터 더 높은 문명에 도달하는 길을 준비할 수 있었습니다. 심지어 고대에 여러 분야의 기술들이 오늘날까지 놀라움을 주는 수준으로 발전한 경우도 있었으며, 특히 예술적인 활동을 위한 수단을 오늘날에도 도달할 수 없는 완성도로 발전시킨 경우도 있었습니다. — 이것들은 그러나 순수한 경험적 관찰과 올바로 이해되지 못한 개별적 경험들을 모으는, 많은 오류를 낳는 고된 방법으로 이루어졌습니다. 더 높은 단계로의 문명 발전은 그저 더디게 이루어질 수밖에 없는 길이었던 것입니다.

(…) 그러나 그 이후에도, 문자와 그림을 기계적으로 복제할 수 있는 기술이 생겨나 정신적 성과물들이 인류의 전승 가능한 공동 자산이 된 후에도, 또 위대한 정신들이 오늘날 자연과학의 토대를 만들고, 모든 자연현상의 근원에 변하지 않는 확고한 법칙들이 놓여 있다는 확신, 그리고 그러한 법칙을 알아내는 유일한 방법이 자연 자체를 올바로 이루어진 실험들을 통해 연구하는 데 있다는 확신이 관철된 이후에도 — 바로 그 순간에조차도 자연과학과 기술의 진보는 힘겹고 느리고 불확실한 것이었습니다. 자연과학을 전승된 것들과 수공업적인 것들의 속박으로부터 해방시키고, 자연과학을 자연과학적 기술의 수준으로 고양시키기 위해서는 학문이 공공의 삶 속으로 나서는 일이 필요했습니다. 순수한 경험적 기술에 현대적인 자연과학의 정신이 파고들어야만 했던 것입니다.

여러분들 중에 좀 더 나이가 든 우리와 같은 사람들은 거의 모든 삶의 영역에서 우리 인류의 활동이 생명을 불어넣어주는 자연과학의 숨결에 자극받아 거대한 발전을 이루는 것을 목격하는 행운을 누릴 수 있었습니다. 우리는 또한 동시에 학문이 반대로 기술적인 성과들의 지원을 받는 것을 보았습니다. 기술이 자연과학에 수많은 새로운 현상들과 과제들을, 그리고 이를 통하여 새로운 연구에 대한 동기를 제공해주는 것을 목격한 것입니다. (…)

이 연설에서 지멘스는 자신이 살아가던 19세기 후반을 "자연과학의 시대"라고 일컬으며, 자연과학이야말로 진흙으로 만든 형상에 생명을 불어넣는 프로메테우스의 입김과도 같은, 인류 문명 발달의 근원이라는 당대의 확신을 분명하게 밝히고 있다. 모든 자연현상의 이면에 자연법칙이 존재하고 있다는 확신으로부터 출발하여 자연과학적 연구를 통해 법칙을 발견하고, 이 법칙을 활용하여 산업 발전과 경제적 성공을 이룩하는 새로운 경제 발전의 메커니즘을 직접 이끌어나간 이 발명가에게 19세기 후반이 자연과학의 시대라는 자신감 넘치는 발언은 전혀 과장이 아닌 것처럼 보인다.

실증주의 철학과 결정론, 자연과학적 미학

자연과학에 대한 동시대인들의 열광은 단순히 자연과학이 산업과 경제, 일상생활에서 이루어진 혁명적 변화의 토대를 제공해주었기 때문만은 아니었다. 자연과학을 통해 발견하고, 산업화 과정에서 그 올바름과 실용적 가치를 입증한 자연법칙은 기존의 종교적·철학적 명제들과는 다른 점이 있었다. 바로 언제든지 실험을 통해 객관적 검증이 가능하다는 것이었다. 즉 자연과학이 밝혀낸 자연법칙들을 특정한 종교적·철학적·윤리적 전제를 필요로 하는 기존의 주관적 '진리'들과 달리 오로지 관찰과 논리적 추론을 통해 발견한 객관적이고 절대적인 진리로 이해한 것이다. 그 결과 전통적으로 종교와 철학의 영역에 있었던 '진리'는 이제 자연과학의 영역으로 급격하게 이동하기 시작했으며, 자연과학의 방법론은 '진리'를 찾아낼 수 있는 유일한 방법으로 받아들여지기 시작했다.

　이러한 경향을 가장 분명하게 보여주는 것 중 하나가 과학적 방법론을 바탕으로 한 철학, 즉 실증주의다. 실증주의의 초석을 다진 사람 중 하나는 프랑스의 철학자 오귀스트 콩트(1798~1857)였다. 콩트는 총 여섯 권으로 이루어진 방대한 저작『실증철학강의』(1830~1842)에서 인류의 사유·지식이 종교−철학−실증적 학문(과학)의 3단계로 발전한다는 이른바 '정신 발달의 법칙'을 주장했다. 이 중 가장 완숙한 단계인 '학문의 단계'는 무엇보다도 그 방법론에서 이전의 두 단계와 다르다. 종교와 철학이 주관적이고 추상적인 명제에서 출발하여 세계를 설명하는 연역적 사고를 토대로 한다면, 실증적 학문은 사실에서 출발하여 자연법칙에 이르는 자연과학의 귀납적 방법을 토대로 하기 때문이다. 학문의 단계에서 인간 행동과 사회적 현상에 대한 성찰은 구체적이고 개별적인 사실의 관찰에서 출발하여 추상적이고 일반적인 법칙을 발견하는 새로운 실증적 학문, 즉 사회학으로 발달한다고 콩트는 주장했다.

　하지만 이처럼 철학에 자연과학의 방법론을 적용하는 것은 단순히 새로운 방법론을 토대로 인간과 사회의 문제들을 해명하고자 시도하는 것만을 의미하지 않았다. 자연과학은 동일한 조건에서 동일한 자연현상이 법칙적으로 반복된다는 것을 전제로 하며, 오로지 이러한 전제하에서만 자연과학자들은 한정된 수의 자연현상을 관찰하고도 모든 자연현상에 적용되는 절대적인 법칙을 추론해낼 수 있다. 예컨대 이 세상에 존재하는 모든 사과가 땅으로 떨어지는 모습을 보지 않더라도, 모든 사과가 땅으로 떨어진다는 사실, 더 나아가 모든 사물이 땅으로 떨어진다는 자연법칙을 추론할 수 있는 것은 모든 동일한 자연현상의 이면에 동일한 자연법칙이 ― 이 경우에는 만유인력의 법칙이 ― 작용한다는 전제가 있기 때문이다.

　따라서 자연과학적 방법론을 철학의 토대로 삼는 것은 필연적으로 그 전제들을 함께 가지고 오는 것을 의미할 수밖에 없다. 그리고 이는 첫째, 인간의 행동과 사회현상은 일종의 자연현상이며, 둘째, 인간의 행동과 사회현상역시 자연법칙의 절대적인 지배를 받는다는 것을 인정해야만 한다는 것을의미한다.

이러한 전제들이 어떠한 결과를 가져오는지를 잘 보여주는 것이 이뽈리트텐느의 '환경결정론'이다. 텐느는 그의 유명한『영문학사』서문에서 인간의 성격과 운명은 인종과 환경과 시대에 의해 결정되며, 따라서 문학작품의 인과관계 역시 이러한 결정론을 바탕으로 구성되어야 한다고 주장했다. 이때 인종은 인간의 선천적이고 유전적인 특성으로서 각 민족마다 가지고 있는 고유한 속성을 의미하며, 환경은 한 인간이 처한 자연적·사회적 조건을, 시대는 시기에 따라 달라지는 가치 등 시기에 종속적인 환경적 특성의 총합을 의미한다.

이와 같이 텐느가 인간의 성격을 규정하는 요소로 제시한 것들은 유전적인, 혹은 물리적인 조건들로서 모두 '객관적'으로 규정할 수 있는 것들이며, 정신이나 영혼, (자유)의지, 종교 등과 같이 전통적으로 인간의 성격과 행동, 운명을 결정짓는 것으로 믿어졌던 추상적이고 형이상학적인 요소들과는 아무런 관계가 없다. 텐느는 자연과학자들이 자연현상을앞에 두고 있는 것처럼 인간을 바라보며,문학에서도 인간을 규정짓는 구체적이고입증 가능한 조건들에서 출발하여 인물의 성격과 행동, 운명, 사건의 인과관계를 설정해야 한다고 주장했다.

이뽈리트 텐느(1828~1893)는 프랑스의 철학자, 역사가이자 문학비평가다. 프랑스 국립 미술학교와 옥스퍼드 대학 등에서 교수로 활동했다. 대표적인 저작은 총 5권으로 구성된『영문학사』다. 그의 결정론적 인간관은 독일의 젊은 자연주의자들에게 큰 영향을 끼쳤다.

이처럼 자연과학의 방법론으로 인간과 사회를 연구하는 것은 결국 인간을 자연현상으로 이해하는 새로운 인간관으로 이어질 수밖에 없으며, 이는 인간의 행동과 운명이 개인의 '독립적이고 자율적인' 사고나 의지와 무관하게 — 다른 모든 자연현상들과 마찬가지로 — 유전적·환경적 조건에 의하여 법칙적으로 결정된다는 것을 의미한다. 흔히 '(환경)결정론'으로 불리는 이러한 유물론적 사고체계는 새로운 시대에 걸맞은 새로운 세계관과 인간관을 갈구하던 당대의 많은 지식인들에게 기독교적 세계관과 인간관을 대체하는 대안으로 받아들여졌다.

객관적인 진리에 도달하도록 해주는 유일한 수단인 자연과학의 방법론을 다른 분야로 확장하려는 노력은 철학뿐만 아니라 미학과 문학에서도 이루어졌다. 독일 자연주의 문학에 결정적인 영향을 끼친 프랑스의 소설가 에밀 졸라(1840~1902)는 1879년에 발표한 「실험소설론」이라는 에세이에서 문학 역시 과학으로 발전해야 한다는 확신에 따라 생리학자 클로드 베르나르(1813~1878)의 논문『실험의학 연구 서설』의 실험의학 방법론을 소설에 적용했다.

졸라는 소설가란 관찰자이자 실험가이며, 소설가의 과제는 관찰을 토대로 발견한 사실을 바탕으로 인물의 행동과 운명을 결정짓는 본질적인 조건을 제시한 후 — 마치 자연과학자가 통제된 조건하에서 이루어지는 실험을 통해 법칙의 실현이 분명하게 드러나도록 만들듯이 — 그러한 조건에 따라 인물의 행동과 운명이 결정되는 것이 분명하게 드러나도록 특별한 줄거리를 만들어내는 것이라고 주장했다. 과학적 소설인 '실험소설'의 목적은 사실을 있는 그대로 모사하는 것이 아니라 사실을 제한하고 특정하여 인간의 행동과 운명이 결정되는 메커니즘을 밝혀내고 보여주는 것이기 때문이다. 졸라는 '관찰-가설-실험-증명'으로 이어지는 자연과학의 연구 과정을 문학 창작 과정에 적용함으로써 문학 창작을 자연과학적 연구와 동일한 것으로 만들고

에밀 졸라(1840~1902)는 프랑스의 소설가이자 저널리스트다. 우리에게도 잘 알려진 『나나』, 『제르미날』 등 총 20편으로 구성된 연작소설 『루공—마카르 총서』에서 결정론적 인간관을 바탕으로 30여 명에 이르는 루공과 마카르 집안 인물들의 운명을 지극히 사실적으로 묘사하는 동시에, 이를 통해 당대 프랑스 사회의 단면을 총체적으로 드러내고자 시도했다. 사회의 현실을 적나라하게 드러내고, 사회적 조건이 개인의 운명을 결정짓는 과정을 보여주는 졸라의 소설들은 유럽 전역에서 자연주의 문학이 형성, 발전하는 데 결정적인 영향을 끼쳤다. 미하엘 게오르크 콘라트가 소개한 이래 독일에서도 '졸라의 추종자'들이라 일컬어진 많은 젊은 작가들이 졸라를 전범으로 한 소설을 발표했다. 그러나 졸라의 문학 이론, 특히 문학을 자연과학으로 만들고자 하는 이론적 시도였던 '실험소설론'은 독일에서도 영향력이 크지 않았다.

자 한 것이다.

졸라의 소설 이론은 오늘날의 관점에서 납득하기 어려울 만큼 극단적인 방식으로 자연과학을 수용하고 있다. 설령 인간이 전적으로 유전과 환경에 의해 결정되는 존재라는 결정론적 인간관을 인정한다 하더라도 인간의 사고와 행동, 운명을 결정짓는 '자연법칙'을 작가가 모두 알 수 있을까? 아무리 섬세한 관찰을 바탕으로 한다 하더라도 소설 속의 인간은 자연현상이 아니라 작가가 꾸며낸 허구의 인물일 수밖에 없지 않은가? 허구의 인물로 실험을 하는 것이 가능한 일일까? 간과하기 힘든 논리적 허점들과 비약에도 불구하고 졸라가 이러한 이론을 진지하게 주장한 것은 자연과학적 사고와 성찰에 대한 시대적 요구가 그만큼 컸기 때문이라고 할 수 있다.

비슷한 예를 독일의 작가인 콘라트 알베르티(1862~1918)에게서도 찾아볼 수 있다. 그는 예술 역시 인류 문화의 핵심 요소로서 자연법칙의 지배를 받는다는 전제에서 출발하여 질량보존의 법칙이 문학에도 적용된다고 주장[*]했으며, 에너지 보존의 법칙은 — 특히 카타르시스와 관련하여 — 비극의 기본 원칙이라는, 오늘날의 관점에서도, 당대의 관점에서도 납득하기 어려운 극단적인 주장을 펼치기도 했다. 독일 자연주의에서 가장 적극적으로 자연과학을 수용하고자 했던 작가들 중 한 명인 알베르티는 또한 「자연과 예술—자연과 예술의 관계에 대한 연구를 위한 기고」라는 에세이에서 기존의 형이상학적 미학이 잘못된 전제와 방법론으로 인하여 실패했다고 단정하며, 자연과학적 방법론, 즉 귀납법을 토대로 하는 새로운 미학이 생겨날 것이라고 주장했다. 자연과학자들이 구체적인 자연현상들을 관찰하고 분석하여 추상적인 형태의 자연법칙을 찾아내듯이, 과거 예술의 명작들(=구체적 자연현상)을 선별하여 공통점들을 찾아내고, 그 공통점들을 분석하고 추상화하다 보면 궁극적으로 모든 예술의 이면에 숨어 있는 절대적인 예술법칙(=자연법칙)을 찾아낼 수 있으리라는 것이었다.

콘라트 알베르티, 「자연과 예술—자연과 예술의 관계에 대한 연구를 위한 기고」

우리가 강의실에서 듣고 책에서 읽어 알고 있는 옛 미학은 절대적인 아름다움의 개념으로부터 출발했다. (…) 그리고 내가 건방지게도 대체 아름다운 것이 무엇이냐고 물으면, 사람들은 눈썹을 치켜올리고 헛기침을 하며 예언자의 목소리로 이렇게 말했다. "아무런 이해관계 없는 기쁨을 불러일으키는 것", 혹은 "이상을 완전하게 체현하고 있는 것", 아니면 이제 막 학문적 설명이 말하고자 하는 바와 같

- 세계문학의 모든 문학적 소재들이 이미 고대문학에 등장하고 있으며 오늘날의 문학은 이를 단지 다른 형태로 다룰 뿐이다. 즉 문학의 형태와 무관하게 소재의 총량에는 변화가 없다.

은 것. 그러나 이 모든 대답에서 공통적인 핵심은 아름다움의 개념이 무언가 불변의 것, 영원히 변하지 않는 것, 절대적인 것이며, 미적인 이상이 가장 순수한 형태로 어디엔가, 그러니까 하늘나라나 ― 바움가르텐에 따르면 심지어 바로 사랑하는 신 안에 ― 구름 속 꿈의 나라에, 열반의 세계나 아니면 다른 어느 곳에 존재한다는 생각이다.

그러나 그러한 학설은 틀렸다 ― 우선 이미 철학적인 이유에서 틀렸다. 정치에서와 마찬가지로 철학에서도 똑같이 절대주의의 왕국은 끝나버렸다. 모든 절대적인 개념들은 극복되었으며, 예술은 물론이고 감성까지 포함하는 사실의 세계에서는 더 이상 절대적인 것이 없다. (…) 예를 들어 '이해관계 없는 기쁨'이 도대체 뭐란 말인가? 우리에게 개인적인 이해관계가 없는 대상은 기껏해야 지루한 감정만을 불러일으킬 따름이다. 티치아노의 비너스를 보는 사람은 머릿속에서 자신이 알고 있는 다른 여인들과 비교한다. 그리고 더 이상 이해관계가 없다고 할 수 없는 이 비교를 통해서야 비로소 그 예술작품에 대한 미학적 관심이 생겨난다. 지금까지 한 번도 진짜 여성의 나신을 보지 못한 사람이 그 작품을 감상하고 있다고 생각해보라! 그 사람은 예술작품을 전혀 이해하지 못할 것이다. 옛 미학의 정의들이 실제로는 아무것도 말해주는 바가 없다는 것을 알 수 있다.

그러한 정의들은 또한 사실에 들어맞지도 않는다. 절대적인 미적 감정이란 없다. 아름다움의 이상은 시대마다, 사회 계급마다, 나라마다 다르다. 미적 취향의 역사는 우리에게 아주 놀라운 것들을 가르쳐준다. 시대, 민족, 정신적인 의미에서 서로 완전히 동등한 사람들이 흔히 완전히 정반대의 미적 취향을 가지고 있다. 볼테르가 끔찍하다며 돌아선 사람들이 레싱을 숭배한다. 르네상스 시기에 세네카는 소포클레스보다 더 위대한 비극 작가로 꼽혔고, 셰익스피어는 벤 존슨보다 떨어지는 작가로 여겨졌다. (…)

옛 미학이 실패한 이유는 쉽게 찾을 수 있다. 우리는 그 이유를 이미 암시했다. 오류로 이끄는 것은 우선 방법론이다. 옛 미학은 사물에서 출발하는 것이 아니라 개념에서 출발한다. 귀납적이 아니라 연역적이다. 실제적이고, 경험적이고, 역사적이고, 비교적인 것이 아니라 연역적이다. 옛 미학은 아름다움을 예술과 동일한 것으로 여겼다. 아름다움의 존재를 먼저 밝히고 그에 따라 실제의 예술을 평가했다. 새로운 미학은 이 오류를 피하게 될 것이다. 새로운 미학은 다양한 예술 속에서 다양한 시대, 나라, 문화, 가장 뛰어난 정신들의 작품과 이상, 견해들을 연구하고 그렇게 모아진 풍부한 재료들로 일련의 유형들을 만들어낼 것이며, 이것을 다시 자연스러운 연관성과 특별한 요소들에 따라 분류하고 정리하여 더 고차원적인 유형들과 공식들로 귀결시킬 것이다. 그리고 이것을 계속 더 적은 수의, 더 고차원적이고 더 포괄적인 것으로 계속 끌고 나가 최종적으로는 아주 적은 수의, 가장 차원이 높고 근본적인 유형들과 공식들을 찾아내게 될 것이다. 그리고 그것들이 새로운 예술적 감성의 학문을 이루는 토대가 될 것이다. 이러한 방법론은 당연히 지금까지의 미학자들에게 결여되어 있던 것을 요구한다. 바로 일과 끈기, 근면함과 시간이다. 왜냐하면 지금까지 그래왔던 것처럼 이론적인 이상을 만들고 그것에 따라 현실을 재는 것보다 더 쉬운 일은 없기 때문이다 ― 반면 우리는 그 기준을 우선 직접 찾아야만 한다. 그러나 그만큼 그 일의 대가는 더 클 것이다. 그렇게 된다면 진정한 예술 이론을 위하여 무엇이 가장 중요한 것인지를, 그리고 지금까지 그 어떤 미학자도 생각해내지 못 했던 것을 알아내는 데 성공할 것이기 때문이다. 그것은 바로 인류의 미적 의식과 관련된 사실들이다. 그것으로부터 예술적 감상의 법칙과 예술적 창조의 법칙이 발견될 것이다. (…)

알베르티는 이 글에서 자연과학의 귀납적 방법론을 가감 없이 그대로 미학에 적용할 것을 주장하고 있다. 자연과학자들이 동일한 자연법칙의 결과로 벌어지는 구체적인 자연현상들을 관찰한 것을 토대로 추상적인 자연법칙을 발견해내듯이 미학자들도 예술작품들을 관찰함으로써 예술 현상을 결정하는 법칙을 발견할 수 있을 것이며, 그러한 법칙을 알게 되면 뛰어난 예술작품의 창작과 올바른 가치 평가를 위한 결정적인 기반이 마련되리라는 것이다. 이러한 '자연과학적 미학'에서 눈에 띄는 것은 방법론 자체가 아니라 그 전제들이다. 자연과학적 방법론을 미학에 적용하는 것은 예술작품을 자연현상과 동일한 범주의 것이라고 이해하며, 그 이면에 예술 현상을 결정짓는 자연법칙이 있다고 믿는 것을 의미한다. 그리고 이러한 전제들은 '자연과학적 미학'이 단순히 예술 연구의 새로운 방법을 제안하는 것이 아니라, 예술 자체를 완전히 새롭게 이해할 것을, 즉 예술작품을 '자연현상'으로 이해할 것을 요구하는 것이라는 사실을 잘 보여준다. 임마누엘 칸트가 "자연의 아름다움(das Naturschöne)"에서 절대적인 아름다움을 찾은 이래 자연과 예술, 자연과 미적 가치의 문제를 연결시키는 미학적 논의는 꾸준히 이어져왔으나, 인간이 만든 예술을 자연현상으로 이해하고, 그러한 이해를 바탕으로 미학적 논의를 전개하려는 시도는 자연주의에 들어서 처음으로 이루어진다. 결과적으로 그다지 생산적이지 않았던 이러한 시도에는 인간 자체를 자연적 존재로 보는 생물학적 인간관, 그리고 모든 학문을 자연과학적 방법론에 의해 재편하고자 하는 19세기 후반의 새로운 경향들이 중요한 영향을 끼쳤다.

콘라트 알베르티가 자연과학적인 방법론을 토대로 하는 예술 이론이 어떻게 이루어질 수 있는가에 대한 기본적인 논의만을 전개하고 있는 데 반하여, 게르하르트 하우프트만과 함께 독일 자연주의를 대표하는 작가인 아르노 홀츠는 「예술—그 존재와 법칙들」이라는 글에서 "예술=자연−x"라는 이른바 '예술법칙'을 직접 추론해냈다. "예술은 다시 자연이 되려는 경향이 있으나" 창작 조건과 예술가의 기술적 숙련도에 따라 제약(x)을 받는다는 것이다. 아르노 홀츠의 이러한 예술법칙은 당대에는 큰 주목을 끌지 못했으며 그 영향도 미미했으나 이후 문학사 기술에서는 거의 예외 없이 자연주의의 문학적 경향을 대변해주는 공식으로 소개되었다. 이는 이 공식이 — 당대에 끼친 실제 영향력과 무관하게 — 한편으로는 자연과학과의 연관성을, 다른 한편으로는 자연주의의 미메시스적 경향을 분명하게 보여주기 때문이다.

아르노 홀츠, 「예술—그 존재와 법칙들」

모든 것은 법칙을 가지고 있다는 것은 법칙이다! 이 깨달음을 마침내 총체적으로 받아들임으로써, 이 깨달음을 비틀거나 제멋대로 해석하는 것을 그만둠으로써, 그리고 이 깨달음이 의미하는 것 전체를 마침내 온전하게 받아들이고, 이 통찰이 뜻하지 않는 다른 것을 거부함으로써, 바로 그렇게 함으로써 유일무이하며 통일적인 학문 — 결과적으로 자연스럽게 인류 그 자체에 대한 학문, 즉 사회학이 만들어지는— 의 위대한 이상을 힘차게 실현해나가는 것이 마침내 가능해졌다. 그것[사회학]의 의지는 바로 우리 시대의 의지다!

(…)

4.

(…) 그러나 예술의 존재 자체를 규정하는 법칙은 무엇일까? 다시 말해, 만약 우리가 발전이라 부르는 현상의 법칙이 예술 현상에 영향을 미치지 않는다면, 뿐만 아니라 그 영향에 대해 우리가 분명히 확신하고 있음에도 불구하고 대부분의 경우 이를 충분히 규명할 수 없는 모든 다른 현상들의 법칙들이 예술 현상에 영향을 미치지 않는다면, 예술은 어떤 형태를 지니게 될까?

(…)

이 법칙은 지금까지 발견되지 않았다. 텐느에 의해서도, 스펜서에 의해서도, 다른 그 누구에 의해서도 발견되지 않았다.

그렇다, 심지어 사람들은 지금까지 이를 '문제'로 느끼지도 않았던 듯하다!

최소한 이 문제를 끄집어내는 것, 그래서 예술에 대한 우리의 지식이 마침내 예술의 학문이 되도록 하는 것, 그 시작을 위한 최초의 임시적인 시작을 이끌어내는 것, 그것을 나는 이 짧은 논문의 목적이라 생각한다.

이로써 우리는 본격적인 논의에 들어섰다. 이제 계속 써내려가도록 하겠다.

분명한 것은 다음과 같은 사실이다. 한 현상의 법칙은 오로지 그 현상 자체의 관찰을 통해서만 발견될 수 있다. 예술의 법칙(그 실현이 예술인 법칙)을 밝혀내기 위한 나의 첫 번째 과제는 따라서 예술을 분석하는 일이 될 것이다. 그러나 이 과제는 실현 불가능한 것이다. 왜냐하면 관련된 사실재료들이 모든 방향에서 선명하게 구분되는 것이라고 하더라도 — 사실은 전혀 그렇지도 않지만 — 그 사실재료들의 규모가 너무나 방대해서 나보다 훨씬 더 큰 역량을 가진 자라 하더라도 이 하나의 장애만으로 실패하고 말 것이기 때문이다.

따라서 나는 다른 방법을 찾아볼 수밖에 없다. 나를 다른 길로, 그러나 동일한 결과에 도달할 수 있도록 해주는 데 적합한 방법을.

나는 스스로에게 말한다. 어떤 사실들의 집합 이면에 하나의 법칙이 자리하고 있다면, 그 집합에 속하는 모든 사실들의 근본에는 바로 그 법칙이 놓여 있다. 따라서 내가 만약 단 하나의 사실을 분석해내는 데 성공한다면, 나는 벌써 그 법칙을 손에 넣을 수 있다.

(…)

예술인 것과 예술이 아닌 것 사이의 경계는 여전히 우선적으로 밝혀져야 한다. 그리고 나는 나 자신에게 이렇게 이야기했다. 경계를 밝히는 것은 당연히 여기에서 제기되고 있는 문제가 해결된 이후에야 가능하다. 그러나 그 문제는 해결되지 않았고, 따라서 나는 [분석의 대상으로 삼을] 사실을 선택할 때 어떻게든 분석을 시작할 수 있을 만큼 조심스러워야 한다. 나는 지금까지 예술로서 단 한 번도 의심받아본 적이 없는 영역에서 분석의 대상을 찾아야만 하는 것이다.

그러한 대상은 무엇보다도 회화의 영역이 아닌가 싶다. 아니면 내가 잘못 생각하고 있는 것일까? 〈시스틴 마돈나〉•가 예술이 아니라는 생각을 해본 사람이 있었을까? 우리는 그렇지 않다고 답할 수 있을 것이다. 나는 오늘까지도 여전히 믿고

• 드레스덴 미술관에 소장되어 있는 라파엘로의 그림.

있다. 사람들은 회화를 어디에서나, 또 어떤 시대에나 '예술'로서 인정해왔다고!

(…)

내가 한눈에 살펴볼 수 있는 사실들[이 필요하다]! 왜냐하면 다음과 같은 사실은 예나 지금이나 오래된 자연과학적 법칙이기 때문이다. "법칙이 드러나는 현상이 간단하면 간단할수록 그 법칙을 인식하기 쉽다."

오늘날 모든 시대를 지배하고 있는 발전의 이상, 높은 단계와 낮은 단계의 형태를 아우르는 존재의 통일성에 대한 인식은 그러나 — 운 좋게도 — 이러한 간단한 사실을 찾아내는 것을 너무나 쉬운 일로 만들어주었다. 그 [발전의 법칙의] 바탕 위에서 나는 한 어린아이가 흑판 위에 끄적거린 그림이 루벤스의 〈십자가에서 내려지는 그리스도〉나 미켈란젤로의 〈최후의 심판〉을 창조하게 만든 것과 동일한 행위의 결과라고, 그리고 우리가 — 다른 것들과 다르게 — 바로 '예술적'이라고 표현하는 행위의 결과라고 볼 수밖에 없다. 이제 문제가 되는 것은 그러니까 바로 이 하나의 사실을 충분히 분석하는 것이 가능하겠는가 하는 것이다. 그렇게만 된다면 나는 확실한 근거를 가지고, 문제를 해결할 수 있을 것이라고 틀림없이 전망할 수 있을 것이다.

나는 용기를 내서 시도해보았다!

여기 내 원고에서 그 내용을 끄집어내 옮겨본다.

내 앞에 있는 탁자 위에 흑판이 하나 놓여 있다.* 그 위에는 어떤 형상이 석필로 그려져 있으나, 나는 그것이 무엇을 그린 것인지 전혀 감을 잡을 수 없다. 낙타라고 하기에는 다리 수가 모자라고 '고양이를 찾아보세요'와 같은 숨은그림찾기라고 하기엔 너무 유치해 보인다. 덩굴식물이나 지도를 그리기 위한 기초 스케치 정

---

* 원문에는 이 문장 앞에 따옴표가 있다. 그러나 이에 상응하는 닫는 따옴표를 찾아볼 수 없으며, 따옴표 없이도 이후의 내용이 홀츠가 다른 원고에서 가져온 것이라는 사실이 분명하므로 여기서는 따옴표를 제거했다.

도로 보는 것이 가장 타당할 것 같다. 만약 내가 이 그림을 그린 사람이 어린 사내아이라는 사실을 몰랐다면 나는 이 그림을 설명하기 위해 헛된 노력을 계속했을 것이다. 그래서 나는 바깥의 정원에서 이제 막 벚나무 위로 기어 올라간 아이를 데리고 와 물었다. '애야, 여기 이게 뭐지?'

그러자 아이는 어떻게 그런 걸 물어볼 수 있는지 깜짝 놀랐다는 듯 나를 바라보며 말했다. '구닌(ein Suldat)이요!'

'구닌!' 그렇다! 이제 나는 군인(ein Soldat)을 분명히 알아볼 수 있다! 제멋대로 생긴 여기 이 덩어리는 배고, 이 쥐꼬리는 칼인 것이다. 심지어 이 군인의 등 위로는 일종의 부러진 성냥 같은 것이 비스듬하게 매달려 있는데, 그것은 당연히 엽총일 것이다. 사실이다! '구닌'이었다! 나는 아이에게 반짝반짝 빛나는 멋진 동전을 하나 건네주었다. 아마도 아이는 그 돈으로 딱총알이나 뇌관이나 맥아당을 살 것이다. 아이는 만족해하며 밖으로 나간다.

이 '구닌'이야말로 바로 내가 찾고 있던 것이다.

바로 조건을 통제할 수 있는 간단한 예술적 사실인 것이다. 이것과 드레스덴에 있는 시스틴 마돈나 사이에는 종(種)의 차이는 없으며, 오로지 정도의 차이만 있을 뿐이라고 나의 지식은 말한다. 이 간단한 예술적 사실을 다른 임의의 모습이 아니라 흑판 위에 있는 지금의 모습으로 세상에 나오도록 하는 데에는 시스틴 마돈나가 예를 들어 일곱 개의 코와 열네 개의 귀를 가진 존재가 아니라 — 그러니까 그 어떤 불가능한 존재들이 아니라! 일그러진 형상을 한 멕시코의 도깨비나 고대 인도의 기름칠을 한 놀라운 우상을 생각해보라 — 바로 그 시스틴 마돈나가 되도록 만들어준 바로 그 법칙이 작용한 것이다. 단지 이런 원시적인 사례는 법칙을 연구하는 일을 매우 수월하게 만들어줄 뿐이다.

(…)

"그 작은 소년을 통해 나는, 내 앞에 있는 이 형체를 알아보기 힘든 인물이 군인이 아닌 다른 것이 될 수 없다는 사실을 알게 되었다. 그러나 그 형체를 잠시만 훑어봐도 나는 그것이 실제 군인이 아니라는 것을 안다. 그것은 그저 검은색 배경 위에 그려진 선과 점들의 우스꽝스러운 조합일 뿐이다.

나는 따라서 이 첫 번째, 이제 막 저절로 떠오른 생각을 토대로 확언할 수 있다. 여기 이 흑판 위에 그려진 작은 작품이 그 목표에 전혀 도달하지 못한 행위의 결과라는 사실을 말이다. 그 목표는 두 번째 군인이었으나, 그 결과물로 내게 주어진 것은 이 비극적이고도 우스꽝스러운 작품이었던 것이다.

(…)

나는 그러니까 지금까지 그 아이가 세운 목표와 실제, 즉 내 앞에 놓여 있는 이 작은 흑판 위의 결과물 사이에 어마어마하게 큰 간격이 있다는 사실을 분명하게 말했다. (…)

이제 결과라는 단어를 분명 의미가 완전히 없지는 않은 '낙서'라는 단어로, 목표를 '군인'으로, 그리고 간격을 'x'로 바꿔 넣으면 여기에서 다음과 같이 아주 간단한 공식이 하나 만들어진다. 낙서=군인-x. 더 나아가 낙서를 '예술작품'으로, 군인을 [재현하기를] 원하는 '한 조각의 자연'으로 바꾸면 이 공식은 '예술작품=한 조각의 자연-x'가 된다. 그리고 더 나아가 예술작품 대신 완전하게 '예술'을, '한 조각의 자연' 대신에 '자연' 자체를 집어넣는다면 이 공식은 다음과 같아질 것이다: 예술=자연-x."

지금까지 모든 것이 의심할 바 없이 옳았으며, 앞뒤 계산도 맞아떨어진다. 그러나 이것이 내게 무엇을 '설명'해주었을까?

이것은 아직 내게 아무것도 설명해주지 못했다.

(…)

"예술=자연-x. 이것으로 나는 그 누구의 관심도 끌지 못한다! 바로 이 x가 문제인 것이다! 어떤 요소에 의해 이 x가 이루어지는지!

내가 여기서 곧장 모든 것들을 그 마지막, 가장 섬세한 가지들까지 다 찾아내는 것은 지금으로서도 벌써 불가능한 것처럼 여겨진다. 그렇지만 만약 대략적인 것이라도, 가장 명백한 것이라도 알아내는 데 성공한다면, 일단 발밑에 확실한 기반을 마련하는 데에는 우선 충분하리라는 것을 나는 예감하고 있다. 그러고 나면 나머지 섬세하고 정치한 것들은 시간이 흐름에 따라 저절로 밝혀질 것이다."

그러한 사실이, 최소한 어느 정도는 내게 다시 용기를 주었다. 그래서 나는 다시 생각을 이어나갔다.

"그러니까 예술=자연-x다. 좋다. 계속해보자. 이 특별한 사례에서 x가 생겨난 것은, 그것이 그런 식으로 생겨날 수밖에 없었던 것은 무엇 때문일까? 다른 말로 하자면 그러니까, 구닌이 군인이 되지 못한 것은?"

나는 이렇게 대답할 수밖에 없었다.

"자, 분명한 것은, 최소한 우선적으로는, 그 재료가 원인이었다. 순수하게 재생산의 조건 그 자체, 그것이 원인이었던 것이다. 물방울 하나로 당구공을 만드는 것은 불가능하다. 점토 한 덩어리라면 성공할 가능성이 더 높을 것이고, 상아 한 덩어리가 주어진다면 완벽하게 당구공을 만들 수 있을 것이다."

그러나 나는 다시 스스로에게 말하지 않을 수 없었다. 이 원시적인 수단들, 그러니까 석필과 여기 이 흑판을 가지고도 내 앞에 놓여 있는 이것과는 그 수준에서 무한히 차이가 나는 결과를 이끌어내서, '그래, 이런 우스울 만큼 불완전한 수단으로는 빌어먹을 x를 더 작게 줄이는 일이 현실적으로 불가능할 거야!'라고 털어놓을 수밖에 없는 상황이 여전히 존재할 것이다. 예를 들어 멘첼*과 같은 사람에게는 그런 일이 너무나 쉬운 일이었을 것이라는 가설을 나는 쉽게 세울 수 있는 것이다. 이러한 사실로부터 즉시 분명해지는 것은, 개별 예술작품마다 항상 다른 간극 x의 크기는 단지 해당 예술작품의 생산 조건에 의해서만 결정되는 것이 아니라, 그[예술적 창조] 행위의 내재적 목적에 더, 혹은 덜 부합하는 [각각의 경우

• 아돌프 폰 멘첼(1815~1906). 독일의 대표적인 사실주의 화가. 앞서 나온 그림 〈철강압연공장〉의 작가이기도 함.

마다 매번 다른] 조작 기술에 의해서도 결정된다는 것이다.

이로써 나는 이미 나의 법칙을 발견한 것 같다. 물론 임시적이고, 또 첫 번째 대략적인 윤곽만을 그려놓은 것이지만 말이다. 그러나 그것은 아마도 너무나 당연한 일일 것이다. 그리고 존 스튜어트 밀의 현명한 옛 원칙, 즉 "모든 원인이 되는 법칙은 [다른 법칙들에 의해] 반작용의 영향을 받을 가능성(그리고 모든 원인법칙들은 그러한 반작용의 영향을 받는다)이 있으므로, 단지 경향을 주장하는 말로 표현되어야 하며, 진정한 결과를 주장하는 말로 표현되어서는 안 된다"는 원칙에 따라, 나는 나의 법칙을 다음과 같이 표현하는 것이 가장 좋다고 생각한다.

"예술은 다시 자연이 되고자 하는 경향이 있다. 예술은 매번 달라지는 생산 조건들과 그 조작 기술에 비례하여 자연이 된다."

앞으로 더 나은, 더 정확한 변형이 가능해질 것이라는 사실을 나는 한순간도 의심해보지 않았다. 그러나 이 법칙은 이미 최소한 그 핵심을 포함하고 있고, 그것으로 나는 만족한다.

"예술은 다시 자연이 되고자 하는 경향이 있다. 예술은 매번 달라지는 생산 조건들과 그 조작의 기술에 비례하여 자연이 된다."

그렇다! 이것이다! 비록 분명하진 않았지만, 바로 그 첫 번째 겨울밤부터 바로 이것이 내 눈앞에 아른거렸던 것이다!

─아르노 홀츠, 「예술─그 존재와 법칙들」(1888) 중

이 글에서 홀츠는 자연과학적 귀납법을 매우 극단적인 형태로 사용하고 있다. 알베르티는 예술의 근원적 형식을 밝히기 위하여 다양한 시대, 다양한 사회의 예술작품들을 연구해 한다고 주장했다. 하지만 홀츠는 단 하나의 예술 현상을 분석하더라도 예술 전체의 법칙을 발견할 수 있다고 믿고 있다. 이러한 홀츠의 사고는 기본적으로 알베르티에게서도 찾아볼 수 있는 귀납법의 전제, 즉 '한 그룹에 속하는 모든 개별 현상들은 동일한 법칙의 발현'이라는 가정에 기초하고 있다. 홀츠의 관점에서 "한

작은 사내아이가 흑판에 그려놓은 낙서"와 루벤스의 〈십자가에서 내려지는 예수〉, 혹은 미켈란젤로의 〈최후의 심판〉은 그 본질에 있어 전혀 다를 바가 없는 것이다.

그러나 이러한 극단적 주장을 가능하게 한 더욱 결정적인 요인은, 예술을 외부의 인과관계로부터 완전히 분리해내는 홀츠의 방법론이다. (특히 자연과학에서 이루어지는) 귀납적 추론에서는 일반적으로 되도록 많은 개별 현상들을 연구 대상으로 삼는다. 개별 현상들이 (찾고자 하는) 법칙의 순수한 발현이 아니라 다른 인과관계에 의해 항상 변형된 형태로 나타나기 때문에 연구자는 되도록 많은 개별 현상들을 관찰함으로써 근본적인 법칙의 결과와 외부 요인에 의한 변형을 구분해내야 하는 것이다. 그러나 홀츠에게는 이러한 과정이 불필요하다. 예술을 자체의 법칙에만 의존하는 독립적 부분 그룹이라고 선언함으로써 ― 비록 이론적 차원에서지만 ― 예술법칙의 발현에 영향을 미치는 외부 요인들을 원천적으로 배제했기 때문이다.

이제 홀츠에게 있어서 모든 예술 현상은 예술법칙의 순수한 발현이므로, 단 하나의 예술 현상을 관찰하고 그 인과관계를 규명해내는 것만으로도 예술 전체를 규정하는 '법칙'을 발견해낼 수 있다. 그리고 홀츠는 그가 분석할 수 있는 가장 단순한 예술 현상, 즉 한 어린아이가 흑판에 그려놓은 낙서를 통해 '예술=자연-x'라는 예술법칙을 이끌어낸다.

이처럼 극단적으로 단순화된 '귀납적' 성찰은 오늘날의 관점에서 볼 때 기본적인 전제에서부터 근본적인 문제를 안고 있다. 홀츠의 추론은 '인간이 만든 예술작품 역시 자연법칙의 지배를 받는 자연현상이다'라는 납득하기 어려운 전제를 받아들일 때에만 의미가 있기 때문이다. 이는 알베르티나 졸라와 마찬가지로 홀츠에게 있어서도 '자연과학적 진리'에 대한 당대의 요구가 얼마나 컸는지를 보여준다.

새로운 자연과학적 방법론에 대한 홀츠의 믿음이 이처럼 절대적이었음에도 불구하고 그의 '예술법칙'은 전통적인 예술관과 맞닿아 있다. '예술=자연-x'라는 공식은 기본적으로 "예술은 사실을 모방한다"는 아리스토텔레스의 모방론적 예술관의 또 다른 표현으로 이해할 수 있으며, 이상적인 예술을 자연의 완전한 재현으로 이해하는 예술관은 기본적으로 자연의 아름다움 속에서 예술적 아름다움의 이상을 찾는, 칸트 이래로 통용되어온 전통적 예술관에 뿌리를 두고 있기 때문이다.

진화론과 생물로서 인간

19세기에는 다른 자연과학 분야와 마찬가지로 생물학 역시 크게 발전했다. 이 시기에 테오도르 슈반과 마티아스 야콥 슐라이덴이 생물의 성장과 세포분열의 관계를 규명했고, 찰스 다윈은 생물의 진화 이론을 정립했으며, 그레고르 멘델은 유전학의 토대를 마련했다. 새롭게 생겨난 생물학의 이 세 분야에서 새롭게 발견된 생물과 인간에 대한 지식들은 학문의 경계를 넘어 19세기 후반에 새로운 인간관과 세계관이 만들어지는 데 중요한 토대를 제공해주었다.

루돌프 비르코우(1821~1902)는 저명한 병리학자로서 독일의 위생 수준을 높이는 데 큰 공헌을 한 인물이다. 그는 "의학은 사회적인 학문이며, 정치는 커다란 규모의 의학일 뿐이다"라고 주장하며 베를린의 상하수도 시설 현대화 및 공공 종합병원, 도시노동자들의 건강 증진을 위한 공원과 놀이터 등을 설립하는 데 기여했다. 그는 또한 독일 진보정당의 창당 멤버이자 의장으로서 자유주의의 이념 및 의학의 사회적 책임을 실현하기 위해 노력한 정치인이기도 하다. 1906년에 베를린의 베딩 지역에 문을 연 종합병원에는 그의 업적을 기리기 위하여 '루돌프 비르코우 종합병원'이라는 이름이 붙여졌다. 이 병원은 1995년에 훔볼트 대학병원인 샤리테의 일부가 되었다.

오늘날 현대적 병리학의 기원으로 받아들여지는 저서 『세포병리학』(1858)에서 베를린의 병리학자 루돌프 비르코우는 세포의 본질적 성격을 다음과 같이 라틴어로 정리했다: "Omnis cellula e cellula." '모든 세포는 세포에서 생겨난다'는 뜻을 지닌 이 유명한 공식은 '모든 생명체의 가장 작은 기능적 단위는 세포이며, 생명체의 성장은 세포분열을 통해 이루어진다'는 세포학의 기본 명제를 밝히고 있다. 또한 '모든 생명체는 양성의 수태를 통해 만들어진 근본세포(배아세포)에서 출발하여 성체로 성장해나간다'는 사실을 내포하고 있기도 하다. 세포학의 토대가 되는 이 같은 발견들은 식물과 동물은 물론 인간에게도 적용되는 것이었기 때문에, 세포학은 이후 인간을 자연의 일부인 생물로 바라보는 관점의 중요한 근거가 되었다.

19세기에 이르기까지 서양의 전통적인 자연관에서 인간은 자연과 대립적인 관계에 있는 것으로 이해되었다. 이러한 자연관은 기본적으로 자연의 위협을 극복하고 자연으로부터 생존에 필요한 것들을 얻어야만 했던 오랜 인류의 역사에서 생겨난 것이지만, 기독교의 강력한 영향하에 형성된 것이기도 하다.

하나님이 이르시되 우리의 형상을 따라 우리의 모양대로 우리가 사람을 만들고 그들로 바다의 물고기와 하늘의 새와 가축과 온 땅과 땅에 기는 모든 것을 다스리게 하자 하시고
하나님이 자기 형상 곧 하나님의 형상대로 사람을 창조하시되 남자와 여자를 창조하시고
하나님이 그들에게 복을 주시며 하나님이 그들에게 이르시되 생육하고 번성하여 땅에 충만하라, 땅을 정복하라, 바다의 물고기와 하늘의 새와 땅에 움직이는 모든 생물을 다스리라 하시니라
―구약성서(개역개정) 『창세기』, 1장, 26~28절

하나님의 인간 창조와 관련된 이야기를 전하는 『창세기』 1장 26절부터 28절의 내용은 인간과 자연, 신 사이의 관계를 규정짓고 있다. 이에 따르면 인간은 다른 생명체들과 별도로 신의 형상을 따라 창조된 존재로서, 자연을 정복하고 다스려야 하는 특별한 존재다. 기독교적 세계관하에서 자연을 정복하고 다스리는 것은 하나님이 인간에게 준 사명인 것이다.

기독교적 세계관의 절대적인 영향하에 발달한 유럽의 문화에서 인간은 전통적으로 신과 자연 사이에 자리한 존재였다. 인간은 다른 생물들과는 달리 신이 자신의 모습을 본떠 만든 특별한 존재이기 때문이다. 반면 자연은 인간과 대립적인 존재로서 인간의 생존에 대한 위협이자 극복의 대상으로 여겨졌다. 간척을 통해 바다를 비옥한 땅으로 바꾼 괴테의 파우스트처럼 기술문명을 이용하여 본격적으로 자연을 정복해나간 초기 근대화 과정에서 이러한 자연관은 더욱 강화되었다.

괴테의 『파우스트』 2부에서 파우스트는 많은 사람들이 안전하고 풍요롭게 살아갈 수 있도록 바다를 흙으로 메워 비옥한 토지를 만들고 제방을 쌓아 파도를 막는다. 그리고 그들이 행복하게 살아가는 모습을 상상하며 기쁨 속에 죽어간다.

파우스트   저 산줄기 옆으로 늪이 하나 펼쳐져

이미 이루어낸 것들을 다 망치고 있으니,

그 썩은 물 또한 빼내는 것,

그 마지막 일이 최고의 성과가 되리라.

내가 수백만의 사람들에게 땅을 만들어주니,

안전하지는 않더라도, 일하며 자유롭게 살 수 있으리라.

벌판이 푸르고 비옥하니, 인간과 가축들은

새로운 땅에서 편안할 것이며,

곧 용감하고 부지런한 백성들이 쌓아 올린

언덕의 힘에 의지하여 살게 되리라.

여기 안쪽은 천국과도 같은 곳,

밖에서 파도가 코앞까지 다가와 미쳐 날뛸 때에도!

파도가 억지로 침입하려 제방을 갉아 먹으면

모두가 구멍을 막기 위해 서둘러 몰려간다.

그렇다! 이 뜻을 위해 모든 걸 바치리라.

이것이 최후의 지혜이니,

자유도 삶도, 날마다 그것을 정복해야만 하는 자만이

누릴 자격이 있다.

그리하여 그렇게 시간을 보낼 때, 비록 위험에 둘러싸여 있다 해도,

여기선 어린이도, 어른도, 백발노인도 값진 날들을 보낸다.

그렇게 활기차고 바쁜 사람들을 나는 보고 싶다,

자유로운 땅 위에 자유로운 백성과 함께 서 있고 싶다.

그 순간에 나는 이렇게 말해도 좋으리라.

잠시 멈추어라, 너 정말 아름답구나!

내가 이 땅 위에서 살아간 흔적은

영원 속으로 사라지지 않으리라. –

그렇게 드높은 행복을 예감하면서

나는 이제 최고의 순간을 맛보고 있구나.

(파우스트, 뒤로 쓰러진다. 레무르들이 그를 붙잡아 바닥 위에 눕힌다.)
—요한 볼프강 폰 괴테, 『파우스트』 2부 중

파우스트가 최고의 기쁨을 느끼며 눈을 감는 이 유명한 장면에서 괴테는 파우스트의 입을 통해 — 이 장면에서 출발하여 흔히 '파우스트적 자연관'이라 일컬어지는 — 전통적 자연관을 드러낸다. "성난 파도", "모든 것을 망치는 늪" 등으로 묘사되는 자연은 인간의 자유와 생명을 위협하는 존재이며, 행복한 삶을 살기 위해 인간은 이러한 위협적인 자연과 싸워야만 한다. 파우스트가 멈춰 서 있길 바라는 행복한 순간은 자연의 위협이 사라지고, 인간이 자연을 완전하게 통제하고 이용할 수 있는 순간이다.

그러나 이제 인간을 최소한 생물학적인 관점에서 자연현상과 동일한 존재로 이해하는 세포학의 발전으로 인해 이러한 인간 이해는 균열되기 시작했다. 그리고 그러한 균열은 찰스 다윈의 『자연선택에 의한 종의 기원』(1859)에 의해 붕괴를 가져올 수도 있는 심각한 위협으로 발전했다. 다윈은 『종의 기원』에서 1831년부터 1836년까지 이어진 — 갈라파고스제도를 포함한 — 탐사여행을 통해 얻은 지식들을 바탕으로 생물의 진화에 관한 이론을 정립했다. 그 내용은 간략하게 다음과 같이 요약할 수 있다. ① 모든 생물은 자연환경이 제공하는 먹이로 생존할 수 있는 개체보다 더 많은 개체를 생산한다. ② 따라서 개체들 사이에는 먹이를 얻기 위한 경쟁이 벌어진다(생존경쟁). ③ 모든 개체는 서로 다른 형질을 가지고 태어난다. ④ 생존을 위한 경쟁에서는 돌연변이 등을 통하여 먹이를 획득하는 데 더 유리한 형질을 가지고 태어난 개체가 살아남는다(적자생존, 자연선택). ⑤ 이 형질은 유전된다. ⑥ 이러한 과정이 오랜 기간 계속되면서 하나의 종이 생존에 유리한 형태로 진화한다.

다윈의 이와 같은 주장은 과학적인 관찰

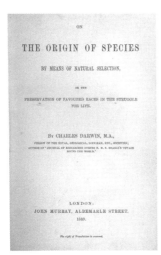

『종의 기원』 초판(1859) 표지

과 추론에 의한 연구 결과로서 생물학 분야에서는 혁명적인 이론이라 할 만했지만, 기본적으로 다른 분야의 지식인들이나 일반인들의 폭발적인 관심을 끌고 격렬한 논쟁을 불러일으킬 만한 것은 아니었다. 그럼에도 다윈의 진화론이 19세기 중반 전통적인 세계관과 인간관에 파괴적인 동시에 창조적인 영향력을 행사한 것은 진화론 자체가 아니라 진화론이 내포한 종교적 함의 때문이었다.

모든 생물들이 ― 그 최초의 모습은 알 수 없다 하더라도 ― 최소한 처음부터 오늘날의 모습으로 존재했던 것이 아니라 긴 진화 과정을 거쳐 오늘날의 모습에 이르게 된 것이라는 주장은 기독교의 창조론에 정면으로 배치되는 것이었다. 또한 비록 다윈은 아직 인간에 대해서는 매우 조심스럽게 언급을 피하고 있었음에도, 인간 역시 긴 진화 과정을 거쳐 오늘날의 지적인 존재로 발전한 것이라는 진화론의 숨겨진 주장은 그동안 인간을 자연과 구별되는 특별한 존재이자 신과 가장 가까운 존재라고 보아온 전통적인 기독교적 인간관에 대한 도전으로 받아들여질 수밖에 없었다.

그 결과 다윈의 진화론은 보수적인 언론과 지식인들, 일반인들의 거센 반발을 불러일으켰으며, 종교와 철학 분야에서 격렬한 논란을 야기했다. 영국에서 출간된 이후 오래되지 않아 독일어로 번역·출간된 『종의 기원』은 독일에서도 오랫동안 커다란 반향을 불러일으켰다. 영국에서와 마찬가지로 많은 보수적 지식인들은 다윈의 진화론을 폄하하고 조롱했으나, 자연과학의 시대에 성장한 젊은 지식인들은 진화론의 결론과 함의들을 자연과학에 바탕을 둔 새로운 인간관과 세계관의 토대로 이해하며 적극적으로 수용했다. 그들은 진화론을 자신들이 갈구해 마지않았던 인간을 지배하는 절대적 자연법칙으로 받아들였다.

다윈의 진화론은 문학에도 다양한 방식으로 영향을 끼쳤다. 진화론은 인간 역시 자연의 일부로서 자연법칙의 지배를 받는 존재라는 생물학적 인간

 독일에 다윈의 진화론이 널리 퍼지는 데에는 **에른스트 헤켈**(1834~1919)이 크게 기여했다. 루돌프 비르코우의 제자로서 의학자, 생물학자, 철학자였던 헤켈은 『세계의 수수께끼』(1899), 『자연의 예술적 형태』(1899~1904) 등 대중적 저작을 통해 다윈의 진화론을 대중화하기 위해 노력했다. 수정체가 어미의 배 속에서 성장하는 동안 진화 과정이 반복된다는 반복발생설을 주장했다.

관, 그리고 인간의 사고와 행동이 물리적 외부 조건(환경)과 유전적 조건에 의해 결정된다는 결정론적·유물론적 사고체계가 형성되는 데 결정적인 기여를 했다. 그 결과 문학작품 속에서 인간은 더 이상 자유로운 의지를 가지고 형이상학적 이상을 실현하기 위해 노력하는 특별한 '영웅'이 아니라, 물리적 환경과 생물학적 본질에 지배받는 존재로서 생존경쟁에서 승리하기 위해 사투를 벌이는 수많은 인간 군상 중 한 명으로 묘사되기 시작했다. 예를 들어 뒤에서 더욱 자세하게 살펴볼 콘라트 알베르티의 연작소설 제목은 『생존경쟁』(1888~1895)이었으며, 연작의 첫 번째 소설은 『누가 더 강한 자인가?』[•](1888)라는 제목을 달고 있었다. 아르노 홀츠는 한 걸음 더 나아가 문학 시장에서 통속문학 및 다른 자연주의 작가들과 벌이는 경쟁 역시 진화론적인 '생존경쟁'으로 이해했으며, 궁극적으로 자신이 생존경쟁의 승자가 될 것임을 확신한 나머지 경제적으로 지극히 어려운 상황에서도 동료들의 도움을 모두 거절했다.

- 『종의 기원』의 첫 독일어 번역본은 '적자생존'을 '더 강한 자의 생존(Überleben der Stärkeren)'이라는, 오해의 소지가 큰 용어로 번역했다.

진화론이 문학에 수용되는 과정에서 '생존경쟁'과 더불어 가장 중요한 화두 중 하나가 된 것은 '모든 생물이 점진적으로 더욱 고등한 생물로 진화해 나간다'는 진화론의 의미를 확장시킨 '발전의 법칙'이었다. 자연주의자들은 원래 생물에게만 적용되던 '진화'를 사회와 문화로 확대 적용하여 사회와 문화도 생명체가 진화하듯 지속적으로 발달한다고 믿은 것이다. 이러한 발전의 법칙은 한편으로는 창업자 시대의 끝이 없을 듯 보였던 경제와 산업의 발전이 이미 충분히 증명하고 있는 것처럼 보였기에 더 쉽게 수용될 수 있었다. 다른 한편으로는 진화론적 발전 구상이 최후의 심판을 거쳐 낙원에 이르는 기독교의 직선적이며 목적론적인 역사관과 구조적으로 유사했기 때문에 더 쉽게 수용되었다는 추론도 설득력이 있다.

그러나 문학과 예술의 영역에서 생물학적 인간관의 영향은 무엇보다도 성(性)에 대한 새로운 인식에서 분명하게 드러난다. 인간을 다른 생물과 다를 바 없는 자연적 존재로 이해하면 생명과 죽음, 식욕, 성욕, 생존 의지 등 인간의 생물학적 특징들이 종교적·윤리적 판단 등 그 어떤 가치보다 우선한다. 생물학적 특징들이 인간의 본질적 속성인 반면, 다윈 이후 절대성을 상실한 기독교적 세계관과 이를 바탕으로 한 윤리, 혹은 인간에 의해 만들어진 문명은 인간의 자연적 본성에 속하는 것이 아니기 때문이다. 따라서 인간의 본질을 예술적으로 재현한다는 것은 이제 더 이상 형이상학적 가치를 실현하는 인간의 이상적 모습을 그리는 것이 아니라, 인간의 자연적 본성, 즉 생물학적 특성을 드러내는 것을 의미하게 된다.

그런데 이때 특히 많은 예술가들과 작가들이 인간의 본질을 드러내는 자연적 속성으로 묘사한 것이 바로 성(性)이다. 앞서 기술한 것처럼 생물학의 발달은 성과 양성생식이 모든 생물의 자연적인 번식 수단임을, 다시 말해 모든 자연적 생명체의 본질에 속하는 것임을 밝혀주었다. 이제 자연의 일부로 이해되기 시작한 인간의 성과 성 욕망 역시 인간의 자연적 본질로 여겨진 것은 당연한 일이었다.

그러나 이러한 인식은 성에 대한 전통적인 종교적 인식과 충돌할 수밖에 없었다. 기독교적 윤리 안에서 성 욕망은 언제나 통제해야만 하는 위험하고 부도덕한 것으로 억압되어왔으며, 그러한 성의 억압과 통제는 (특히 여성의) 순결과 정조가 강조되던, 흔히 '빅토리아시대'라고 불리는 19세기 중반에 최고조에 이르렀다. 이러한 상황에서 그동안 문학과 예술 속에서 금기시되던 성을 노골적으로 드러내는 것은 인간의 자연적 본성을 묘사하는 동시에 전통적인 기독교적 인간관의 거부를 밝히는 가장 극적인 방법이었다.

성과 성 욕망이 인간의 자연적 본질을 대표하는 소재가 된 것 또한 진화론과 관련이 있다. 앞서 기술한 것처럼 진화는 모든 생물이 자연환경이 제공하는 먹이로 생존할 수 있는 개체보다 많은 수의 개체를 생산하는 데서부터 출발한다. 진화의 핵심 메커니즘인 적자생존은 오로지 생존을 위한 경쟁이 강요되는 상황에서만 작동하기 때문이다. 그렇다면 환경이 허용하는 개체보다 많은 수의 개체를 생산하는 힘, 즉 양성생식의 바탕이 되는 성 욕망은 새로운 생명을 잉태시키는 힘인 동시에 진화와 발전을 가능하게 하는 자연의 가장 근원적인 힘일 수밖에 없었다.

아름다움과 추함, '있는 그대로'의 미학

─자연주의가 보여준 사실의 문학

　지금까지 살펴본 것처럼 독일의 19세기 후반은 일상적 생활부터 사회구조, 정치체제, 경제구조에 이르기까지 인간의 삶을 규정짓는 가장 중요한 요소들이 근본적으로 변화한 시기였다. 그러한 변화는 그러나 외적인 삶의 조건들에서만 나타난 것이 아니라, 인간의 사고체계와 가치체계에서도 나타났다. 수세기 동안 독일인들에게 삶의 목적과 의미를 설명해주고 규정해주던 기독교라는 토대가 흔들리기 시작했기 때문이다. 이제 시대 변화에 예민하게 반응하던 젊은 지식인들은 자연과학적 사고체계와 유물론적이고 생물학적인 인간 이해를 바탕으로 종교를 대체할 수 있는 새로운 가치체계와 세계관, 인간관을 찾고자 했다. 이러한 급격한 변화와 새로운 모색은 문학에도 커다란 영향을 끼칠 수밖에 없었다. 다른 모든 문화적 현상들과 마찬가지로 문학 역시 그 시대의 사회적·정신적·문화적 토대 위에서 성장하기 때문이다.

새로운 시대에 걸맞은 새로운 문학을 모색한 당대의 젊은 작가들은 빠르게 자본주의화되는 문학 시장에서 한편으로는 대중적인 통속문학과, 다른 한편으로는 고전으로 인정받은 옛 작품들과 힘겨운 경쟁을 벌이며 자신들의 삶과 사고를 올바로 반영할 수 있는 새로운 문학을 만들어내고자 했다. 2부에서는 우선 '자연주의'라 불리는 이 새로운 문학적 흐름이 어떤 양상으로 전개되었는지를 개관해보고, 새로운 시대의 새로운 인간관과 세계관이 문학작품 속에서 구체적으로 어떻게 표현되었는지를 살펴보고자 한다.

자연주의
운동

자연주의는 계몽주의나 고전주의, 낭만주의, 사실주의 등 자연주의 이전의 문예사조들과 여러 가지 점에서 차이를 보인다. 이전의 주요 문예사조들은 대체로 핵심이 되는 시학과 소수의 주요 작가들을 중심으로 정리가 가능할 만큼 어느 정도 통일적인 양상을 보여주며 전개되었다. 반면 자연주의에서는 수많은 문학 프로그램들과 선언들이 난무했음에도 공통적인 시학적 토대가 형성되지 못했으며, 레싱(계몽주의), 괴테와 실러(바이마르 고전주의), 노발리스(낭만주의)나 폰타네(시적 사실주의)처럼 당대의 문학적 경향을 대표할 만한 작가도 등장하지 않았다.

물론 이 시기를 대표하는 뛰어난 작가가 없었던 것은 아니다. 예컨대, 후에 바이마르공화국*의 대통령 후보로까지 거론될 만큼 커다란 사회적·문화

● *1차 세계대전 후 황제가 사라진 독일에 처음으로 생겨난 민주주의 공화국.

적 영향력을 가지고 있던 게르하르트 하우프트만은 젊은 시절『해 뜨기 전』,
『직조공들』과 같은 희곡을 통해 자연주의 문학을 대표하는 작가로 주목을
받았다. 또 아르노 홀츠는 요하네스 슐라프와 함께 쓴「파파 햄릿」으로 (다
름 아닌 게르하르트 하우프트만으로부터) "철저한 자연주의" 문학을 완성했다는
평가를 받았다. 그러나 하우프트만이나 홀츠가 "자연주의의 문학적 경향을
대표하는 작가인가?" 하는 질문에는 의문부호가 따를 수밖에 없다. 그들의
'자연주의' 작품들이 보여주는 문학적 성격은 당대의 수많은 작가들이 주장

독일 문학의 역사

18세기 이전까지 프랑스나 영국 등 다른 유럽 국가들에 비해 상대적으로 뒤처져 있던
독일 문학은 이성 중심적 사고를 기반으로 하는 **계몽주의 문학**(1720~1780)*부터 본
격적으로 발전하기 시작했다. 계몽주의 이후에는 이성보다 감정과 감수성을 중시하
는 **질풍노도 문학**(1767~1786)이 등장했으며, 이어서 고대 그리스 문화를 전범으로
삼아 조화로운 이상을 문학적으로 묘사하는 바이마르 **고전주의 문학**(1772~1805)이
꽃을 피웠다(괴테, 실러). 고전주의와 비슷한 시기에 현실을 벗어난 꿈과 환상을 좇는
낭만주의 문학(1799~1835)도 크게 발달했다(노발리스, E.T.A. 호프만). 1848년 3월의
시민혁명을 전후해서는 혁명적 내용을 담은 **3월 이전 문학**(1840~1850, 하이네, 뷔히
너)과 보수적이며 개인적인 문제에 집중하는 **비더마이어 문학**(1830~1850, 뫼리케)이
동시에 발달했다. 19세기 중반에는 시민계급의 현실을 있는 그대로 묘사하되 조화로
운 결말로 끝을 맺는 **시적 사실주의 문학**(1848~1890)이 주류를 형성했다(테오도르
폰타네, 고트프리트 켈러, 테오도르 슈토름). 사실주의의 뒤를 잇는 자연주의 문학은 '사
실을 있는 그대로 묘사한다'는 모토를 내세운 점에서는 사실주의와 동일했지만, '사
실'의 의미가 전혀 달랐기에 두 문예사조의 문학적 성격은 크게 달랐다.

● 대표 작가로는 고트홀트 에프라임 레싱(Gotthold Ephraim Lessing)이 있다.

한 '자연주의'의 일부일 뿐, 다양한 양상으로 전개된, 혹은 다양성 자체를 중요한 특징으로 하는 자연주의 문학 전체를 대표한다고 보기는 어렵기 때문이다.

자연주의의 이러한 다양성 때문에 여러 독일 문학 연구자들이 '자연주의'라는 개념을 시학적인 통일성을 전제로 하는 문예사조가 아니라 이 시기의 다양한 문학적 경향을 아우르는 총칭으로 이해할 것을 제안했다. 그러나 그렇다고 해서 자연주의 작가들이 모두 완전히 다른 문학적 방향성을 가지고 있었다거나, 이들을 하나의 그룹으로 묶을 수 있는 공통적인 성격이 전혀 없었던 것은 아니다. 그러한 공통점은 특히 자연주의자들이 '진실'을 기치로 내걸었으며, '거짓'을 말하는 문학을 신랄한 어조로 공격한 데서 찾아볼 수 있다. 물론 공동의 목표인 것처럼 보이는 '진실'이 자연주의자들의 수만큼이나 많은 다양한 방식으로 이해되었기 때문에 공통적인 문학적 지향점이 생겨나기는 어려웠지만, 최소한 비슷한 문제의식에서 출발하여 동일한 '적'을 상대로 싸우고자 했다는 점에서는 분명한 공통분모를 찾을 수 있다.

'잉크 노예'-자본주의 문학 시장의 작가들

다양한 문학적 경향을 가진 자연주의자들을 하나로 묶어준 공통된 문제의식은 무엇보다도 문학을 둘러싼 사회적·경제적 조건의 변화와 밀접하게 관련이 있다. 전통적으로 문학과 예술은 주로 시민계급이 창작하고, 귀족계급이 소비를 주도했다. 책이 비싸고 문맹률이 높던 시기에 귀족들은 성직자들과 더불어 책을 구입하고 독서를 즐길 수 있는 거의 유일한 계층이었으며, 예술가와 작가들의 가장 중요한 후원자였다. 시민계급이 성장하고 독자층이 넓어지면서 귀족의 후원에 의존하지 않고 활동하는 예술가와 작가들이 생겨났지만, 그러한 경우에도 다른 직업을 갖지 않고 오로지 작품 활동만으로 생계를 꾸려나가는 것은 소수의 유명한 작가들 외에는 거의 불가능했다. 저작권에 대한 인식이 부족하여 작가들은 설령 작품이 큰 성공을 거두었다 하더라도 생계를 유지할 수 있을 만큼 돈을 벌기는 어려웠기 때문이다(1774년에 발표되어 "18세기 최대의 미디어 스캔들"로 불릴 만큼 전 유럽에서 큰 성공을 거둔 괴테의『젊은 베르터의 고통』은 발표되고 얼마 되지 않아 7종의 해적판이 유통되었다).

　이러한 상황은 19세기 후반에 접어들면서 크게 변화했다. 시민계급의 소득이 향상되고 문맹률이 낮아지면서 독서의 중심이 귀족에서 시민계급으로 이동하고, 이를 통해 독자층이 넓어지면서 출판산업은 산업혁명의 영향하에 있던 다른 산업 분야와 마찬가지로 폭발적으로 성장하기 시작했다. 이러한 성장은 독일 출판 시장에서 출간된 신간 도서 수의 증가가 잘 보여준다. 1875년에 1만 2,843종이던 신간 도서의 수는 1890년에 1만 8,059종으로, 1900년에는 2만 4,792종, 1910년에는 3만 317종으로 늘어났다. 신문의 발행 역시 급격하게 증가하여 1916년경 독일에서 발행된 신문은 약 2,900여 종에 이르렀으며, 이들 중 일부는 대도시에서 20만 부 이상의 발행 부수를 유지했다. 이러한 폭발적 성장의 결과 1910년에는 총 1만 2,650곳의 출판 관련 회사들이 등록되었으며, 1875년에 약 5,000마르크에 불과하던 독일 출판 시장의 전체 규모는 1913년까지 10배 이상 성장하여 약 5억 마르크에 이르게 되었다.

　이처럼 시장이 급격하게 성장하면서 출판산업도 점차 현대적인 배급 및 유통 체계를 갖추게 되었다. 독일 서적상협회는 1887년 도서정가제를 도입함으로써 도서 배급 및 유통산업이 안정적으로 발전할 수 있는 기반을 마련했으며, 비슷한 시기에 당시 도서 유통에서 중요한 역할을 담당하던 도서가판조합과 철도도서판매조합이 통합됨으로써 더욱 대중적인 도서 배급 및 판매의 길이 열렸다. 이와 동시에 도서의 평균 가격이 하락하고, 오늘날까지도

오늘날의 레클람 우니버잘-비블리오텍. 독일 및 세계의 뛰어난 문학작품들 및 철학, 사회학 등 다양한 분야의 원전과 해설서 등을 포함하고 있다.

독일의 대표적인 문고판 시리즈로 성공을 이어가고 있는 레클람 출판사의 우니버잘-비블리오텍처럼 대량 판매를 전제로 한 저가의 문고판이 발행되면서 독자의 증가와 출판 시장의 확대가 가속화되었다.

이처럼 출판 시장이 확대되고 산업화와 자본주의화가 진행되면서 일반 독자들은 이전에 비하여 훨씬 싼값에 고전 작품들을 사서 읽을 수 있었고, 작가들 역시 예전보다 더 많은 수입을 얻어 전업 작가로서 살아갈 수 있는 가능성이 열렸다. 그러나 이 새로운 생산과 소비 시스템 속에서 문학작품의 대량 판매는 수준 높은 문학작품의 생산을 위한 토대가 되지도, 작가들에게 안정적인 수입을 가져다주지도 못했다. 자본주의화된 출판 시장에서 가치가 있는 것은 오로지 상품성이 높은 문학작품들뿐이었으며, 상품성이 있는 문학작품이란 이미 고전의 반열에 오른 작품들이나 대중적인 통속소설들뿐이었다.

문학 시장의 상업화와 통속화를 보여주는 대표적인 사례가 19세기 후반에 크게 유행한 '가족잡지'들이다. 특히 1853년 창간된 〈디 가르텐라우베[정자(亭子)]〉는 1870년대 중반에 40만의 발행 부수를 기록한, 당대 유럽에서 가장 성공적인 잡지였다.

〈디 가르텐라우베〉는 1851년의 창간호 서문에서 잡지의 성격을 다음과 같이 설명한다.

긴 겨울밤, 그대들이 익숙한 난롯가에 사랑하는 사람들과 앉아 있다면, 혹은 사과나무에서 하얗고 빨간 꽃잎이 떨어지는 봄날, 친구들과 함께 그늘진 정자에 앉아 있다면 그렇다면 우리 잡지를 읽으십시오. 우리 잡지는 가정과 가족을 위한 잡지, 나이 드신 분들과 젊은 분들 모두를 위한 책이 될 것입니다. 가슴에서 따스한 심장이 뛰고 있고, 아직 선한 것과 고귀한 것에서 즐거움을 느끼는 모든 이들을 위한 책이 될 것입니다! 시비를 따지는 일체의 정치로부터, 종교와 여타의 문제에 관한 의견 차이로 인한 모든 싸움들로부터 멀리 떨어져 우리는 여러분들을 진실로 좋은 소설작품 속으로 이끌고자 합니다. 인간의 마음을 담은 이야기, 민족들의 이야기, 그리고 인간적 열정들 간의 투쟁, 지나간 시대의 투쟁 속으로 이끌고자 합니다.

〈디 가르텐라우베〉 1853년 1호의 첫 번째 쪽. 〈디 가르텐라우베〉의 성공으로 〈위버 란트 운트 메어('산과 바다 너머'라는 뜻)〉(1858~1923), 〈다하임('고향에서'라는 뜻)〉(1865~1944), 〈다스 부흐 퓌어 알레('모든 이들을 위한 책'이라는 뜻)〉(1866~1935) 등 많은 유사 잡지들이 생겨났다.

이 글에서 〈디 가르텐라우베〉의 편집진은 독자들에게 복잡하고 어지러운 현실에서 멀리 떨어져 편하게 소비할 수 있는 오락거리를 제공한다는 잡지의 목적을 분명하게 밝히고 있다. 산업혁명으로 사회와 경제구조가 혁명적으로 변화하고, 수백 년 동안 이어져온 기독교적 세계관이 뿌리부터 흔들리고, 프로이센과 주변국들의 긴장이 극에 달했으며, 프롤레타리아계급과 사회주의의 등장으로 정치적인 격랑이 일던 격변의 시대에 모든 갈등과 혼란에서 동떨어진 '순수하게' 인간적인 이야기들과 역사 속의 지나간 이야기들을 들려주겠다는 것이다. 이러한 발행 목적은 자본주의의 발전 과정 속에서 생겨난 현대 오락 문화의 핵심적인 성격 ― 현실로부터의 거리 ― 이 생겨나는 과정을 잘 보여준다.

문학 시장의 상업화를 보여주는 또 다른 예는 신문 연재소설이다. 신문은 소설의 상업적 가치를 가장 먼저 발견한 매체 중 하나였다. 신문의 연재소설은 신문의 발행 부수에 크게 영향을 미쳤고, 이에 따라 신문들은 더욱 자극적이고 대중적인 연재소설을 싣기 위해 많은 노력을 기울였다. 그 결과 1871년에는 천편일률적인 대중소설들을 기계로 찍어내듯 대량으로 만들어 여러 신문사에 공급하는 '문학통신'이라는 대중소설 공급 회사까지 생겨났다. 이와 같은 상업적 소설 연재 전략을 새로운 차원으로 이끈 것은 〈로칼-안차이거〉라는 신문이다. 이 신문은 1885년에 새로운 연재 전략을 선보였는데, 기존 신문사들처럼 연재소설을 연말에 마무리 짓는 것이 아니라, 연재소설의 내용 중 가장 흥미진진한 부분을 월말에 실어 정기 구독자들이 신문 구독을 그만두기 어렵도록 만들었을 뿐만 아니라, 하루 연재도 가장 긴장되는 순간에 중단되도록 연재 방식을 변경했다.

이처럼 출판시장의 성장과 자본주의화의 와중에 상업적인 통속문학이 커다란 인기를 끌면서 전통적인 문학적 가치를 추구하며 시대의 문제들과 대결하고자 했던 당대의 젊은 작가들은 많은 어려움을 겪을 수밖에 없었다. 문

작가 아르노 홀츠의 수입

아르노 홀츠는 30년 동안 5만 3,375마르크를 벌어들였으며, 이를 환산하면 대략 1년에 2,000마르크가 못 되는 수입을 올린 셈이 된다. 1년에 2,000마르크는 1900년대 전반에 제대로 된 직업교육을 받은 노동자들이 올리는 수입과 비슷한 액수였다. 그러나 30년간의 수입 중 대부분이 희곡 『트라우물루스』 이후에 얻은 것이라는 점을 고려하면, 아르노 홀츠가 1884년에 발표하여 1만 2,000부가 팔린 『시대의 책』으로 고작 775마르크의 수입을 올린 이후 20여 년간 작품 활동을 통해 벌어들인 돈은 연평균 100마르크가 조금 넘는 정도에 불과했다.

학 시장이 고전과 통속문학을 축으로 재편되면서 이미 이름이 많이 알려진 작가이거나 대중적인 글을 쓰지 않는 한 문학 시장에서 성공하기는 매우 어려운 일이었기 때문이다.

이러한 상황에서 젊은 작가들의 생존을 더욱 어렵게 만든 것은 상호 간 경쟁의 심화였다. 작가 수가 급격하게 증가하여 작가들 사이의 경쟁이 이전과 비교도 할 수 없을 만큼 심해진 것이다. 작가의 증가는 특히 19세기 말에 들어서면서 두드러졌는데, 1895년경에 약 4,000명이던 작가의 수는 10년이 조금 지난 1907년에 이르러 두 배 가까이 증가하여 7,000여 명으로 늘어났다.

또한 착취에 가까울 만큼 일방적인 출판사와의 관계 역시 당대 젊은 작가들의 생존을 위협하는 중요한 요소였다. 당시 작가들은 관행적으로 책의 분량에 따라 원고료를 지급받는 계약을 맺었는데, 일반적으로 책 한 권에 600~1,200마르크(약 400~800만 원)를 받았다. 그러나 이렇게 한번 원고료를 받고 나면 이후의 출판권을 출판사에 완전히 양도해야 했다. 작품이 큰 성공을 거두어 신문, 잡지, 모음집 등에 재인쇄될 때에도 작가들은 추가 수입을 올릴 수 없었다. 1901년에 제정된 「문학작품 및 음악예술작품에 대한 저작권 관련법」에 따라 비로소 개선되기 시작한 이러한 관행 때문에 19세기 후반의 작가들은 경제적으로 지극히 궁핍한 생활을 할 수밖에 없었다.

물론 파울 하이제나 게르하르트 하우프트만처럼 사회적인 명성과 경제적

「문학작품 및 음악예술작품에 대한 저작권 관련법」
빌헬름 2세가 독일제국의 황제이던 1901년 6월 19일에 베른트 폰 뷜로우 총리가 이끄는 내각에서 제정하여 1902년 1월 1일부터 시행했다. 이 법은 출판사가 원고료 지급과 함께 획득하게 되는 출판권을 1,000부까지로 제한했으며, 작가에게 출판사와의 계약을 파기할 수 있는 권한을 주었다.

인 성공을 동시에 얻은 작가들도 일부 있었으나, 이는 어디까지나 예외적인 경우였고, 대부분 작가들은 창작 활동을 통한 수입만으로는 생계를 유지하기 어려웠다. 심지어 데틀레프 폰 릴리엔크론, 아르노 홀츠, 구스타프 팔케, 막스 다우텐다이 등 당시 문학을 주도한 작가들조차도 창작 활동을 통해 일년에 200마르크(약 140만 원) 이상의 수입을 얻기가 어려울 정도였다.

이와 같이 생존이 위협받는 상황에서 작가들은 자신들의 예술적·문학적 신념에 반하는 활동을 통해 돈을 벌지 않을 수 없었다. 운이 좋은 경우라면 문학잡지나 통속잡지의 편집자로 일할 수도 있었지만, 그런 기회를 얻지 못한 대부분 작가들은 가족잡지에 실릴 통속적인 글을 쓰거나, 신문에 소설을 연재할 기회를 얻고자 신문사의 눈치를 살펴야 했으며, 지적인 성찰 없이 오로지 정보를 팔아먹기 위해 글을 쓴다는 이유로 그들이 그토록 경멸해 마지 않던 신문기자들처럼 — 작가적 자존심이 용납하지 않는 경우라면 가명으로라도 — 깊이 없는 보도성 기사를 써서 신문사에 팔아야만 했다. 그러나 그러한 일자리를 구하는 것마저도 쉬운 일은 아니었다. 수가 급격하게 늘어난 작가들이 대부분 비슷한 처지에 놓여 있었기에 신문·잡지의 지면이나 편집부의 일자리를 얻기 위한 경쟁은 매우 치열할 수밖에 없었다. 상황이 이러하다 보니 출판사들은 자신들의 우월적인 지위를 이용해 의도적으로, 혹은 관행에 기대어 작가들을 노골적으로 착취할 수 있었다.

당시 작가들이 출판사로부터 어떤 대접을 받았는지는 1905년에 릴리엔크론이 B. G. 토이프너 출판사로부터 받은 한 편지에서 잘 드러난다. 이 출판사의 사장은 단편소설 「잊혀진 수국」을 한 소설 모음집에 무상으로 인쇄할 수 있도록 허락해달라는 요청을 거절한 릴리엔크론에게 매우 모욕적인 어투로 다음과 같이 적고 있다.

물론 저는 귀하 정도의 명성을 가진 작가에게서 그런 대답을 들으리라고 기대하지는 않았습니다. 오늘날 우리의 저명한 작가들께서는 — 이에 대해 저는 기쁘게 생각하는 바인데 — 더 높은 뜻을 가지고들 계시기에 더더욱 그랬지요. 이분들은 우리 국민들에게서 자신들의 지적 소유물을 앗아 가기보다는, 얼마 안 되는 금액이라도 젊은이들의 미적 교육을 위해 기여할 수 있다는 사실을 즐거워하시니까 말입니다. (…) 제 부탁을 거절하고자 하시니, 저도 기꺼이 귀하의 작품을 포기하겠습니다. 그리고 귀하의 소망대로 귀하께서 우리의 국민들을 향해 이야기하고 싶어 하지 않는다는 사실을 모음집의 편집자들에게 주지시키도록 하겠습니다. 또한 가능한 한 귀하의 작품들이 널리 읽히지 않도록 하라고도 부탁해놓겠습니다.

출판사의 착취를 막고 안정적인 수입을 얻기 위해 작가들이 취한 방법은 카르텔을 구성하여 저작권과 그에 따른 수입을 보장받고자 하는 지극히 자본주의적인 시도였다. 1902년 8월 1일 오토 율리우스 비어바움, 카를 부세, 리하르트 데멜, 구스타프 팔케, 후고 폰 호프만스탈, 데틀레프 폰 릴리엔크론이 함께 설립한 '시인들의 카르텔'은 모든 종류의 시집에서 시 한 행당 최소 50센트를 요구했다. 물론 그러한 요구는 우선은 출판사들의 완강한 거부에 부딪혔다. 그러나 많은 작가들이 빠른 속도로 카르텔에 참여하고(회원 수는 1906년에 123명, 1919년에는 165명에 이르렀다), 또 출판사들 역시 원고료 지급을 당연한 것으로 생각하게 되면서 작가와 출판사 간의 불균형한 관계는 점차 개선되기 시작했다.

자연주의 이전의 문예사조인 독일 사실주의를 대표하는 소설가이자, 작가로서 명성이 높았던 테오도르 폰타네는 이렇게 경제적·문학적으로 생존을 위협받는 젊은 작가들을 일컬어 "잉크 노예"라고 표현했다. 이제 극도로 상업화된 출판시장에서 잉크 노예로 전락해버린 젊은 작가들은 새로운 시대의 문제를 문학적으로 소화해내는 동시에 새로운 창작 환경에서 살아남을 수 있는 새로운 문학을 찾아야 한다는 절박한 시대적 요구에 직면하게 되었다. 자연주의가 급변하는 시대에 대한 문학적 성찰의 표현이면서 동시에 시장을 지배하고 있는 기존 문학에 대한 투쟁이자 운동일 수밖에 없었던 이유는 바로 여기에 있었다.

자연주의 문학 집단과 잡지들

자연주의 작가들은 전기적 배경이 비슷했다. 그들은 대부분 1862~1865년 생이고, 부유하지 않은 소시민 가정 출신이며, 어린 시절을 지방에서 보내다가 성인이 되어서야 베를린이나 뮌헨 등의 대도시로 이주한 젊은이들이었다. 또한 이들은 사회·경제적인 변화와 발전에 부응하지 못하는 전통적이고 보수적인 교육을 받다가 1880년대에 베를린과 뮌헨에서 대학을 다니며 새로운 자연과학의 연구 결과들과 실증주의에 매료된 세대이기도 했다. 이들은 사회의 변화와 새로운 세계관을 담아내지 못하는 고루한 독일 문학에 만족하지 못했으며, 통속적인 소설들로 가득한 문학잡지들과 타협할 수도 없었다. 따라서 이 진보적인 젊은 작가들은 한편으로는 외국 문학, 특히 에밀 졸라와 같은 프랑스 작가나 헨릭 입센, 아우구스트 스트린드베리 같은 스칸디나비아 출신의 작가들에게서 새로운 문학의 모델을 찾으려 했으며, 다른 한편으로는 새로운 문학 집단과 잡지를 만들어 변화한 시대에 걸맞은 새로운 문학을 모색하고, 문학의 주류로 성장하기 위해 노력했다.

자연주의는 새로운 문학에 대한 구상과 성찰을 담은 여러 잡지들을 위주로 전개된 첫 번째 독일 문예사조였다. 주요한 잡지로는 다음과 같은 것들이 있다.

헨릭 입센(1828~1906)은 노르웨이의 극작가로서 극이 진행되는 동안 숨겨져 있던 과거가 폭로되는 치밀한 분석극과 사회극으로 19세기 후반 유럽 드라마에 큰 영향을 끼쳤다. 독일에서 10여 년간 체류하며(드레스덴, 뮌헨) 활동했기 때문에 특히 독일 자연주의 작가들에게 많은 영향을 끼쳤다. 대표작으로는 오늘날까지도 전 세계적으로 자주 공연되고 있는 『노라, 혹은 인형의 집』(1879), 『유령』(1881), 『민중의 적』(1882) 등이 있다.

〈크리티셰 바펜갱에〉(1882~1884)

1882년부터 1884년까지 라이프치히에서 발행된 최초의 자연주의 잡지다. 많은 연구자들이 독일 자연주의의 시작을 이 잡지의 발간 시점으로 잡는다. 6호까지 발행되었으며, 편집자인 하인리히 하르트와 율리우스 하르트 형제가 쓴 에세이들이 실렸다. 이들은 문학을 학문·과학으로 만들 것을 주장했으나 새로운 문학의 구상을 구체적으로 밝히기보다는 주류 문학을 강한 어조로 비판하는 데 주력했다.

〈디 게젤샤프트〉(1885~1902)

초기 독일 자연주의 문학의 중심을 이룬 것은 1885년에 뮌헨에서 창간된 〈디 게젤샤프트(사회)〉다. 이 잡지는 에밀 졸라의 문학을 독일에 가장 먼저, 또 가장 열정적으로 소개한 미하엘 게오르크 콘라트의 주도로 창간되었다. 1888년 3호까지는 콘라트 자신이, 1889년 4호부터는 카를 블라이프트로이가, 1894년부터는 한스 메리안이 편집장을 맡았다. '문학, 예술, 그리고 공공의 삶을 위한 사실주의 주간지'라는 부제를 달고 있던 이 잡지는 〈크리티셰 바펜갱에〉와 마찬가지로 가족잡지들로 대표되는 통속문학 및 주류 문학, 특히 뮌헨의 '문학 교황'으로 군림했던 파울 하이제를 신랄하게 공격했으며, 졸

독일 작가로서는 최초로 노벨문학상을 수상한 **파울 하이제**(1830~1914)는 180여 편의 노벨레 (단편소설), 8편의 장편소설, 68편의 희곡과 같은 수많은 작품들과 우아하고 사교적인 인품 등으로 당대의 문학과 사교계에서 커다란 영향력을 끼친 인물이다. 활동 당시에는 괴테에 버금가는 작가로까지 칭송을 받았으나 1차 세계대전 이후로는 완전히 잊힌 작가가 되었다. 고귀하고 아름다운 주제들을 우아한 양식으로 묘사하는 그의 작품들은 자연주의의 젊은 작가들에게 독일 이상주의의 아류이자 거짓으로 가득한 낡은 문학으로 치부되었다.

라뿐만 아니라 도스토예프스키나 입센 등 다른 나라의 문학을 적극적으로 수용했다.

〈디 게젤샤프트〉는 주로 산문문학을 다뤘으며, 독일 자연주의 문학의 산실로서 중요한 역할을 했으나, 1890년 베를린에서 〈프라이에 뷔네(자유무대)〉가 창간되고 자연주의의 중심이 산문에서 희곡으로 넘어가면서 점차 그 영향력이 약해졌다. 〈디 게젤샤프트〉의 편집진은 〈프라이에 뷔네〉와의 경쟁에 매우 예민하게 반응하여 〈프라이에 뷔네〉의 주장과 경향에 무조건적으로 반대하는 경향을 보이기도 했다. 그 결과 하우프트만의 초기 대표작인 단편소설 「선로지기 틸」을 실었으면서도 이후 자연주의 희곡의 기념비적 작품이 된 하우프트만의 희곡 『해 뜨기 전』의 게재를 거부하는 실책을 저지르기도 했다(『해 뜨기 전』은 〈프라이에 뷔네〉에 의해 베를린에서 초연됐다).

〈디 게젤샤프트〉에서 활동한 주요 작가로는 미하엘 게오르크 콘라트, 카를 블라이프트로이 외에도, 자연과학적 자연주의의 전도사 역을 자처한 콘라트 알베르티, 후에 데카당스 문학의 중요한 작가 중 한 명으로 활동하게 되는 막스 할베, 감각적인 시들로 흔히 '인상주의 작가'로 분류되는 데틀레프 폰 릴리엔크론, 헤르만 콘라디, 율리우스 비어바움 등이 있다.

〈디 게젤샤프트〉 창간호 서문(1885)

우리의 〈디 게젤샤프트〉는 우선 주기적으로 등장하는 문학 애호가적 문학과 비평을 "부유한 집안의 딸들"과 "양성 모두에 존재하는 늙은 부인"의 독재로부터 해방시키는 것을 목적으로 한다. 우리 잡지는 정신과 자유를 말살하는 착각, 즉 가족을 아이들의 방으로 착각하는 행태를 — 이러한 착각은 오로지 구독자 수를 늘리는 데만 관심이 있는 잡지의 상업주의로 인해 널리 퍼져 우리의 국민문학과 예술에 커다란 해를 끼치고 있다 — 치워버리고자 한다.

우리는 문학 애호가들의 혼미한 정신 상태와, 이른바 (여성적 의미에서) '가족'들이 가지고 있는, 감정을 자극하는 어리석은 짓거리들, 도덕적인 선입견에 대한 투기적인 배려로 인해 커다란 피해를 입고 있는 인식, 문학, 비평에서의 남성성과 용기에 다시 명예를 되찾아주고자 한다.

성스러운 것으로 칭송받는 천편일률적인 문학이여, 경탄의 대상이 되는 도식적인 노부인-비평[노부인들의 판에 박힌 잔소리와도 같은 비평] 같은 이여, 찬사를 받는 거세된 사회과학이여, 꺼져버려라! — 우리 〈디 게젤샤프트〉는 이렇게 외친다. 우리는 완전하고 자유로우며 인간적인 사상의 조직, 흔들림 없이 진실만을 추구하는 조직, 단호한 사실주의적 세계관의 조직을 필요로 한다!

(…)

우리의 〈디 게젤샤프트〉는 사람을 타락시키는 거짓과 낭만주의적인 허풍, 그리고 사람을 쇠약하게 만드는 허무맹랑한 이야기에 대항하여 그와 반대되는 것들을 가지고 효과적으로 싸우기 위해 그 어떤 노력도 두려워하지 않을 것이다. 오늘날 지배적인 문학적·예술적·사회적 정신의 천편일률화·단순화와 물 타기에 남성적인 업적으로 대응하는 그 어떤 노력도 두려워하지 않을 것이다. 우리는 속물들의 임시방편적인 이상주의와 현대적 삶의 모든 분야에서 나타나는 낡은 집단주의 경제의 어쩔 수 없는 거짓말들에 도전을 선언한다.

우리의 〈디 게젤샤프트〉는 사고의 순결함, 감각의 힘, 언어의 순수함과 개방성에 뿌리를 둔 자연스럽고 독일적인 진짜 고결함을 가꾸기 위해 노력할 것이다. 그와 반대로 우리는 오늘날 크게 칭송받고 있는 가짜 고결함과 싸워나갈 것이다. 부유한 집안 아이들의 방을 지배하고 있는 따분하고, 사람을 어리석게 만드는 사고와 감정의 방식들, 교양 있는 척하는 속물들의 수다와 경찰도 울고 갈 만큼 경건한 위선적 신념에서 자라난 엉터리 고결함과 싸워나갈 것이다.

(⋯)

우리의 〈디 게젤샤프트〉는 예전의 진실된 정신적 귀족을 보호하고 지켜나가는 곳으로 발전해갈 것이니, 우리의 사명은 — 독일어를 쓰는 민족들이 인간적인 문화의 선구자이자 모범으로서 그 유효성을 지켜내는 데 성공한다면 — 문학과 예술에서, 공공의 삶을 만들어나가는 데 있어서 가장 높은 지도자의 위치를 획득하는 것이다.

이 서문에서 〈디 게젤샤프트〉의 편집진은 가족잡지를 통해 문학 시장을 지배하는 위치로까지 성장한 통속문학이 허황된 거짓 이야기로 독일의 정신과 진정한 문학을 크게 훼손하고 있다고 진단하며, "사고의 순결함, 감각의 힘, 언어의 순수함과 개방성에 뿌리를 둔 자연스럽고 독일적인 진짜 고결함"을 되살리는 문학을 만들어나갈 것이라고 선언하고 있다. 그러나 자신들이 무엇을 적으로 삼고 있는지는 매우 구체적으로 밝힌 반면 그들이 추구하는 문학이 무엇인지는 추상적인 개념으로밖에 설명하지 못하는 한계를 보여준다. 이러한 추상성은 독일 자연주의 프로그램에서 자주 찾아볼 수 있는 것으로, 새로운 문학에 대한 자연주의자들의 열망이 대부분 구체적인 대안으로 성장하지 못했다는 사실을 잘 보여준다. 또한 이 글에서는 세기전환기에 이르러 절정에 이르는 여성성과 남성성에 대한 전근대적 편견 또한 잘 드러나고 있다.

두르히(돌진)!

1888년에 의사 콘라트 퀴스터, 문학사가 오이겐 볼프 및 작가 레오 베르크가 베를린에서 결성한 문학 집단이다. 'durch'는 독일어로 '~를 (관)통하여'라는 의미의 전치사(영어의 through)이며, 특히 느낌표와 함께 부사로 쓰일 때는 '(어려움을) 이겨내어', '버텨내어', '돌파하여' 등을 뜻한다. 따라서 '두르히!'라는 이름은 주류 문학을 이겨내고 새로운 문학으로 '돌파'해나가고자 하는 자연주의자들의 선언과도 같은 이름이라고 할 수 있다.

두르히!의 참가자들은 '진리'를 찾아내는 자연과학의 혁명적인 역할을 강조하고, 문학 역시 오로지 '진실'만을 이야기할 것을 요구했다. 두르히!에는 후에 자연주의 및 세기전환기 문학을 대표하는 작가 중 한 명으로 성장하는 게르하르트 하우프트만, 단편소설 「파파 햄릿」을 공동 저작한 아르노 홀츠와 요하네스 슐라프, 무정부주의를 바탕으로 한 과격한 소설들을 발표한 존 헨리 마카이, 〈그리티셰 바펜갱에〉의 발행인이었던 율리우스와 하인리히 하르트 형제, 브루노 빌레 등이 참여했다.

'두르히!'의 열 가지 테제(1886)

'두르히!'라는 이름과 구호 아래 함께 모인 젊은 시인, 작가, 문학 애호가들의 자유 문학 집단은 그 어떤 구속력 있는 회칙도 가지고 있지 않다. 그러나 이 모임 안에 살아 있는 문학관들은 다음과 같은 문장들로 구체화할 수 있을 것이며, 이는 동시에 모든 현대문학의 특징을 나타내는 것이기도 하다.

1. 모든 징후를 고려해볼 때 독일의 문학은 독창적이고 중요한 시대로의 전망을 열어줄 발전의 전환점에 이르렀다.
2. 모든 문학이 시대의 정신을 예술적으로 승화시켜야 하는바, 모든 의미 있는,

또 의미를 획득하고자 애쓰는 오늘날 삶의 힘찬 움직임들을 문학적으로 ─ 긍정적인 면에서든 부정적인 면에서든 ─ 형상화하는 것, 그리고 미래를 향해 예언자적으로, 모든 틀을 깨부수며 앞으로 싸워나가는 것이야말로 오늘날을 살아가는 작가들의 과제라 할 것이다. 이에 따라 사회적인, 민족적인, 종교·철학적이며 문학적인 투쟁이 오늘날 문학의 특수한 주요소가 될 것이나, 이때 문학이 정당이나 매일매일의 정치적 흐름에 봉사해서는 안 된다.

3. 우리의 문학은 그 존재와 내용이 현대적이어야 한다. 우리의 문학은 모든 저항에도 불구하고 매일매일 그 기반이 더욱 확고해지고 있는 세계관에서 태어났다. 그 세계관은 독일의 이상주의 철학, 승승장구하며 자연의 비밀들을 밝혀내는 자연과학, 그리고 모든 힘들을 흔들어 깨우며, 모든 물질을 변화시키고, 모든 간극을 뛰어넘는 기술적인 문화 작업의 결과다. 이 세계관은 가장 순수한 의미에서 인간적인 것이며, 우리의 시대를 위해 여러 측면에서 길을 내주고 있는 것에서 잘 나타나듯이, 우선적으로, 그리고 무엇보다도 인간 사회를 새로 만들어나가는 데서 그 위력을 발휘하고 있다.

4. 독일 문학은 세계문학의 모든 분파들의 연관관계를 정성껏 돌보는 동시에 독일의 민족정신에 걸맞은 성격을 갖추도록 노력해야 한다.

5. 현대적인 문학은 인간을 피와 살을 가진 존재로서, 열정을 가진 존재로서, 가차 없이 진실한 모습으로 그려내야 한다. 이때 현대적인 문학이 그러한 예술작품을 통해 스스로 만든 한계를 넘어서는 일은 없을 것이다. 현대문학은 오히려 자연적 진실의 위대함을 통해 미학적 효과를 높이는 것을 목적으로 한다.

6. 최고의 예술적 이상은 더 이상 고대가 아니라 현대다.

7. 이러한 원칙에 입각해볼 때, 여전히 살아남은 고전주의의 아류들, 확산되고 있는 기교의 문학, 잘난 척하는 딜레탕티즘과 싸움을 벌여야 할 때인 것으로 보인다.

8. 이와 마찬가지로 현대적인 문학을 위해 도움이 되리라 여겨지는 것은, 오늘날 지배적인 문학을 단호하고 건강하게 혁신하고자 하는 노력, 그리고 현대의 기본 원칙을 위해 문학의 혁명을 완수하고자 하는 열망이다.

9. 새로운 문학의 번영을 준비하기 위해 중요하고 또 필수적인 투쟁 수단은 예술비평이다. 따라서 자격도 없고, 이해도 없으며, 악의에 찬 요소들로부터 비평을 정화하는 것, 그리고 성숙한 비평을 만들어내는 것은 제대로 된 예술적 창조와 함께 현대적인 문학적 흐름의 주요 과제라 할 수 있다.

10. 오늘날과 같이 새롭고 독창적인 모든 정신들로 가득한 문학이 단단하게 단결한 적들과 맞서고 있는 시대에는, 같은 노력을 하는 모든 정신들이 그저 단순한 유파라 하더라도 개별 집단을 형성하는 일을 피하고 함께 싸움에 나서는 일이 필요하다.

두르히!의 열 가지 강령 역시 강경한 표현으로 주류 문학을 극복하고 새로운 문학을 만들어나가야 함을 역설하고 있다. 이때 이들이 목표로 삼은 것은 "시대의 정신을 예술로 승화"하는 것으로서, 미래를 결정지을 새로운 세계관을 바탕으로 인간을 "피와 살을 가진 존재로 (…) 가차 없이 진실한 모습으로" 그려야 한다고 주장한다. 이때 '진실한 모습'은 이중적인 의미를 지니고 있다. 첫째는 인간을 ― 괴테의 이피게니에처럼 ― 이상화된 모습으로 그리지 않겠다는 것이며, 둘째는 통속문학에서와 같이 현실과 동떨어진 미화된 모습으로 그리지 않겠다는 것이다. 따라서 "피와 살을 가진 존재", "가차 없이 진실한 모습"이란 그것이 긍정적인 것이든 부정적인 것이든 현실에 부합하는 인간의 모습을 의미한다.

이들은 고전주의의 아류들과 기교적 문학, 딜레탕티즘을 자신들이 투쟁해야 할 적으로 꼽고는 있지만, 그 신랄함은 〈디 게젤샤프트〉의 서문에 비하면 상대적으로 덜하며, 자신들의 과제도 비교적 구체적으로 나열하고 있다. 하지만 그들의 문학이 실제로 어떤 모습이 될 것인지에 대해서는 여전히 분명하게 밝히지 못하고 있다.

프리드리히스하겐 작가 모임

브루노 빌레, 빌헬름 뵐셰, 하르트 형제 등 베를린에서 활동하다 1880년 대 후반 베를린 근교의 프리드리히스하겐으로 이주한 작가들이 주축이 되어 결성한 보헤미안적 성격의 모임이다. 곧 프리드리히스하겐에서 살지 않는 다른 작가들까지 참여하면서 후기 자연주의의 주요 집단 중 하나가 되었다. 이모임을 통해 1890년 이후 본격적으로 등장하기 시작한 비판적인 사회참여에서 개인주의로의 회귀가 본격적으로 이루어진다.

프라이에 뷔네

1887년 파리에서는 검열을 피해 사회 비판적 연극을 무대에 올리기 위하여 회원제로 운영되는 '테아트르 리브르(Théâtre Libre, 자유극장)'가 설립됐다. 일반 대중에게 공개하지 않는 회원제 공연은 검열을 받지 않는다는 점을 이용하여 혁신적이고 비판적인 작품들을 공연하고자 한 것이다. 1년 뒤인 1888년에는 유사한 검열법이 존재하던 독일에서도 테아트르 리브르를 모델로 하는 회원제 극단이 만들어졌다. 연극비평가 테오도르 볼프, 작가 막시밀리안 하르덴, 후에 베를린 도이체스 테아터를 이끌게 되는 연출가이자 비평가 오토 브람 등이 베를린에서 설립한 '프라이에 뷔네(자유무대)'가 그것이다. 베를린의 프라이에 뷔네는 테아트르 리브르처럼 회원제로 운영하며 검열을 피해 갔지만, 직업 배우들이 제대로 된 극장을 빌려서 공연을 한 점에서 아마추어 배우들이 공연에 참여한 테아트르 리브르와 차이가 있었다.

1889년 9월 29일에 열린 프라이에 뷔네의 첫 공연을 장식한 작품은 헨릭 입센의 『유령』이다(베를린 레싱 극장). 두 번째 공연으로 선택된 것은 하우프트만의 대표적인 자연주의 희곡 『해 뜨기 전』이다. 독일 자연주의 연극의 새로운 장을 연 이 공연은 많은 젊은이들의 열광적인 반응을 이끌어냈지만, 동시에 보수적인 평론가들에게 신랄한 비판을 받기도 했다. 이후에도 프라이

자연주의 및 프라이에 뷔네와 가장 밀접한 관계가 있는 극장은 베를린의 **도이체스 테아터**다. 이 극장은 원래 프리드리히-빌헬름-슈테티셰스 테아터로 사용되던 건물로서 작가이자 연극비평가였던 아돌프 라롱제가 1883년에 부유한 배우들과 함께 도이체스 테아터를 설립하면서 인수했다. 1894년부터 도이체스 테아터의 운영을 맡은 연출가이자 프라이에 뷔네의 창립자 중 한 명인 오토 브람은 고전극과 더불어 하우프트만, 입센 등의 자연주의극을 적극적으로 무대에 올렸다. 1905년부터는 배우이자 당대 최고의 연출가 중 하나였던 막스 라인하르트가 극장의 운영을 맡았으며, 이듬해에 직접 극장을 인수했다. 동독 시절을 거쳐 오늘날 가장 성공적인 공공극장 중 하나로 살아남은 도이체스 테아터는 여전히 자연주의극을 자주 공연하고 있다.

에 뷔네는 톨스토이, 스트린드베리, 졸라 등 자연주의 작가들의 작품을 무대에 올렸으며, 1893년에는 가장 파격적인 자연주의 희곡이었던 하우프트만의 『직조공들』을 무대에 올려 다시 한 번 커다란 논란을 불러일으켰다.

〈프라이에 뷔네 퓌어 모데르네스 레벤〉(1890~현재)

프라이에 뷔네는 사회 비판적이고 진보적인 성격 때문에 보수적인 언론으로부터 많은 공격을 받았다. 이에 프라이에 뷔네의 운영진은 오토 브람과 출판업자 자무엘 피셔의 지원을 받아 1890년 1월 29일에 직접 자신들의 잡지 〈프라이에 뷔네 퓌어 모데르네스 레벤(현대적인 삶을 위한 자유무대)〉을 창간했다. 1890년 이후 자연주의 문학의 가장 중요한 잡지가 된 〈프라이에 뷔네 퓌어 모데르네스 레벤〉은 자연주의를 문학적 기반으로 하여 창간되었으며, 작품 선정과 비평에서 뮌헨의 〈디 게젤샤프트〉보다 훨씬 단호한 입장을 취했다. 문학 장르에서는 희곡을 선호했으며, 이의 모범을 입센에서 찾았다. 그러나 홀츠나 슐라프의 희곡 「젤리케 가족」과 같은 철저자연주의 작품과 사회주의 경향의 자연주의자들과는 거리를 유지했다.

첫 편집장은 오토 브람이고, 1891년부터 빌헬름 뵐셰가 편집에 참여했다. 뵐셰의 영향력이 커지면서 문학의 자연과학적 기반을 다지는 데 주력했다. 자연주의 시기이던 1893년까지 작품을 실은 작가는 게르하르트 하우프트만, 아르노 홀츠, 요하네스 슐라프, 오토 에리히 하르트레벤, 데틀레프 폰 릴리엔크론, 헤르만 바르, 리하르트 데멜, 막스 할베, 존 헨리 마카이, 아르투어 슈니츨러, 브루노 빌레, 율리우스 하르트, 에밀 졸라, 톨스토이, 모파상, 스트린드베리 등이다. 1894년에는 〈노이에 도이체 룬트샤우(Neue Deutsche Rundschau)〉로, 1904년에는 〈노이에 룬트샤우(Neue Rundschau)〉로 이름을 바꾸며 오늘날까지 발행되고 있다. 〈노이에 룬트샤우〉는 현재 유럽에서 가장 오래된 문학잡지 중 하나다.

시작하며 - 〈프라이에 뷔네 퓌어 모데르네스 레벤〉의 창간호 서문 (1890)

우리는 현대적인 삶을 위한 자유무대의 문을 연다.

우리가 하고자 하는 일들의 중심에는 예술이 놓여 있게 될 것이다. 그리고 그 예술은 '사실'과 '오늘날 존재하는 것들'을 바라보는 새로운 예술이 될 것이다.

한때 낮을 피해 다니며 오로지 과거의 어두컴컴한 빛 속에서 문학을 찾으려던 예술이 있었다. 현실을 피해 도망 다니며, 예의 그 이상적인 먼 곳에서, 영원한 젊음 속에 꽃이 만발하는 곳에서 예술을 찾았던 것이다. 그러나 영원한 젊음 속에 꽃이 만발하는 것과 같은 일은 단 한 번도 벌어진 적이 없다. 오늘날을 살아가는 사람들의 예술은 집게 같은 기관으로 살아 있는 모든 것들, 자연과 사회를 포용한다. 따라서 현대 예술과 현대적 삶의 밀접하고도 섬세한 상호작용들은 하나로 엮이게 되며, 현대 예술을 이해하고자 하는 자는 서로 뒤엉킨 현대적 삶의 수많은 경로들 속으로, 서로 교차하며 투쟁하는 현대적 삶의 존재의 욕망들 속으로 파고들어가야만 한다.

시대를 이끌어 가는 지식인들이 새로운 예술의 깃발에 황금 문자로 써넣은 문구는 바로 이 단어 하나다. 사실. 그리고 사실, 모든 삶의 좁은 길 위에 있는 사실이야말로 우리가 추구하고, 또 요구하는 것이다. 투쟁하는 자들이 놓쳐버리고 마는 객관적인 사실이 아니라, 가장 내적인 확신으로부터 스스로 생겨나서 저절로 이야기되는 개인적인 사실이다. 그것은 아무것도 미화하거나 덧칠하지 말아야 하는, 독립적인 정신의 사실이다. 따라서 그 정신에게는 단 하나의 적만이, 단 하나의 숙적이자 철천지원수만이 존재한다. 바로 모든 형태의 거짓이다.

우리는 이 잡지에 다른 프로그램은 적어 넣지 않는다. 우리는 공식을 선언하거나, 끊임없이 움직이는 것들, 즉 삶과 예술을 감히 규칙이라는 경직된 속박에 묶어두는 일도 하지 않으려 한다.

(…)

살아 있는 과거나 인류의 위대한 지도자들은 우리의 적이 아니다. 그러나 죽은 과거, 경직된 규칙, 그리고 어설프게 익힌 얄팍한 지식으로 생성되고 있는 것들을 막아서는, 이미 생명력을 다한 비평들이 바로 우리가 투쟁하고자 하는 대상이다. (…)

생명으로 가득 찬 힘이 움직이기 시작한 현대 예술은 자연주의의 땅에 뿌리를 내렸다. 이 시대의 깊은 내적 흐름에 따르면서 가차 없는 진실에의 욕구로 충만한 현대 예술은 우리에게 세계를 있는 그대로의 모습으로 보여주었다. 자연주의라는 친구와 우리는 한동안 길을 같이 가려 한다. 그러나 그렇게 걸어가는 동안 아직은 조망할 수 없는 한 지점에서 갑자기 길이 휘어지고 예술과 삶에 대한 예기치 못한 새로운 시선이 열린다고 해도 우리는 놀라선 안 될 것이다. 인류 문명의 끝없는 발전은 그 어떤 공식에도, 그것이 아무리 최신의 것이라 해도, 묶여 있지 않기 때문이다. 이러한 확신 속에서, 영원히 형성되어가는 것에 대한 믿음 속에서 우리는 프라이에 뷔네를 시작한다, 현대의 삶을 위하여.

이 글에서도 〈디 게젤샤프트〉의 서문이나 두르히!의 열 가지 테제에서 찾아볼 수 있는 것과 같은 주류 문학과 비평에 대한 공격적인 자세를 엿볼 수 있다. 그러나 이제 초기 자연주의자들처럼 자신들의 문학을 "사실주의"라 칭하는 것이 아니라 "자연주의"라 부르고 있으며, 현실을 미화하는 문학에 대한 반대와 "사실"에 대한 시대적·문학적 요구를 더욱 차분하고 세련되게 표명하고 있는 점에서 분위기와 뉘앙스의 변화가 드러난다. 이는 입센과 하우프트만 공연 등의 성공으로 자연주의가 어느 정도 영향력을 확보하면서 얻은 일종의 자신감과 여유로 이해할 수 있다. 이러한 여유는 또한 자연주의 문학을 절대화하지 않고 이후의 변화 가능성을 열어놓고 있다는 사실에서도 찾아볼 수 있다. 그러나 이는 인류 문명이 끝없이 발전해나갈 것이라는, 앞선 문학잡지의 프로그램에서 찾아볼 수 있는 것과 동일한 낙관적 역사관이 변함없이 유지되고 있다는 것을 보여주기도 한다.

프라이에 폴크스뷔네

'프라이에 폴크스뷔네(자유 민중무대)'는 프라이에 뷔네에 깊숙이 관여했던 브루노 빌레가 프라이에 뷔네를 이끌던 주요 인물들과 정치적 견해차로 결별한 후 1890년에 설립한 연극 단체다. 프라이에 폴크스뷔네는 문화를 즐기기 어려운 민중에게 교양을 쌓고 문화적 경험을 할 수 있는 기회를 제공하는 것을 목적으로 설립됐으며, 따라서 자연주의의 실험적 작품들뿐만 아니라 괴테, 실러 등의 고전 작품들도 자주 무대에 올렸다. 브루노 빌레는 1892년에 극장을 이끌던 인물 중 한 명인 율리우스 튀르크와 심각한 논쟁을 벌이고, 곧 '노이에 프라이에 폴크스뷔네(새로운 자유 민중무대)'를 창설했다. 두 연극 집단은 목적이 동일했기에 곧 우호적인 관계를 유지하며 상호 협력했다. 7만

베를린 로자-룩셈부르크-플라츠의 **폴크스뷔네**. 오늘날 폴크스뷔네는 베를리너 앙상블, 샤우뷔네 베를린, 도이체스 테아터 베를린과 더불어 베를린을 대표하는 극장 중 하나다. 특히 1992년 동독 출신의 연출가 프랑크 카스토르프가 총감독을 맡으면서 비판적이고 실험적인 공연들로 국제적인 명성을 얻었다. 2017년부터 카스토르프의 뒤를 이어 크리스 데르콘이 총감독으로서 극장을 이끌고 있다. 폴크스뷔네 극장은 당대의 다른 주요 극장들과는 다르게 현대적인 건축양식으로 지어졌다.

여 명의 회원들을 거느렸던 두 연극 집단은 1913~1914년 베를린의 로자-룩셈부르크-플라츠에 자체 극장을 건설했다.

빌헬름 프리드리히 출판사와 자무엘 피셔 출판사

빌헬름 프리드리히 출판사는 초기 자연주의의 가장 중요한 출판사였다. 에밀 졸라 및 도스토예프스키의 작품을 출간했으며, 1880년부터 1888년까지 문학잡지인 〈다스 마가진 퓌어 디 리터라투어 데스 인-운트 아우스란데스(국내와 해외 문학을 위한 잡지)〉를 발행했다. 1887년부터는 그동안 뮌헨의 프란츠 출판사에서 발행되던 〈디 게젤샤프트〉의 발행도 맡았다.

출판사의 대표였던 빌헬름 프리드리히는 1890년에 헤르만 콘라디, 콘라트 알베르티, 빌헬름 발로트와 함께 풍속을 해치는 문학작품을 발표했다는 이유로 라이프치히에서 재판을 받았다. "라이프치히 사실주의자 재판"이라 불리는 이 재판에서 빌헬름 프리드리히는 무죄를, 발로트는 150마르크의 벌금형을, 알베르티는 최고 벌금형인 300마르크의 벌금형을 받았다. 헤르만 콘라디는 재판이 시작되기 전에 사망하여 판결에서 제외되었다. 빌헬름 프리드리히는 비록 무죄를 선고받았지만, 그의 출판사는 이 재판으로 잃어버린 독자들의 신뢰와 명성을 더 이상 되찾지 못했다.

오늘날까지도 독일을 대표하는 출판사 중 하나로 남아 있는 자무엘 피셔 출판사는 1887년에 설립되어 첫 책으로 헨릭 입센의 희곡 『로스메르 저택』을 출간했으며, 하우프트만의 작품들을 출간하며 명성을 얻었다. 1890년부터는 〈프라이에 뷔네 퓌어 모데르네스 레벤〉을 발행했다. 자무엘 피셔는 설립 당시부터 젊은 작가들의 작품과 세계 고전문학을 출간하는 데 큰 관심을 기울였으며, 곧 뛰어난 안목으로 토마스 만, 아르투어 슈니츨러, 헤르만 헤세 등 후에 20세기 독일 문학을 대표하는 작가로 성장하는 젊은 작가들의 작품들을 발굴·출간하여 커다란 명성을 얻었다. 세 마리의 물고기를 세로로 이어놓은 상표로 유명한 피셔 출판사는 오늘날까지도 독일의 가장 중요한 문학 출판사 중 하나로 명성을 이어가고 있다.

2장

자연주의의
문학적 성격

격변의 시대를 정면으로 바라보며 그에 걸맞은 새로운 문학을 찾고자 했던 자연주의의 젊은 작가들에게는 두 가지의 커다란 과제가 주어져 있었다. 첫째는 작가로서의 생존은 물론 현실적인 생계를 위협하는 상업적인 통속문학과의 경쟁에서 이기는 것이었고, 둘째는 19세기 중반 이후 유럽의 지성계를 휩쓴 새로운 세계관과 인간관을 토대로 하는 새로운 문학을 만들어내는 것이었다. 그리하여 이들은 현실과 동떨어진 낭만적 사랑 이야기, 먼 역사를 배경으로 하는 영웅들의 이야기, 언제나 조화로운 결말로 끝맺는 이상적인 이야기들을 전하는 통속문학을 '터무니없는 거짓', '이상주의 문학', '전통적인 이상주의 문학의 아류' 등으로 칭하며 거칠게 비난하고, 자신들의 새로운 문학은 오로지 '사실'과 '진실'만을 묘사하는 문학이 될 것이라고 선언했다.

이러한 사실과 진실에 대한 요구는 자연주의의 가장 중요한 모토가 되었는데, 이는 동시에 새로운 시대의 토대가 된 자연과학, 즉 '구체적인 사실에서 출발하여 진리에 도달하는' 자연과학을 문학의 출발점으로 삼고자 하는 젊은 자연주의자들의 문학적 시도를 보여주는 것이기도 했다. 자연주의자들은 '사실'과 '객관적 진실'의 기치를 높이 들고 새로운 시대정신인 자연과학을 무기로 통속문학과의 경쟁에서 승리하고자 한 것이다.

이처럼 당대의 젊은 작가들은 동일한 적을 상대로 싸우며 동일한 방향으로 나아가고자 하는 것처럼 보였지만, 그들의 지향점인 '사실'과 '진실'이 무엇인지에 대해서는 다양한 견해를 가지고 있었다. 많은 작가들이 에밀 졸라의 모범을 따라 그동안 예술의 소재로 다루어지지 않았던, 산업혁명의 이면에 숨겨진 사회의 어둡고 '추한' 구석이 '진실'이라고 생각했다. 그렇지만 다른 작가들은 자연법칙을 문학 속에서 드러냄으로써 '객관적 진실'을 묘사할 수 있다고 생각했으며, 또 다른 작가들은 감각적으로 인지된 모든 것을 문학적으로 재현하는 것이 '객관적 진실'의 묘사라고 생각했다. 그 결과 겉으로는 동일한 요구를 하며 동일한 목표를 향하는 것처럼 보였던 자연주의자들의 문학적 결과물은 매우 다양한 모습으로 나타났다.

추한 진실의 묘사

앞서 인용한 콘라트 알베르티의 에세이에서 잘 드러나듯이, 자연과학적 세계관의 영향하에 있던 당대의 젊은 작가들은 모든 형이상학적 사고방식과 이를 바탕으로 한 전통적 미학 체계를 거부했다. 이들은 전통적 미학의 핵심이 '절대적 미'의 개념에 있다고 생각했으며, 그동안 예술작품의 가치를 판단하는 기준이 되어온 이 '절대적 미'의 존재를 부인함으로써 통속문학에서 이루어지던 현실 미화의 미학적 토대를 파괴하고자 했다.

예컨대 콘라트 알베르티는 "그 자체로서 추한 것, 더러운 것, 천박한 것,

비예술적인 것"은 존재하지 않으며, 따라서 자연 속의 모든 것이 다 기본적으로 예술적 묘사의 대상이 될 수 있다고 주장했다. 예술작품의 가치는 추상적 '미'의 개념을 실현하고 있는가, 그렇지 않은가가 아니라, '사실'을 묘사하는가 아니면 거짓, 즉 "환상적인 것, 반자연적인 것, 현실적 연관이 빠져 있는 것"을 묘사하는가에 따라 결정된다는 것이다.

이처럼 '절대적 아름다움' 대신 '있는 그대로의 사실'이 미적 판단의 기준이 되면서 이제 질병, 가난, 매춘, 알코올중독, 근친상간, 도덕적 문란 등 전통적으로 문학작품에서 다룰 수 없거나 최소한 중요하게 다룰 수 없었던 것들이 빠르게 문학의 핵심 주제로 자리를 잡게 되었다.

카를 프렌첼, 「현대의 사실주의」(1891)

(…) 예전의 이상들은 환영처럼 빛을 잃었고, 옛 형식들은 매력 없고 틀에 박힌 관습이 되어버렸다. 사람들은 이제 더 이상 고전주의나 낭만주의의 안경을 쓰고 자연을 바라보려 하지 않는다. 인간과 사물을 아름답게 조명하여 그것을 세속적인 평균 이상으로 끌어올릴 수 있는 권리를 예술로부터 박탈하고 있는 것이다. 사람들은 이제 그 어떤 대가를 치르고라도 진실만을 가지고자 하며, 묘사하고자 하는 대상을 선택할 때 의식적으로든 무의식적으로든 미보다는 추를 더 선호한다. 더 이상 형상의 고귀함이 중요한 것이 아니라 형상의 전형적인 형태가 중요하다. 예술은 묘사하고자 하는 세계의 한 부분을 모든 세부적인 것들과 함께, 또 모든 우연한 얼룩까지도 함께 묘사해야만 한다. 대상을 미화하는 예술은 거짓이 된다. (…)

이 글에서 카를 프렌첼은 사실주의에 이르기까지 독일 문학의 주류를 이루었던 이상주의가 자연주의에 이르러 어떻게 부정되었는지를 설명하고 있다. 독일 문학이 유럽 문학의 수준으로 발돋움한 것은 괴테와 실러가 주도한 고전주의 시기였으며, 이 시기에 꽃을 피운 이상주의 문학은 이후 독일 문학에 커다란 영향을 끼쳤다. 괴테는 흔히 "고귀한 단순함과 조용한 위대함"(빙켈만)으로 표현되는 고대 그리스 예술의 절대적 아름다움을 전범으로 삼았고, 실러는 사물과 사실을 있는 그대로 묘사하는 것이 아니라 그것의 가장 이상적인 형태를 묘사하는 이상주의 문학을 주장했다.

또한 낭만주의는 현실로부터 벗어난 주관적 상상과 꿈속에서 그들의 예술적 이상을 찾고자 했다. 따라서 오로지 있는 그대로의 발가벗은 진실만을 문학적 묘사의 대상으로 삼는 것은 단순히 통속문학에서 지배적이었던 비현실적이고 낭만적인 요소를 제거하는 것만을 의미하는 것이 아니라, 사실주의에 이르기까지 절대적인 영향력을 행사한 고전주의적 이상주의를 폐기하는 것을 의미했다. 프렌첼은 이 과정에서 자연주의자들이 단순히 현실을 있는 그대로 묘사하는 데 그치지 않고, 오히려 현실의 구석에 숨어 있는 추한 것들만을 묘사하고 현실 속에 존재하는 아름다운 것들은 의도적으로 배제한다고 비판하고 있다.

　자연주의자들은 이제 전통적인 관점에서 아름다운 것으로 여겨지던 소재는 철저하게 배격하고 오로지 추한 것들에만 집중하기 시작했다. 물론 이러한 경향은 자연주의자들의 세계관에도 일치하는 것이 아니었다. 원칙적으로 그들의 주장은 추한 것 역시 진실의 일부라는 것이지, 오로지 추한 것만이 진실이라는 것은 아니었기 때문이다. 그럼에도 젊은 자연주의 작가들이 추한 것에만 집중하는 경향을 보인 것은 '현실 미화'로 대변되는 통속문학과의 경쟁에서, 또 갈등과 모순으로 가득한 격변의 시대에 '아름답고 조화로운 것'을 묘사하는 것은 곧 '거짓'을 의미했으며, 반대로 '추한 것'은 '진실'의 상징이 되었기 때문이다. 또한 초기 자연주의자들에게 전범으로 받아들여진 에밀 졸라의 영향 역시 이들로 하여금 사회의 어두운 구석을 끄집어내 상세하게 묘사하는 데 집중하도록 만들었다.

　그러나 '추한 진실'의 범람은 곧 자연주의 안팎에서 비판을 불러일으켰다.

예를 들어 프렌첼은 앞서 인용한 에세이에서 자연주의자들이 "천한 것, 궁색한 것, 그리고 병든 것들을 관찰하는 데" 몰두하고 있으며 그들이 알고 있는 '자연'이란 오로지 "현실의 더러운 한구석"일 뿐이라고 비판했다. 또 같은 시대에 작가로 활동한 레오폴트 폰 자허-마조흐는 「자연주의의 전염병-개인적 인상」(1889)이라는 제목의 에세이에서 자연주의자들이 "줄거리의 진행에도, 성격과 특징을 묘사하는 데도 전혀 도움이 되지 않는 혐오스러운 사람이나 장면, 디테일들"을 묘사한다고 주장하면서 자연주의가 오로지 더러운 것을 묘사하는 것만을 목적으로 한다고 비난했다. 더 나아가 그는 자연주의자들이 무의식중에 "모든 아름다운 것들은 거짓이며, 오로지 추한 것만이 진실"이라는 원칙을 세우고 있다고 주장했다. 소재 선택에 대한 비판은 자연주의 내부에서도 제기되었다. 〈크리티셰 바펜갱에〉의 발행인 중 한 명이었던 율리우스 하르트는 「독일의 졸라주의」(1886)라는 에세이에서 "졸라 추종자들"이 발표하는 소설들에 대해 비평하면서, 만약 오로지 추한 것들만을 묘사하고 아름다운 것들을 모두 배제한다면, 이는 사실을 아름답게만 왜곡하는 통속문학과 다를 바 없다고 주장했다.

카를 헨켈, 「창녀」(1883~1886년 사이에 쓰임)

어두운 복도를 살금살금 걸어가
끔찍한 비탄을 질질 끌고
그래 나는, 나는 그저
늙은 창녀일 뿐
돈을 주면 날 가질 수 있어
난 이 세상에서
수치심 같은 건

전혀 몰라—

짐승!

나도 하지만 어린

아이였어

너희처럼 순수한,

선물로 받은

벨벳으로 싸인 성경책을 읽었지.

하나님 아버지, 그대를 축복하나이다—

너희처럼 나도

놀러 또 춤을 추러 달려 나갔어

아주 밝은 목소리로 노래를 불렀지

햇빛이 가득한 들판에서

우리가 너에게 신부의 화관을 엮어줄게—

신부의 화관을! —

제비꽃처럼 파란 명주실로…

어두운 복도를 살금살금 걸어가

흉측하고, 늙은 창녀,

말 잘 듣는 하녀!

말 잘 듣는 하녀! —

맙소사! —

엄마, 사랑하는 하나님께서 뭐라고 말씀하세요?

"기도해, 기도해!"

야호, 야호, 야야호!

랄라 랄라 라!

아름다운 초록색,

아름다운 초록색, 신부의 화관을!

── 몸이 좋지 않아. ─

배가 고파 ─ 빵! 빵을!

푼돈이면 살 수 있는 연인,

끔찍한 세상이잖아! ─

아 죽어서 누워 있을 수 있다면…!

이 시에서 시적 자아인 창녀는 깊은 비탄 속에서 순수했던 어린 시절을 떠올리며 자신도 다른 이들과 다를 바 없는 평범한 아이였다는 사실을 이야기한다. 어린 시절은 천진난만함, 순결("신부의 화관"에서 '신부'에 해당하는 'Jungfer'는 '신부'라는 뜻 외에 '처녀성'이라는 뜻도 있다)과 종교적인 경건함을 통해 묘사된다. 그러나 어린 시절에 대한 즐거운 회상은 현실의 비참함을 더욱 강조해줄 뿐이다. "초록색 신부의 화관"은 차라리 죽음보다도 못한 궁핍하고 배고픈 삶을 더욱 비참하게 만든다.

하지만 이 시의 파격은 이러한 시적 묘사 방법이 아니라 사회의 최하층민이자 윤리적으로도 가장 저급한 삶을 살아가는 창녀를 시적 자아로 삼고 있다는 사실 자체에서 비롯된다. 이러한 소재 선택은 편하게 읽을 수 있는 오락거리를 제공하는 통속문학은 물론, '문학은 가장 아름답고, 가장 윤리적인 인간의 모습을 보여주어 독자를 고귀한 삶으로 이끌어야 한다'는 고전주의적 이상주의 문학의 구상과도 극단적인 대조를 이룬다.

자연과학적 진실의 묘사

'추한' 소재에 대한 집착은 자연주의 진영 내부에서조차 비판의 대상이 되었지만, 그러한 소재 선택을 이론적으로 정당화하려는 시도도 존재했다. 예를 들어 콘라트 알베르티는 '진실', 즉 "거역할 수 없는 자연법칙의 비밀스럽고도 강력한 작용"은 지배자나 영웅들의 삶보다는 궁핍하고, 거칠고, 또 추하기까지 한 서민들의 삶에서 더욱 선명하게 나타나는 경우가 많다고 주장했다. 왜냐하면 인간의 자연스러운 감정은 사회적 통념이나 체면 때문에 감정 표현이 왜곡되지 않는 서민들의 삶에서 "더욱 원형에 가깝고 단순하며 자연스럽게" 드러나기 때문이다. 따라서 일견 추해 보이는 사회 하층민들의 삶 역시 예술적 소재로 손색없으며, 거짓 없는 '진실'을 묘사하는 것이 예술의 사명이라면 오히려 이들의 삶이 고귀한 영웅들보다 더 훌륭한 예술적 소재가 될 수 있다는 것이다.

비평가 한스 메리안 역시 1891년에 발표한 에세이 「주인공으로서 건달─현대 미학을 위한 기고」에서 콘라트 알베르티와 비슷한 주장을 하고 있다. 그는 이 글에서 "추한 것과 타락한 것", 즉 사회의 "'병적인 현상'을 문학의 중심으로" 삼는 것이 미학적으로 올바른 일인지 자문하고, 이에 대하여 단호하게 '그렇다'고 답한다. 그에 따르면 인간의 미적 체험은 우리가 "예술작품 속에 재현된 세계 전체의 논리적 인과관계를 인식"하는 순간에 이루어진다. 그런데 "이 인과법칙의 작용", 즉 "우리가 최고의 아름다움으로 느끼는 세계의 질서"는 다름 아닌 혐오스럽고 추한 사회현상들에서 가장 잘 나타나며, 따라서 이들 '추한' 소재들은 기피해야 할 대상이 아니라 오히려 미학적으로 추구해야만 하는 소재들이라는 것이다.

알베르티와 메리안은 여전히 '추한 것들'을 통해 '진실'을 묘사할 수 있다는 주장을 하고 있으며, 그러한 점에서 사회의 그늘진 곳, 인간의 부정적인 모습만을 묘사했던 초기 자연주의의 "졸라 추종자들"과 동일한 경향을 보여준다. 그러나 이 두 사람의 예에서 우리는 '진실'의 개념이 새로이 정의되고 있음을 알 수 있다.

초기 자연주의자들이 '미화되지 않은 진실의 묘사'를 주창하며 '추한 것'을 주요 소재로 삼았을 때, 이들이 말하는 '진실'은 '감각적·경험적으로 인식되는 사실들' 그 자체를 의미했다. 미학적 원칙이나 상업적인 목적 때문에 사실을 왜곡하지 않고 인지·경험한 사실을 그대로 문학적으로 재현하는 것이 이들의 '사실주의'였던 것이다. 알베르티와 메리안은 이러한 '경험적 사실'의 묘사를 거부하지는 않지만, 졸라 추종자들과는 다른 곳에서 '진실'을 찾고 있다. 이들은 '진실'을 "거역할 수 없는 자연법칙의 비밀스럽고도 강력한 작용", "세계 전체의 인과관계" 등 눈에 보이는 사회현상 이면에 놓인 절대적 법칙으로 이해했다. 이들이 '추한 것'을 문학적 소재로 정당화한 것은 그것이 단순히 우리가 감각적으로 경험하는 사실과 일치하기 때문이 아니라, '추한 것들'이 자연법칙의 실현 과정 및 그 결과를 다른 소재들보다 더욱 잘 드러내준다고 믿었기 때문이다.

이와 같은 새로운 진실 개념은 그들이 여전히 '추한 것'을 통한 '진실'의 묘사를 주장하고 있음에도 전혀 다른 종류의 '사실주의'를 요구했다. '진실'이 '눈에 보이는 현실 이면에 존재하는 자연법칙'을 의미한다면, 감각적·경험적으로 인식되는 세계의 현실은 자연법칙의 결과물로서 '진실'의 본질이 아니라 그 껍데기에 불과하기 때문이다. 따라서 진정한 '진실'을 묘사하려면 사회현상의 원인이 되는 자연법칙을 재현할 수 있는 새로운 문학 양식을 찾아야만 했다.

그러한 가능성을 자연주의자들은 우선 자연과학적 지식을 소재로 삼는 데서 찾고자 했다. 그러나 이는 그렇게 수월한 일이 아니었다. 당시 유행하던 대중과학 서적을 통해 널리 알려진 자연법칙들은 대부분 인간 및 사회와 직접적인 관련이 없었기 때문이다. 단지 다윈의 진화론만이 비교적 쉽게 확대 적용할 수 있었을 뿐, 인간과 사회에 적용되는 '법칙'은 기본적으로 자연과학적 지식을 통해 직접 도출할 수 없었다. 물론『문학의 자연과학적 기초』라는 책을 쓴 빌헬름 뵐셰와 같은 작가들은 자연현상뿐만 아니라 인간과 사회현상까지도 설명해줄 수 있는 자연법칙들이 이미 발견되었으나, 그것이 과학자들만 이해할 수 있는 전문적인 언어로 쓰여 있기 때문에 아직 작가들이 수용하지 못하고 있다고 믿었다. 그러나 그러한 자연법칙들은 발견되지도 않았고, 발견될 수도 없었으며, 따라서 그가 원하는 것처럼 자연과학의 연구 결과를 문학인들에게 전달해줄 수 있는 책도 존재할 수 없었다. 그 결과 문학적 소재로 사용된 자연과학적 지식은 극히 제한적이었다. 실제로 문학작품 속에서 다루어진 '자연법칙'들은 (환경)결정론, 진화론, 생존경쟁, 유전 등이 전부였다.

자연과학적 진실을 문학적으로 재현하려는 좀 더 본격적인 시도는 자연법칙의 실현 방식을 그대로 사실 묘사의 시학적 원칙으로 삼고자 했던 작가들에게서 찾아볼 수 있다.

자연과학적·귀납적 사고체계에서 우리가 눈으로 보고 몸으로 느끼며 살아가는 경험적 현실이란 결국 추상적이고 일반적인 '법칙'이 — 부수적인 조건들로 인해 그 형태가 개별적으로 변형되면서 — 구체적으로 실현된 것을 의미한다. 따라서 현실을 있는 그대로 재현하는 것은 일반적이고 추상적인 '자연법칙', 즉 묘사하고자 하는 사회현상 이면에 있는 추상적 인과관계를 작중 세계와 등장인물의 기본 틀로 상정하고, 여기에 살을 붙이고 개성적인 특성을 부여하여 실제 현실처럼 꾸며내는 것을 의미했다. 이처럼 문학 속에서 현실을 자연과학적으로 재현하고자 했던 이들에게 중요한 것은 '인물의 성격이 얼마나 생동감 있게 묘사되었는가' 하는 문제도 아니고, '우리가 경험적으로 인식한 현실의 외형이 얼마나 사실에 가깝게 묘사되었는가' 하는 것도 아니었다. 이들이 관심을 기울인 것은 '작중 세계가 일반적 법칙의 구체적 실현으로 묘사되었는가' 하는 문제였으며, 이들은 오로지 이것을 기준으로 문학작품의 '사실성'과 미학적 가치를 판단했다.

이러한 의미에서 콘라트 알베르티는 '사실주의적' 예술이란 "더 높은 진실의 구체적 묘사", 즉 추상적인 자연법칙을 구체화하여 경험적 현실로 재구성하는 것을 의미하며, "법칙의 맥락에서 떨어져 나온 개별 현상들"은 아무리 그 외형이 현실과 닮아 있다고 하더라도 결코 예술적 효과를 낼 수 없다고 주장했다. 카를 블라이프트로이 역시 비슷한 맥락에서 예술이란 '일반적인 자연법칙의 상징'이 되어야 한다고 주장했다. 즉 예술은 "사소한 외형적 사실들"이 아니라 "사실보다 더 중요한", 사실 이면의 일반적 법칙들을 묘사해야 한다는 것이다.

하인리히 하르트, 「사실주의 운동 — 그 근원, 본질, 목표」(1889)

(…) 비유적으로 표현하자면 문학 역시 혼란스럽고 뿌리 없는 사변으로부터 벗어나 학문으로 성장해야 한다. 구체적 형상들로 표현되는 심리학으로, 살아 숨 쉬는 영상들로 표출되는 포괄적 세계관으로 성장해야만 하는 것이다. 그 대상, 즉 자연과 인간은 이미 주어져 있다. 학문은 자연과 인간을 지배하는 법칙을 연구하고, 문학은 이들을 전형적인 성격을 가진 존재로, 또 모든 현상들을 아우르는 구체적 형태로, 그리고 우연적인 외형을 따르는 것이 아니라 이들의 본질과 그 형이상학적인 핵심에 따라 새롭게 창조하여 보여준다. 자연과학이 법칙을 만들어낸다면, 문학은 전형적인 인물들을 창조해낸다. 이러한 과제는 그러나 문학이 객관적으로 작업할 때, 작가가 자연처럼 창조할 때에만 완수될 수 있다. (…)

1889년에 발표된 하인리히 하르트의 이 에세이는 자연법칙의 실현 과정을 문학적으로 형상화하려는 '사실주의'의 구상이 어떠한 시학적 결과를 가져오는지를 잘 보여준다. 하인리히 하르트에게 있어서 문학이 하는 일은 자연과학이 하는 일과는 정반대의 것이다. 자연과학이 구체적인 사실들에서 출발하여 추상적이고 일반적인 법칙을 찾아낸다면, 문학은 추상적이고 일반적인 법칙에서 출발하여 그것의 실현인 구체적 사실을 — 마치 "자연"이 그렇게 하는 것처럼 — "창조"해내는 것이다. 그리고 그렇게 "창조된" 인간은 일반적 법칙이 구체화된 것에 불과하므로 특별한 영웅이 아니라 "전형적인 성격을 가진 존재"가 될 수밖에 없다. 작중 세계와 인물을 일반적 자연법칙의 실현 결과로 재구성함으로써 현실을 '사실적'으로 묘사하고자 하는 시도는 이처럼 전형적인 것, 일반적인 것의 묘사로 이어지게 된다.

자연과학의 수용은 자연주의 문학에서 소재의 확대를 뛰어넘는 중대한 결과를 가져왔다. 인간이 오로지 물리적·생물학적 조건에 의해서 결정되는 존재이며, 자신의 의지가 아니라 자연법칙에 따라 사고와 행동이 결정되는 존재라면, 인간은 결국 동일한 조건에서는 언제나 똑같은 행동을 하는 — 졸라의 표현을 따르자면 — "인간기계"로 전락하고 만다. 이는 동일한 사회집단에 속하여 동일한 사회·물리적 조건하에서 살아가는 사람들은 그 행동양식과 삶의 형태에 근본적인 차이가 있을 수 없다는 것을 의미하며, 이는 결국 한 개인을 같은 사회집단의 타인들과 구별시켜주는 특별한 개성이 존재할 수 없다는 것을 뜻한다.

자연과학적 사고체계를 기반으로 하는 이러한 유물론적 결정론적 인간관의 시학적 함의는 분명하다. 그동안 문학작품 속에서 주인공으로 묘사되어온 인물들, 즉 강력한 의지나 독특한 개성, 혹은 특별한 운명으로 인해 평범한 인간들과 구분되었던 전통적 의미의 '영웅'들•은 이제 존재할 수 없게 되었다. 이제 작중인물은 특별한 성격과 운명을 가진 영웅이 아니라, 언제든 다른 인물로 대체 가능한 수많은 같은 종류의 인간들 중 하나로 묘사되었으며, 동시에 동일한 사회적·물질적 조건하에서 살아가는 한 집단의 사람들을 대표하는 대표자로, 혹은 그 집단에 소속된 사람들의 공통된 성격을 보여주는 전형적 인물로 나타나게 되었다. 더 이상 전통적인 시학적 틀에 들어맞지

• 독일어에서 '주인공'을 뜻하는 '헬트(Held)'는 원래 '영웅'을 의미한다.

않는 등장인물의 이와 같은 성격은 '진실'의 새로운 정의를 중심으로 하는 자연과학의 문학적 수용이 시학적인 문제로까지 확장될 수 있다는 사실을 분명하게 보여준다.

감각적 진실의 묘사

객관적 사실, 혹은 진실을 이해하는 방식에 이처럼 많은 차이가 있었음에도, 대부분의 자연주의 작가들은 경험적 사실을 있는 그대로 상세히 묘사하고자 했다는 점에서 별반 다르지 않았다. 그들이 원하는 '진실'이 무엇이든, 전통적인 이상주의 문학과 통속문학의 거짓에 저항하기 위해서는 우선 미적인 가치판단에 따른 내적 검열과 현실의 미화 없이 경험적 사실을 있는 그대로 밝히는 것이 중요했기 때문이다. 그 결과 자연주의 작품들에서는 실제로 존재하는 장소가 배경이 되는 경우가 많았으며, 현실과 일치하는 구체적인 정보를 상세하게 제공함으로써 작중 세계를 실제 현실의 일부로 묘사한다. 인물을 묘사할 때에도 최대한 세밀하게, 세부적인 모습까지 묘사함으로써 그 인물이 "뼈와 살을 가진", 현실 속의 인간처럼 보이게 하고자 노력했다.

에두아르트 폰 카이절링, 『세 번째 계단』(1892)

(…) 로타르는 이불을 턱까지 끌어올려 덮은 채 아직 침대에 누워 있었다. 밝은 햇빛이 노란 커튼을 통해 방 안으로 밀려들었다. 눈부신 빛 망울들이 하얀색과 빨간색이 섞인 카펫 위에 어른거렸다. 마차가 덜컹거리는 소리, 수동 풍금 소리, 철도마차의 울림이 길에서부터 들려왔다.

"마르가르텐 거리-2번지" 로타르가 혼잣말로 중얼거렸다. "2-번지; 2층, 3층, 아니면 4층. 어디였더라? 상관없어! 가보면 알겠지." 그는 하품을 하고, 두 다리를 길게 뻗고는 볼로 베개의 차가운 자리를 찾았다. "2층이면 좋겠어. 2층이라면 분명 4층에서와 똑같이 성실한 자세를 가질 수 있을 거야. 맙소사! 분명히 4층일 거야! 로터는 오래전부터 그런 외적인 것들은 전혀 중요하게 생각하지 않았지— 모자의 넓은 챙이나 꼭대기 층 같은 거 말이야. 마치 좋은 집이 사회의 유전적 질환이라도 되는 것처럼." — 로터란 친구는 좋은 청년이었다. 예쁘장한 얼굴을 가지고 있었고 사람들과 교류할 때 폭풍 같은 방식을 가지고 있었다. 로타르는 그를 다시 만나게 되어 기뻤다. — 로타르는 일어섰다. 하루를 시작해야 한다는 조급함이 그를 사로잡았다.

그가 케르트너-링 거리로 나섰을 때는 이미 10시 반이 되어 있었다. 햇빛이 보도 위를 뜨겁게 비추고 있었고, 그 햇빛에 공기를 가득 채운 먼지가 반짝거렸다. 라이트 대로(大路)의 마른 너도밤나무와 집들, 심지어 활기에 가득 찬 파란 하늘까지 — 모든 것이 마치 황금가루를 뿌려놓은 듯 스스로 예쁘게 반짝이고 있었다. 따뜻한 아스팔트 냄새가 섞인 공기 역시 로타르에게는 편안하게 느껴졌다. 그는 카페로 들어가 리넨 차양이 보도 위로 드리운 좁은 그늘에 자리를 잡고 앉았다. 그러고는 아침 식사를 하며 생각에 잠겼다.

그의 바로 앞에는 철도마차의 정류장이 있었다. 그곳에서 노란색 마차들이 교차해서 지나갔다. 사람들은 호루라기를 불고, 소리를 질렀다. 차장들은 서로에게 고개를 끄덕이며 미소를 지었다. 커다란 바구니를 든 키 큰 할머니가 사람들로 가득한 마차에 올라탔다. 그녀가 사람들을 인정사정없이 밀어붙일 때 그녀의 붉은 얼굴은 웃고 있었다. 그러자 밀쳐지는 사람들도 웃었다. 아주 크게. 길 아래로 울려 퍼질 정도로. 심지어 마부도 웃었다. 저쪽 다른 마차 안에는 금발의 통통한 아가씨가 회색 여름 외투로 몸을 단단히 싸매고, 한 손으로는 손잡이를 잡고, 다른 한 손으로는 서류가방을 잡고 서 있었다. 그녀는 고개를 살짝 숙이고 수줍게 미소를 짓고 있었다. 그녀의 뒤에서 한 젊은 사내가 승강장 난간에 기대어 서서 그녀의 목덜미에 흘러내린 금발의 곱슬머리에 대고 무언가를 열정적으로 속삭이고 있었기 때문이었다. (…)

위의 인용문은 1892년에 발표된 에두아르트 폰 카이절링의 장편소설 『세 번째 계단』의 도입부다. 카이절링은 여기에서 이제 막 오스트리아의 빈에 도착하여 하룻밤을 보낸 주인공 로타르의 시점에서 빈의 늦은 오전 풍경을 상세하게 묘사하고 있다. 실제 거리의 이름들을 사용하고 있으며, 거리의 사소한 모습, 소리, 냄새, 사람들의 외모와 표정, 행동 등을 상세하게 묘사하고 있다. 거리와 거리를 메운 사람들을 상세하게 묘사하려는 이러한 시도는 매우 감각적으로 느껴지는데, 그 이유는 있는 그대로의 모습을 묘사하는 것은 결국 시각, 청각, 후각 등 감각적으로 인지된 것을 최대한 있는 그대로 재현하는 것을 의미하기 때문이다. 자연주의자들이 더럽고 추한 대상이 아니라 일반적인 대상을 묘사할 때 세기전환기의 섬세한 인상주의적·유미주의적 문체에 접근하고 있는 것처럼 느껴지는 것은 바로 이 때문이다.

이렇게 경험적 사실을 되도록 있는 그대로 문학적으로 재현하고자 한 자연주의 문학은 — 많은 문학사가들이 지적한 것처럼 — (시적) 사실주의 문학에서 첫 번째 정점에 이른 문학의 리얼리즘적 경향이 극단적으로 발전한 형태라고 볼 수 있다. 이를 가장 분명하게 보여주는 것은 희곡의 등장인물들이 사용하는 언어다. 이미 계몽주의 시기부터 희곡은 정형성을 강요하는 시학 규칙들에서 자유로워지기 시작했다.

그러나 등장인물들이 사용하는 언어의 운율과 (일상어와 구별되는) 문학성은 쉽게 포기되지 못했다. 아리스토텔레스의 『시학』에서 시작된 '삼일치법칙'과 신분규칙은 이미 계몽주의 시기에 느슨해지거나 강제성을 잃기 시작했지만, 인물들의 대화를 구성하는 문장은 고전주의와 낭만주의를 거치는 동안에도 여전히 운문으로 쓰는 경우가 많았다. 희곡의 언어가 운문의 성격을 잃고 난 후에도 일반적으로 일상적인 언어보다는 수준 높은 어휘와 문장을 선호했다. 고대 그리스부터 희곡의 목적은 변함없이 관객들이 '현실'이라고 느낄 수 있는 상황을 무대 위에서 창조해내는 것이었지만, 무대 위에서 배우들이 사용하는 말은 19세기 중반에 이르기까지 일상생활에서 사용하는 것과는 동떨어진 비현실적이고 고상한 언어였던 것이다.

그러나 이제 자연주의 작가들은 희곡에서도 인물들의 대화에 실제로 사용하는 것과 똑같은 일상어와 비속어, 불완전한 문장, 사투리 등 금기시되어온 '비문학적' 표현들을 적극적으로 사용하기 시작했다.

이러한 언어를 사용한 가장 분명한 예들은 하우프트만의 희곡에서 찾아볼 수 있다. 하우프트만은 희곡 『해 뜨기 전』에서 등장인물 중 하나인 크라우제 부인으로 하여금 사투리와 불완전한 문장, 저속한 표현 등을 사용하도록 만들었으며, 알코올중독자로 등장하는 크라우제 씨를 통해 만취한 사내의 술주정을 가감 없이 그대로 보여줌으로써 관객들에게 충격을 안겨주었다. 그러나 『해 뜨기 전』의 주요 인물들은 비교적 자주 등장하는 불완전한

계몽주의 연극

계몽주의 초기의 극작가들은 마르틴 고췌트의 규범 시학의 영향을 받아 프랑스 고전주의 희곡을 전범으로 삼는 전통적인 형식의 극을 썼다. 그러나 레싱이 아리스토텔레스의 『시학』을 재해석하고, 규범으로부터 자유로운 셰익스피어의 희곡들이 독일의 민족성에 맞는 희곡의 전범으로 소개되면서 독일의 희곡은 형식을 절대적으로 따라야 한다는 요구에서 벗어나기 시작했다. 레싱이 귀족이나 왕이 아닌 시민이 주인공으로 등장하는 비극(시민비극)을 통해 아리스토텔레스 이래로 비극의 가장 중요한 원칙 중 하나로 여겨졌던 신분규칙을 깨트렸다. 레싱이 쓴 독일 최초의 시민비극은 『미스 사라 샘슨』이다. 후에 쓴 시민비극 『에밀리아 갈로티』는 오늘날까지도 독일의 많은 극단들이 새로운 연출로 무대에 올리고 있다.

문장들 외에는 전통적인 희곡에서 흔히 볼 수 있는 정확한 독일어를 구사하기 때문에, 사투리와 술주정 등은 등장인물의 성격을 규정하고 자연주의 연극의 지향점을 선언적으로 보여주는 역할만을 하고 있다고 할 수 있다.

『해 뜨기 전』을 초연한 후 2년이 지난 뒤인 1891년에 쓴 희곡『직조공들』은 사투리와 일상어의 사용에서 훨씬 급진적인 양상을 보여준다.『직조공들』은 1844년 슐레지엔에서 벌어진 직조공들의 봉기를 소재로 한 작품이다. 이 작품에서 하우프트만은 영주의 착취와 기술·가격 경쟁력의 상실로 절망적인 기아 상태에 빠져 반란을 일으켰다가 결국엔 프로이센 군대에 의해 잔혹하게 진압당하는 슐레지엔 직조공들의 삶을 무대 위에서 재현하고자 했다. 그런데 주인공으로 등장하는 다수의 직조공들은 대부분 슐레지엔 지역 사람이 아니라면 알아들을 수 없는 심한 사투리를 사용한다. 말하자면, 현실의 일부를 그대로 옮기고자 하는 의지가 작품의 이해 자체를 불가능하도록 만드는 상황에 이른 것이다.•

게르하르트 하우프트만,『직조공들』(1891)

바우메어트 할머니	(딸들이 천 짜는 것을 멈추고 몸을 구부려 천을 보고 있자, 한탄하는 듯한, 힘없는 목소리로.) 벌써 또 실이 엉켰다냐?
엠마	(둘 중 손위인 스물두 살의 처녀. 끊어진 실을 이으며.) 이 실도 또 그려요!
베르타	(열다섯 살.) 이건 실타래 갖고 머 훈련받는 거 같여.
엠마	아부지는 도 요로콤 오래 어디 계신댜? 벌써 아홉 시부텀 안 계신디.

• 물론 이는 자연주의 작품들 중에서도 지극히 예외적인 경우였다. 하우프트만은 슐레지엔 방언을 어느 정도 독일 표준어에 맞게 고친 새로운 판본을 1892년에 발표했다.

바우메어트 할머니	아 그려, 그려! 아들아, 아부지가 워디 계신다냐?
베르타	걱정일랑 쪼꼼도 허지 말어요, 엄니.
바우메어트 할머니	맨날 그려도 걱정여.
엠마	(천 짜기를 계속한다.)
베르타	가만있어봐, 엠마!
베르타	누가 오는 거 같여.
엠마	안소르게 아저씨가 집에 오는 것일 거여.
프리츠	(작고, 맨발에 누더기를 걸친 네 살짜리 남자아이. 울며 들어선다.)
	엄마, 배고파.
엠마	기달려, 프리츨. 쪼꼼만 기달려. 할아부지가 곧 오실 거여. 빵허고 원두하고 가지고 말여.
프리츠	그려도 배고파, 엄니!
엠마	엄마가 말허잖여. 그렇코롬꺼정 철없이 굴지 말란 말여. 할아버지가 곧 오신당게. 맛난 빵허고 원두랑 가지고 오신단 말여. 우리 일이 끝나면, 엄마가 감자 껍질 말린 것을 농부 아저씨한티 가져다줄 거여. 그러면 아저씨들이 우리한티 좋은 우유를 한 냄비 주신단 말여, 야.
프리츠	할아부지는 워디 가셨댜?
엠마	제조업자헌티 가셨지, 짜신 걸 갖다 주실라고, 프리츨아.
프리츠	제조업자?
엠마	그려, 그려, 프리츨아, 저 아래 페터스발데에 있는 드라이시허 아저씨 말여.
프리츠	거그서 빵도 받어?
엠마	그럼, 그럼, 그 아저씨가 돈을 주시먼, 할아부지가 빵을 사실 수 있지.

프리츠	아저씨가 할아부지한티 돈을 많이 주신네?
엠마	(격하게.) 아 고만혀 이놈아, 그 잔소리 좀. (그녀는 다시 천을 짜기 시작한다. 베르타도 마찬가지다. 그러다가 이내 둘은 다시 일을 멈춘다.)
베르타	아우구스트야, 안소르게 아저씨헌티 가서, 불을 안 켜주실 거냐고 물어봐. (아우구스트가 사라진다. 프리츠도 그와 함께 간다.)
바우메어트 할머니	(점점 두려움이 커져가, 어린애같이 거의 울먹이며.) 야들아! 야들아! 이 어른이 워디 계신다냐?!
베르타	아부지는 또 사람들허고 어울리실 거여요.
바우메어트 할머니	(운다.) 이 양반이 주막만 안 갔으면 쓸 턴디!
엠마	안 그러고말고요, 엄니. 아부지는 그럴 분이 아니시고만요.
바우메어트 할머니	(갑자기 밀려드는 커다란 두려움으로 어쩔 줄을 모른다.) 애고, 애고 … 애고 야 이걸 워쩐다냐? 이 양반이 혹시… 이 양반이 술이나 퍼마시고 암것도 안 갖고 집에 오시면 워쩐다냐. 집에는 소금 한 줌도, 빵 한 쪼각도 없는디. 삽이라도 쏘시게로 써야 헐 형편인디…

―하우프트만,『직조공들』, 전동열 옮김(번역본 제목은『길쌈쟁이들』)

일상어, 불완전한 문장, 이해하기 어려운 사투리들이 많이 사용되는 자연주의 작품들은 우리말로 번역하는 것이 쉽지 않다. 문장을 이해하는 것 자체가 어려운 경우도 있고, 의미를 살려 우리말로 옮기더라도 일상어와 사투리의 어감과 그로 인해 생겨나는 작품의 분위기를 표현하는 것은 매우 어려운 일이기 때문이다. 그중에서도『직조공들』은 번역이 가장 까다로운 작품 중 하나다. 희곡이라서 인물들의 대화가 절대적인 비중을 차지하며, 그 대화가 대부분 슐레지엔 사투리로 쓰여 있기 때문이다. 전동

아르노 홀츠와 **요하네스 슐라프**는 처음 「파파 햄릿」을 발표할 때 '브야른 P. 홀름젠' 이라는 북유럽식 이름을 가명으로 사용했다. 당시에는 입센(노르웨이), 스트린드베리 (스웨덴) 등 북유럽의 자연주의 작가들이 독일에서 큰 호응을 얻고 있었기 때문에, 무명 작가였던 두 사람은 이러한 가명으로 조금이라도 더 독자들의 관심을 끌 수 있을 것이라 생각했다. 홀츠와 슐라프는 이 외에도 희곡 「젤리케 가족」(1890)을 함께 창작할 정도로 절친한 사이였으나, 후에 사이가 틀어져 작품 창작 시의 역할을 놓고 서로 다른 주장을 하며 다투게 된다.

열은 이 작품을 『길쌈쟁이들』이라는 제목으로 번역하면서 슐레지엔 사투리를 전라도 사투리로 옮겨 적었다. 물론 원작에서 슐레지엔 사투리가 전달하는 지역적 구체성과 그 역사적 함의까지 전달하는 것은 불가능한 일이지만, 사투리 사용으로 인해 생겨나는 전체적인 분위기와 대화의 어감을 잘 살린 좋은 번역이라 생각한다.

이처럼 경험적인 사실을 충실히 재현하는 데 큰 관심을 기울이던 시기에 하우프트만이 "이것이야말로 철저한 자연주의다!"라고 감탄한 작품이 있었다. 그 작품은 아르노 홀츠와 요하네스 슐라프가 함께 집필하여 브야른 P. 홀름젠이라는 가명으로 발표한 단편소설 「파파 햄릿」이다. 이 소설에서 홀츠와 슐라프는 한 가난한 연극배우가 몰락해가는 과정을 그리고 있는데,* 이때 홀츠와 슐라프는 과거에 햄릿을 연기한 배우 틴비벨의 집과 그 안에서 벌어지는 일들, 특히 시각적·청각적·후각적으로 인지되는 모든 것들을 지극히 섬세하게 묘사했다.

---

* 소설의 내용은 뒤에서 좀 더 자세하게 다루기로 한다.

146

아르노 홀츠 & 요하네스 슐라프, 「파파 햄릿」(1889)

(…)

열두 시!…

기진맥진한 채 그녀는 다시 작은 발판 위에 힘없이 주저앉았다. 그녀 뒤에 있는 난로는 얼음처럼 차가웠다. 잠옷을 통해 그녀는 난로의 타일을 분명하게 느낄 수 있었다. 그녀는 오한을 느꼈다!

바깥에선 마지막 남은 소리들이 여전히 부릉거리며 울려왔다. 초록색 빈 맥주병에 꽂힌 채, 넘어진 작은 상자 위에 세워진 양초 불빛이 그녀 바로 앞에서, 그녀와 재봉틀 사이 한복판에서 추위에 흔들렸다.

바흐텔 부인은 옆에서 코를 골고 있었다. 저 위쪽 바구니에 누워 있는 작은 포르틴브라스는 다시 가만히 있지 못하고 다른 편으로 돌아누웠다. 아기는 발작적으로, 그르렁거리며 숨을 쉬었다. 마치 그의 안에서 무언가가 망가지기라도 한 것처럼.

바깥 창문틀받이 위로 막 다시 고드름 하나가 떨어져 깨졌다. 바로 그 앞 침대 아래에서는 이제 쥐 한 마리가 무언가를 갉아 먹는 날카로운 소리가 분명하게 들렸다.

열두 시!

그녀는 바느질감을 다시 내려놓았다. 그녀의 손가락은 안쪽으로 굽어 있었다. 그녀는 거의 손가락을 제대로 펼 수가 없게 되었다. 손톱 주변은 푸른색으로 변해 있었다. 그녀는 이제 손에 입김을 불었다. 그녀가 내쉰 숨은 흔들리는 작은 불빛 주변에서 먼지 같은 회색 김을 만들었다. 작고 둥근 양초 종지 안으로 떨어져 검은색 심지 바로 옆에 있던 때늦은 파리 한 마리가 천천히, 까맣게 타고 있었다. 때때로 바스락거리는 소리가 들렸다. . . . .

"저놈 잡아라! 저놈 잡아! 도와주세요! 도와주세요!!"

그녀는 깜짝 놀라 몸을 움찔했다.

그녀는 이제 위를 올려다보았다. 그녀의 기운 없는 창백한 얼굴이 더 무표정해졌다.

"이쪽이요! 이쪽! 도와주세요!!"

그녀 앞의 노란색 불빛이 이제 방 뒤쪽을 더욱 어두워 보이게 만들었다. 단지 창문 쪽에서 사각 구멍을 통해 바깥에서 들어온 생기 없는 눈빛이 이불 위를 비춰줄 뿐이었다.

"도와주세요! 도와주세요!!"

그녀는 벌떡 일어서서 창가로 달려갔다. 그녀 뒤의 작은 촛불이 꺼져버렸다. 초는 넘어져서 이제 재봉틀 아래에 놓여 있었다.

"야경꾼!! 야경꾼!! 저놈을 잡아요!! 요나스! 요나스!!"

온몸을 부들부들 떨면서 그녀는 낡은 이불을 확 집어 올렸다. 그러고는 이제 휘날리는 눈송이들 사이로 아래의 거리를 내다보려고 했다. 그녀의 이빨은 추위로 딱딱 떨렸고, 아직까지 손에 꽉 쥐고 있던 가위가 박자에 맞춰 유리창을 때리며 덜그럭거리는 소리를 냈다.

뾰족지붕 몇 개가 건너편에서 어둠을 뚫고 푸른 회색빛 모습을 드러냈다. 어디선가 창문에서 아직 불빛이 희미하게 가물거렸다.

"만세! 스벤드센 아빠! 안녕하세요, 젊은이들! 새해, 건배!!"

그녀는 안도의 숨을 내쉬었다. 크게 웃는 소리가 들렸다. 그때, 쌀쌀맞은 목소리, 막대기로 때리는 소리, 서둘러 덧창을 내리는 집. 사람들 무리는 모두 다시 모퉁이를 돌아서 가버렸다.

그러고도 잠시 동안 그녀는 귀를 기울였다.

가끔씩 지붕에서 눈이 떨어지는 소리, 멀리에서, 나지막하게, 썰매의 종소리.

그녀는 이불을 다시 내려놓았다. —

한동안 그녀는 그렇게 서 있었다! 이제 방 전체가 깜깜해졌다. 그녀의 뒤에서만,

이불 사이로 희미하게, 눈빛.

그녀는 탁자 위를 더듬으며 걸어갔다.

모서리에 부딪혔다. 작은 병 하나가 달그락거리며 쓰러졌다. 독주 냄새가 났다. 이제 성냥 긋는 소리가 들리더니, 불이 깜빡거리며 켜졌다! 그녀는 책상 위쪽을 비췄다. 작은 사진 주변을 둘러싸고 있는 얇은 금빛이 반짝거렸다. 침실용 등잔이 펼쳐져 있는 낡은 책 위에, 식기들 사이에 서 있었다.

이제 조용히 불빛이 반짝이며 바스락 소리를 냈다. 심지에 불이 붙었다. 그녀의 위쪽으로, 천장에 아주 큰 그녀의 그림자.

바흐텔 부인은 옆에서 코를 골았다. 작은 포르틴브라스는 신음 소리를 냈다.

(…)

여기에서 서술자는 틴비벨 부인을 따라가며 깊은 겨울밤 어둠 속에 잠긴 궁핍한 집 안을 섬세하게 묘사하고 있다. 작은 촛불과 창밖에서 들어오는 옅은 빛만이 주위를 밝히는 짙은 어둠과 한밤의 고요함, 공간의 협소함이 오히려 작은 소리와 작은 시각적 인상에도 주목할 수 있는 감각적 예민함을 가능하게 해준다. 홀츠와 슐라프는 그러한 분위기 속에서 작은 빛의 움직임, 집 안과 창밖에서 들려오는 소리들을 섬세하게 잡아내고 있다.

이러한 장면들은 줄거리의 진행이나 주인공의 성격묘사 등과는 관계가 적으며 오로지 감각적으로 인지되는 '사실'의 문학적 재현만을 목적으로 하고 있다. 이는 홀츠와 슐라프가 ― 여전히 최하층민의 비참한 삶을 묘사하고 있기는 하지만 ― 사회의 어두운 구석을 묘사하고자 했던 졸라의 추종자들이나 자연법칙의 실현을 문학적으로 재현하고자 했던 자연과학적 자연주의자들과는 다른 관점에서 '사실'을 이해하고 있음을 보여준다.

어둡고 조용한 실내의 좁은 공간을 묘사하고 있다는 차이는 있지만 시각과 청각적 인상이 중심을 차지하고 있는 「파파 햄릿」의 감각적 묘사는 앞서 인용한 카이절링의

『세 번째 계단』과 매우 유사하다.

이처럼 감각적으로 인지 가능한 모든 것들을 되도록 아무것도 생략하지 않고 묘사하려는 경향은 비슷한 시기에 아르노 홀츠가 발표한 '예술법칙', 즉 "예술=자연−x"에서 '자연'이 의미하는 바가 무엇인지를 암시해준다.

홀츠는 앞서 인용한 에세이에서 군인의 모습을 그리고자 했던 한 어린아이가 도구와 기술의 부족으로 인해 결국 낙타처럼 보이는 형상을 하나 그리는 데 그쳤던 것을 보고 이 '예술법칙'을 생각해냈다. 이때 원형인 "자연"은 실제의 군인에 해당하고, "예술"은 아이가 그린 낙타를 닮은 형상에 해당한다. 만약 이상적인 조건이라면 창작 조건으로 인한 제약을 뜻하는 "x"는 최소화되고, 결국 아이가 그린 그림은 실제의 군인과 '똑같아'질 것이다. 그런데 이때 '똑같다'는 것은 무엇을 의미할까? 홀츠의 맥락에서 군인과 아이가 그린 그림이 '똑같아'진다는 것은 그림이 살아 움직이는 군인이 된다는 것이 아니라, 시각적으로 인지되는 군인의 모습이 화폭에 동일하게 재현된다는 것을 의미한다. 이는 예술적 재현에서 군인이 처한 사회적 상황, 개인적 운명과 갈

하우프트만과 홀츠는 문학 집단 두르히에서 함께 활동했으며, 초기에는 서로를 높이 평가하는 좋은 관계를 유지했다. 원래 『씨 뿌리는 사람』이라는 제목을 달고 있던 『해 뜨기 전』을 극찬하며 현재의 제목을 제안한 사람이 바로 아르노 홀츠였으며, 하우프트만은 『해 뜨기 전』의 헌사(獻詞)에서 자신이 이 작품을 쓰는 데 결정적인 영감을 준 소설 「파파 햄릿」의 철저한 자연주의자들, 즉 아르노 홀츠와 요하네스 슐라프에게 자신의 작품을 바친다고 적고 있다. 이렇게 우호적인 관계에 있었음에도 홀츠의 '예술법칙'에 대해서만은 하우프트만도 좋은 이야기를 할 수 없었다. 그는 "이런 (예술)법칙으로는 구두장이들이나 가르칠 수 있겠다"는 혹평을 남겼다.

등 등 '군인'이 가지고 있는 눈에 보이지 않는 맥락들은 모두 고려의 대상이 되지 않는다는 것을 뜻한다.

소설 『젊은 베르터의 고통』에서 괴테는 베르터로 하여금 "자연의 모습을 그대로 옮겨놓으니 훌륭한 그림이 되었으며, 앞으로는 자연에만 의존해서 그림을 그리기로 했다"는 이야기를 하도록 만든다. 이 말은 일견 홀츠의 예술 이론에서 드러나는 주장과 유사해 보인다. 그러나 베르터가 '자연'을 이야기 할 때 자연이 의미하는 바는 자연에 내재한 '절대적 아름다움'과 조화이며, '자연에 의지하여 그림을 그린다'고 할 때 이는 자연의 겉모습만을 모방하는 것이 아니라 자연의 조화와 아름다움을 모범으로 하여 그림을 그린다는 것을 의미한다. 반면 홀츠의 '자연'에는 이러한 미학적 가치판단이 배제되어 있다. 홀츠에게 '자연'이란 오로지 '감각적으로 인지된 모든 것'에 불과하며, 이상적 예술이란 그렇게 '자연'을 '눈에 보이는 대로' 모사하는 것을 의미한다.

하우프트만에게 "철저한 자연주의"라는 극찬을 받은 「파파 햄릿」은 이와 같은 예술 이해의 결과였다. 시시각각 변화하는 감각적인 뉘앙스의 변화까지 모두 포착해낸다는 의미에서 흔히 "순간문체[Sekundenstil, 직역하면 '초(秒)문체']"로 일컬어지는 홀츠의 문학 양식은 그러나 자연주의의 기본적인 목표, 즉 "객관적 진실"의 묘사와 배치되는 방향성을 내포하고 있었다. 글이라는 매체로는 한 공간, 혹은 한 순간의 모든 사실들을 완전하게 문학적으로 재현하는 것이 기본적으로 불가능하며, 따라서 작가는 묘사 대상을 한정 짓고 선택을 해야만 하는데, 이 선택 과정에는 필연적으로 작가의 주관이 개입될 수밖에 없기 때문이다. '순간문체'로 섬세하게 묘사하는 한 순간의 분위기나 뉘앙스 역시 객관적인 것이라기보다는 작가 개인의 주관적 인상에 크게 의지한 것일 수밖에 없다.

'순간문체' 혹은 '철저자연주의'는 정확하게는 아르노 홀츠의 작품들에만 적용되는 것이지만, 이는 기본적으로 현실을 '있는 그대로' 묘사하고자 했던 자연주의적 문학 이해의 극단적인(혹은 극단적으로 단순화된) 형태라고 할 수 있다. 이러한 관점에서 보면 홀츠의 철저자연주의는 — 당대에 그의 작품들이 어떻게 이해되었느냐와 무관하게 — 문학사적 관점에서 두 가지 중요한 의의를 지닌다. 하나는 '순간문체'가 아리스토텔레스의 모방론에서 출발하는 문학의 리얼리즘적 경향이 자연주의에서 정점에 이른다는 사실을 잘 보여준다는 것이고, 다른 하나는 자연주의 후기에 생겨나 세기전환기 문학에서 본격화되는 문학의 주관화 경향이 어디에서 시작되는지를 분명하게 보여준다는 사실이다.

3장

자연주의 문학 속의
인간

　지금까지 살펴본 것처럼 독일 자연주의 문학은 새로운 세계관과 인간관을 바탕으로 격변하는 사회와 문화에 걸맞은 새로운 문학을 찾고자 하는 젊은 작가들의 시도였다. 산업혁명의 원동력이 된 자연과학의 연구 결과들과 다윈의 진화론은 자연주의자들에게 전통적인 기독교적 세계관과 인간관을 극복하고 지금까지와는 전혀 다른 방식으로 세계와 인간을 바라볼 수 있는 길을 열어주었으며, 이들은 이를 바탕으로 급격한 산업화 과정에서 근본부터 바뀌어버린 일상적 삶과 경제, 사회, 정치를 문학적으로 형상화하고자 했다. 이들의 모토는 '진실'이었으며, '진실'이라는 기치 아래 모인 젊은 작가들은 그동안 이상주의 문학과 이상주의 문학의 저급한 아류인 통속문학이 숨겨왔던 사회의 '진실'을 문학의 장으로 끌어들이려 노력했다.

　그러나 이처럼 공통적인 정신사적 토대 위에서 공동의 목표를 가지고 전진하는 것처럼 보이는 자연주의자들의 작품들은 그 내용과 형식에서 매우 다양한 모습으로 나타났다. 비록 출발점은 모두 비슷했지만, 앞서 살펴본 것처럼 "진실이란 무엇인가?"에 대해서, 또 "진실은 어떻게 문학적으로 재현될 수 있을 것인가?"라는 질문에 대해서 모두가 다른 답을 가지고 있었기 때문이다.

　여기서는 총 여섯 편의 자연주의 작품들을 통해 이처럼 다양한 자연주의 문학의 구체적 양상을 살펴볼 것이다. 작품을 개관하고 해석하는 과정에서는 특히 작품 속에 등장하는 인물들이 어떠한 관점에서 묘사되고 있는지를 주의 깊게 살펴볼 것이다. 자연주의 작품들에 드러나는 인간관은 자연주의 작가들의 공통적인 정신적 기반인 자연과학적·결정론적 세계관을 잘 보여주는 동시에, 이들의 '진실'에 대한 이해가 어떠한 점에서 차이를 드러내는지를 분명하게 보여주기 때문이다. 공통적인 세계관, 그리고 '진실'에 대한 이해의 차이는 마치 씨줄과 날줄처럼 서로 엮여 자연주의 문학의 내용을 유사하면서도 다채로운 모습으로 만들어준다. 이러한 점에서 공통점과 차이점을 동시에 드러내주는 자연주의 문학 속 인간의 모습을 살펴보는 것은 개별 작품에 대한 이해를 넘어 독일 자연주의 문학의 흐름을 전체적으로 이해하는 데 도움을 준다. 그리고 이는 이후 세기전환기의 새로운 문학적 경향과 새로운 인간관을 이해하는 출발점이 될 것이다.

환경과 유전에 지배되는 인간-게르하르트 하우프트만 『해 뜨기 전』

　1889년 3월 중순부터 6월 초에 걸쳐 『해 뜨기 전』을 집필한 하우프트만은 같은 해 6월 7일에 아르노 홀츠에게 완성된 원고를 보여주었다. 원고를 읽은 홀츠는 다음과 같은 찬사를 보냈다. "우리는 이 작품을 독일어로 쓰인 모든 작품들 중 최고의 희곡이라 생각합니다. 톨스토이를 포함해서 생각하더라도

해 뜨기 전─사회극(Vor Sonnenaufgang. Soziales Drama)

작가: 게르하르트 하우프트만

형식: 5막으로 이루어진 희곡

집필: 1889년 3~6월

발표: 1889년 8월, 파울 아커만 부흐한틀룽 C. F. 콘라트 출판사(Paul Ackermann Buchhandlung C. F. Conrad), 1892년부터는 피셔 출판사에서 출간

초연: 1889. 10. 20. (극단: 프라이에 뷔네, 극장: 레싱─테아터)

번역본: 『基督狂 ; 소아나의 異教徒 ; 해뜨기前』, 박찬기 역, 을유문화사, 1960

독일어 판본:

1. *Vor Sonnenaufgang. Soziales Drama*, Berlin: C. F. Conrads Buchhandlung, 1889

2. *Vor Sonnenaufgang. Soziales Drama*, Kommentierte Ausgabe, Hrsg. von Peter Langemeyer, Stuttgart: Reclam, 2017

형식: 5막으로 이루어진 희곡.

말입니다!"

동시대의 젊은 작가들에게 최고의 찬사를 받은 이 희곡은 그러나 쉽게 출판되지 못했다. 자본주의적 사회질서에 대한 비판을 거침없이 늘어놓는 사회주의자를 주인공으로 하고 있을 뿐만 아니라, 술주정과 알코올중독, 윤리적 타락 등 전통적인 공연에서라면 상상할 수 없는 파격적인 장면들을 담고 있었기 때문이다. 라이스너 출판사는 이 때문에 출판을 거절했으며, 당시까지 자연주의를 대표하는 잡지였던 〈디 게젤샤프트〉조차 작품 게재를 거부했다. 1889년 8월에 『해 뜨기 전』이 마침내 베를린의 출판사 파울 아커만 부흐한틀룽 C. F. 콘라트에서 출판되자, 아직 무명 작가였던 하우프트만은 자신

『해 뜨기 전』 초연의 연출을 맡았던 오토 브람 (1912년경, 니콜라 페르샤이트의 사진). 당대 독일 최고의 연출가 중 한 명이었던 오토 브람은 자연주의 연극의 시작과 발전에 결정적인 역할을 했다.

의 작품을 80여 명의 작가와 평론가에게 발송했다. 이는 헛된 일이 아니었다. 『해 뜨기 전』을 높게 평가한 프라이에 뷔네의 연출가 오토 브람과 명망 높은 사실주의 작가 테오도르 폰타네가 그 전까지 잘 알려지지 않았던 이 젊은 작가의 작품이 공연될 수 있도록 힘을 써주었다. 그리하여 이 작품을 미리 알고 있던 자연주의자들이 불가능하다고 여겼던 일이 실제로 벌어졌다. 1889년 10월 20일에 『해 뜨기 전』이 베를린 프라이에 뷔네의 두 번째 공연으로 무대에 오른 것이다. 그리고 이 공연은 독일 공연사에 가장 커다란 문제작 중 하나로 이름을 남기게 된다.

『해 뜨기 전』 공연에 대한 평론가들과 보수적인 신문들의 반응은 — 오토 브람의 조심스러운 연출에도 불구하고 — 지극히 부정적이었다. 심지어 카스탄이라는 산부인과 의사는 출산용 집게를 공연장에 가지고 들어와 5막의 출산 장면에서 항의의 표시로 무대 위에 집어던졌다. 『해 뜨기 전』은 자연주의자들, 특히 뮌헨의 〈디 게젤샤프트〉를 중심으로 활동하던 자연주의자들에게도 혹평을 받았다. 콘라트 알베르티는 이 작품이 "독일에서는 들어본 적도 없던 거칢, 폭력성, 비열함, 더러운 짓거리들을 한데 모아" 무대에 올렸다고 비난했으며, 미하엘 게오르크 콘라트는 『해 뜨기 전』을 조롱하는 패러디 『술독에 빠져』를 발표했다. 그러나 오늘날의 관점에서 보면 이렇게 격렬한 부정적 반응들조차 이 작품이 당대에 얼마나 큰 관심을 끌었으며, 당대의 문학과 연극에 얼마나 커다란 영향을 끼쳤는지를 입증하는 증거에 불과한 것처럼 보인다. 이후 독일을 대표하는 극작가이자 소설가로 성장하는 게르하르트 하우프트만의 화려한 경력은 이렇게 시작되었다.

　1862년에 슐레지엔 지역의 오버-잘츠브룬에서 호텔업자의 아들로 태어난 하우프트만은 청년기에 이르기까지 그다지 성공적인 삶을 살지 못했다. 유년기에는 브레슬라우로 가서 레알슐레에 입학하지만 대도시 생활에 적응하지 못한 채 고향으로 돌아왔고, 곧 삼촌이던 구스타프 슈베르트의 영지에서 관리인으로 일했지만, 역시 일에 적응하지 못하고 고향으로 돌아왔다. 18세가 되던 1880년에는 브레슬라우에서 예술학교에 입학했지만 중도에 포기했고, 1883년에는 후에 부인이 되는 마리 틴네만의 재정적 도움으로 로마에서 조각가가 되려고 시도했지만 이 역시 실패로 끝나고 말았다.

　하우프트만이 작가로서 알려지기 시작한 것은 마리 틴네만과 결혼하고 베를린 근교의 에르크너에 정착한 후였다. 이곳에서 하우프트만은 자연주의 문학 집단인 두르히!에 참여하여 자연주의자들과 교류하기 시작했고, 곧 단편소설 「사육제」(1887), 「선로지기 틸」(1888) 등을 발표했다. 그러나 자연주의 작가로서 그의 이름이 널리 알려진 것은 1989년 『해 뜨기 전』이 초연된 후였다. 이 공연 이후로 하우프트만은 긍정적인 의미에서든 부정적인 의미에서든 새로운 문학을 표방하는 젊은 작가들을 대표하는 인물이 되었으며, 이후 단편소설 「사도」(1890), 희곡 『직조공들』(1893), 『해리 모피』(1893), 『한넬레의 승천』(1893), 『플로리안 가이어』(1896) 등 자연주의의 틀을 넘나드는 뛰어난 작품들을 발표하면서 작가로서의 명성을 확고하게 다졌다.

　그러나 이러한 성공의 와중에도 그의 가정생활은 순탄하지 못했다. 하우프트만은 이미 1893년에 작곡가 막스 마르샬크의 여동생인 마르가레테 마르샬크와 연애를 시작했으며, 아내인 마리와의 관계는 곧 파국을 맞았다(이혼은 10년 뒤인 1904년에 이루어졌다. 하우프트만은 마르가레테와 바로 결혼하여 이후 평생을 함께했다). 1900년에 베를린의 아겐텐도르프로 이주한 하우프트만은 작가로서 성공적인 경력을 이어갔다. 1900년에 『미하엘 크라머』를 발표했으며, 1905년에는 옥스퍼드 대학에서 명예학사 박위를 받았고, 1906년에는『그리고 피파가 춤춘다!』를, 1911년에는『쥐들』을 발표했다. 1912년에는 독일 작가로서는 파울 하이제에 이어 두 번째로 노벨문학상을 수상했고, 1918년에는 가장 큰 대중적 성공을 거둔 소설『소아나의 이단자』를 발표했다.

독일제국을 대표하는 작가이자 지성인으로서 큰 명성을 누리던 하우프트만은 1차 세계대전이 끝나고(1919) 바이마르공화국이 들어선 후에는 한때 대통령 후보로까지 거론되었으며, 1923년에는 바이마르공화국 최고의 훈장인 '아들러스쉴트'를 받는 최초의 인물이 되었다. 1932년에는 미국 컬럼비아 대학에서 명예박사학위를 받았다.

제3제국이 들어서고 난 후 하우프트만은 다른 많은 작가들과 지식인들처럼 독일을 떠나지도, 나치 정권에 비판적인 입장을 취하지도 않았다. 그는 스스로를 정치와는 무관한, 초당파적인 작가로 생각하고 있었으며, 그의 작품들 역시 나치의 이데올로기에 영향을 받지 않았다. 나치 정권은 대중적으로 커다란 인기를 누리고 있던 하우프트만이 독일을 떠나지 않도록 유도하고 그를 정치적으로 이용하고자 했지만, 동시에 그에 대한 의심의 눈초리를 거두지 않았으며, 그의 작품들에 대한 검열도 중단 없이 이루어졌다.

2차 세계대전이 한창이던 1942년에는 하우프트만의 80세 생일을 맞아 모두 17권으로 이루어진 전집이 출간되었다. 1944년에는 만년의 대작인 '아트리덴 사부작'이 발표되었다. 하우프트만은 1946년 6월 6일에, 전쟁이 끝난 후 폴란드의 땅이 되어버린 아그네텐도르프의 자택에서 호흡기 질환으로 사망했다. 그의 시신은 독일로 이송되어 북독일의 동해 연안에 있는 작은 도시 히덴제의 수도원에 묻혔다.

하우프트만이 작가로서 입지를 다지는 데 결정적인 역할을 한『해 뜨기 전』에 대하여 ― 자연주의자들의 관점에서는 극복해야 할 기성세대 문학의 대표자이자, 당시 70세였던 ― 테오도르 폰타네는 극찬을 아끼지 않았다. 그는 이 작품의 구성과, 기본 구상을 실현하는 데 있어서의 철저함 등을 칭찬하며 하우프트만을 "입센의 실현"이자 "상투성이 완전히 빠진 입센"이라고 높게 평가했다. 물론 폰타네는 노년에 이르기까지도 편견 없이 자연주의 문학을 바라보던 몇 안 되는 기성작가 중 한 명이었다.

하지만 폰타네가 『해 뜨기 전』을, 특히 그 구성을 높게 평가한 것은 이 작품의 기본적인 성격과 밀접한 관계가 있다. 이 작품은 도발적인 소재와 정치적인 주제, 사투리와 불완전한 문장, 일상어가 난무하는 새로운 표현 방식에도 불구하고 형식적으로는 전통적인 희곡의 구성을 그대로 따르고 있기 때문이다. 『해 뜨기 전』은 전형적인 5막 구성으로 되어 있으며, 시간과 장소, 사건의 일치도 잘 지켜지고 있을 뿐만 아니라, 내적으로도 하나의 주요 갈등이 점차 고조되어 파국으로 이어지는 희곡의 전형적인 전개 방식을 따르고 있다. 폰타네는 내용의 파격성과 무관하게 전통적인 형식에 따라 치밀하게 짜인 극의 탄탄한 구성을 『해 뜨기 전』에서 발견한 것이다.

그러나 이 작품을 당대의 문제작이자 ― 당대의 유력한 평론가 알프레트 케르가 언급한 것처럼 ― 이후의 희곡과 연극에 결정적인 영향을 끼친 자연주의 연극의 본격적인 시작이 될 수 있도록 만들어준 것은 전통적 형식이 아니라 바로 도발적이고 파격적인 내용이다.

『해 뜨기 전』은 '사회극'이라는 부제를 달고 있다. 사회극은 고대 그리스의 비극을 모범으로 하는 전통적인 비극처럼 한 영웅적 개인의 특별한 운명을 다룬 것이 아니라, 평범한, 혹은 전형적인 등장인물들을 통해 사회적 모순과 갈등을 드러내는 희곡을 뜻하는 것으로서, 이 시기에는 입센을 통하여 크게 주목받은 희곡 유형이다. 입센의 사회극은 대개 조화로운 겉모습 속에 모순과 갈등을 감추고 있는 한 가족을 중심으로 이야기가 진행되는 가족극의 형태를 띠며, 가족을 찾아온 외부 인물을 통해 숨겨져 있던 과거가 폭로되고 그로 인한 모순과 갈등이 드러나 결국 파국에 이르는 이야기를 보여준다.

사회극의 내적모순

페터 스촌디(1929~1971)는 그의 유명한 저서 『현대 드라마의 이론』(1956)에서 '사회극'이란 근본적으로 모순을 내포한 개념이라고 주장한다. 르네상스 이후 연극은 기본적으로 인간과 인간 사이의 관계에서 출발하며, 따라서 인물들 사이의 갈등이 대화를 통해 전개되고 전달되는 형식으로 발전했다. 그러나 사회극은 인간과 인간 사이에서 벌어지는 개인 차원의 문제가 아니라 각각의 개인이 속한 집단과 집단 간의 문제를 다룬다. 따라서 사회극에서는 기본적으로 개인 간의 대화를 통해 문제가 전개되거나 전달될 수 없다. 그러나 전통적인 연극은 이를 허용하지 않기 때문에 사회극에서는 내용과 형식의 불일치에서 기인하는 모순이 생겨날 수밖에 없다. 또한 사회극에서는 사회적 문제를 개인을 통해 표현할 수밖에 없다는 한계 때문에 극중 사건이 극 외부의 사실을 지시할 수밖에 없는데, 이렇게 되면 전통적 환영극(Illusionstheater, 무대 위 사건이 실제의 사실로 이해되는 연극)의 본질적 특징인 무대 위 세계의 절대성이 깨진다. 스촌디는 『해 뜨기 전』 후반부의 일관되지 못한 사건 전개가 이러한 사회극의 모순에서 비롯된다고 주장한다.

『해 뜨기 전』에서는 이러한 입센의 영향을 분명하게 찾아볼 수 있다. 탄광 지역인 비츠도르프에 살고 있는 한 부유한 가정에 사회주의자 로트가 찾아옴으로써 이 가족의 — 사실은 사회 전체의 — 숨겨진 문제와 갈등이 밖으로 드러나며 궁극적으로는 로트의 연인이 된 헬레네의 자살이라는 파국에 이르기 때문이다.

사회의 갈등과 모순을 대변하는 크라우제 집안과 그의 주변 인물들은 크게 두 가지 요인에 의해 그 성격이 결정된다. 그중 첫째 요인은 자본주의적 경제구조다. 비츠도르프는 평범한 농촌이었으나 밭에서 석탄이 발견되면서 급격하게 자본주의적인 부의 축적과 노동착취의 구조가 생겨난다. 땅을 가지고 있던 농부들은 갑자기 커다란 부를 손에 쥐게 되었고, 땅을 가지고 있지 못했던 소작농들은 광부로서 탄광 소유자들, 즉 이전의 지주들에게 이전보다 더 심하게 노동력을 착취당하며 인간 이하의 삶을 살아가게 된 것이다.

옛 지주로서 탄광 개발로 인해 막대한 부를 소유하게 된 크라우제 부부의 사위인 호프만은 수단과 방법을 가리지 않고 자본을 독점하고자 하는 자본가의 전형으로 등장한다. 그는 산악철도 건설권을 따내기 위해 경쟁자를 자살로 몰아넣고, 원래 경쟁자의 약혼녀였던 크라우제의 딸과 결혼함으로써 막대한 부를 손에 넣는다. 그는 또한 탄광산업을 독점하기 위하여 무식한 농부들을 술과 감언이설로 꼬드겨 헐값에 그들의 땅에 매장된 석탄을 채굴할 권리를 획득한다. 비츠도르프 탄광 지역 광부들의 비참한 삶을 조사하기 위해 찾아온 주인공 로트를 매수하고 협박하여 그곳에서 벌어지는 일이 바깥세상에 알려지는 것을 막으려 하는 것도 호프만이다.

반면 광산 노동자들은 삶의 모든 기쁨을 빼앗긴 채 기계와도 같이 일하며 아무런 보호도 없이 위험에 노출되어 부상을 당하거나 심지어 목숨을 잃더라도 아무런 보상도 받지 못한 채 방치된다. 이에 대해 헬레네는 다음과 같이 이야기한다.

헬레네 저도 비슷한 일을 본 적이 있어요! 휴! 끔찍했어요, **끔찍**했답니다!

로트 무슨 일이었지요?

헬레네 한 일꾼의 아들이 반쯤 죽은 상태로 이곳으로 운반되어 왔어요… 아마도… 3년 전 일일 거예요.

로트 사고를 당한 건가요?

헬레네 예, 저 너머 베렌슈톨렌에서요.

로트 그러니까 광부였군요?

헬레네 예. 이 근방 젊은이들은 거의 다 갱 속에서 일해요─ 그 일꾼의 둘째 아들도 광석을 운반하는 일을 했는데 역시 사고를 당했어요.

로트	둘 다 죽었나요?

| 헬레네 | 둘 다 죽었어요.. 한번은 갱 안의 승강기에서 뭔가가 끊어졌고, 다음엔 갱 안에서 나온 가스가 폭발했어요. ― 늙은 바이프스트는 아들이 하나 더 있는데, 지난 부활절 때부터 그 사람도 광산에서 일해요. |

| 로트 | **뭐라고요!** ― 아버지가 반대하지 않았어요? |

| 헬레네 | 전혀 그러지 않았어요, 전혀! 바이프스트는 전보다 훨씬 더 무뚝뚝해졌어요. 혹시 바이프스트를 이미 만나 (…) |

(…)

| 로트 | 어디를 가든 듣는 것은 죄악에, 또 죄악이군요. |

| 헬레네 | (점점 더 불안해하고 흥분하며) 저도 가끔 그런 생각을 했었어요… 그 사람들 때문에 정말 끔찍하게 마음이 아픕니다― 늙은 바이프스트도 그렇고… 농부들이 모두 그렇게 거칠고 어리석으면요, 슈트레크만처럼요, 그 사람은 자기 하인들을 굶기고 개들한테는 제과점 케이크를 먹인답니다. 전 학교 기숙사에서 여기로 돌아온 후로 바보가 된 것 같아요… |

아들을 둘이나 잃고도 다른 아들을 또 광산으로 보내는 바이프스트의 무기력한 모습에서 잘 드러나듯이 광부들은 이러한 열악한 노동환경에 놓여 있으면서도 아무런 저항도 하지 못하는데, 이는 그들이 경제적으로 자본가들에게 완전히 종속되어 있기 때문이다. 자본가는 자본가대로, 노동자들은 노동자대로 자본주의적 경제구조에 의해 결정되는 삶을 살아가는 것이다.

이러한 경제적 종속은 이에서 파생되는 또 다른 비극적 삶을 인간들에게 강요한다. 그것은 (당시에 유전되는 것으로 믿은) 알코올중독과 도덕적 타락이다. 석탄 광맥의 발견으로 부자가 된 농부 크라우제는 갑작스러운 부와 권력에 취해 낮부터 새벽까지 술에 빠져 지내며, 딸인 헬레네에게 서슴없이 수작을 부릴 정도로 도덕적으로 타락해 있다. 크라우제 부인 역시 알코올중독에 빠져 있으며, 조카인 카알과 공공연한 불륜 관계에 있다. 알코올에 중독된 것은 무대에는 등장하지 않는 헬레네의 언니이자 호프만의 부인인 마르타 역시 마찬가지다. 자본가들만 술과 도덕적 타락으로 황폐한 삶을 살아가는 것은 아니다. 광산 노동자들 역시 똑같은 문제를 안고 있다. 로트와 함께 사회운동을 하다 비츠도르프에 숨어 살며 의사 생활을 하고 있는 쉼멜페니히는 다음과 같이 이야기한다.

> 쉼멜페니히 (…) 그건 그렇고 ― 손 좀 보여줘봐. (로트는 두 손을 내밀어 보인다) 아직이야? … 아직 건강하고 씩씩한 여자를 아내로 맞이하지 못했어? ― 찾지 못한 건가, 어떻게 된 거야? … 넌 건강한 혈통을 위해서 항상 원시의 여인처럼 근본이 튼튼한 여자를 원했었잖아. 네가 옳았어. 그렇게 하기로 했다면, 잘 해봐야지… 아니면 이제 그런 문제는 그렇게 정확하게 따지지 않게 된 건가?
>
> 로트 천만에! 아직도 확실해!
>
> 쉼멜페니히 에휴, 여기 농부들도 그런 생각을 갖게 되면 좋을 텐데 말이야. 하지만 현실은 암담해. 생물학적 퇴행*이 전체… (…)

잠시 뒤에 쉼멜페니히는 좀 더 구체적으로 타락한 광산 노동자들의 삶에 대해 이야기한다.

---

* 여기서 "생물학적 퇴행"이라고 번역한 것은 독일어 "Degeneration"이다. 이 단어는 원래 '신체 기관의 퇴화', '부정적인 생물학적 변화'를 뜻하며, 문화적인 맥락에서 쓰이면 그 의미가 확장되어 '퇴폐', '타락' 등의 뜻을 갖는다. 여기서는 두 가지 의미를 다 가지고 있는 것으로 이해할 수 있다.

쉼멜페니히	(…) 그런데 도대체 뭐가 **너를** 여기 금을 캐는 광부들한테까지 오게 만든 거니?
로트	이곳 사람들의 상황을 연구하려고 해.
쉼멜페니히	(조금 작은 목소리로) 높은 이상! (더 작은 목소리로) 나한테서 자료들도 구할 수 있을 거야.
로트	그렇지, 너야말로 여기 상황에 대해 아주 잘 알고 있을 테니까 말이야. 그런데 여기 가정들의 상황은 어때?
쉼멜페니히	끄-음찍해! … 어딜 가나! … 상습적인 음주! 폭음과 폭식! 근친상간, 그리고 그 결과로 모든 집안이 다 생물학적 퇴행을 겪고 있어.
로트	예외는 있겠지?
쉼멜페니히	거의 없어!

　광산을 소유한 자본가들과 마찬가지로 광부들 역시 폭음과 근친상간이 일상화된 삶을 살고 있으며, 그 결과 생물학적 퇴행 과정에 있다. 이러한 생물학적 퇴행은 착취하는 입장에 있든, 착취당하는 입장에 있든 비츠도르프 주민들의 삶이 자본주의적 경제구조뿐만 아니라 생물학적인 조건에 의해서도 결정된다는 사실을 암시해준다. 그 가장 분명한 예는 호프만의 첫아들이다. 호프만의 아들은 알코올중독인 어머니의 유전적 영향으로 알코올중독인 채로 태어난다. 그리고 이제 막 기어 다니기 시작한 아기였을 때 술을 보고 찬장에 기어 올라갔다가 떨어져 목숨을 잃고 만다. 이와 같은 유전적·생물학적 조건은 어린 아기의 삶뿐만 아니라, 아직 증상은 나타나지 않았지만 곧 (알코올중독인 부모의 사이에서 태어난) 헬레네의 삶도 결정짓게 될 것임이 틀림없다.
　그러나 헬레네의 경우 '알코올중독의 유전'과 생물학적 퇴행은 다른 이들과는 다른 방식으로, 즉 생물학적인 차원이 아니라 사회적인 차원에서 그녀의 삶을 결정짓는다. 로트는 호프만의 집에 머무르는 동안 헬레네를 사랑하게 되고 결혼까지 약속한다. 헬레네는 연인이자, 자신을 비츠도르프에서 탈출시켜줄 수 있는 유일한 인물인 로트가 크라우제 집안의 알코올중독을 눈치챌까 봐 전전긍긍한다. 크라우제 집안사람들이 모두 알코올중독이라는 사실을 알게 되면, 즉 헬레네도 언젠가 알코올중독에 빠지게 되리라는 사실을 알게 되면, 정신과 육체가 건강한 여인과의 결혼을 원하는 로트가 자신을 버릴 것이 분명했기 때문이다.

마르타의 출산이 임박하자 출산 시의 문제로 마르타의 알코올중독이 드러날 것을 우려한 헬레네는 로트를 설득하여 출산 직후 함께 비츠도르프를 떠나자고 제안하고, 로트는 이를 받아들인다. 그러나 로트가 아무것도 모르고 헬레네와 결혼하는 것을 원하지 않았던 쉼멜페니히는 크라우제 집안이 모두 알코올중독 환자라는 사실, 그리고 마르테와 호프만의 첫아들이 유전된 알코올중독으로 인해 목숨을 잃었다는 사실을 로트에게 이야기해준다. 진실을 알게 된 로트는 이제 주저하지 않고 결혼을 포기한 채 황급히 비츠도르프를 떠난다. 뒤늦게 로트가 남긴 짧은 편지를 읽은 헬레네는 깊은 절망 속에서 결국 스스로 삶을 마감한다.

이처럼 『해 뜨기 전』에 등장하는 인물들의 운명은 사회·경제적인 조건과 유전적·생물학적 조건에 의해 결정된다. 그리고 이를 통해 하우프트만은 환경결정론과 유물론적·생물학적 인간관이 문학적으로, 특히 희곡에서 어떻게 표현될 수 있을지에 대한 명쾌한 답을 제시했다. 이와 더불어 하우프트만은 본격적으로 자본주의화되어가던 산업혁명기 독일 사회의 문제들을 무대 위에서 적나라하게 보여주는 자연주의적 사회극의 모델을 제시함으로써 당대 비판적 지식인들의 열광적인 반응을 끌어냈다. 독일 문학사에서 착취당하는 노동자들의 문제를 이처럼 직접적으로 다룬 희곡은 3월 혁명기의 극작가 게오르크 뷔히너(1813~1837)의 『보이체크』(1837) 이후엔 거의 찾아볼 수 없었으니, 많은 이들에게 — 입센의 표현처럼 — 이 "씩씩하고 용감한" 희곡은 각별한 의미가 있었다.

『해 뜨기 전』이 당대의 젊은 지식인들에게 호평을 받은 것은 이 작품이 주인공 로트를 통해 확고한 신념과 정의감, 단호한 실천력을 가진 이상적인 지식인상을 살아 있는 인물로 제시했기 때문이기도 하다. 사회의 모순과 그 원인에 대한 당대 좌파 지식인들의 견해를 웅변하듯 토해낼 뿐만 아니라, 철저하게 유물론적·생물학적인 세계관과 인간관을 직설적으로 드러내는 로트는 많은 이들에게 새로운 시대에 걸맞은 새로운 지식인의 모델로 받아들여졌다.

> 로트 (…) 그리고 호프만! 술이 우리 현대인의 삶에서 어떤 끔찍한 역할을 하는지 아마도 모르겠지… 그게 무슨 뜻인지 알고 싶다면 **봉에**의 책을 읽어봐. — 내가 아직 기억하는 건, 에버렛이란 사람이 미국에서 술의 의미에 대해서 말한 거야. — 덧붙여 말하자면 10년의 기간에 관한 이야기야. 그러니까 그 사람이 말한 내용은 이래. 술은 직접적으로 30억 달러를, 간접적으로는 600만 달러를 삼켜버렸어. 30만 명의 목숨을 앗아갔고, 10만 명의 아이들을 빈민자 숙소로 보냈대. 또 수천 명을 감옥과 강제노동 갱생원으로 보냈고, 적어도 2,000건의 자살을 유발했어. 술은 화재와 폭력적인 파괴를 통해 최소한 1,000만 달러의 손실을 야기했고, 2만 명의 과부와, 100만 이상의 고아가 생겨나도록 했지. 술의 영향은, 이게 가장 안 좋은 건데, 말하자면 세 번째, 혹은 네 번째 세대에까지 나타난다는 거야. — 내가 만약 결혼을 하지 않기로 맹세했다면, 아마도 벌써 술을 마셨지 싶어. 하지만 지금으로서는… 내 선조들은 모두 건강하셨고, 튼튼하고 또, 내가 아는 한, 지극히 중용을 지키는 분들이셨어. 내가 하는 모든 움직임, 내가 견뎌내는 모든 과로, 모든 호흡은 내가 그분들께 물려받은 것을 가슴에 새기도록 만들어줘. 그리고 이것이, 알겠어?, 바로

핵심이야. 나는 **내가 물려받은 것들을 전혀 손대지 않고 나의 후손에게 넘겨주기로 절대적으로 확실하게 결심했어.**

술을 강권하는 호프만에게 자신이 술을 마시지 않는 이유를 설명하면서 로트는 정확한 사실에서 출발하는 과학적 추론, 공익을 실현하려는 의지와 생물학적 인간관 등 자연주의자들이 추구하던 새로운 사고체계를 단순하면서도 가장 분명한 형태로 보여준다. 하우프트만과 함께 문학 집단 두르히!에 참여했던 요하네스 슐라프는 1889년 8월 21일에 보낸 편지에서 이렇게 적었다. "당신의 드라마에 특별한 가치를 부여해주는 것은 당신이 로트라는 인물을 통해 어떤 측면에서 보나 완전한 인간을 만들어내셨다는 사실이라고 생각합니다. (…) 당신은 마침내 우리에게 뼛속까지 건강하고, 자신의 두 다리로 확고하게 서 있는 인간을, 전적으로 건강한 갈등 속에 있으며, 이를 건강하고 자연적인 방식으로 극복해내는 인간을 보여주었습니다."

그러나 작품을 조금 더 자세히 들여다보면 그러한 이해와 열광이 조금은 성급한 것이었다는 사실을 알 수 있다. 이는 우선 작품의 갈등 구도에서 드러난다. 로트가 비츠도르프로 온 것은 광산 노동자들의 실상을 파악하고 이에 대한 보고서를 작성하기 위해서다. 그리고 이에 호프만이 강력하게 반발하면서 작품의 갈등 구도는 노동자의 편에 선 지식인과 노동자를 착취하는 자본가 사이에 형성된다. 이러한 갈등 구도는 2막에서 로트가 사회주의적 신념을 드러내면서 본격적으로 형성되기 시작하여, 3막에서 로트의 방문 목적을 알게 된 호프만이 로트를 협박·회유하면서 정점에 이르게 된다.

하지만 이러한 이야기 흐름과 갈등 구도는 3막의 마지막에서 헬레네가 로트에게 사랑을 고백하면서 급격하게 변화한다. 이제 헬레네와 로트의 약혼과 결혼 문제가 이야기의 전면으로 등장하면서, 로트의 정치적 목적과 호프만과의 갈등은 뒤로 밀려나버린다. 그리고 5막에서 로트가 쉼멜페니히에게 크라우제 부부가 알코올중독이라는 사실을 듣고 난 뒤로는 완전히 새로운 갈등이 극의 중심을 차지하게 된다. 즉 극을 이끌어 가는 갈등은 이제 더 이상 로트와 호프만 사이가 아니라 헬레네에 대한 사랑 및 연민과 이에 반하는 자신의 신념 때문에 고민하는 로트의 내면에서, 또 로트와 함께 비츠도르프를 탈출하려는 헬레네와 더 이상 헬레네와 함께할 의사가 없는 로트 사이에서 형성된다.

그 결과 마르타의 사산이 알려지는 5막의 후반부터는, 혹은 로트가 헬레네와의 마지막 만남조차 생략한 채 편지 한 장만을 남겨놓고 떠나고 헬레네가 자살을 하는 순간에는 사회극의 성격이 모두 사라져버리고 만다. 물론 헬레네의 운명이 결국 알코올중독의 유전이라는 생물학적 조건으로 인해 야기된 것이라는 점에서 자연주의적 인간관과 세계관이 여전히 작품의 중요한 축으로서 유효하긴 하지만, 로트와 호프만 사이의 갈등을 중심으로 묘사하던 자본주의 사회의 모순, 즉 호프만의 탐욕과 탄광 노동자의 비참한 삶, 진보적 지식인과 자본가의 충돌 등은 무대 위에서 자취를 감춰버린다.

이러한 주제의 전환은 독자와 관객으로 하여금 극의 핵심 주제들을 다른 관점에서 보도록 만들어주는 몇 가지 질문들을 던져준다. 개인의 신상 문제로 탄광촌의 광부들을 내버려두고 도망치는 로트를 과연 정치적 신념에 따라 행동하는 지식인으로 볼 수 있을까? 자신을 사랑하는 여인의 고통조차 외면하는 로트가 노동자들과 사회 개혁을 위해 헌신하는 지식인일 수 있을까? 그렇다면 로트의 지극히 선명한 정치적 견해와 타협을 모르는 원칙주의는 그의 확고부동한 신념을 보여주는 것이 아니라 오히려 이상주의적 지식인의 한계를 보여주는 것이 아닐까?(쉼멜페니히는 헬레네와 결혼할 것이라는 로트의 이야기를 듣고 다음과 같이 냉소적으로 말한다: "이건 정말 지독한 복합증세로군─자네들은 이론적으로 오랫동안 배척을 하고 공격하던 것이라도 마지막 단계에는 거꾸로 대가리부터 빠져들어버린단 말이야.")

이러한 질문들은 작가인 하우프트만이 로트를 "이상적인 지식인"으로 묘사하고자 한 것은 아니며, 오히려 이상주의적인 지식인들을 비판적으로 바라보고자 했거나, 최소한 로트와 그의 신념으로부터 어느 정도 거리를 두고자 한 것이라는 해석을 가능하게 해준다. 이러한 해석에 설득력을 더해주는 것은 헬레네의 자살이다. 헬레네의 자살은 '사회적·생물학적 조건에 의해 결정되는 삶에서 탈출하려는 적극적인 의지의 실현'이라는 점에서 자유의지를 부정하는 결정론적 세계관에 대한 작가의 회의를 드러내는 것이라고도 해석할 수 있기 때문이다['자살'은 독일어로 'Selbstmord(자기 자신의 살해)'라고도 하지만, 'Freitod'라고도 한다. 이때 'Tod'는 '죽음'을, 'frei'는 '자유로운'을 뜻한다. 따라서 'Freitod'은 개인의 '자유의지로 선택한 죽음'을 의미한다고 할 수 있다]. 대다수 자연주의 작품들이 자신의 의지와 무관하게 사회적·생물학적 조건으로 인해 한없이 몰락하고 타락해가는 인물들을 묘사하고 있다는 점을 고려하면 헬레네의 자살은 자연주의의 일반적인 경향과는 분명하게 구분된다.

이와 같은 이중적 갈등 구도와 섬세하게 암시된 열린 해석의 가능성이 주제의 일관성과 극적 구성의 통일성을 파괴한다는 사실은 부정하기 어렵다. 그러나 오늘날의 관점에서 보면 이는 또 다른 해석의 층위를 만들어주고 독자와 관객에게 적극적인 해석과 성찰을 유도하는 새로운 질문을 제기한다는 점에서 나름의 가치가 있다. 『해 뜨기 전』이 단순한 정치극을 넘어서서 ― 알코올중독의 유전이라는 치명적인 약점에도 불구하고 ― 오늘날까지 빈번하게 무대에 오르는 희곡으로 살아남을 수 있었던 것도 바로 이 때문이다.

성 욕망에 지배되는 인간―빌헬름 폰 폴렌츠 「시험」

『해 뜨기 전』에서는 자본주의적 경제 질서와 유전의 법칙이 인간의 운명을 결정짓는 핵심 요소로 등장한다. 그런데 이 두 요소의 절대적인 지배력은 줄거리에 의해서 드러나기도 하지만, 로트의 입을 통해 직접적으로 설명되기도 한다. 주제를 분명하게 드러내는 이와 같은 직설적 설명은『해 뜨기 전』이 자연주의 희곡의 이정표와도 같은 역할을 할 수 있도록 만들어준 중요한 이유 중 하나가 되었지만, 동시에 이 작품의 문학적 완성도를 떨어뜨리는 요소가 되기도 한다. 이러한 예는 다른 여러 자연주의 작품들에서 확인할 수 있는데, 이는 자신들의 새로운 세계관과 인간관을 분명하게 드러내고자 하는, 아직까지는 문학 시장의 주변부에 머물러 있던 젊은 자연주의자들의 조급함에서 기인한 것이었다. 성 욕망을 인간의 자연적 본질로 묘사하는 빌헬름 폰 폴렌츠의 단편소설「시험」도 이와 비슷한 경향을 보여준다.

　1891년에 발표한 이 풍자적인 단편소설에서 폴렌츠는 목사의 아들이면서 신학을 전공하는 대학생 바이커르트가 성 욕망에 눈을 뜨는 과정을 묘사한다. 바이커르트는 신체가 건강하고 신앙심이 깊으며 철저하게 금욕적인 삶을

시험─습작(Die Versuchung. Eine Studie)

작가: 빌헬름 폰 폴렌츠

형식: 노벨레(단편소설)

발표: 1891년

독일어 판본:

1. *Die Versuchung. Eine Studie*, Berlin: Verlag von Friedrich Fontane & Co., 1893

2. *Die Versuchung. Eine Studie*. In: *Naturalismus 1892~1899*, Berlin: Aufbau-Verlag, 1970, S. 255~335

살아가는 건실한 청년이다. 그러나 그가 처음부터 금욕적이고 종교적인 삶을 살았던 것은 아니다. 바이커르트는 오히려 "욕망과 충동"에 충실한 열정적인 사내아이였다. 그러나 어느 날 싸움을 벌이다 가운뎃손가락을 잃는데, 거세를 연상시키는 이 사건 이후 그는 자신의 타고난 자연적 성품을 위험한 것으로 인식하고 종교적·금욕적 삶을 통해 욕망과 충동을 억압한다.

이때 중요한 역할을 하는 것은 목사인 그의 아버지다. 엄격한 아버지는 어려서부터 그에게 신앙과 도덕의 화신으로 받아들여졌으며, 바이커르트는 그런 아버지에게 경외심을 가지고 복종하는 것을 자신에게 주어진 절대적인 의무로 생각했다. 절제와 금욕, 성실함과 깊은 신앙심으로 가득한 그의 삶은 그러나 신학 공부를 계속하기 위해 베를린으로 오면서 커다란 도전에 직면한다.

오늘날 거의 잊힌 작가가 되어버린 **빌헬름 폰 폴렌츠**(1861~1903)는 1861년 작센의 오버크루네발츠에서 태어났다. 음악과 문학에 관심이 있었지만 아버지의 바람에 따라 라이프치히, 베를린 등지에서 법학을 공부한 폴렌츠는 드레스덴에서 사법관 시보(試補)로 잠시 일하지만 곧 그만두고 작가로 활동한다. 이후 베를린으로 이주한 그는 하우프트만, 하인리히 하르트, 율리우스 하르트, 오토 에리히 하르트레벤, 헤르만 콘라디 등의 자연주의 작가들과 교류하며 창작에 전념한다. 장편소설 『속죄』(1890), 희곡 『하인리히 폰 클라이스트』(1891) 등을 발표한 폴렌츠는 1893년에 발표한 장편소설 『브라이텐도르프의 목사』가 성공을 거두며 작가로서 명성을 얻는다. 산업화와 자본주의화 과정에서 몰락해가는 농부의 이야기를 그린 장편소설 『농부 뷔트너』(1895)를 통해 당대를 대표하는 자연주의 작가 중 한 명으로 자리를 잡았다(이 소설은 톨스토이와 레닌의 호평을 받기도 했다).

바이커르트는 베를린에 도착하고 얼마 되지 않아 우연히 그의 어릴 적 친구인 크리첼을 만난다. 의학을 공부하는 크리첼은 바이커르트와 마찬가지로 목사의 아들이지만 그와는 전혀 다른 성격과 사고방식을 가지고 있다. 경제적으로 넉넉하지 못한 크리첼은 철저한 현실주의자로서 넉살좋게 바이커르트의 풍족한 생활에 기대기도 하고, 유흥과 향락을 즐기기도 하며, 원칙을 주장하기보다는 뒤에서 적당히 합의를 통해 문제를 해결하기도 한다. 이러한 태도는 분명 세속적이고 속물적이지만, 이것만으로 크리첼의 성격을 전적으로 부정적인 것으로 단정 짓기는 어렵다. 자연과학에 종사하는 의학도로서 크리첼은 — 뒤에서 소개할『누가 더 강한 자인가?』의 의학자 브라이팅어와 마찬가지로 — "진실"을 아는 자이며, 그렇기에 현실 속에서 진실이 얼마나 철저하게 은폐되고 있는지, 허울 좋은 거짓이 어떻게 현실을 지배하고 있는지를 잘 알고 있다. 그는 단지 그러한 현실에 저항하고 싸우는 것이 아니라 현실에 적응하며 살아갈 뿐이다. 현실적이고 능청스러우면서도 냉소적이고, 동시에 본질을 꿰뚫어보는 날카로움을 가진 크리첼의 이율배반적 성격은 바로 여기에서 비롯된다. 이는 무엇보다 종교와 신학, 목사에 대한 그의 생각에서 분명하게 드러난다.

> "(…) 뭐, 너희 신학과 학생들은 공부할 게 많지는 않지. 그 점에서 의학은 당연히 완전히 달라 — 전공을 바꿀 생각은 없니? 시간은 아직 많으니까 말이야. 아니면 법학을 공부해봐. 최소한 직업을 가질 수 있잖아 — 하지만 신학이라니. 더 이상 아무도 믿지 않는 걸 가지고 자기 자신과 다른 사람들을 속이다니. 사실은 가치 없는 일이야."

바이커르트의 얼굴은 밝은 금발 머리 바로 아래까지 빨개졌다. 그는 자기 자리에서 불안하게 이리저리 몸을 움직였다. 의대생의 말이 바로 응대할 말을 찾기 어려울 정도로 그의 마음에 아주 깊은 상처를 남겼다.

크리첼은 아무 말 없이 계속 식사를 하고 있었다. 잠시 뒤에 신학과 학생이 헛기침을 하더니 시선을 아래로 향한 채 이야기했다. "너희 아버지도 목사셨잖아."

"그래 — 당연하지. 그것도 다른 일들과 마찬가지로 직업이긴 해 — 당연히 먹고 사는 문제에 있어서는 말이야. 운이 좋아 좋은 목사 자리를 얻게 된다면, 넉넉하게 살 수 있지. 아까 말했던 것처럼 공부가 어려운 것도 아니고. 그렇지만 — 나쁘게 생각하지는 마 — 내 눈엔 믿음을 가지고 돈을 버는 건 사나이에게 어울리는 일은 아닌 걸로 보여. 바로 목사의 아들이었기 때문에 무대 뒤에서 벌어지는 일들을 볼 수 있었거든. (…)"

크리첼의 이 발언은 19세기 후반 자연과학과 진화론의 영향을 받은 진보적인 젊은 지식인들에게 기독교가 무엇을 의미했는지를 잘 보여준다. 과학적 연구 결과, 즉 '진실'과 양립할 수 없는 주장을 하는 기독교는 이미 "더 이상 아무도 믿지 않는" 것이 되어버렸다. 그러나 사회적 기관으로서 교회는 여전히 존재하며, '목사' 역시 '거짓'을 말하는 자리가 되어버렸음에도 여전히 넉넉한 삶을 보장해줄 수도 있는 직업으로 남아 있다. 장엄한 교회의 겉모습은 화려한 위장일 뿐이며 그 뒤에는 진실로서의 가치를 상실해버린 공허한 거짓만이 숨어 있다.

크리첼은 생물학적 관점에서 인간을 자연의 일부로 바라보는 의학자로서 성경에 제시된 인간관이 진실로부터 얼마나 멀리 떨어진 것인지 잘 알고 있으며, 목사의 아들로서 목사의 설교가 그의 실제 삶과 얼마나 다른지도 잘 알고 있다. 그러나 그는 자신의 과학적 지식이 올바르다는 사실을 주장하기 위해 현실 권력인 교회와 싸울 생각도, 목사의 위선과 거짓을 폭로하기 위해 목사들과, 혹은 아버지와 싸울 생각도 하지 않는다. 물론 거짓과 믿음으로 돈을 버는 데에는 반감을 가지고 있지만, 그것이 넉넉하게 살 수 있는 수입을 가져다준다면 '목사'는 선택할 만한 '직업'이라고도 생각한다. 크리첼의 삶의 자세와 사고방식은 '진실'을 용납하지 않는 사회에서 '진실'을 알고 있는 자가 사회적·경제적으로 살아남기 위해 취할 수 있는 생존 전략 중 하나를 잘 보여준다.

크리첼의 성격을 규정짓는 표리부동한 사회의 현실은 다른 영역에서도 나타난다. 베를린에는 바이커르트의 삼촌 뵈메가 살고 있다. 그는 품위 있는 외모와 매력적이고 자신감 넘치는 태도를 가진 중년 남성으로, "높은 신분의 여성과 결혼하여" 크게 출세한 것으로 알려져 있다. 새로 베를린으로 이주해 온 바이커르트는 이러한 삼촌에게 심리적으로 크게 의지한다. 그러나 어느 날 초대를 받아 방문한 삼촌의 집에서 목격한 삼촌의 모습은 바이커르트가 그동안 밖에서 봐왔던 화려한 상류층의 모습과는 완전히 달랐다. 삼촌의 가정을 지배하는 것은 부유한 집안 출신으로 뵈메에게 사회적 성공을 가능하게 해준 그의 아내였으며, 삼촌은 완전히 "여성들의 의지에 의해" 지배당하는, 가정에서 아무런 의미가 없는 초라한 존재였던 것이다.

이처럼 화려한 겉모습으로 빈곤한 현실을 감추는 사회 속에서 크리첼은 일찌감치 진실을 꿰뚫어보고 그에 맞게 처세하는 법을 배웠지만, 순진한 바이커르트는 진실이 무엇인지 알아차리지도 못하고, 위선과 거짓에 적당히 호응하며 자신의 앞길을 헤쳐 나가는 방법을 깨우치지도 못한다. 이러한 순진함과 사회생활에서의 "미숙함"을 잘 보여주는 것이 성 욕망에 대한 그의 태도다.

바이커르트는 어느 날 베를린을 알게 해주겠다는 크리첼의 손에 이끌려 도시의 타락한 밤 문화를 경험하게 된다. 내키지 않는 마음으로 억지로 따라간 것이었지만 바이커르트는 몇 잔의 술을 마시고 난 후 그 자리에 있던 그 누구보다도 더 적극적으로 향락에 빠져 술과 여성을 탐닉한다. 그러나 다음 날 술과 도취에서 깨어난 바이커르트는 전날 밤 자신의 행동에 심각한 죄책감을 느낀다. 오랫동안 지켜온 금욕과 절제가 한순간에 깨져버렸기 때문이다. 그는 자책 속에서 괴로워하지만, 독실한 신자답게 곧 이 쓰라린 경험을 신의 "시험"으로 여기고 참회하며, 마음의 평정을 되찾고 금욕적인 생활로 돌아간다.

그러나 마음의 평정은 오래 지속되지 못한다. 그의 옆방에 살고 있는 아름다운 여인 에미 때문이다. 그녀는 숙녀용 기성복 회사의 모델로 일하고 있지만, 동시에 한 부유한 은행가의 정부이기도 하다. 바이커르트는 얇은 벽 너머로 들리는 두 사람의 대화와 사랑을 나누는 소리를 들으며 간신히 잠재운 욕망이 다시 꿈틀거리는 것을, 자신은 그저 "육체의 모든 약점들을 가지고 있는 가련하고 죄 많은 인간"일 뿐임을 느끼고 이사를 가야겠다고 결심한다. 그러나 결심을 실행하기 위한 계획을 세우기도 전에 그의 삶을 송두리째 바꿔버리는 사건이 벌어진다.

어느 날 에미가 부유한 은행가와 격렬하게 다투는 소리를 들은 바이커르트는 은행가로부터 에미를 구하기 위해 옆방으로 달려가 그를 쫓아내버린다. 그러나 에미를 구하려던 바이커르트의 행위는 그녀를 또 다른 곤란함에 빠지도록 만든다. 에미는 은행가의 도움 없이는 방세를 낼 수 없었기 때문이다. 이에 에미를 위로하던 바이커르트는 급기야 그녀의 방세를 자신이 내주겠다고 말하고, 이런 바이커르트에게 에미는 유혹의 손길을 보낸다.

그러나 욕망을 통제할 수 없다고 느낀 바이커르트는 바로 일어나 자신의 방으로 도망가지만, 그날 밤 잠겨 있지 않은 에미의 방문을 열고 들어가 결국 에미와 잠자리를 함께한다.

또 한 번의 "시험"에서도 통과하지 못하고 오히려 더 큰 좌절을 경험한 바이커르트는 이전과는 비교할 수도 없이 커다란 죄책감 속에서 괴로워한다. 그리고 오랜 고민 끝에 자신의 죄를 씻고, 신의 뜻에 더욱 적극적으로 종사하며, 동시에 자신의 다스리기 어려운 욕망까지도 해결할 수 있는 묘안을 생각해낸다. 바로 에미와의 결혼이다. 에미와 결혼하면 뒤늦게나마 자신의 죄를 씻을 수 있으며, 타락한 존재인 에미를 종교적·윤리적으로 교화함으로써 성직자로서 의무를 다하는 것이 가능해질 뿐만 아니라, 자신의 의지로는 통제가 불가능한 성 욕망을 윤리적으로 허용되는 영역으로 끌어들일 수 있을 것이라 생각한 것이다.

그러나 이러한 그의 계획은 다름 아닌 그의 아버지에 의해 좌절되고 만다. 우연히도 그날 예고 없이 베를린을 방문한 아버지는 아들에게서 지난밤에 있었던 일과 그의 결심에 대해 듣는다. 그리고 바이커르트가 종교적으로 가장 올바른 선택이라 생각한 결혼 계획을 단호하게 반대한다. 종교적인 성찰이 아니라 에미와의 결혼이 성직자로서의 미래를 망쳐버릴 것이라는 세속적인 판단이 그 이유였다. 바이커르트는 종교적인 논리로 아버지를 설득하려 하지만, 어려서부터 신앙과 도덕의 재판관으로서 당연한 것으로 받아들여온 아버지의 권위에 무릎을 꿇고 만다. 종교적·윤리적으로 그릇된 것일 리 없는 판단을 부정하는 아버지에 대해 의구심을 품게 되긴 했지만, "성직자이자 양심의 대변자"인 아버지야말로 결국엔 "무엇이 옳고 무엇이 바른 일인지" 알고 있으리라는 믿음 때문이었다.

아버지는 곧 문제를 최종적으로 해결하기 위해 에미를 찾아가고, 자신의 방에 혼자 남은 바이커르트는 마음의 안정을 찾지 못한다. 아버지가 자신에게 그래왔던 것처럼 에미에게도 권위적인 말투로 종교와 윤리를 설교하고 비난하여 그녀의 마음에 상처를 입힐까 걱정이 된 것이다. 그리하여 바이커르트는 벽에 귀를 대고 두 사람의 대화를 엿듣는다.

그렇게 엿듣게 된 대화는 바이커르트에게 커다란 충격을 안겨준다. 아버지는 에미에게 호통을 치기는커녕, 마치 전혀 다른 사람이 된 것처럼 세속적인 대화를 나누는데, 그 과정에서 에미가 지난밤의 일에 대해 전혀 진지하게 생각하고 있지 않으며, 더군다나 결혼은 꿈도 꾸지 않고 있다는 사실이 밝혀지는 것이다. 게다가 이 사실을 알고 마음이 편해진 아버지가 그녀와 대수롭지

176

않은 일에 대해 농담을 나누고 심지어 "감사"의 표시로 돈까지 건네주는 소리를 들었을 때 바이커르트의 내면에서 성직자 아버지에 대한 믿음은 산산이 깨져버리고 만다. 그리고 이는 곧 그에게 ― 크리첼은 이미 오래전부터 알고 있었던 ― 진실을 일깨워준다. 엄격하고 근엄한 성직자 아버지의 모습은 허울 좋은 가장에 불과한 것이었으며, 그 가장 뒤에는 종교적 믿음이나 신의 뜻이 아니라 세속적이고 속물적인 초라한 남성이 있을 뿐이었다.

이러한 통찰은 이제 아버지로 대표되는 종교에 대한 부정으로, 그리고 다시 종교적 삶을 위해 억지로 통제해온 성 욕망에 대한 긍정으로 이어진다. 아침까지만 해도 "평생을 참회해도 용서받을 수 없을 만큼" 커다란 죄악으로 생각했던 지난밤의 일이 이제 "그렇게 나쁜 일은 아닌 것으로, 거의 자연스러운 일로" 여겨지기 시작한 것이다. 그리고 그날 밤 바이커르트는 아버지가 잠든 사이에 조용히, 그러나 아무 거리낌 없이 에미의 방으로 건너간다.

바이커르트가 종교적인 금욕에서 벗어나 자신의 성 욕망을 긍정하기까지의 과정을 보여주는 이 작품은 두 가지 측면에서 자연주의자들의 '사실주의' 요구에 부합한다. 우선 이 작품은 주인공 바이커르트의 아버지는 물론 돈을 위해 부유한 여성과 결혼한 바이커르트의 삼촌, 돈으로 여성을 사는 유대인 은행가, 속물적 소시민의 전형으로 등장하는 하숙집 주인 등의 주변 인물들을 통해 화려하고 도덕적이며 질서정연해 보이는 시민사회의 이면에 숨어 있는, 속물적이고 위선적이며 오로지 돈과 사회적 명성만을 좇는 시민사회의 "추한 진실"을 적나라하게 드러내준다. 자연주의자들에게 전범으로 받아들여진 입센의 작품들을 연상시키는 이와 같은 시민사회의 이중성에 대한 폭로는 동시에 "자연과학적 진실"이 드러나기 위한 전제조건이 된다. 바이커르트는 자신의 성 욕망을 억압하던 시민사회의 종교적·윤리적 규율이 허구라는 사실을 인식함으로써 성 욕망을 죄악이나 신의 시험이 아니라 인간의 자연적인 본질로서 용인하고 받아들이게 되기 때문이다. 이러한 인간의 진실을 크리첼은 이렇게 표현한다.

> "(…) 이 유대교-기독교적인 금욕의 가르침이 우리의 이성을 완전히 마비시켰어. 그래서 우리는 무엇이 자연적인 것이고 무엇이 이성적인 것인지를 더 이상 전혀 알아차릴 수가 없는 거야. 인간이 스스로 거세해야 한다는 생각보다 더 정신 나간 일, 불합리한 일을 생각해낸 적이 있었냐고. 우리는 언제쯤 되어야 이 케케묵은 생각들로부터 벗어날 수 있을까. 우리는 옛사람들의 단순하고 자연스러운 욕망으로 돌아가야 해. 네가 바로 우리가 얼마나 잘못 생각하고 있는지를 보여주는 좋은 사례야. 네가 바로 이 낡아빠진 교조주의의 희생자라고."

말하자면 바이커르트의 내적 변화는 '인간은 생물학적 존재이며, 성 욕망은 인간의 가장 자연적인 본질로서 그 어떤 조건에서도 발현된다'는 '자연법칙'이 실현되는 과정을 보여주고 있는 것이다.

일반적인 자연법칙의 실현을 보여주는 바이커르트는 따라서 영웅적인 의지로 자신의 운명을 개척하려 하거나 특별한 삶을 살아가는, 전통적인 의미의 '주인공', 혹은 '영웅'이 아니다. 목사인 아버지의 절대적인 권위를 당연한 것으로 받아들이고, 종교적 원칙을 내면화한 신학도로서 비록 다른 사람들보다 더욱 강력하게 자신의 성 욕망을 억압하는 인물로 묘사되기는 하지만, 바이커르트는 일반적인 자연법칙의 지배를 받는다는 점에서 다른 모든 인물들과 본질적으로는 전혀 다를 바 없는 전형적인 인물이다. 바이커르트를 다른 인물들과 구별되도록 해주는 특성들은 모두 추상적인 자연법칙의 실현 과정을 구체화·개별화하고, 도식적일 수밖에 없는 자연법칙의 실현 과정에 현실성을 부여하는 부수적인 장치들이라 볼 수 있다.

그러나 이러한 구체화·개별화 과정에서 눈에 띄는 것이 있다. 바이커르트의 성격이나 사회적 조건 등이 일반적·전형적이라기보다는 극단적이고 특수하다는 점이다. 이는 특히 그가 목사인 아버지의 권위 및 종교적인 경건성을 절대화·내면화하고 있고, 내면에서 꿈틀거리는 자그마한 성적 욕망도 커다란 죄악으로 여기는 점에서 잘 나타난다.

그러나 자연법칙의 실현이라는 관점에서 보면 이와 같은 극단적 성격의 바이커르트 역시 예외적인 경우로 보이지는 않는다. 바이커르트의 특수한 성격과 사회적 조건은 성 욕망의 발현과 실현이 어려운 상황을 만들어주는데, 그럼에도 결국 성 욕망이 자연스러운 것으로 인식되고 실현된다는 점에서 이러한 조건들은 오히려 자연법칙의 일반성과 절대성을 강조해주는 역할을 하게 된다. 사회적·심리적 상황이 자연법칙의 실현을 극단적으로 방해하는 경우에도 자연법칙이 원래 정해진 길을 가게 되는 모습을 보여줌으로써 폴렌츠는 오히려 인간의 삶을 지배하는 자연법칙의 절대적 힘을, 그리고 인간은 예외 없이 성적 욕망의 지배를 받는 자연적 존재라는 사실을 더욱 분명하게 보여주는 것이다.

물리법칙에 지배되는 인간―콘라트 알베르티 『누가 더 강한 자인가?』

자연주의 희곡에서 입센의 영향이 지배적이었다면, 자연주의 소설에서는 에밀 졸라가 입센과 같은 위치에 있었다. 졸라는 연작소설인 『루공 마카르 총서』에서 사실적이고 세밀한 묘사를 통해 오로지 유전과 물리적 환경에 의해 결정되는 "인간기계"의 모습을 생생하게 그려냈을 뿐만 아니라, 방대한 분량의 소설들을 통해 당대 프랑스 사회의 적나라한 모습을 총체적으로 재현하고자 했다. "졸라주의자들"이라 불린 독일의 많은 자연주의 소설가들은 이러한 졸라의 문학적 경향을 따라 사회의 어두운 구석들을 거침없이 드러냄으로써 '벌거벗은 진실'을 묘사하고자 했으며, 동시에 ― 완성된 것도, 오늘

누가 더 강한 자인가?-현대 베를린의 사회소설

(Wer ist der Stärkere?. Ein sozialer Roman aus dem modernen Berlin)

작가: 콘라트 알베르티

형식: 장편소설

발표: 1888년

독일어 판본:

1. *Wer ist der Stärkere?*, Bd. 1 & 2, Leipzig: Friedrich, 1888

2. *Wer ist der Stärkere?*, Bd. 1 & 2, Forgotten Books, 2018

날까지 읽히는 것도 거의 없기는 하지만 — 연작소설의 형태로 당대 독일 사회의 단면을 총체적으로 그려내고자 노력했다.

그 대표적인 예가 빌헬름 뵐셰와 함께 자연과학적 문학의 열렬한 지지자였던 콘라트 알베르티의 장편 연작『생존경쟁』이다.『누가 더 강한 자인가?-현대 베를린의 사회소설』(1888)은 6편으로 구성된(『늙은이와 젊은이들』,『사랑할 권리』,『유행』,『슈뢰더 동업회사』,『기계들』) 이 연작의 첫 번째 작품으로, 이 소설에서 알베르티는 자연과학적인 사고체계와 지식들을 더욱 철저하게 인간과 사회에 적용하고자 시도했다.

이러한 사실은 이미 작품의 제목에서 분명하게 나타난다. "누가 더 강한 자인가?"라는 제목은 다윈 진화론의 핵심 개념 중 하나인 '적자생존(survival of the fittest)'을 연상시키며, '누가'라는 의문사 및 부제에 사용된 '사회소설'이라는 개념은 다윈의 진화론을 인간에게, 그것도 생물학적인 차원이 아니라 사회적인 차원에서 적용하겠다는 작가의 의도를 분명하게 보여준다. 알베르티는 이미 제목을 통하여 작품 속에서 19세기 말 독일 사회의 상황을 '진화'

콘라트 알베르티(1862~1918, Conrad Alberti, 혹은 Konrad Alberti. 본명은 Conrad Sittenfeld)는 오늘날 폴란드 영토인 브레슬라우에서 태어났다. 브레슬라우 대학에서 문학과 예술사를 공부했으며, 졸업 후에는 연극배우로 활동했다. 1890년대에 자유기고가로 활동하며 자연주의를 옹호하는 에세이들을 발표했으며, 베티나 폰 아르님(낭만주의 여성 작가), 구스타프 프라이탁(사실주의 소설가이자 극작가), 루트비히 뵈르네(19세기 초반에 활동한 문학비평가이자 연극비평가)의 전기를 썼다. 1886년부터 소설을 발표했으며, 1890년에 다른 자연주의 작가들과 함께 "미풍양속을 해치는" 작품들을 발표했다는 이유로 기소당했다(라이프치히 사실주의자 재판). 1898년부터는 오늘날까지 발행되는 전통 있는 베를린 지역지 〈베를리너 모르겐포스트〉의 편집장으로 일했다. 같은 해에 대중적 과학서인 『인류의 길』을 발표하기도 했다.

라는 자연법칙의 실현으로 재구성하여 보여주겠다는 자신의 의도를 밝히고 있는 것이다.

실제로 알베르티는 이 작품에서 다양한 사회계층의 인물들 간에 벌어지는 (사회적) 생존을 위한 투쟁을 묘사하고 있다. 줄거리는 세 개의 대립관계를 중심으로 진행되는데, 첫 번째 대립관계는 가난한 귀족 청년 로베르트 폰 퓌링하우젠과 강력한 권력을 손에 쥔 자본가 프리츠 제미쉬의 사이에서 생겨난다. 몰락한 귀족 집안의 자녀로서 장교로 복무하고 있는 이상주의자 퓌링하우젠은 모든 육체적·세속적 관계를 혐오한다. 그러나 창녀 출신으로 자신의 성적 매력을 이용해 대부호인 프리츠 제미쉬와 결혼한 루시에의 도발과 유혹은 그의 내면에 잠재된 성적 욕망을 끄집어낸다. 결국 전형적 팜므 파탈인 루시에의 노리개로 전락한 퓌링하우젠은 이성적 사고·의지와 성 욕망 사이에서 방황하다가 정신적인 파멸을 맞이하게 된다. 그러나 루시에와의 관계는 퓌링하우젠을 정신적으로 파멸시키는 데 그치지 않는다. 퓌링하우젠은 자신의 부인을 지키려는 루시에의 남편 프리츠 제미쉬와 갈등에 빠져들고, 막대한 재산과 사회적 권력을 이용한 제미쉬의 계략으로 사회적·경제적으로도 몰락을 맞이하게 된다.

또 다른 대립관계는 유능한 건축기사인 힐거스와 제미쉬 사이에서 벌어진다. 건축업자들은 물론 건축 노동자들에게도 큰 신임을 받고 있던 힐거스는 임금 인상을 요구하는 건축 노동자들의 파업에서 스스로의 양심적 판단에 따라 노동자들의 편에 선다. 그러나 사회정의를 위해 싸우려던 힐거스의 노력은 제미쉬를 앞세운 건축업자들의 계략으로 인해, 또 눈앞의 이득 때문에 자신들을 위해 헌신하는 힐거스를 배신하고 외면하는 노동자들의 이중적인 태도로 인해 실패로 돌아간다. 결국 힐거스는 사회주의자로 낙인찍혀 그 어느 곳에서도 일자리를 찾지 못하고 독일을 떠나야만 하는 상황에 처하게 된다.

작품 속에 등장하는 세 번째 대립관계는 혈기 왕성한 지방 출신의 젊은 의사 브라이팅어와 독일 전역에 걸쳐 절대적인 영향력을 행사하고 있는 원로 의학자 라사리우스 사이에서 벌어진다. 브라이팅어는 과학적인 연구를 통하여 한 전염병의 원인을 규명하고, 이를 의학계에 알리고자 한다. 그러나 그와는 정반대 이론을 주장하던 라사리우스의 방해와 음해로 인해 자신의 이론을 제대로 출판할 기회조차 얻지 못하며, 오히려 라사리우스를 두려워하는 의학자들에게 철저하게 외면당함으로써 더는 의학자로 활동할 수 없게 된다.

이처럼 작품의 주요 줄기를 이루는 인물들 간의 갈등과 인물들의 운명은 어느 한쪽의 생존을 위해서 다른 한쪽이 희생되어야만 하는 진화론적 생존 경쟁, 혹은 "생존을 위한 투쟁", 즉 일반적 "자연법칙"과 그 결과로 묘사되고 있다. 이러한 사실은 우선 몰락해가는 브라이팅어와 힐거스가 오랜만에 다시 만나는 장면에 삽입된 서술자의 주석에서도 확인할 수 있다.

> 예전에 그[브라이팅어]는 자기 자신의 투쟁과 희망에 사로잡혀서 힐거스의 운명에 대해서는 거의 신경을 쓰지 못했고, 그것은 힐거스도 마찬가지였다 — 베를린의 뜨거운 보도 위에서 벌어지는 이 거칠게 날뛰는 악질적 생존투쟁의 와중에 어느 누가 자신과 직접적인 관련이 없는 다른 사람의 운명에 관심을 가질 수 있겠는가? 그러나 두 사람 모두에게 닥친 불행이 서로에게 별로 중요하지 않은 이 사람들까지도 서로 만나게 만들었다. 두 사람의 내면에서 불타올랐던 것은 하나의 열망이었던 것일까? 두 사람은 비록 서로 다른 신전에 제물을 바쳤지만, 이 두 투쟁가를 그토록 굴욕적으로 어려운 상황에 빠지도록 만든 것은 하나의 여신이었던 것일까?

서술자의 시점에서 "거칠게 날뛰는 악질적 생존투쟁", "하나의 열망", "하나의 여신" 등의 표현을 통해 비유적으로 묘사한 일반적 자연법칙은 잠시 뒤에 자연과학자인 브라이팅어의 입을 통해 더욱 구체적으로 설명된다.

> "(…) 한번 말해보세요, 세계를 지배하는 것은 무엇일까요? 이성이요? 말도 안 되는 소리 하지 마세요! 나는 의사예요, 자연과학자입니다! 세계를 지배하는 것은 무자비한 물리적 법칙입니다. 겹겹이 쌓인 무수한 돌덩이들로 이루어진 저 차갑고 단단한 황무지와 똑같이 다채로운 사람들로 우글거리는 이 사회도 무자비한 물리법칙이 지배하고 있습니다. 이 두 가지를 다 지배하는 것은 바로 관성의 법칙이에요. 그것을 뒤엎으려 하는 자는 그로 인해 비참하게 몰락합니다. 우리를 파멸시킨 것은 바로 그 자연법칙이에요. 자연법칙이 우리보다 더 강하기 때문이지요. 사회에는 — 이것에 대해 의심하지 마세요 — 가능한 한 똑같은, 영원하고, 낡

은 노선을 계속 가려고 하는 경향이 자연적으로 내재되어 있어요. 사회보다 더 강한 힘이 나타나, 둔하고 정신적으로 게으른 사회의 아집을 극복하게 될 때까지, 저항을 통해 사회를 짓밟고 새롭고 모험적인 선로를 놓게 될 때까지 모든 개선에 저항하는 거지요. (…) 대담하게 사회를 간지럽히는 모든 사람들, 그들의 길을 조금이라도 방해하겠다고 위협하는 모든 사람들에 대해 사회는 본능적으로, 순수하게 무조건적 반응에 따라 그 거대한, 구역질 나는 문어의 팔을 뻗어 붙잡고는 짓이겨버립니다. 이 방해자가 불타오르는 진실의 예언자이든, 인류의 예언자이든, 혹은 악의적인 사기꾼이든, 그것은 중요하지 않아요. 사회는 오로지 아무 일이 없기를, 방해받지 않고 소화할 수 있기를 바라는 거예요. 그러고는 선한 것과 악한 것들을 짓밟아버리는 거지요. 오로지 선과 악에 있어서의 초인적인 힘만이, 혹은 드물게 벌어지는 행운의 결합만이 진실과 정의, 혹은 전제주의를 승리로 이끌 수 있어요. (…) 숨기지 맙시다. 우리는 전자도 후자도 아니에요. 초인도 행운을 타고난 사람도 아닌 겁니다.”

여기에서 브라이팅어는 다른 근거는 제시하지 않고 오로지 자연과학자로서의 권위를 바탕으로 자연법칙, 더욱 구체적으로는 “관성의 법칙”이 자신들을 몰락으로 이끈 근본 원인이라고 주장하고 있다. 로트의 사회문제에 대한 설명(『해 뜨기 전』)이나 크리첼의 종교에 대한 발언(『시험』)을 연상시키는 이 발언에서 브라이팅어는 사회가 ‘기존의 움직임을 지속하고자 하는 물질’과 동일하며, 자신과 힐거스는 ‘이 물질을 다른 방향으로 움직이게 하려는 외부의 힘’과 동일하다는 사실을 전제로 하고 있다. 이러한 전제에 따르면 브라이팅어와 힐거스가 성공하는 것은, 관성의 법칙에 따라 기존의 진행 방향으로 계속 나아가려는 사회의 진행 방향을 바꾸게 된다는 것을 의미한다. 그러나 이들의 힘은 사회를 지배하는 관성의 힘보다 크지 않기에 그들의 실패는 ‘자연법칙적으로’ 당연한 것이다.

그러나 물리학에서 관성의 법칙은 "초인적인 힘"이나 "우연들"에 의해 물질의 운동이 변화할 수 있다는 것을 의미하지 않는다. 물리학적 관점에서 보자면 모든 외부의 힘은 물질의 운동 상태에 영향을 미친다. 이를 통한 운동 상태의 변화는 외부에서 작용하는 힘의 양에 따라 달라지는데, 물질은 외부의 힘에 따라 더 빨라지거나, 더 느려지거나, 멈출 수 있으며, 또한 다른 방향으로 움직일 수도 있다. 그러나 외부의 힘이 ― 브라이팅어가 주장하는 것처럼 ― 물질의 운동 상태에 아무런 영향도 미치지 못한 채 "짓눌려 사라져"버리는 일은 있을 수 없다. 이는 에너지 보존의 법칙에 위배되기 때문이다.

이러한 관점에서 보면 알베르티는 관성의 법칙을 비유적으로 사용하고 있거나, 무리하게 그 의미와 적용 범위를 확장하고 있다고 할 수 있다. 그러나 앞서 인용한 알베르티의 자연과학적 미학에서 발견할 수 있는 자연과학의 확장에 대한 진지함을 고려했을 때(알베르티가 다른 글에서 '질량 보존의 법칙'이 문학을 지배하는 법칙이며 '에너지 보존의 법칙'이 연극을 지배하는 법칙이라고 주장했다는 사실을 상기하자!), 관성의 법칙에 대한 브라이팅어의 견해가 비유적인 것이라고 보기는 어렵다. 알베르티는 사회의 발전이 관성의 법칙에 의해 결정된다고 진심으로 믿었던 것이다!

어쨌든 이러한 '관성의 법칙'하에서 사회의 관성적인 움직임을 대표하는 라사리우스와 제미쉬는 사회를 지배하는 더 큰 차원의 자연법칙, 즉 '생존투쟁'에서 절대적으로 유리한 위치에 있을 수밖에 없다. 브라이팅어와 힐거스의 힘이 사회를 압도할 만큼 크지 않은 상황에서 라사리우스와 제미쉬는 그 어떤 경우에도 '생존투쟁'에서 이길 수밖에 없기 때문이다. 결국 브라이팅어의 관점에서 사회를 지배하는 것은 진화론적인 '생존투쟁의 법칙'이며, 관성의 법칙은 이 생존투쟁의 주요 메커니즘으로 작용한다고 할 수 있다.

이처럼 극단적인 ― 그러나 더 이상 전혀 자연과학적이지 않은 ― '자연과학적' 세계관에 따르면, 브라이팅어와 힐거스의 사회적 몰락은 그 구체적인 원인 및 경과와 무관하게 일반적인 자연법칙의 실현으로 이해할 수 있다. 이들의 몰락은 한편으로는 관성의 법칙의 결과이며, 다른 한편으로는 진화론적 생존투쟁의 결과이기 때문이다. 여기에서 우리는 이미 폴렌츠의 「시험」에서 확인할 수 있었던 자연과학적 사실주의의 구상을 다시 한 번 확인할 수 있다. 「시험」과 마찬가지로 이 작품에 등장하는 작중인물들의 특별한 운명은 일반적인 자연법칙의 실현으로 묘사되며, 이렇게 재현된 작중 현실은 — 비록 그 규모에서는 현실과 현저한 차이를 보이지만 — 현실에서와 동일한 자연법칙의 결과라는 점에서 질적으로는 현실과 동일한 것으로 이해되기 때문이다.

그러나 자연법칙을 인간과 사회에 적용하는 과정에서 「시험」과 『누가 더 강한 자인가?』 사이에는 간과할 수 없는 차이가 존재한다. 우선 알베르티의 작품에서 자연법칙은 「시험」에서와는 다르게 개별 인간의 행동을 결정하는 요소로 작용하지 않는다. 바이커르트와 마찬가지로 성 욕망에 의해 행동의 양상이 결정되며 결국에는 이를 통해 사회적 몰락에까지 이르는 퓌링하우젠을 제외하면 『누가 더 강한 자인가?』에 등장하는 모든 주요 인물들의 행동은 기본적으로 각 인물의 성격과 의지에 의해 결정된다. 알베르티의 작품에서 자연법칙이 중요해지는 지점은 오히려 인간과 인간 사이의 관계, 즉 상반된 지향점, 혹은 이해관계를 가지고 있는 두 인물들 사이의 (생존)투쟁이며, 이러한 관계가 사회 전체의 상황을 대표하는 것으로 묘사된다는 점에서 자연법칙은 동시에 사회 전체의 상황을 결정짓는 요소로 작용하게 된다.

「시험」과 『누가 더 강한 자인가?』에 등장하는 자연법칙의 또 다른 차이는 자연법칙을 인간과 사회에 적용하는 방식에 있다. 「시험」에서 바이커르트의 행동을 규정하는 자연법칙은 생물학적·다원적 인간관을 기반으로 하는 결정론이다. '모든 생물의 삶은 개체의 자유로운 의지가 아니라 모든 생물에게 공통적인 본질적 욕망 — 이 경우에는 성 욕망 — 에 의해 규정된다'는 생물학적 결정론을 인간에게 적용하기 위해 폴렌츠가 전제로 하는 것은 단지 '인간 역시 자연의 일부이며, 따라서 인간의 성 욕망은 개인의 의지에 우선한다'는 사실뿐이다. 그러나 『누가 더 강한 자인가?』에서는 이와 같은 자연법칙의 단순한 적용이 불가능하다.

이 작품에서 인간과 사회를 규정하는 절대적인 자연법칙으로 묘사하는 '생존을 위한 투쟁'이나 '더 강한 자의 생존(적자생존)'은 원래 다윈이 생물의 진화를 설명하기 위해 사용한 개념이다. 앞서 기술했다시피 모든 생물은 종의 생존 가능성을 높이기 위해 자연 속의 가용 식량이 먹여 살릴 수 있는 개체보다 더 많은 개체를 생산한다. 이 때문에 개체들 사이에는 생존을 위한 경쟁(생존투쟁)이 벌어지며, 한정된 먹이를 획득하는 데 유리한 특성을 가지고 있으며 주어진 환경에 더 잘 적응하는 개체가 이 경쟁에서 승리하고 생존하게 된다. 그리고 이들의 특성이 다음 대에 유전됨으로써 장기간에 걸친 종의 진화가 이루어진다. 이와 같은 다윈의 진화론적 법칙을 ― 알베르티가 이미 제목에서 분명하게 암시하고 있는 것처럼 ― 사회에 적용하기 위해서는 「시험」에서보다 근본적으로 더 많은 전제와 자연법칙의 변형이 필요하다.

예컨대, '인간은 그들이 속한 사회가 먹여 살릴 수 있는 개체보다 훨씬 많은 개체를 생산한다', '인간들 사이에 벌어지는 사회적 경쟁의 목적은 사회적 생존이며, 사회적 생존은 기본적으로 생물학적 생존과 동일한 것이다', '사회적 생존경쟁에서는 생존에 더욱 적합한 특성을 가진 인간만이 살아남을 수 있다', '이러한 특성은 유전되며, 이를 통해 인류가 (사회적으로) 진화한다' 등과 같은 명제들이 전제되지 않고는 다윈의 법칙들을 인간의 사회적 삶 및 사회에 그대로 적용할 수 없다.

그러나 알베르티가 전제한 이와 같은 명제들은 객관적인 증명이 불가능할 뿐만 아니라, 전혀 다른 두 차원의 현상들, 즉 자연현상과 사회현상을 임의로 동일시하고 있다는 점에서 그 타당성이 매우 의심스럽다. 따라서 다윈의 생물학적 법칙을 사회에 그대로 적용하고자 하는 알베르티의 시도는 근거가 희박한 유추를 기반으로 한 것으로밖에 볼 수 없다.

이는 알베르티가 '관성의 법칙'을 '생존투쟁'의 기본적 메커니즘으로 설명하려고 할 때 더욱 분명하게 드러난다. 기본적으로 관성의 법칙은 다윈의 진화론과 아무런 관계가 없으며, 특히 관성의 법칙에서 문제가 되는 물질의 운동은 사회의 '운동', 즉 사회의 발전 경향과 전혀 다른 물리적 성질이다. 물론 사회의 움직임을 바꾸기 위해서는 그보다 더 큰 힘이 필요하다는 알베르티의 견해는 보는 관점에 따라 충분히 설득력이 있을 수도 있으나, 이때 사회의 경향과 관성의 법칙은 앞서 언급한 것처럼 자연과학적·물리적 차원이 아니라 오로지 비유적 차원에서만 연관을 맺을 수 있다. 작가의 의도가 무엇이었든 간에 『누가 더 강한 자인가?』에서 시도하고 있는 자연법칙의 사회적 적용은 기껏해야 상징적·비유적 차원에서만 이루어질 수 있는 것이다.

이러한 점에서 『누가 더 강한 자인가?』는 자연과학적 자연주의자들이 얼마나 철저하게 인간과 사회를 자연법칙의 실현으로 이해했는지, 혹은 이해하고자 했는지를 잘 보여줄 뿐만 아니라, 그 과정에서 자연법칙이 얼마나 임의로 확장되고 변형되었는지, 그리고 자연법칙의 의미가 어떻게 자연과학의 차원을 벗어나 비유적인 차원으로 전이되었는지를 분명하게 보여준다.

사회법칙에 지배되는 인간—막스 크레처 『마이스터 팀페』

알베르티의 작품과는 다르게 자연과학적 사고방식과 세계관이 좀 더 설득력 있고 완성도 높은 문학작품으로 이어진 사례로는 막스 크레처의 『마이스터 팀페』를 들 수 있다. 크레처는 1888년에 발표한 이 장편소설에서 자연과학적 사고체계를 바탕으로 하는 결정론적 인간관을 자연법칙이 아니라 사회

마이스터 팀페—사회소설(Meister Timpe. Sozialer Roman)

작가: 막스 크레처

형식: 장편소설

발표: 1888년

독일어 판본:

1. *Meister Timpe*, Berlin: S. Fischer Verlag, 1888

2. *Meister Timpe*, Stuttgart: Reclam Tashcenbuch Verlag, 2000

경제적 인과관계와 연결시킴으로써 알베르티와는 다른 방식의 '자연과학적 사실주의'를 만들어냈다.

『마이스터 팀페』는 목공 장인인 팀페 일가의 비극적인 운명을 묘사한 소설로서, 수공업자가 아직 시민계급의 주역이던 19세기 초반에 목공 장인으로서 입지를 확고하게 다진 울리히 고트프리트 팀페와 아버지의 가업을 물려받아 이를 훌륭하게 키워낸 그의 아들 요하네스 팀페, 그리고 가업을 버리고 자본가로 성장하는 요하네스 팀페의 아들 프란츠 팀페로 구성된 삼대의 이야기를 전지적 시점에서 보여준다. 그런데 이 소설의 서술자는 이미 작품의 앞부분에서 베를린의 한 조그만 목공소에서 펼쳐지는 이 삼대의 이야기가 어떠한 성격을 지니는지를 분명하게 밝혀준다.

할아버지와, 아버지와 아들은 그들의 견해에 있어 세 세대의 전형을 이룬다. 83세의 백발노인은 이미 오래전에 지나가버린 시대를 대표했다. 오랜 치욕 이후 수공업이 다시 명예를 얻고 독일적 도덕이 다시 지배하기 시작한 그 해방전쟁 이후의 시대 말이다. 그는 영원히 그 영예롭던 시대에 대한 추억 속에 빠져 살았다.(…) / 요하네스 팀페는 3월혁명 당시 바리케이드를 세우는 것을 도왔다. 그는 동시에 시민들을 국가의 가장 고귀한 버팀목으로서 왕좌의 바로 다음 자리에 놓고, 수공업의 특권이 보존되기를 바랐던 혁명의 일부이기도 했다. / 그리고 그의 아들은 이제 막 시작된 창업자 시대의 새로운 세대로서, 오로지 가벼운 방법으로 돈을 벌고 즐거움을 위하여 순박한 시민들의 관습을 희생시키려고 했다. / 백발노인은 과거를 보여주었으며, 사내는 현재를, 그리고 젊은이는 미래를 보여주었다.

여기에서 드러나는 것은 세 주요 등장인물의 운명이 각 개인의 특별한 성격이나 의지, 개인사가 아니라 일반적인 사회·정치·경제적 조건에 의해 결정된다는 사실이다. 그리고 이들이 각각 과거와 현재, 미래를 대표하는 인물이 될 수 있는 것은, 동일한 시대적 조건하에서 살아가는 사람들은 모두 동일한 운명을 가질 수밖에 없다는 결정론적 사고방식이 전제되어 있기 때문이다. 다시 말해 크레처는 모든 자연현상이 자연법칙의 실현인 것처럼, 개인의 운명 역시 그들을 자연법칙적으로 규정하는, 말하자면 "사회적 법칙"의 실현으로 이해하고 있는 것이며, 그는 이 사회법칙의 실현을 ― 제한적이지만 오히려 그렇기 때문에 법칙의 실현을 더 잘 보여줄 수 있는 ― 소수의 인물들을 통해 보여줌으로써 '객관적인 진실'을 묘사하고자 하는 것이다. 따라서 베를린의 한구석에 있는 작은 목공소는 단순히 한 가족의 특별한 운명을 보여주는 장소가 아니라, 사회 전체의 모습을 작은 규모로, 혹은 단순화된 형태로 보여주는 일종의 '소우주'와 같은 성격을 지닌 장소로 볼 수 있다.

이렇게 등장인물을 특정한 사회법칙의 실현으로, 또 특정한 집단을 대표하는 전형으로 묘사하는 경향은 작품 내에서 비교적 비중이 적은 인물인 고트프리트 팀페를 묘사하는 부분에서 이미 잘 나타난다. 고트프리트는 그의 아들 요하네스가 성공적으로 운영하고 있는 목공소를 처음 세운 장본인이

막스 크레처(1854~1941)는 1854년에 오늘날 폴란드의 영토인 포젠에서 호텔 임대업자의 아들로 태어났다. 13세가 되던 해에 아버지의 사업 실패로 학교를 그만두고 베를린으로 이주하여 공장에서 일하기 시작했다. 1880년에 「두 명의 동지」라는 제목의 단편소설을 발표하면서 작가로서 활동을 시작한 크레처는 정식 학교교육을 받지 못한 독학자(獨學者)이자 노동자 출신의 작가라는 점에서, 또 사회민주당 당원으로서 적극적으로 노동자들의 삶을 문학적으로 묘사한 점에서 다른 자연주의 작가들과 차이를 보인다. 그의 초기 작품들은 문장의 오류 등 독학의 한계로 인한 문제들로 비판을 받기도 했지만, 내부자의 시선에서 노동자와 하층민들의 삶을 정확하게 묘사했다는 사실 때문에 자연주의 안에서도 독특한 의미와 가치를 지닌 것으로 평가받고 있다. 막스 크레처는 1900년대에 접어들면서 점차 민족주의적이고 반유대주의적인 경향을 보였으며 1930년대에는 친나치적인 성향을 보여주기도 했다.

자, 전통적인 질서와 관습적 가치체계에 충실한 인물이다. 그러나 수공업의 전성기를 이끌었던 그는 이제 백발이 되어 급격하게 변화해가는 현실에 적응하지 못한 채 모든 기술적 진보를 적대적인 시선으로 바라본다.

그는 자신과 유사한 보수적 가치관을 가진 아들 요하네스와 좋은 관계를 유지하지만, 단 한 부분에서만은 극심하게 대립하는데, 그것은 바로 손자인 프란츠의 교육 문제다. 육체적인 노동과 수공업을 혐오하고 상류사회에 편입되기만을 바라는 프란츠는 가업을 잇기보다는 상인이 되고자 하며, 요하네스 역시 그를 상인으로 키워 자신의 목공소를 좀 더 자본주의적인 기업으로 발전시켜보려고 한다. 그러나 고트프리트는 상인들이란 "그저 투기만 할 뿐 정작 일은 하려 하지 않는" 사람들일 뿐이며, 따라서 프란츠는 "험한 일들을 하도록", 또 부모의 권위를 넘보지 못하도록 교육받아야만 스스로의 힘으로 먹고살 수 있을 것이라고 주장한다.

이러한 고트프리트와 충돌하지 않으려고 요하네스는 프란츠의 교육에 관한 일들을 아버지에게 숨기고, 프란츠가 엄한 할아버지와 접촉할 기회를 되도록 줄이고자 애를 쓴다. 이로 인하여 고트프리트는 새로운 세대와 단절되어버린다. 오로지 과거의 가치만을 고집하는 고트프리트는 프란츠와 단절됨으로써 새로운 세계의 발전에 접근할 수 있는 유일한 통로를 상실해버리고 만다. 의미심장하게도 고트프리트는 세상의 진보를 직접 경험할 수 있는 능력, 즉 시력을 잃었으며, 이런 그에게 변화해가는 세상의 모습을 간접적으로나마 전달해주던 유일한 인물이 프란츠였기 때문이다.

이와 같은 고트프리트의 성격은 그러나 한 개인의 특별한 성격으로 보기 어렵다. 다른 인물들과 마찬가지로 고트프리트도 작중에 묘사되고 있는 시점 이전의 사실들에 대해서는 지극히 적은 정보만이 주어지며, 따라서 독자는 앞서 인용한 서술자의 지시에 따라 고트프리트를 과거의 대표자로 해석하게 된다. 기술적 진보와 자본주의적 경제체제 등으로 인한 사회의 변화와 발전을 받아들이려고도, 이해하려고도 하지 않는 고트프리트는 바로 현실의 변화에 등을 돌린 채 이제는 그 유효성을 상실해버린 과거의 가치관 속에 갇혀 살아가는, 말하자면 '눈이 멀어버린' 과거 수공업자 세대의 대표자로 여겨지는 것이다.

이러한 그의 대표성은 그의 비극적인 죽음에서 상징적으로, 그러나 더욱 극적으로 드러난다. 대자본가이자 수공업자들의 경쟁자인 우르반의 사위가 되어 손쉽게 사회의 상류층으로 올라서고자 하는 프란츠는, 우르반의 지시에 따라 아버지의 작업 모델 일부를 훔쳐 그에게 가져다준다. 그리고 최종적인 결혼 승낙을 받아내기 위해 다시 한 번 작업 모델을 훔치러 아버지의 집에 숨어 들어간 프란츠는 그만 고트프리트에게 발각당하고 만다. 장님인 고트프리트는 프란츠의 얼굴을 볼 수는 없었지만, 도둑질을 막기 위해 프란츠의 발을 잡았을 때, 목공 장인에게는 생명과도 같은 작업 모델을 훔쳐 간 것이 바로 자신의 손자라는 사실을 알게 된다. 그리고 그 충격으로 그만 목숨을 잃고 만다.

고트프리트의 비극적인 죽음은 물론 그와 같은 세대에 속하는 사람들 누구에게나 일어나는 일반적인 사건이라고는 볼 수 없다. 그러나 고트프리트와 프란츠의 관계를 구세대와 새로운 창업 세대 사이의 갈등을 상징적으로 보여주는 것으로 이해한다면, 이 에피소드가 지닌 함의는 분명해 보인다. 즉 프란츠에 의한 고트프리트의 죽음은 시대의 진보를 외면한 낡은 수공업자 세대가 사회의 주도 세력으로 새롭게 부상한 자본주의 세대에 의해 무참히 짓밟혀버리는 상황에 대한 상징적인 묘사인 것이다. 그리고 이러한 상징 관계는 이후 우르반과 프란츠에 의해 요하네스의 목공소가 처참하게 몰락해가면서 그 현실적인 의미가 분명해진다.

옛 세대로서 고트프리트가 겪는 운명이 대체로 상징적으로 묘사되는 반면, 요하네스와 프란츠의 운명은 매우 현실적으로 그려진다. 여러 명의 도제를 거느린 명성 높은 목공소를 운영하는 목공 마이스터 요하네스 팀페는 아버지와는 다르게 자본주의적인 경제 발전을 부정적으로만 보지는 않는다. 그는 아들인 프란츠를 상인으로 키워 자신의 목공소를 확대·발전시키고 이를 통해 더 큰 부를 획득할 계획을 세운다. 그러나 그의 이러한 순진한 바람은 무자비한 대자본가 우르반과 결국 그의 사위가 된 프란츠에 의해 무참하게 짓밟힌다.

우르반은 요하네스의 목공소를 둘러싼 대지에 같은 종류의 목공 제품을 생산하는 대규모 공장을 세우고, 프란츠로 하여금 요하네스의 작업 모델을 훔쳐 오게 해서 동일한 물건을 대량으로 생산한다. 이렇게 공장에서 생산한 상품은 요하네스의 수공업 제품에 비해 현저하게 질이 떨어지지만, 훨씬 저

렴한 가격에 공급된 탓에 요하네스는 고객들을 대부분 잃어버린다. 이에 요하네스는 자신이 생산한 제품들의 가격을 내려 일부 고객을 되찾지만, 수익이 떨어진 만큼 도제들에게 더 적은 임금을 줄 수밖에 없는 상황에 몰리고, 더 적은 임금으로 동일한 노동을 강요할 수는 없는 노릇이었기에 상품의 질은 이전보다 떨어진다. 그리고 급기야 우르반이 공장에서 생산한 상품의 가격을 더욱 낮추자 요하네스는 경쟁에서 완전히 도태되고 만다.

이러한 방식으로 이루어진 요하네스의 몰락은 그러나 고트프리트의 경우처럼 특별한 사건을 통해 상징적으로 묘사되지는 않는다. 요하네스와 그가 잘 알고 지내는 다른 수공업자들의 완전한 몰락은 사회 전반에 걸쳐 벌어지는 일반적인 사건으로 그려지며, 이는 요하네스의 입을 통해 다음과 같이 정리된다.

> "거대한 공장들이, 바로 그것들이 수공업의 무덤이에요." 그가 말을 시작했다. "언젠가 수공업자들은 하나도 남지 않을 겁니다. 노동자들만 남겠지요. (…) 만약 기계들이 수공 노동을 필요 없는 것으로 만들지 않았다면 그 모든 일들은 벌어지지 않았을 겁니다. (…) 그렇지만 더 안 좋은 건 이거예요. 기계들이 한편에서는 열 배의 부를, 또 다른 한편에서는 천 배의 빈곤함을 만든다는 것 말입니다. … 맙소사, 그렇게 망해가는 사람들을 얼마나 많이 봐왔는지! 저 위에 사는 휘팅… 길모퉁이의 오르트만… 슈프레강 건너편의 지페르트 (…)" / 그의 말이 담고 있는 진실함을 아무도 부정할 수 없었다. (…) 거의 모두가 풍족한 삶을 살다가 자신의 눈앞에서 비참하게 몰락해버린 사람을 최소한 한 명은 알고 있었다.

다른 곳에서 요하네스는 이러한 수공업의 몰락을 좀 더 일반적인 맥락에서 설명한다.

"신사 여러분, 기계와 거대 공장들, 그것들이 이 모든 것에 책임이 있습니다… 현기증 나는 경쟁과 대량생산이 수공업을 비참하게 몰락하도록 만들었어요… 버텨낼 돈을 가지고 있는 사람들은 저 위에 머물러 있고, 단지 자신의 기술만을 믿는 사람들은 어느 날 바닥에 있게 되는 거지요. 수공업자들은 예전에 국가의 버팀목에 속했습니다. 하지만 오늘날 그 버팀목들은 하나씩 하나씩 붕괴하고 있습니다. (…)"

여기에서 요하네스는 자신의 몰락을 개인적인 불행이 아니라, 모든 수공업자들이 겪을 수밖에 없는 일반적인 경향의 한 부분으로 이해하고 있다. 또한 몰락의 이유 역시 자신의 과실이나 우연, 혹은 초월적인 운명이 아니라, 산업화와 자본주의화가 본격적으로 이루어지던 시대의 사회·경제적 조건에서 찾고 있다. 이에 따라 요하네스의 몰락은 그 개별적인 특수성에도 불구하고 결국 사회·경제적 인과관계의 결과로 나타나며, 이를 통하여 요하네스는 ─ 이미 소설의 서두에서 서술자가 밝힌 것처럼 ─ 동일한 사회·경제적 조건 속에 살아가는 당대의 모든 수공업자들의 대표자, 혹은 전형으로 나타나게 된다. 다시 말해 이 작품은 당대의 독일 사회를 가장 기본적인 법칙, 구조(산업화 및 자본주의화로 인한 수공업 및 시민계급의 몰락)로 환원시키고, 이를 이해하기 쉬운 작은 규모의 세계(요하네스의 수공업 작업장)로 재구성함으로써 사회 전체의 '진실'을 그려내고자 시도하고 있는 것이다.

이와 같이 등장인물들의 운명을 일반적인 법칙의 실현으로 묘사하고, 이를 통해 생겨나는 등장인물의 대표성을 바탕으로 사회 전체의 총체적인 상을 그려내는 서술 전략은 『누가 더 강한 자인가?』의 그것과 동일하다. 물론 『마이스터 팀페』에서는 통시적인 관점에서 구분된 인물들의 그룹(삼대)이 인물 구성의 뼈대를 이루고 있고, 『누가 더 강한 자인가?』에서는 공시적인 관점에서 사회·경제적 계급에 따라 인물들의 그룹이 나뉘는 점에서는 차이가 있다. 그렇지만 두 작품 모두 자신이 속한 그룹의 사람들이 겪을 수밖에 없는 결정론적 운명을 분명하고 극적으로 보여줌으로써 각각의 그룹에 대한 대표성을 획득하도록 하고, 이들을 통하여 사회 전체의 모습을 그려내는 점에서는 공통적이다.

그러나 이 두 작품은 인간과 사회의 운명을 결정짓는 '법칙'을 찾는 방식에서는 확연한 차이를 보여준다. 앞서 살펴본 것처럼 알베르티가 관성의 법칙과 같은 자연법칙을 직접 사회현상을 설명하는 데 적용하고자 한 반면, 크레처는 개인의 운명과 사회 발전의 경향이 사회·경제적인 인과관계에 따라 법칙적으로 규정되는 것으로 보았다. 이에 따라 동일한 자연과학적 사고체계를 토대로 하며 동일한 서술 전략으로 쓰였음에도, 두 작품은 설득력과 완성도에서 커다란 차이를 보인다.

자연주의와 부정적인 결말의 문제

『마이스터 팀페』는 장인 가족 삼대를 사례로 들어 사회·경제적 조건이 인간의 삶을 어떻게 결정하는지를 보여준다. 그런데 최소한 소설이 묘사 대상으로 삼는 시점에서 그 결과는 모두 부정적인 것으로만 보인다. 고트프리트 팀페는 손자로 인해 죽고, 요하네스 팀페는 거대 자본과의 경쟁에서 패하고 비참하게 몰락한다. 오로지 그의 아들 프란츠만이 자본가인 우르반의 사위가 됨으로써 자신의 목적을 달성하지만, 게으르고 교활한 성격부터 아버지의 몰락과 할아버지의 죽음에 직접적인 원인을 제공했다는 사실에 이르기까지 그의 삶은 부정적인 가치를 대변하기 때문에 그의 '성공'은 사회 전체의 관점에서 결코 긍정적인 발전으로 볼 수 없다. 그렇다면 사회법칙의 실현은 부정적인 결과만을 가져올 수밖에 없는 것일까? 그렇다면 이 세계의 모든 것에 절대적인 영향력을 행사하는 '발전의 법칙'은 어떻게 실현될 수 있을까?

이 문제는 『마이스터 팀페』뿐만 아니라 다른 자연주의 작품들에서도 나타난다. 하우프트만의 『해 뜨기 전』에서는 인간의 삶이 사회·경제적 조건과 생물학적 조건에 의해 결정되는 모습이 묘사되지만, 이는 결국 탐욕스러운 인간이 경제적으로 성공하고 평범한 노동자가 몰락하는 모습과 윤리적·생물학적으로 타락하고 퇴행하는 과정만을 보여줄 뿐이다. 『누가 더 강한 자인가?』에서는 건전하고 성실한 젊은이들이 기득권을 가진 사회의 타락한 주류 세력에 좌절하는 과정만을 보여줌으로써, 결국 '생존경쟁'에서 승리하는 자란 이미 권력을 가진 '강한 자'들이며, 윤리적으로 올바른 이들은 사회적 '생존경쟁'에서 살아남을 수 없다는 기이한 결론에 도달할 수밖에 없게 된다. 이러한 결론에 따르면 결국 사회의 '진화'는 수단과 방법을 가리지 않고 오로지 성공을 위해 다른 이들을 무자비하게 짓밟는 비윤리적 집단에 의해서만 이루어진다. 사회의 부정적 현실을 '있는 그대로' 묘사하고자 하는 과정에서 생겨난 이러한 문제는 하우프트만이나 알베르티도 인식하고 있었다. 하우프트만은 이 문제를 해결하기 위해 — 홀츠의 제안을 받아들여 — 제목을 "해 뜨기 전"으로 바꾼다. 작품의 결말이 최종적인 것이 아니며, 현재 상황은 곧 찾아올 미래의 발전을 위한 "씨앗"(『해 뜨기 전』의 원래 제목은 "씨 뿌리는 남자"였다)이 될 것임을 암시하는 것이다. 알베르티는 한편으로는 노동자가 미래를 짊어지게 될 것이라는 암시를 통해, 다른 한편으로는 브라이팅어가 한 귀족의 도움으로 라사리우스의 견제와 방해를 이겨내고 결국 경쟁에서 승리하도록 만듦으로써 문제를 해결하고자 한다. 그러나 소설의 마지막에 등장하는 이러한 갑작스러운 반전은 작품에 묘사된 사회적 모순의 일관성을 파괴하기 때문에 알베르티는 궁여지책으로 브라이팅어를 라사리우스와 똑같이 윤리적으로 타락하도록 만들 수밖에 없었다.

발전의 법칙에 지배되는 인간–아르노 홀츠 & 요하네스 슐라프 「파파 햄릿」

한때 '햄릿' 역까지 맡을 만큼 인정받는 연극배우였던 틴비벨은 이제 유랑극단에서나 공연 제안이 올 정도로 별 볼 일 없는 배우가 되어버렸다. 그는 어디선가 그에게 다시 햄릿 같은 중요한 배역을 제안해오기를 기다리며, 모

파파 햄릿(Papa Hamlet)

작가: 아르노 홀츠, 요하네스 슐라프('브야른 P. 홀름젠'이라는 가명으로 발표)

형식: 단편소설

발표: 1889년

독일어 판본:

1. *Papa Hamlet*, Leipzig: Carl Reissner Verlag, 1889

2. *Papa Hamlet. Ein Tod*, Stuttgart: Reclam Tashcenbuch Verlag, 1982

든 다른 돈벌이를 거부하고, 심지어 부인 아말리에가 돈을 벌기 위해 삯바느질을 하겠다는 것까지 막아가며 무기력하고 무능력한 삶을 살아간다. 아들 포르틴브라스*를 낳은 후 한결 몸이 약해진 병약한 아말리에 역시 ─ 결국 삯바느질로 생계를 꾸려나가기는 하지만 ─ 무기력증에 빠져 살림과 아이를 돌보지 않는다.

곤궁하고도 비참한 삶을 살아가던 이들에게 집주인인 바흐텔 부인은 일주일 안에 밀린 집세를 내지 않으면 집을 비워야 한다고 최후통첩을 하고, 그제야 현실을 깨달은 틴비벨은 뒤늦게 일자리를 찾아 나서지만 그에게 일자리를 주는 사람은 아무도 없다. 절망 속에 술에 취해 돌아온 틴비벨은 힘없이 우는 아이를 홧김에 때려죽인다. 며칠 뒤 틴비벨 역시 길거리에서 싸늘한 시체로 발견된다.

자연주의의 가장 대표적인 소설 중 하나인 「파파 햄릿」의 줄거리는 이처럼 매우 간결하다. 등장인물의 수는 매우 적고, 결말에 이르기까지 별다른 사건

• 『햄릿』에 등장하는 인물들 중 하나. 햄릿이 죽은 후 덴마크를 통치하는 노르웨이의 왕자.

이 벌어지지도 않을 뿐만 아니라, 틴비벨과 아말리에 사이의 일상적 갈등이나 바흐텔 부인과의 사소한 갈등 외에 점진적으로 고조되어 파국을 가져오는 등장인물들 사이의 본격적인 갈등도 존재하지 않는다. 따라서 독자들은 줄거리 자체보다는 틴비벨 가족의 비참한 삶과 이를 묘사하는 방식에 더욱 관심을 기울이게 된다.

게다가 이 소설은 하우프트만이 "철저한 자연주의"라 일컬었을 만큼 비참하고 추한 현실을 아주 세세한 부분까지 섬세하게 묘사하고 있기 때문에, 커다란 '사건'인 영아 살해와 주인공의 죽음까지도 역동적인 사건으로 이해하기보다는 감각적으로 인지되는 다른 '추한 진실'들과 동일한 '정적인 장면'으로 이해하기 쉽다.● 따라서 이 소설을 올바로 이해하기 위해서는 줄거리의 해석보다는 소재의 특수성과 감각적으로 인지된 사실을 재현하는 방법에 좀 더 관심을 기울이는 것이 옳은 것처럼 보인다. 그러나 「파파 햄릿」을 이렇게만 이해했을 때 납득하기 어려운 서술자의 진술이 6장에 등장한다.

위대한 틴비벨이 완전히 틀린 것은 아니었다. 틴비벨 집안의 경제 사정은 이 시대의 거울이자 축약된 연대기였다.

소설의 전체 흐름에서 이 두 문장은 확연히 눈에 띈다. 이처럼 분명한 서술자의 개입은 이전에 나온 적이 없으며, 뒤에서도 등장하지 않기 때문이다. 「파파 햄릿」에서 서술자는 기본적으로 자신을 드러내지 않는다. 수시로 자신의 목소리를 들려주는 전통적인 소설의 전지적 서술자와 달리 「파파 햄릿」의 서술자는 마치 눈에 보이지 않는 제3의 인물처럼 등장인물들과 같은 공간에 존재하면서 눈으로 보이는 것, 귀로 들리는 것 등을 섬세하게 전달할 뿐이

● 2부 2장 '감각적 진실의 묘사'에서 설명한 내용 참조.

다. 독자들에게 서술자를 인지하지 못하게 함으로써 서술 내용을 최대한 '객관적인 사실' 그 자체로 받아들이도록 만들기 위해서다. 그런데 위의 인용문에서는 그동안 '객관적인 사실' 뒤에 숨어 있던 서술자가 갑작스럽게 등장하여 자신의 견해를 밝히고 있다. 그리고 이는 필연적으로 문체와 서술 상황의 단절을 야기할 수밖에 없다.

그렇다면 홀츠와 슐라프가 문체와 서술 상황의 단절을 감수하면서까지 이러한 주석을 집어넣은 이유는 무엇일까? 이에 대한 답은 주석의 내용이 소설의 전체 내용과 부합하지 않는다는 사실, 즉 괴팍한 성격에 자신의 젖먹이 아들을 살해하기까지 하는 몰락한 연극배우가 시대를 대표한다고 보기 어려우며, 따라서 이러한 주석 없이는 틴비벨의 운명을 "시대의 거울이자 축약된 연대기"로 이해할 수 없다는 사실을 고려하면 쉽게 찾을 수 있다. 즉 홀츠와 슐라프가 서술 상황의 일관성을 부분적으로 포기하면서까지 무리하게 서술자의 주석을 삽입한 것은 줄거리 자체로는 대표성을 가지기 어려운 틴비벨의 이야기를 독자가 "시대의 거울"로 '해석'하기를 바랐기 때문인 것이다. 그리고 이는 틴비벨의 비참한 삶을 단순히 '추한 현실의 사실적 묘사'로 읽는 것만으로는 「파파 햄릿」을 이해하는 데 충분하지 않다는 것을 의미한다.

그렇다면 틴비벨의 삶은 어떻게 이해할 수 있을까? 이에 대한 중요한 실마리는 앞서 소개한 홀츠의 예술법칙에 대한 에세이 「예술—그 본질과 법칙들」에서 발견할 수 있다. 이 에세이는 「파파 햄릿」이 출간되고 2년 후에 발표되었다. 하지만 두 글은 대체로 비슷한 시기에 쓰였으며, 기본적으로 '낡은 예술을 청산하고 새로운 예술을 만든다'는 공통된 목적으로 쓰였다. 「파파 햄릿」은 —『자연주의 문학 속의 실증주의』의 저자인 H. 뫼비우스의 견해에 따르면 — "이론적인 인식을 작품에 실제로 적용하고, 새로운 문학적 방법을 발전시키고자 하는 시도"였다.

이러한 두 글의 관계를 생각할 때 틴비벨의 극단적인 사례가 "이 시대의 거울이자 축약된 연대기"라는 서술자의 주석 역시 홀츠의 예술 이론을 바탕으로 이해할 수 있을 것이란 추측이 가능하다. 앞서 살펴본 것처럼 홀츠는 자신의 예술 이론에서 '한 어린아이가 흑판에 그려놓은 낙서'를 예술 전체를 대표하는 것으로 보고 이로부터 일반적인 예술법칙을 이끌어내고 있는데, 이는 틴비벨의 삶을 "시대의 거울"로 보는 극단적인 일반화와 매우 유사하다. 그렇다면 홀츠의 예술 이론을 고려할 때 서술자의 주석은 어떻게 해석할 수 있을까? 이 질문에 대답하기 위해서는 우선 홀츠의 예술 이론에서 개별 현상의 일반화가 어떤 경우에 가능한지를 살펴봐야 한다.

홀츠의 예술 이론에서 개체와 전체의 관계는 다음과 같은 세 가지로 분류할 수 있다. ① 기본적으로 모든 사회현상은 하나의 근원적 기본법칙, 즉 발전의 법칙에 의해 결정된다. 이러한 점에서 모든 개별 현상은 서로 구별되지 않으며, 사회 전체와도 구별되지 않는다. 다시 말해 **모든 개별적인 사회현상은 발전의 법칙의 실현이라는 점에서 사회 전체를 대표할 수 있다.** ② 홀츠는 사회를 하나의 유기적인 시스템으로 본다. 따라서 부분 그룹들은 서로, 또 사회 전체와 영향을 주고받으며, 부분 그룹을 결정짓는 인과관계는 다른 부분 그룹들, 또 사회 전체의 인과관계에 영향을 받는다. 다시 말해 한 부분 그룹에 속하는 개별 현상은 그 부분 그룹을 결정짓는 법칙의 순수한 발현이라고 볼 수 없으며, 그 결과 각각의 개별 현상은 그들이 속하는 부분 그룹을 대표할 수 없다. 즉 **개별 현상은 그들이 속하는 부분 그룹 전체의 현상으로 일반화될 수 없다.** ③ 그러나 홀츠는 다른 인과관계보다 자기 자신의 법칙에 훨씬 강하게 종속된 부분 그룹들이 있다고 주장한다. 예술과 같이 가장 중요한 사회현상들이 속하는 이러한 부분 그룹들은 이론적 차원에서 완전히 독립적인 부분 그룹으로 취급할 수 있다. 즉 이러한 부분 그룹에 속하는 개별 현상들은 모두 부분 그룹을 결정짓는 법칙의 순수한 발현으로 이해할 수 있으며, 따라서 모든 개별 현상들은 기본적으로 동일할 뿐만 아니라 그들이 포함된 부분 그룹을 대표할 수 있다. 즉 **예술과 같은 중요한 사회현상의 개별 현상은 그들이 속하는 부분 그룹 전체의 현상으로 일반화할 수 있다.**

이러한 홀츠의 사고방식에서 한 개별 현상이 자신이 속한 부분 그룹을 대표할 수 있는 경우는 단 두 가지뿐이다. 즉 개별 현상이 모든 사회현상을 관장하는 최고의 법칙인 "발전의 법칙"의 발현이거나, 예술과 같은 "독립적인" 부분 그룹의 법칙을 실현하는 경우다. 그렇다면 틴비벨의 극단적인 삶이 시대를 대표할 수 있는 경우 역시 다음의 두 가지뿐이다. ① 틴비벨의 삶은 "발전의 법칙"이 실현되는 과정을 묘사하고 있다. ② 틴비벨의 삶은 예술처럼 독립적인 부분 그룹의 법칙이 실현되는 모습을 묘사하고 있다.

그러나 「파파 햄릿」이 발전의 법칙이나 예술의 법칙을 묘사하고 있는 것처럼 보이지는 않는다. 「파파 햄릿」에는 다른 자연주의 작품들에서 흔히 묘사하는 자연법칙의 실현 과정, 혹은 환경과 사회 조건에 의하여 인간의 삶이 법칙적으로 규정되는 모습이 전혀 등장하지 않는다. 예컨대 『해 뜨기 전』에서 하우프트만은 세대에 걸쳐 이어지는 알코올중독을 통하여 "유전의 법칙"을 직접적으로 묘사하고 있으며, 폴렌츠는 「시험」에서 성 욕망이라는 인간의 자연적 본질이 발현되는 모습을, 크레처는 『마이스터 팀페』에서 개인의 운명이 사회적·경제적 조건에 의해 결정되는 사회현상의 법칙성을 묘사하고 있다.

그러나 「파파 햄릿」에는 이와 같은 자연법칙이나 사회법칙의 묘사가 등장하지 않는다. 물론 자연주의 작품들에서 흔히 찾아볼 수 있는 혐오스러운 환경을 매우 자세하게 그리기는 하지만, 이는 단지 사실적인 배경으로서만 의미가 있을 뿐, 크레처나 하우프트만 등의 작품에서처럼 인물의 운명에 영향을 미치지는 않는다.

인물의 행동과 운명을 결정짓는 것은 오히려 이들의 내적 특성들이다. 예를 들어 서술자는 틴비벨의 부인 아말리에의 특징을 "선천적인 무기력증, 무관심, 나태함"으로 간단히 규정하는데, 그녀의 행동과 사고는 전적으로 그러한 성격의 결과로 그려진다. 주인공인 틴비벨의 행동과 사고를 결정짓는 것 역시 사회적·물리적 조건이 아니라 그의 개인적 성격이다. 아말리에와 마찬가지로 매우 일관되게 묘사되는 틴비벨의 성격은 바로 자의적인 현실 인식과 독선이다. 그리고 이 독선은 자신의 행동, 운명을 넘어서 가족의 운명까지도 결정지음으로써 소설의 줄거리를 이끌어나가는 가장 중요한 요소로 나타난다.

틴비벨의 현실 인식이 가지고 있는 문제는 소설의 도입부에서 이미 잘 드러난다. 틴비벨은 한때 "위대한, 누구도 능가할 수 없는" 햄릿 연기자였다. 그러나 이제 그는 햄릿 역은 물론 그 어떤 다른 배역도 얻지 못한 채, 하루 종일 집에서 극단의 편지를 기다리며 비참한 삶을 살아가는 실업자에 불과하다. 그가 집에서 하는 일이란 오로지 햄릿의 대사를 연습하는 것뿐이다. 그러나 이 연습은 미래에 대한 그의 긍정적 기대를 반영하는 것도 아니고, 미래에 대한 준비를 의미하지도 않는다. 이 무의미한 연습, 혹은 일상의 대화를 햄릿의 대사로 대체하는 일은 그저 틴비벨이 현실을 받아들일 준비가 되어 있지 않다는 사실만을 보여준다. 틴비벨은 햄릿의 대사를 통해 햄릿과 자신을 동일시하고, 이를 통해 자신의 비참한 현실에서 도피함은 물론 자신이 아직 훌륭한 햄릿 배우라는 자의적 확신을 끊임없이 재생산하고 있는 것이다.

물론 틴비벨이 현실과 자신의 기대 사이에 존재하는 커다란 간극을 전혀 인식하지 못하는 것은 아니다. 왜냐하면 그 자신도 때때로 자신의 희망 없는 상황에 대해 불평을 늘어놓기 때문이다. 그럴 때면 틴비벨은 여전히 자신에게 편지 한 통 보내지 않는 극단에 대해 화를 내고, 심지어 자신이 직접 극단을 찾아가서 그들이 어떤 배역을 제안하는지 한번 봐야겠다고 큰소리를 치기도 한다. 그러나 그렇다고 해서 그가 현실을 있는 그대로 받아들이고자 결심을 하는 것은 아니다. 왜냐하면 그는 입고 나갈 바지가 없다는 핑계로 극단 방문을 간단히 포기해버리고 말기 때문이다.

이와 같이 현실을 올바로 인식하지도 못하고, 현실에 적응하지도 못하는 틴비벨의 성격은 그의 사고와 행동에 일관되게 나타난다. 예를 들어 그는 아기가 건강하게 자라려면 모유가 필요하다며, 부인 아말리에에게 모유를 먹이라고 윽박지른다. 그러나 그는 이때 아말리에가 심한 병을 앓고 있다는 사실을 무시한다.

> "내가?? 내 이 약한, 병든 가슴으로 지금?"
> "에이 무슨 소리야! 그건 그냥 당신이 착각하고 있는 거야, 아말리에! 내가 말하잖아. 당신은 완전히 건강하다고. 당신은 완전히 건강하다고, 내가 말하잖아!"

이 인용문에서 틴비벨의 자의적인 현실 인식은 모든 판단의 기준이 되며, 이러한 사실과 자의의 도착(倒錯)은 오히려 가장 분명한 사실조차 착각으로 몰아붙일 만큼 극단적인 양상으로 치닫는다. 즉 틴비벨은 모든 현실을 자의적인 판단에 따라 해석하고 왜곡하며, 현실이 자의적인 인식과 일치하지 않는 경우에는 현실 자체를 부정해버린다. 그러나 이러한 현실도피를 통해 틴비벨이 깨닫게 되는 것은 오직 자신이 현실에서 너무나 동떨어진 삶을 살아가고 있다는 사실뿐이다.

> "(…) 하지만 – 음… 아까 말했듯이! 당신은 아기에게 직접 모유를 먹여야 한다니까! 오늘날의 문화는 물론, 유럽 세계의 문화는…"
> '문화'라는 말에 아말리에는 더 이상 참을 수가 없었다. (…)
> "그래! 그래! 아주 훌륭해! 당연하지! 우리 형편에! 하루 종일 우리는 커피와 버터빵으로 연명하는데! 도대체 저 불쌍한 애가 이 상황에 어떻게 잘 자랄 수 있는지 알았으면 좋겠어!"

이와 같이 자신의 현실 인식과 실제의 세계 사이에 얼마나 큰 간극이 존재하는지를 반복적으로 경험하면서도 틴비벨은 여전히 자의적 현실 인식과 독선을 버리지 못한다. 그 대신 그는 더욱 고집스럽게 현실에서 도피하고, 더욱 열심히 햄릿의 대사를 연습한다.

이와 같은 자의적 현실 인식에서 우리는 아르노 홀츠와 요하네스 슐라프가 이 작품에서 묘사하고자 한 것이 무엇이었는지를 알아차릴 수 있다. 틴비벨의 현실 인식은 바로 자연주의자들이 전통적인 예술과 미학, 또 그 아류인 당대의 대중문학에 대해 비판했던 내용과 정확하게 일치하기 때문이다. 앞서 설명했듯이* 자연주의자들은 전통적인 미학의 문제가 우선 구체적 사실이 아닌 추상적 '미'의 개념에서 출발하는 데 있다고 주장했다. 자연주의와 실증주의의 영향을 받은 자연주의자들이 보기에 그러한 절대적 '미'는 실재하는 것이 아니며, 따라서 그러한 미적 이상에 근거를 둔 예술 이론과 예술 작품은 모두 공허한 것일 수밖에 없었다. 즉 이상주의적 미학 및 문학이 지닌 문제의 핵심은 사실(현실)과 미적 이상의 불일치였던 것이다. 그런데 이와 같은 사실과 이상의 불일치, 추상적이고 비현실적인 이상에 경도되어 사실을 올바로 인식하지 못하는 문제는 바로 틴비벨의 현실 인식, 급기야 가족들을 죽음으로까지 이끌고 가는 틴비벨의 사고방식이 지닌 문제와 동일하다.

이러한 점에서 틴비벨은 이제 유효성을 상실한 전통적 미학·문학을 형상화한 인물이라고 볼 수 있다. 틴비벨은 우선 사회 하층민의 비참한 삶을 적나라하게 보여준다는 점에서 자연주의의 전형으로 볼 수 있지만, 동시에 자연주의의 미학적 출발점을 상징적으로 보여준다는 점에서도 자연주의적인 인물인 것이다.

이제 이러한 통찰을 바탕으로 하여 앞에서 제기한 질문, 즉 '어떻게 한 몰

• 1부 2장 '실증주의 철학과 결정론, 자연과학적 미학' 참조.

락한 연극배우의 생활이 사회적 상황 전체를 대표할 수 있는가에 대해 생각해보도록 하자. 앞서 우리는 개별 현상은 "발전의 법칙"의 발현이거나, 예술 등 다른 부분 집단들의 영향으로부터 독립적인 부분 집단에 속하는 경우에만 '전체'를 대표할 수 있다는 사실을 살펴봤다. 따라서 틴비벨이 사회 전체를 대표할 수 있으려면 틴비벨의 삶이 "발전의 법칙"의 실현이거나, "독립적" 부분 집단의 개별 현상이어야 한다. 그러나 틴비벨의 삶과 "발전의 법칙"은 ― 우선은 ― 연관성이 보이지 않으므로 배제해야 한다.

그렇다면 틴비벨의 삶을 "독립적" 부분 집단의 개별 현상으로 볼 수 있을까? 물론 이는 불가능하다. 홀츠가 제시하고 있는 "독립적 부분 집단"은 예술뿐인데, 틴비벨의 삶은 당연하게도 예술 현상이 아니기 때문이다. 그러나 상징적인 차원에서는 얘기가 달라진다. 조금 전에 살펴본 바와 마찬가지로 틴비벨은 유효성을 상실한 전통적 예술을 상징하는 인물이다. 그렇다면 상징적 차원에서 틴비벨이 속한 사회는 틴비벨이라는 낡은 예술의 개별 현상이 속한 상위 부분 집단, 즉 "전통적 예술 전체"로 이해할 수 있다. 즉 틴비벨의 생활이 "시대의 거울이자 축약된 연대기"라는 서술자의 해설은 '몰락한 예술가 틴비벨은 이상주의에 기대어 현실을 올바로 인식하고 묘사할 능력을 상실한 당대 예술의 거울이자 축약된 연대기'라고 해석할 수 있는 것이다. 그리고 이처럼 현실을 직접적으로 묘사하는 자연주의 문학의 틀을 벗어나 오로지 상징의 차원에서만 저자의 의도가 드러나기 때문에, 홀츠와 슐라프는 서술 상황과 문체의 단절을 감수하면서까지 서술자의 해설을 삽입할 수밖에 없었던 것이다.

이처럼 「파파 햄릿」이 홀츠의 예술 이론과 같은 맥락에서 해석 가능하다는 사실을 감안하면, 이 작품이 홀츠의 예술 이론과 매우 유사한 구조로 이루어져 있다는 사실 역시 단순한 우연은 아닌 것처럼 보인다. 「파파 햄릿」은 우선 그 폐쇄적인 기본 설정에서 홀츠의 예술 이론과 매우 유사하다.

그러나 예술의 존재 자체를 규정하는 법칙은 무엇일까? 다시 말해, 만약 우리가 발전이라 부르는 현상의 법칙이 예술 현상에 영향을 미치지 않는다면, 뿐만 아니라 그 영향에 대해 우리가 분명히 확신하고 있음에도 불구하고 대부분의 경우 이를 충분히 규명할 수 없는 모든 다른 현상들의 법칙들이 예술 현상에 영향을 미치지 않는다면, 예술은 어떤 형태를 지니게 될까?

앞서 인용한 「예술—그 존재와 법칙들」 4장에서 홀츠는 예술의 법칙을 찾아내기 위해 "모든 다른 현상들의 법칙들이 예술 현상에 영향을 미치지 않는다면"이라고 가정함으로써 예술을 외부의 인과관계에서 완전히 고립된 독립적 현상으로 만든다. 이와 같은 인과관계의 독립성은 「파파 햄릿」의 내적 구조에서도 분명하게 드러난다.

이 작품에서 틴비벨 및 가족의 운명은 외부의 조건에 의해 결정되는 것이 아니라 전적으로 현실을 받아들이지 못하는 틴비벨의 아집과 독선에 의해 결정된다. 타인이나 사회의 영향은 철저히 배제되며, 심지어 틴비벨이나 기타 등장인물의 과거도 철저하게 베일에 싸여 있다. 짤막하게 언급된 바흐텔 부인의 과거와 "위대한 햄릿 연기자"였다는 틴비벨의 과거를 제외하면 인물들의 과거사는 전혀 알 수 없고, 현재 벌어지는 사건과 인과관계로 묶여 있지도 않다. 물론 "한때 위대한 햄릿 연기자"였던 틴비벨의 과거는 반복적으로 언급되기는 하지만, 그러한 반복적 언급은 사건의 진행과 무관하게 단지 틴비벨이 시대적으로 뒤처진 인물이라는 사실, 즉 그가 이미 유효성을 상실한 옛 예술을 상징한다는 사실만을 더욱 분명하게 보여줄 뿐이다. 따라서 틴비벨의 과거는 H. 뫼비우스의 지적대로 "현재의 몰락이 이루어지는 배경"으로 그 의미가 제한되며, 그 결과 작품 속에 묘사되는 현재는 과거와 무관한 닫힌 구조를 갖게 된다.

이와 같은 닫힌 구조는 작품의 공간에서도 나타난다. 작품 속에서 묘사하는 공간은 지극히 제한적인데, 이는 단순히 좁은 공간을 묘사하고 있다는 뜻만은 아니다. 작품 속에서 묘사하는 공간, 즉 틴비벨의 주거 공간은 좁을 뿐만 아니라 외부와 거의 철저하게 단절된 탓에, 마치 독립적으로 존재하는 완결된 작은 세계처럼 느껴지기까지 한다. 독자들은 틴비벨의 집 밖에서 무슨 일이 벌어지고 있는지 전혀 알지 못하며, 틴비벨의 집 안에서 벌어지는 모든 일들의 원인은 바로 그 집 안에서 찾을 수 있다. 따라서 독자의 시선은 틴비벨의 개인적 맥락을 넘어서는 다른 사건들에 도달할 수 없다. 이처럼 틴비벨의 세계는 공간적으로, 또 그 인과관계에서 외부로부터 철저하게 고립되어 있다. 그리고 이는 '틴비벨의 삶이 시대상을 대변한다'는 서술자의 주석에도 불구하고 독자들이 틴비벨의 세계를 넘어서는 사회의 전체적 맥락을 파악하지 못하는 근본적인 이유가 된다. 그러나 이는 동시에 틴비벨이 인과관계에서 독립적인 '예술'을 상징한다는 사실을 뒷받침해주는 중요한 근거가 되기도 한다.

우연이라고 보기만은 힘든 「파파 햄릿」과 예술 이론의 구조적 유사성은 틴비벨 가족의 몰락에서도 잘 나타난다. 마지막 장에서 틴비벨은 자신의 그릇된 현실 인식이 어떠한 참혹한 결과를 가져오는지를 경험한다. 몰락은 일주일 안에 밀린 집세를 내지 않으면 집에서 나가야 한다는 집주인 바흐텔 부인의 통보로 시작된다. 그러나 틴비벨은 바흐텔 부인의 요구를 충족시킬 능력이 전혀 없다. 그리고 이는 그가 철저하게 무능력하거나 사회로부터 외면당했기 때문이라고 보기 힘들다. 왜냐하면 틴비벨은 충분하지는 못해도 돈을 벌 수 있는 학술원의 일자리를 거부했으며, '가장 신성한 엄마로서의 의무를 저버리는 일'이라는 이유로 부인 아말리에가 삯바느질을 하는 것조차 허락하지 않았기 때문이다. 그는 또한 유랑극단으로부터 일자리를 제안받지만, 이역시 자신의 품위를 손상시키는 일로 여기고 받아들이지 않는다. 자신과 가족의 몰락에 직접적인 원인을 제공한 것은 다름 아닌 틴비벨 자신의 비정상적인 현실 인식인 것이다. 그러나 이제 더는 몰락을 피할 수 없는 상황이 되자, 틴비벨은 마침내 현실을 인정하기 시작한다.

> "아, 맙소사, 그래! 게다가 넌 또 이렇게 아프기까지 하잖아! 아기까지! 이 많은 삯
> 바느질거리들…. 그런데 넌 널 전혀 돌보고 있질 않고… 그렇단 말이야!"
> 그녀는 다시 흐느끼기 시작했다.
> "당신은 ― 그렇게 하는 편이 ― 닐스…"
> "그래… 그래! 이제 나도 알겠어! 그 제안을 받아들였어야 했어! 나중에라도 할
> 수 있었을 텐데… 이제 알겠어! 생각이 짧았어! 붙잡았어야 했다고! 그치만 ― 뭐
> 라 말 좀 해봐!!"

이와 같은 뒤늦은 현실 인식은 그러나 틴비벨 가족의 몰락을 막지 못한다. 일자리를 찾고자 하는 틴비벨의 노력은 허사로 끝나고, 그는 정신이 나간 상태에서 한때 자신의 "미래"라고 여겼던 젖먹이 아들을 때려죽인다. 그리고 그 역시 며칠 뒤에 길거리에서 죽은 채로 발견된다. 지금까지의 해석을 바탕으로 볼 때 이와 같은 결말은 틴비벨이 상징하는 낡은 예술의 "법칙적인" 몰락을 상징적으로 묘사하는 것으로 이해할 수 있다.

그런데 이때 눈에 띄는 것은 작품 마지막 부분에 이르러 그동안 전혀 묘사되지 않았던 외부 세계가 갑자기 작중 세계에 뒤섞이기 시작한다는 점이다. 틴비벨은 길거리를 헤매고, 아말리에가 절망에 빠진 채 일하고 있는 방 안으로 바깥의 소음과 빛이 밀려들어온다. 또한 틴비벨이 목숨을 잃는 장소 역시 그의 집이 아니라 거리다. 따라서 ― 굳이 따지자면 ― 죽음의 직접적인 원인은 추위이며, 그를 추위 속에 헤매 다니게 만든 이유, 즉 전직 배우가 일자리를 구할 수 없는 사회적 상황 역시 틴비벨을 죽음으로 이끈 부수적 요인이라고 할 수 있다.

이렇게 본다면 소설의 마지막에 등장하는 외부 세계는 틴비벨의 운명을 결정짓는 또 다른 조건을 형성하고 있다고 할 수 있다. 그리고 이는 틴비벨의 운명이 여전히 사회의 전체적 맥락과 연관되어 있음을 보여주는데, 이를 통하여 홀츠는 그동안 단절된 공간에서 묘사했던 틴비벨의 운명을 다시 사회의 일반적인 인과관계 속으로 돌려보내고 있는 것처럼 보인다. 그리고 이는 다시 홀츠가 자신의 예술 이론에서 "예술법칙"을 "발견"한 후, 독립적인 사회현상으로 가정했던 예술을 다시 사회 전체의 인과관계와 연결시켰던 것을 연상시킨다.

> 이로써 나는 이미 나의 법칙을 발견한 것 같다. 물론 임시적이고, 또 첫 번째 대략적인 윤곽만을 그려놓은 것이지만 말이다. 그러나 그것은 아마도 너무나 당연한 일일 것이다. 그리고 존 스튜어트 밀의 현명한 옛 원칙, 즉 "모든 원인이 되는 법칙은 [다른 법칙들에 의해] 반작용의 영향을 받을 가능성(그리고 모든 원인법칙들은 그러한 반작용의 영향을 받는다)이 있으므로, 단지 경향을 주장하는 말로 표현되어야 하며, 진정한 결과를 주장하는 말로 표현되어서는 안 된다"는 원칙에 따라, 나는 나의 법칙을 다음과 같이 표현하는 것이 가장 좋다고 생각한다.
> "예술은 다시 자연이 되고자 하는 경향이 있다. 예술은 매번 달라지는 생산의 조건들과 그 조작의 기술에 비례하여 자연이 된다."

말하자면, 틴비벨의 죽음은 자체적인 결함으로 인한 옛 미학의 몰락은 물론, 그러한 몰락이 여전히 더 높은 차원의 맥락 속에서, 즉 옛것이 몰락하고 새로운 것이 성장해나가는 "발전의 법칙"이라는 큰 흐름 속에서 이루진다는 사실을 상징적으로 보여주는 것이다.

자연적 인간과 정신적 인간—게르하르트 하우프트만 「선로지기 틸」

　말수가 적고 성실하며 "헤라클레스와도 같은" 체구를 가진 틸은 기차가 지나가는 선로를 관리하는 선로지기다. 그는 작고 연약한 여인 민나와 결혼하지만, 그녀는 아이(토비아스)를 낳다가 그만 숨을 거두고 만다. 혼자서 아이를 키우고 살림을 꾸려나가는 데 어려움을 겪던 틸은 오래지 않아 재혼을 하는데, 그 상대는 민나와 달리 덩치가 크고 거친 여인 레네다. 레네는 억척스럽게 집안일과 밭일을 해내지만, 아이를 낳고 나서부터 틸의 전 부인 민나가 낳은 아들 토비아스를 학대한다. 틸은 우연히 레네가 토비아스를 학대하는 모습을 직접 목격하지만, 레네의 기세에 눌려 침묵하고 만다. 감독관에게서 감자 농사를 위해 자신이 일하는 숲속 초소 옆의 땅을 얻은 틸은 어느 날 평소

선로지기 틸—마르크 지역 소나무 숲의 노벨레 습작

(Bahnwärter Thiel. Novellistische Studie aus dem märkischen Kiefernforst)

작가: 게르하르트 하우프트만

형식: 노벨레

집필: 1887년 초반

발표: 1888년

번역본: 『금발의 에크베르트—독일 대표 단편문학선』, 이관우 옮김, 서울: 써네스트, 2013

　　　　「선로지기 틸」(오디오북), 홍진호 옮김, 서울: 지식을만드는지식, 2018

독일어 판본:

1. *Das erzählerische Werk I*, Frankfurt a.M. & Berlin, 1981, S. 29~61

2. *Bahnwärter Thiel*, Stuttgart, 2017

와 달리 레네와 토비아스, 아기를 데리고 일터로 간다. 레네가 농사를 짓기 위해 밭을 갈고자 했기 때문이다. 그러나 이때 끔찍한 일이 벌어진다. 레네가 한눈을 파는 사이 토비아스가 달리는 기차에 치이고 만 것이다. 죽어가는 토비아스와 함께 기차를 타고 병원으로 간 레네가 차가운 토비아스의 시신과 함께 돌아오자, 틸은 정신을 잃고 쓰러진다. 사람들은 틸을 들것에 실어 집으로 옮기고, 레네와 아기도 집으로 돌아온다. 사람들이 토비아스의 시신을 가져오기 위해 초소로 갔다가 돌아왔을 때, 레네와 아기는 틸에 의해 참혹하게 살해되어 있었다. 완전히 미쳐버린 틸은 다음 날 토비아스가 기차에 치인 자리에서 발견되어 정신병동으로 옮겨진다.

1888년에 잡지 〈디 게젤샤프트〉에 처음 발표된 하우프트만의 단편소설 「선로지기 틸—마르크 지역 소나무 숲의 노벨레 습작」의 줄거리다. 이 작품은 한적한 시골을 공간적 배경으로 하고 있기에 주로 대도시를 무대로 하는 다른 자연주의 소설들과 작중 세계의 모습과 정서에 차이가 있다. 그럼에도 「선로지기 틸」이 자연주의를 대표하는 산문 작품 중 하나로 문학사에 남은 것은 이 작품이 하층민의 빈곤한 삶, 근친 및 영아 살해, 광기 등 '추한 진실'을 그 어떤 미화도 없이 '있는 그대로' 묘사하고 있을 뿐만 아니라 결정론, 유물론적 인간관 등 자연주의의 기본 전제들을 문학적으로 탁월하게 재현하고 있기 때문이다.

이는 무엇보다도 주요 인물들의 성격에서 분명하게 드러난다. 틸의 첫 부인인 민나는 죽음에 가까운 빈약한 생명력을 가장 중요한 특징으로 한다. 소설의 서두에서 제시되는 서술자의 과거 보고 속에서만 잠깐 '실제로' 등장하는(이후에는 틸의 꿈과 환상 속에서만 등장한다) 민나는 "가냘프고 허약해 보이며", "볼이 움푹 파인 섬세한 얼굴을 가진" 여인으로 묘사된다. 또한 애초부터 "정신적인 사랑으로" 틸과 맺어져 있던 민나는 아들을 낳고 산후조리 중에 죽어버림으로써 영적인 존재이자 정신적인 존재, 육체성과 생명력을 가지고 있지 않은 죽음의 존재가 되어버린다.

　민나가 죽음을 상징하는 존재라는 사실은 토비아스의 죽음을 암시하는 틸의 꿈에서 더욱 분명하게 드러난다. 틸은 비가 쏟아지는 날 초소에서 잠깐 잠들었다가 꾼 꿈속에서 민나가 "기운이 없고, 피가 잔뜩 묻어 있는 창백한 무언가"를 천에 싸서 들고 가는 모습을 보고 경악한다. 사고를 당한 토비아스가 병원으로 실려 간 뒤에도 틸은 민나가 상처투성이의 토비아스를 데려가는 환영을 보고 아이를 돌려달라고 간절하게 부탁한다. 민나는 생명력이 없는 '팜므 프라질(femme fragile, 부서질 듯 연약한 여인)' 혹은 '팜므 앙팡(femme enfant, 아이 같은 여인)'을 넘어서서 다른 이의 생명력을 앗아 가는 죽음의 사자로 나타난다.

　민나의 성격을 규정짓는 또 다른 요소는 종교성이다. 의미심장하게도 교회에서 처음 사람들에게 목격되는 민나는 죽고 난 이후 틸의 종교적 숭배의 대상이 된다. 틸은 깊은 숲속에 있는 자신의 초소를 남몰래 "죽은 부인의 영혼에 바쳐진 성스러운 장소"로 선언하고, 초소를 "예배당"으로 만든다.

> (…) 등불이 밝혀진 깊은 한밤중에는 작은 초소가 예배당이 되었다. / 죽은 부인의 빛바랜 사진을 탁자 위에 세워놓고 찬송가 책과 성경을 펼쳐놓은 채, 틸은 긴 밤 내내 번갈아가며 성경책을 읽거나 찬송가를 불렀다. (…) 틸은 그렇게 찬송가를 부르고 성경을 읽으며 무아지경에 빠져들었고, 환영으로 고조된 황홀경 속에서 죽은 부인의 모습을 실제로 살아 있는 것처럼 눈앞에서 보았다.

　이와 같은 생명력의 결여, 죽음과 기독교의 연결은 프리드리히 니체의 기독교 비판을 연상시킨다. 특히 『차라투스트라는 이렇게 말했다』를 통해 많은 자연주의 작가들과 세기전환기 작가들에게 커다란 영향을 끼친 니체는 '기독교가 존재하지도 않는 사후의 구원을 위해 현세의 (자연적 본성으로서) 삶을 포

팜므 파탈과 팜므 프라질

'팜므 프라질', '팜므 앙팡'은 흔히 '팜므 파탈(femme fatale, 치명적 여인)'과 함께 쓰이는 개념이다. 문학적 인물 유형으로서 팜므 파탈은 치명적인 성적 매력으로 남성을 유혹하고 파멸시키는 여성을 뜻하며, 반대로 팜므 프라질은 가녀리고 연약한 여인으로서 성적인 매력이 배제된, 마치 어린아이와도 같은 성격을 지닌 여성을 의미한다. 자연주의 문학 속 팜므 파탈의 대표적인 인물로는 에밀 졸라의 소설 『나나』의 주인공 나나를 꼽을 수 있으며, 앞서 살펴본 『누가 더 강한 자인가?』의 루시에 역시 전형적인 팜므 파탈이다. 팜므 파탈과 팜므 프라질은 특히 세기전환기에 이르러 등장한 성과 문명의 대립 구도에서 특별한 의미를 획득하며, 이때 팜므 파탈은 상대적으로 문명화가 덜 이루어져 여전히 자연적 생명력을 간직한 인간의 상징으로, 팜므 프라질은 극도로 문명화되어 자연적 생명력을 상실한 인간의 상징으로 묘사된다.

민나는 연약한 육체를 가지고 있으며, 생명력이 결여되어 있다는 점에서, 또 아이를 낳다가 죽는다는 점에서 전형적인 세기전환기 팜므 프라질의 모습을 보여준다. 아이를 낳는 행위는 새로운 생명을 탄생시키는 것으로서 생명력이 부족한 팜므 프라질 유형의 여성들이 감당할 수 없는 일이다. 따라서 세기전환기 문학작품에 등장하는 팜므 프라질은 사산을 하거나 출산 도중 자신이 죽는 경우가 많다(예를 들어 뒤에서 소개할 「하모니」의 여주인공 안네마리). 레네는 성적인 매력으로 모든 남성들의 사랑을 독차지하는 전형적인 팜므 파탈과는 거리가 있지만, 자연적인 생명력과 성적인 에너지로 틸을 지배하고, 파멸의 원인을 제공한다는 점에서 팜므 파탈의 유형에 가깝다.

기하고 고통을 감수하도록 만듦으로써 삶을 적대시한다'고 주장했다. 이러한 관점에서 연약한 육체와 이른 죽음, 기독교적 종교성은 인간의 자연적 본성과 대립되는 민나의 정신적·영적 속성을 잘 보여주는 것이라 할 수 있다.

틸의 두 번째 부인인 레네는 민나와는 정반대되는 특징을 가지고 있다. 결혼 전에 무슨 일을 했는지 전혀 언급되지 않는 민나와 달리 레네는 처음 등장할 때부터 "젖소치기"로 칭해지는데, 이러한 묘사는 레네를 처음부터 자연적 존재인 '동물'과 '육체'적 노동에 연결시킴으로써 그녀의 자연성과 육체성을 부각시킨다. 실제로 레네는 건장한 "틸보다 조금 작을 뿐"이고 "팔다리는 더 두꺼울" 만큼 육체적으로 크고 강인하여 집안일과 밭일을 — 틸의 기대대로 — 거침없이 해치운다. 그러나 그녀의 자연성과 육체성은 동시에 통제할 수 없는 위협적인 야성이기도 하다. 레네는 야생의 자연처럼 "거칠고 지배욕이 강하며, 시비 걸기 좋아하고, 폭력적인 열정"으로 가득하기 때문이다. 그리하여 "영혼이 깃들어 있지 않은" 얼굴을 가진 레네는 급기야 길들여지지 않은 "짐승"으로까지 불린다.

> 틸과 같이 순한 양을 남편으로 얻은 건 "그 인간"한테는 행운이라고 격분한 남편들은 말했다. 그녀로 하여금 끔찍한 일을 겪게 했을 남편을 만날 수도 있었으리라는 것이었다. 그런 "짐승"은 길을 들여야만 하고, 별다른 수가 없다면 몽둥이가 약이라고도 말했다. 그 여자는 흠씬 두들겨 맞아야만 하며, 일단 그러기로 했다면 제대로 두들겨 패야 한다는 것이었다.

그러나 틸은 더 강인한 육체를 가지고 있음에도 "짐승" 같은 레네를 "두들겨 패지도", "길을 들이"지도 못하며, 오히려 토비아스를 학대하는 모습을 목격하고도 항의의 말 한마디 하지 못할 정도로 철저하게 그녀에게 종속되어 있다. 이는 그녀 없이는 집안 살림을 꾸려나갈 수 없다거나 그가 지극히 사랑하는 아들 토비아스를 제대로 돌볼 수 없다는 현실적인 이유 때문만이 아니다. 틸이 저항할 수 없는 것은 "거친 욕망의 힘으로 인하여 두 번째 부인의 지배를 받게" 되었고, "결국에는 모든 일에서 무조건적으로 그녀에게 의존하게" 되었기 때문이다. 그리고 이러한 "거친 욕망의 힘"과 그로 인해 레네에게 종속된 것이 무엇을 의미하는지는 토비아스가 레네에게 학대당하는 장면을 목격한 직후 틸의 모습에서 분명하게 드러난다.

틸은 그녀가 하는 말을 거의 듣지 않았다. 그의 시선은 재빠르게 엉엉 울고 있는 토비아스를 살폈다. 한순간 그는 안에서부터 솟구쳐 오르는 무언가 끔찍한 것을 억지로 짓누르는 것처럼 보였다. 그러더니 그의 긴장된 얼굴에 갑자기 오래된 무기력이, 두 눈의 은밀한 탐욕적 번뜩임에 의해 기이하게도 다시 살아난 무기력이 나타났다. 그의 시선은 몇 초 동안 고개를 돌린 채 이리저리 분주하게 일하며 여전히 마음을 가라앉히려 애쓰고 있는 아내의 튼튼한 사지를 훑었다. 그녀의 풍만한, 반쯤 드러난 젖가슴이 흥분으로 부풀어 올라 코르셋 밖으로 터져 나올 것만 같았다. 접어 올린 치마는 널찍한 엉덩이를 더욱 널찍해 보이도록 만들었다. 어떤 힘이 이 여인에게서 나오고 있는 것 같았다. 제압할 수도, 달아날 수도 없는 그 힘에 틸은 맞설 수가 없을 것 같았다. / 섬세한 거미줄처럼 가볍게, 그러나 쇠로 된 그물처럼 강하게 그 힘은 틸의 주변에 놓여 있었다. 억압하고, 제압하고, 또 기운을 앗아 가면서. 이 상황에서 틸은 그 어떤 말도 그녀에게 할 수 없었다. 심한 말은 더더욱 불가능했다.

틸을 종속시키는 레네의 힘은 바로 그녀의 자연성과 육체성의 핵심을 이루는 성(性)의 힘이며, 틸은 자신의 내면에 존재하는 강력한 성적 욕망으로 인하여 레네에게 굴복할 수밖에 없는 것이다. 레네의 성적 힘과, 그 힘에서 벗어나지 못하는 틸의 모습은 다음 장면에서도 잘 나타난다.

레네는 씨감자로 아직 무언가를 수확할 수 있으려면 지금이 딱 적당한 때라고 말하고는, 아마도 하루 종일 걸릴 테니 아이들을 함께 데려가야만 한다고 덧붙였다. 선로지기는 알아들을 수 없는 말을 몇 마디 웅얼거렸고, 레네는 그 말에 신경 쓰지 않았다. 레네는 틸에게 등을 돌리고서 양초 불빛 속에서 코르셋을 풀고 치마를 벗고 있었다. / 갑자기 그녀가 ― 자신도 그 이유를 모르는 채 ― 뒤로 돌아서서 흥분으로 일그러진 남편의 흑색 얼굴을 바라보았다. 그는 침대 모서리를 두 손으로 받치고 반쯤 일어나 앉아서 이글거리는 눈으로 그녀를 바라보고 있었다. / "틸!" ― 부인이 절반은 분노로 가득차서, 절반은 깜짝 놀라서 소리쳤다. 그러자 마치 자기 이름을 부르는 소리를 들은 몽유병 환자처럼 틸은 마취 상태에서 깨어났다. 그러고는 무슨 뜻인지 알 수 없는 말을 몇 마디 더듬거리며 내뱉고는, 베개 위로 몸을 던지고 이불을 귀 위까지 덮어썼다.

'연약하고 생명력 없는 정신적 존재'인 민나와 '강인한 육체와 성적 에너지를 가진 자연적 존재'인 레네는 비록 동시에 틸의 곁에 머물지는 않지만, 틸의 내적 갈등 및 분열, 그리고 작품의 공간적 구조와 맞물려 소설의 내적 구조를 결정짓는 핵심 축을 이룬다. 「선로지기 틸」의 작중 세계는 틸의 집이 있는 마을, 그리고 선로와 초소가 있는 숲으로 이루어지며, 이 두 공간은 배를 타고 건너야만 하는 강에 의해 나뉜다. 마을은 경작이 이루어지는, 즉 자연의 인위적 활용과 통제가 이루어지는 곳이며, 비록 낮은 수준이긴 하지만 문명이 지배하는 곳이고, 동시에 교회가 있는 곳이기도 하다. 반면 종종 장황하고 섬세하게 묘사되는 숲은 틸의 일터인 초소가 있는 곳으로서, 자연과 자연의 힘이 지배하는 공간이다.

틸은 이 두 공간을 넘나드는 유일한 인물이다. 마을에서 멀리 떨어져 있는 숲은 틸과 그의 동료들을 제외하면 드나드는 사람이 없어서, "주기적으로 되돌아오는 날씨와 계절의 변화" 외에는 그 어떤 변화도 찾아볼 수 없다. 오로지 틸만이 매일 자신에게 주어진 임무를 완수하기 위해 마을에 있는 집에서 나와 강을 건너 숲속에 있는 초소로 가고, 맡은 일을 다 하고 나면 다시 집으로 돌아온다.

그러나 틸의 이와 같은 왕복은 물리적인 이동만을 의미하지는 않는다. 집이 레네가 지배하는 공간이고, 초소는 민나를 위한 "예배당"이라는 사실을 생각하면, 집-초소 사이의 왕복은 공간적 이동을 넘어서서 레네와 민나 사이의 왕복을 의미하기 때문이다. 더 나아가 레네가 성적 에너지가 가득한 육체적·자연적 삶을, 민나는 생명력이 없는 정신적 삶, 혹은 죽음을 상징하는 인물이라는 사실을 고려하면, 틸의 왕복은 자연적 삶과 자연적 생명력을 거부하는 죽음 사이의 진자운동으로 이해할 수 있다(이러한 사실을 고려하면 마을과 초소가 있는 숲 사이에 놓인 강은 죽음의 세계로 가기 위해 건너야만 하는 망각의 강 레테를 연상시킨다). 그리고 이는 레네와 민나 어느 쪽에도 완전히 자리를 잡지 못하고, 둘 사이에서 방황하는 틸의 내적 상태와도 일치한다.

이처럼 서로에게 영향을 끼치거나 간섭하지 않으며 평화롭게 공존하는 것처럼 보이는 두 영역의 공존에는 끔찍한 파국과 무관하지 않은 긴장이 숨어 있다. 육체적으로 레네에게 강력하게 종속되어 있으면서도 민나와의 정신적 연결을 놓지 않는 틸의 내적 균형이 언제까지 유지될 수 있을 것인가? 레네가 대변하는 "거칠고 지배욕이 강하며 (…) 폭력적인" 자연의 힘은 언제까지 민나의 세계, 정신과 죽음의 세계를 용인할 것인가?

이러한 긴장은 이미 공간 구성에서 잘 드러난다. 레네가 지배하는 '집'은 거친 자연과 성의 힘이 지배하는 공간이지만, 자연의 힘이 통제된 문명화된 공간인 마을에 위치하며(이러한 관점에서 보면 레네에 대한 마을 사람들의 반감은 매우 당연한 것처럼 보인다), 반대로 민나가 지배하는 죽음과 정신, 종교의 공간인 '초소'는 인간의 힘이 미치지 않는 자연의 공간인 숲의 한복판에 위치해 있다. 그리고 이 불안한 공존과 균형은 레네가 초소를 찾아옴으로써, 즉 철저하게 분리되어 있던 정신과 죽음의 영역에 자연과 삶의 힘이 침투함으로써 일순간에 붕괴되어버리고 만다.

이러한 붕괴의 일차적 원인은 레네가 감자 농사를 지을 텃밭을 갈기 위해 아이들을 데리고 틸을 따라 초소까지 따라온 데 있다. 자연적 삶을 상징하는 레네의 초소 방문은 그 자체로서 삶과 죽음의 균형이 깨졌음을 의미하기 때문이다. 그러나 광기와 살인으로 이어지는 균형 붕괴의 더욱 직접적인 원인은 토비아스가 기차에 치이는 사건이다. 기차는 자연주의 문학에서 일반적으로 기술문명의 진보를 상징하는 존재로 묘사되어왔다. 그러나 동시에 약육강식이 지배하는 자본주의화된 대도시의 비인간적 삶에 대한 상징*이자 인간을 주변적인 것으로 종속시키고 전에 없던 재앙을 불러일으킬 수도 있는 현대적 기계의 상징으로 이해되기도 했다. 하우프트만은 이 소설에서 기차의 또 다른 측면을 전면에 내세우는데, 그것은 바로 통제할 수 없는 거대한 힘을 가진 존재로서 기차다.

> 이제 막 거대한 구름의 아래에 걸려, 짙은 녹색 우듬지들의 바다 아래로 잠겨버리려 하는 태양이 숲 위에 보랏빛 물결을 쏟아부었다. 철둑 건너편의 소나무 줄기들이 만들어낸 회랑(回廊)은 마치 그 안쪽에서부터 불이 붙어 밖으로 번지는 것 같았으며, 무쇠처럼 불타올랐다. / 선로 또한 불타오르기 시작했다. 불붙은 뱀과도 같이 — 그러나 그 불은 일단은 꺼져버렸다. 그리고 이제 작열하는 불빛이 땅에서 천천히 위쪽으로 올라왔다. 우선은 소나무들의 줄기를, 다음은 나뭇가지 대부분을 죽어 스러져가는 빛 속에 남겨두면서, 마지막으로는 우듬지의 가장 끝자락을 붉은빛이 도는 희미한 빛으로 어루만지며. 그리고 이 숭고한 연극은 아무 소리도 없이 장엄하게 막을 내렸다. 선로지기는 여전히 꼼짝도 하지 않고 차단기에 기댄 채 서 있었다. 마침내 그는 한 걸음 앞으로 나섰다. 두 선로가 서로 만나는 수평선 끝에서 어두운 점 하나가 점점 커졌다. 일 초, 일 초, 매초마다 점점 커지더니 어느 지점에선가 멈춰 서 있는 것 같았다. 갑자기 그 점이 움직이기 시작하더니 가까이 다가왔다. 선로를 통해 진동과 윙윙거리는 소리, 규칙적으로 덜컹거리는 소리가, 그리고 마침내 둔탁한 굉음이 들려왔다. 점점 더 커지는 그 소리는 돌진해 오는 기마부대의 말발굽 소리와 비슷했다. / 거친 숨과 연기가 멀리에

---

* 앞서 인용한 율리우스 하르트의 시 「베를린으로 가는 기차에서」 참조.

서부터 불쑥불쑥 솟구쳐 올랐다. 그러더니 갑자기 고요함이 깨져버렸다. 미쳐 날뛰는 듯한 울부짖음과 난동이 공간을 가득 메웠다. 선로는 구부러지고, 땅은 흔들렸다 ― 강력한 공기의 압력 ― 먼지와 증기와 연기의 구름, 그리고 가쁜 숨을 몰아쉬는 검은색 괴물이 지나갔다. 이제 그 소리는 점점 더 커졌던 때와 똑같이 그렇게 점점 죽어갔다. 증기도 흩어졌다. 하나의 점으로 작아져버린 기차는 멀리서 사라져버렸다. 그리고 오래전부터 존재해온 신성한 침묵이 이 숲의 작은 구석을 뒤덮었다.

여기에서 눈에 띄는 것은 기술문명의 산물인 기차가 질주하는 모습이 자연의 풍경과 대조를 이루는 것이 아니라 오히려 해가 지는 숲속 풍경과 완전히 하나가 되어, 마치 고요한 숲속에 내재된 "괴물"과도 같은 자연의 거친 힘이 발현되는 것처럼 묘사되고 있다는 사실이다. 이러한 기차의 모습은 폭풍우가 쏟아지던 어느 날 밤, 틸이 민나의 환영에 시달리는 장면에서 다시 한 번, 그러나 이전보다 훨씬 더 폭력적으로 묘사된다. 꿈과 현실의 경계에서 헤매고 있는 틸의 눈앞에서 폭풍우와 하나가 된 기차가 공포와 전율을 불러일으키는 "거대한 괴물"의 모습으로 질주해 지나가는 것이다.

> (…) 바로 그 순간 천둥이 마르크 지역 밤하늘의 아주 멀리 떨어진 가장자리에서 깨어났다. 처음에는 뭔가에 가로막힌 듯 둔한 소리가 울려왔다. 그러더니 짧게 부서지는 커다란 울림과 함께 가까이 밀려왔고, 마침내 거대한 힘이 되어 온 대기를 뒤덮고는, 굉음과 함께 모든 것을 뒤흔들고 거세게 출렁이며 폭발해버리고 말았다. / 유리창이 삐걱거리고 대지가 흔들렸다. / (…) 틸이 차단기를 내리고 있을 때 신호가 울렸다. 바람이 그 소리를 찢어 사방으로 던져버렸다. 소나무들이 구부러졌고, 그 가지들은 끔찍하게 삐걱거리고 찢어지는 소리를 내며 서로 부대꼈다. (…) 거대한 괴물의 부릅뜬 눈처럼 두 개의 둥글고 붉은 빛이 어둠을 뚫고 나타났

다. 핏빛의 불빛이 그 눈앞에 펼쳐졌고, 빛의 영역 안으로 들어온 빗방울들을 핏방울로 만들었다. 마치 하늘에서 피의 비가 쏟아지는 것 같았다. / 틸은 전율을 느꼈다. 두려움은 기차가 점점 다가올수록 더욱더 커졌다. 꿈과 현실이 하나로 합쳐졌다. 틸은 아직도 선로 위를 걸어가는 여인을 보았고, 질주하는 기차를 멈춰 세우려는 듯 그의 손은 탄약통을 더듬어 찾았다. 다행히도 그러기에는 너무 늦었다. 그 순간 기차의 불빛은 이미 틸의 눈앞에서 가물거렸고, 기차는 그를 지나쳐 달려가버렸다.

기차의 통제할 수 없는 폭력적인 힘, 혹은 자연의 폭력적인 힘은 토비아스의 죽음을 통해 가장 분명하게 드러난다. 토비아스는 어머니의 특성을 그대로 물려받아 육체적으로 연약하고 생명력이 빈약한 아이다. 이러한 토비아스가 기차에 치여 죽는다는 것은 곧 통제를 벗어난 자연의 폭력적인 힘이 민나로 상징되는 정신과 문명의 세계를 파괴한다는 것을 의미한다. 그리고 이 사고가 항상 레네를 초소에 찾아오지 못하게 했던 틸의 노력이 멈추는 순간에, 그리하여 레네가 자신의 영역을 벗어나 민나의 영역인 초소를 찾아온 순간에 벌어진다는 점에서 그 상징적 의미가 더욱 분명하게 드러난다. 자연적 힘에 대한 통제를 상실하여 자연과 문명 사이의 균형이 깨지는 순간 인간의 정신과 문명은 곧 질풍노도와도 같은 자연의 거친 힘에 의해 붕괴되어버리고 마는 것이다.

틸의 광기 역시 같은 맥락에서 해석할 수 있다. 물론 틸이 광기에 사로잡히고 레네와 아기를 잔혹하게 살해하는 것은 일차적으로 그가 너무나 사랑한 토비아스의 어처구니없는 죽음 때문이다. 그렇지만 틸의 내면이 자연적 본성과 문명화된 정신 사이에서 불안하게 균형을 이루고 있었다는 점을 고려하면, 그의 광기는 자연적 본성의 폭주로 문명화된 정신이 붕괴해버린 것으로 이해할 수 있다. 틸이 광기에 사로잡히는 것은 근본적으로 토비아스의 죽음과 동일한 사건인 것이다.

이러한 관점에서 보면 '선로지기'라는 틸의 직업이 상징하는 바 역시 분명해진다. 선로지기로서 틸이 하는 일은 철길을 관리하고 기관사에게 적당한 신호를 보내 기차의 탈선을 막고 안전하게 운행할 수 있도록 하는 것, 다시 말해 기차로 상징되는 거친 자연의 힘을 통제하고 폭주를 막는 일이다. 그리고 그러한 자연의 힘을 상징하는 레네가 정해진 궤도 바깥으로 나오는 것을 허용함으로써 그 임무가 실패로 돌아가자, 자연은 괴물과도 같은 거대한 힘으로 참혹한 비극을 야기한다.

「선로지기 틸」은 끔찍하고 참혹한 소재들을 '있는 그대로' 묘사한다는 점에서, 또 인간을 의지와 성찰이 아닌 내적 본질과 환경적 요인에 의해 결정되는 존재로 묘사한다는 점에서 자연주의 문학의 전형적인 성격을 보여준다고 할 수 있다. 그러나 작가가 말하고자 하는 바를 직설적으로 묘사하거나 설명하는 것이 아니라 —「파파 햄릿」과 마찬가지로 — 상징적인 차원에서 전달하고 있다는 사실은 「선로지기 틸」이 자연주의를 넘어서서 세기전환기 문학으로 이어지는 과정에 있다는 것을 잘 보여준다. 더 나아가 자연적·성적 존재로서 인간과 정신적 존재로서 인간 사이의 대립, 생명력과 문명의 대립, '사실을 있는 그대로' 세밀하게 보여주되 주관적인 상징을 덧붙인 표현 방식 등 세기전환기 이후 독일어권 문학에 본격적으로 등장하는 요소들이 나타난다는 사실도 문학사적 관점에서 「선로지기 틸」의 각별한 성격과 의미를 잘 보여준다.

3부

성(性) 그리고 삶, 욕망하는 인간의 발견

—세기전환기 독일 문학의 에로틱과 예술성

　지금까지 우리는 급격한 사회·문화적 변화를 겪던 19세기 후반 독일에서 어떻게 수세기 동안 이어져온 기독교적 세계관과 인간관이 붕괴되고 인간을 자연의 일부로 바라보는 새로운 인간관이 형성되었는지 살펴보았다. 또 변화한 시대적 조건에 걸맞은 새로운 문학을 찾고자 하는 시도가 어떠한 결과를 가져왔으며, 그러한 문학 속에서 세계와 인간이 어떻게 묘사되었는지를 자연주의 문학의 예를 통해 알아보았다.

　19세기 말에 이르러서는 19세기 후반에 형성된 사회·문화적 토대 위에 이후의 문화적 발전에 커다란 영향을 끼치게 되는 몇 가지 중요한 변화들이 생겨난다. 세계관과 인간관의 절대적인 기준이 되어온 종교를 대체하는 것으로 보였던 자연과학과 객관적 사실에 대한 열광이 빠르게 식으면서 가치체계의 중심점이 공백 상태에 놓이게 되고, 새로운 가치의 중심점을 찾는 시선은 이제 외부의 사실이 아니라 인간의 내면으로, 세계와 연결된 인간 개체의 본질 속으로 향한다. 또 "창업자 시대"와 "낙관주의적 역사관"으로 대변되는 지속적 성장과 발전에 대한 믿음이 경제공황과 빌헬름 2세의 즉위 이후 첨예해진 내·외적 정세의 불안 등으로 사라지고, 세기말이라는 특수한 시기가 도래하면서 인류 문명에 대한 비관적인 견해들이 쏟아져 나온다.

3부에서는 19세기 후반과는 사뭇 다른 양상을 보여주는 세기전환기 독일어권 문학의 경향을 살펴보면서 이러한 사회·문화적 변화가 어떻게 문학적으로 표현되는지를 살펴본다. 이 과정에서 흔히 자연주의에 대한 반발로 여겨지는 이 시기의 독일 문학이 실제로는 가장 근본적인 부분에서 자연주의의 뿌리가 되는 인간관과 세계관을 계승하고 있다는 사실이 밝혀질 것이다. 또한 이 책의 서두에서 던진 질문, 즉 "세기전환기의 문학과 예술에서 인간의 성이 어떻게 중요한 주제로 자리를 잡게 되었는가?"에 대한 답도 윤곽이 드러날 것이다.

세기전환기 문학의
전제와 경향

"자연주의의 극복"–내면으로의 시선과 주관성

자연주의를 대표하는 희곡이라 할 수 있는 하우프트만의 『직조공들』이나 앞서 소개한 아르노 홀츠의 예술 이론인 「예술–그 존재와 법칙들」 등 자연주의의 주요한 저작들이 여전히 발표되고 있었음에도, 19세기의 마지막 10년에 해당하는 1890년대에 이르러서는 문학운동으로서 자연주의의 영향력이 빠르게 약해졌다. 이는 하우프트만의 몇몇 뛰어난 작품들을 제외하면 새로운 문학의 성과나 가능성을 보여주는 작품들이 거의 없었고, 자연주의 작가들이 창작의 토대로 삼은 자연과학적 미학 역시 이론적인 차원에서도, 문학적인 차원에서도 큰 성과를 거두지 못한 사실과 관련이 있다.

따라서 이미 1890년대 초에 자연주의를 결산하고 이를 넘어서는 새로운 문학적 가능성에 대한 논의가 활발하게 이루어졌다는 사실은 놀랄 만한 일이 아니다. 자연주의 문학의 시대가 가고 새로운 문학의 시대가 펼쳐지고 있음을 알리는 헤르만 바르의 유명한 에세이 「자연주의의 극복」이 발표된 것은 『직조공들』이 발표되기도 전인 1891년이었다.

헤르만 바르, 「자연주의의 극복」(1891)

자연주의의 지배는 끝났다. 자연주의의 역할은 다했고, 그 마법은 깨졌다. 발전의 뒤를 힘겹게 따라가며 모든 문제를 이미 그것이 해결된 후에야 겨우 알아차리는 무지한 대중들 사이에서는 자연주의가 여전히 얘기될지도 모르겠다. 그러나 교양의 전초병들, 지식인들, 새로운 가치의 정복자들은 이미 등을 돌렸다. 낡은 슬로건들은 더 이상 귀담아들으려 하지 않는 새로운 경향들이 나타나고 있다. 이들은 자연주의를 벗어나고자, 자연주의를 넘어서고자 한다.

이제 피할 수 없는 두 개의 질문이 우리 앞에 놓여 있다.

첫 번째 질문은, '자연주의를 극복할 새로운 것은 무엇이 될 것인가?' 하는 것이다. 두 번째 질문은 자연주의의 앞으로의 운명에 대한 것이다. 이러한 변화의 와중에 자연주의는 어떠한 모습으로 나타날 것이며, 다음 세대에 어떠한 것으로 이해될 것이고, 또 이 발전이 끝나고 나면 최종적으로 무엇을 의미하게 될 것인가?

이미 여러 새로운 조짐들이 존재하고 있다. 이러한 조짐들은 여러 가지 추측을 가능하게 한다. 한동안 자연주의의 옛 자리를 차지한 것은 심리학이었다. 외로운 영혼의 수수께끼를 찾기 위해 바깥 세계의 모습을 떠나는 것 ― 이것이 구호가 되었다. 사람들은 인간의 근원에서 가물거리는 마지막 비밀들을 연구했다. 그러나 영혼의 상태를 알아내는 것은 발전의 끊임없는 불길을 오랫동안 만족시킬 수는 없었다. 정신의 상태는 곧 그 열망을 비로소 해소할 수 있도록 해주는 시적 표현을 요구했다. 정신의 진실은 오로지 우리 자신을 통해서만 인식될 수 있기 때문에 사람들은 철저자연주의를 거쳐 심리학으로 올 수밖에 없었지만, 이제 사람들은 다시 심리학을 떠났다 ― 욕망이 이끄는 대로 사람들은 그렇게 심리학을 떠나 결국에는 자연주의의 종말에 다다를 수밖에 없었다. 낯선 것을 모사하는 대신 자기 자신의 것이 스스로 형상을 갖추도록 하는 것, 눈앞의 사실을 좇지 않고 비밀을 찾는 것, 우리가 그 안에서 뭔가 다르게 느끼고, 또 진실이라 알고 있는 바로 그것을 묘사하는 것. 영원히 순간적일 수밖에 없는 진실을 찾아 떠난 오랜 방랑 끝에 다시 페퇴피*의 노래 "꿈과 어머니는 결코 거짓말을 하지 않는다"의 오래된 느낌이 다시 퍼지고 있다. 그리고 이제 한동안 진실의 시장판이었던 예술은 ― 모리스 메테를링크**가 말한 것처럼 ― 다시 "꿈의 사원"이 되었다. 미학은 뒤집어졌다. 예술가의 본성은 더 이상 진실의 모상(模像)을 완성하기 위한 진실의 도구가 되어서는 안 된다. 정반대로 진실은 이제 예술가의 본성을 분명하게, 효율적인 상징들로 표현하기 위한 예술가의 도구가 되었다.

첫눈에는 완전한 반동으로 보인다. 우리가 그토록 신랄하게 비방했던 고전주의로의 복귀, 그리고 낭만주의로의 복귀. 자연주의를 반대했던 사람들이 옳았다. 자연주의의 모든 노력은 그저 하나의 해프닝에 지나지 않았다. 탈선의 해프닝. 만약 자연주의를 의심하고 그에 대해 불평을 늘어놓으며 진실하게 경고했던 사람들의 말을 처음부터 들었더라면, 그 모든 수치와 고통을 일부 덜 수 있었을 것이다. 그랬다면 우리는 옛 예술에 머물렀을 것이고, 그 예술을 이제 와서 다시 최신의 예술로 받아들여야 할 필요도 없었을 것이다.

그러나 이러한 경우에도 우리는 자연주의를 변호하고 용서할 수 있으며, 역사적으로 거의 정당화까지 해줄 수 있다 ― 자연주의가 정말로 그저 올바른 길로부터의 탈선이었을 뿐이었다 해도 말이다. 우리는 이렇게 말할 수 있을 것이다. 자연주의가 탈선이었다는 것을 인정한다. 그러나 그렇다고 해도 자연주의는 예의

- 페퇴피 산도르(1823~1849). 헝가리의 국민시인이자 자유주의 시민혁명가.
- •• 모리스 메테를링크(1862~1949). 프랑스어로 작품을 쓴 벨기에의 시인이자 극작가. 유럽 상징주의 문학의 대표자 중 한 명이며 세기전환기에 독일 작가들에게 큰 영향을 끼침.

그 필수적인, 없어서는 안 될, 치유적인 탈선, 즉 그것 없이는 예술이 계속해서 앞으로 나아갈 수 없는 그런 종류의 탈선들 중 하나였다. 태초의 인간은 — 그들이 만약 그런 시도를 했다면 — 자신의 내면을 표현할 때 그의 내면을 형성하고 있는 것들을 통해 하는 수밖에 없었다. 태초의 인간은 그것 외에는 내면에 아무것도 가지고 있지 않았던 것이다. 태초의 인간은 사실을 그들이 그것을 받아들였을 때와 동일하게, 변형되지 않은 원시 형태로 내면에 간직하고 있었다. 그러므로 그들이 그 내면을 밖으로 내놓으면, 밖으로 나온 것은 간단히 사실일 수 있었다. 모든 바람, 모든 희망, 모든 믿음은 신화였다. 그러나 철학, 즉 사고에 대한 학설이 인류를 가르치게 되자, 겹겹이 쌓인 정신의 체험이 다루기 쉬운 상징들로 축소되었다. 철학은 인간에게 구체적인 것들을 추상적인 것으로 만드는 법을, 그리고 그것을 이상으로 보존하는 법을 가르쳤다. 그리고 이제 고전주의 이후의 이상주의는 때때로 — 자연이 밖으로 영향을 미치려 할 때[예술적 표현이 이루어질 때] — 그 자연이 (구체적인 것의 축소형이자 대리자인 추상은 오로지 그것을 이미 오래전부터 소유하고 있던 사람들에게만 영향을 미치기 때문에) 우선 예의 과정을 거꾸로 거쳐야 한다는 것, 즉 추상적인 것을 다시 구체적인 형태로 바꿔야 한다는 것을 잊어버렸다. 이 점에서 자연주의는 유용하고 필수 불가결한 경고였다. 이러한 내용을 통해 우리는 벌써 자연주의를 변호할 수 있다. 새로운 예술이 정말로 옛 예술로 돌아가는 경우라도 말이다.

그러나 조금만 깊이 살펴보면, 옛 예술과 새로운 예술에는 차이가 있다. 물론 옛 예술도 인간을 표현하고자 했고, 새로운 예술도 인간을 표현하고자 한다. 이 점에서 두 예술은 공통적이며 자연주의와 다르다. 그러나 고전주의가 인간을 말하면, 그것은 이성과 감정을 뜻한다. 낭만주의가 인간을 말하면, 그것은 열정과 감수성을 뜻한다. 그리고 모더니즘이 인간을 말하면, 그것은 신경을 뜻한다. 이 지점에 이르면 커다란 공통점도 벌써 끝나버리고 만다.

나는 그러니까 자연주의가 신경의 낭만주의에 의해 극복될 것이라고 믿는다. 더 나아가 이렇게 말하고 싶다. 신경의 신비주의에 의해 극복될 것이라고. 그렇다면 당연히 자연주의는 단순히 잘못된 철학교육에 대한 교정이 아닐 것이다. 자연주의는 바로 모더니즘의 탄생이 될 것이다. 오로지 30년간 이루어진 정신과 현실의 부대낌을 통해서만 신경의 대가(大家)가 만들어질 수 있었기 때문이다.

우리는 자연주의가 이상주의로 하여금 잃어버린 수단을 기억나도록 해준 것으로 볼 수 있다.

이상주의는 이상적인 표현을 위한 재료를 소진해버렸다. 이제 필요했던 수집과 공급이 이루어졌다. 남은 것은 단지 옛 전통을 다시 수용하고 이를 계속해나가는 것뿐이다.

혹은 자연주의를 위대한 신경의 학파로 볼 수도 있다. 예술가의 촉각이, 가장 섬세하고 조용한 뉘앙스에 대한 감수성, 전례를 찾아볼 수 없는 무의식에 대한 확신이 발달하고 형성되는 그런 학파 말이다.

자연주의는 옛 예술의 회복을 위한 휴지기였거나, 혹은 새로운 예술의 확산을 위한 휴지기였다. 어떤 경우라도 막간극이었다는 사실엔 변함이 없다.

세계가 새로워졌다. 주변의 모든 것이 완전히 달라졌다. 이는 우선 밖에서 인식되었다. 끊임없는 호기심은 우선 그쪽을 향했다. 낯선 것, 바깥에 있는 것, 바로 새로운 것을 묘사하는 것. 이것이 첫 번째 단계였다.

그러나 바로 이로 인해서, 이와 함께, 이를 통해서 인간 또한 새로워졌다. 이제 인간이 문제다. 인간이 어떠한가에 대해 이야기하는 것 ― 두 번째 단계. 그리고 인간이 무엇을 원하는지를 또한 말하는 것. 마구 밀어닥치는 것, 괴물 같은 것, 고삐 풀린 것 ― 거친 욕망, 수많은 열광, 커다란 수수께끼.

그렇다 ― 심리학 역시 다시 첫 박자이자 서곡이었다. 심리학은 단지 자연주의의 오랜 자기소외로부터 깨어나는 것, 자기 자신에 대한 탐구의 즐거움을 다시 찾는 것, 자기 자신의 욕망에 순종하는 것을 의미했다. 그러나 그 욕망은 더 깊이 헤집고 들어갔다. 스스로를 알리는 것, 이기적인 것, 지극히 특별한 것, 놀랍고 새로운 것. 그리고 그것은 신경 속에 있다. ― 모더니즘의 세 번째 단계.

새로운 이상주의는 옛 이상주의와 두 가지 점에서 다르다. 그 수단은 사실적인 것이고, 목적은 신경의 명령이다.

옛 이상주의는 제대로 된 로코코였다. 그렇다. 옛 이상주의는 자연을 묘사했다. 그러나 당시에 자연은 이성, 감정 그리고 장식을 의미했다. 빌헬름 마이스터*를 보라. 낭만주의적인 이상주의는 이성을 던져버리고 감정을 쉴 없는 감각의 등자(鐙子)에 걸고 장식을 향해 질주한다. 낭만주의적 이상주의는 어디에서나 고딕식으로 위장했다. 그러나 옛 이상주의나 낭만주의적 이상주의나 스스로를 자기 자신에서부터 시작하여 현실로 번역하려는 생각을 하지 않았다. 그러한 생각 없이도 꾸밈없는 내면성 속에서 충분히 생동감을 느꼈던 것이다.

새로운 이상주의는 새로운 인간을 묘사한다. 새로운 인간은 신경이다. 다른 것들은 죽어버렸다, 시들고 메말라버렸다. 그들은 점점 더, 오로지 신경만으로 경험한다. 점점 더, 오로지 신경을 통해서만 반응한다. 그들의 사건은 신경에서 일어나고, 그들의 행위 역시 신경으로부터 나온다. 그러나 사용하는 단어는 이성적이거나 감각적이다. 따라서 그들은 단어를 단순히 꽃말로만 사용할 수 있다. 그들의 말은 항상 비유이고 상징이다. 그들은 말을 자주 바꿀 수 있다. 말은 단지 대략적일 뿐이며 구속력이 없기 때문이다. 그리고 마지막에는 항상 가장(假裝)이 남는다. 새로운 이상주의의 내용은 신경, 신경, 신경, 그리고 ― 가장이다. 데카당스는 로코코와 고딕식 위장을 떼어내어 버렸다. 형식은 사실이다. 길거리의 일상적인 외적 사실, 자연주의의 사실이다.

---

* 괴테의 장편소설『빌헬름 마이스터의 수업시대』(1795/1796)와『빌헬름 마이스터의 편력시대』(1821/1829)의 주인공.

새로운 이상주의는 어디에 있을까?

그 예고는 이미 존재한다. 길고, 믿을 만하며, 매우 분명한 예고들. 저기 퓌비 드 샤반*이 있고, 드가**가 있으며, 비제***가 있고, 모리스 메테를링크가 있다. 희망을 갖는 것을 주저할 필요는 없다.

❖ ❖ ❖

우선 신경적인 것이 완전히 태어나고, 사람들, 특히 예술가들이 이성적이거나 감각적인 배려 없이 완전히 신경에 투신하게 되면 예술에 대한 잃어버린 즐거움이 돌아올 것이다. 외적인 것에 사로잡히는 것, 그리고 사실의 노예가 되는 것은 커다란 고통을 가져다주었다. 그러나 신경적인 것이 스스로를 독재자로 느끼고, 독재자처럼 자기 자신의 세계를 만들어가고자 하게 되면, 이제 환호하는 해방과 확신에 가득하고 용감하며 젊은 자부심이 존재하게 될 것이다. 자연주의에는 예술가의 한탄이 있었다. 다른 것에 종사해야 했기 때문이다. 그러나 이제 예술가는 사실로부터 칠판을 받아 들고 그 위에 자신의 법칙을 적는다.

그것은 무언가 웃는 것, 서두르는 것, 발걸음 가벼운 것이 될 것이다. 논리의 짐과 감각의 무거운 번민은 사라졌다. 사실이라는 미명하에 남의 불행을 보고 즐거워하는 끔찍한 일도 더 이상 없다. 그것은 장밋빛이며, 초록색 싹이 내는 것과 같은 바스락 소리, 아침의 첫 바람 속에 봄의 햇빛이 추는 것과 같은 춤이다 — 고삐 풀린 신경이 꿈을 꿀 때, 그것은 날갯짓하는, 지상에서 해방된 상승이며, 푸른색 환희 속의 부유(浮游)다.

- 피에르 퓌비 드 샤반(1824~1898). 프랑스의 화가.
- •• 에드가 드가(1834~1917). 프랑스의 화가이자 조각가.
- ••• 조르주 비제(1838~1875). 프랑스의 작곡가.

헤르만 바르(1863~1934)는 오스트리아 출신의 작가이 자 평론가다. 빈 대학과 베를린 대학에서 문학, 철학, 법 학 등을 공부하던 바르는 파리에서 1년간 체류하며 프 랑스 상징주의 문학을 접하고 문학의 길로 접어들었다. 이후 베를린에서 소설가, 극작가, 평론가로 활동했으며, 1891년에 베를린의 '프라이에 뷔네'를 떠나 빈에 정착 한 후에는 '모더니즘' 문학의 열렬한 지지자로서 빈에서 활동을 이어갔다. 후고 폰 호프만스탈, 아르투어 슈니츨러, 페터 알텐베르크 등 빈에 서 활동하던 젊은 작가들과 활발하게 교류했으며, 흔히 "빈 모더니즘"이라 불리는 세 기전환기 오스트리아 문학과 예술의 핵심 인물 중 한 명이다.

많은 문학사가와 연구가들이 인용하는 이 글에서 헤르만 바르는 이제 자 연주의의 시대는 끝났으며 새로운 문학의 시대가 열릴 것임을 예언자의 말 투로 이야기하고 있다. 그는 우선 자연주의가 결국 그 반대자들의 주장대로 "탈선"이었으며, 자연주의의 극복은 전통적인 문학의 노선으로 돌아가는 것 을 뜻한다는 사실을 인정한다. 그러나 자연주의는 이상주의 문학에 의해 추 상화되고 현실에서 너무 멀리 떨어져버린 문학의 언어를 다시 현실과 이어준 값진 "탈선"이었다고 주장한다. 이제 다시 현실을 담을 수 있는 자연주의의 언어를 갖게 된 새로운 문학은 외부의 사실이 아니라 섬세한 "신경"으로 무 장한 새로운 인간을 묘사하게 되리라는 것이다.

"신경 예술"이라는 새로운 개념을 문학사에 남긴 바르의 에세이는 — "자 연주의의 지배는 끝났다"고 선언하고 있음에도 — 겉으로는 전혀 다른 것처 럼 보이는 자연주의 문학과 세기전환기 문학이 어떻게 서로 끈끈하게 연결되 어 있는지를 잘 보여준다. 바르에 따르면, 우선 현실을 아무런 가감 없이, 최후의 사소한 디테일까지도 있는 그대로 묘사하고자 한 자연주의의 노력이 유미주의와 인상주의의 섬세한 문체로 이어졌다. "자연주의라는 신경의 위대한 학파"를 통해 "가장 섬세하고 조용한 뉘앙스에 대한 감수성"을 갖게 된 작가들은 이제 바로 그 감수성과 섬세함으로 새로이 문학적 묘사의 중심이 된 자기 자신, 인간의 내면을 그려내기 시작했다는 것이다. 비록 그 대상이 전혀 다른 탓에 자연주의와 세기전환기 문학은 독자들에게 완전히 다른 인상을 남기지만, 자연주의자들의 섬세한 관찰과 묘사는 대상을 달리하여 세기전환기 문학 속에서 고스란히, 그리고 더욱 발전한 형태로 발견된다.

물론 바르는 그러한 '신경 예술'이 구체적으로 무엇을 의미하는지는 밝히지 않았다. 그러나 분명한 것은 그가 '신경 예술'을 통해 이후 문학에서 쉽게 찾아볼 수 있는 지극히 섬세한 문학적 묘사 방식뿐만 아니라, 지극히 섬세한 신경을 가진, 극도로 문명화된 작중인물들을 포괄하는 새로운 개념을 일찌감치 만들어냈다는 사실이다.

자연주의와 세기전환기 문학을 이어주는, 어쩌면 더 중요한 두 번째 연결고리는 바르의 글 속에서 의도치 않게 드러난다. 글의 서두에서 바르는 "자연주의의 지배는 끝났다. 자연주의의 역할은 다했고, 그 마법은 깨졌다. **발전**의 뒤를 힘겹게 따라가며 모든 문제를 이미 그 문제가 해결된 후에야 겨우 인식하는 무지한 대중들 사이에서는 자연주의가 여전히 얘기될지도 모르겠다"고 이야기하며 자연주의에서 새로운 문학적 경향으로의 변화를 "발전"으로 이해하고 있음을 드러낸다. 또 그 뒤에서는 "사람들은 인간의 근원에서 가물거리는 마지막 비밀들을 연구했다. 그러나 영혼의 상태를 알아내는 것은 **발전의 끊임없는 불길**을 오랫동안 만족시킬 수 없었다"고 말하며, 자연주의의 다음 단계로서 심리학도 '끊임없는 발전'의 한 단계였을 뿐임을 강조한다.

여기서 바르는 비록 자연주의의 극복을 주장하며 새로운 문학을 요구하고 있지만, 기본적으로 자연주의자들이 "최고의 자연법칙"으로 이해했던 "발전

유미주의와 인상주의, 양식다원주의

자연주의가 이전의 문예사조들과 달리 통일적인 경향을 보여주지 못했으며, '자연주의'라는 개념이 당대의 다양한 문학적 경향을 포괄하는 총칭이라는 사실은 이미 설명한 바 있다. 이처럼 통일성보다 다양성을 특징으로 하는 문학적 경향은 세기전환기에 들어 더욱 분명하게 나타난다. 이 시기에는 유미주의, 상징주의, 인상주의, 신낭만주의, 신고전주의 등 다양한 문학적 경향이 동시다발적으로 생겨났기에 많은 문학연구자들이 이 시기의 문학을 "양식다원주의"라고 부른다.

유미주의와 인상주의는 세기전환기에 등장한 다양한 문학적 경향 중 하나다. 유미주의는 예술과 아름다움의 가치를 절대적인 것으로 보고, 오로지 예술 그 자체를 위한 예술을 지향한 문학사조를 뜻한다(이에 대해서는 뒤에서 좀 더 자세히 알아볼 것이다). 인상주의는 회화에서 넘어온 개념으로, 묘사 대상이 묘사 주체의 내면에 남기는 감각적 인상을 섬세하게 재현하고자 하는 문학적 경향을 뜻한다. 그러나 인상주의는 서로 다른 경향을 보이는 당대의 여러 작품들에서 동시에 찾아볼 수 있기 때문에, 오늘날에는 특정한 문예사조라기보다는 특정한 문체적 특성을 일컫는 개념으로 많이 사용된다.

의 법칙"이 문학에도 적용된다는 사실을 여전히 믿는다는 것, 즉 문학을 여전히 '진화'의 지배를 받는 '자연현상'으로 이해하고 있다는 것을 잘 보여준다. 그리고 이는 다시 자연주의 문학의 근본적인 전제조건을 이루는 세계관과 인간관이 자연주의를 넘어서서 세기전환기 문학에 이르기까지 그 유효성을 잃지 않는다는 사실을 암시해준다.

"구원할 길 없는 자아"–세계의 일부로서 '나'

바르는 「자연주의의 극복」에서 새로운 문학의 구체적인 프로그램을 제시하고 있지는 않지만, 그와 관련하여 두 가지 중요한 키워드를 제시하고 있다. 그것은 "신경 예술"과 "새로운 이상주의"다. '신경 예술'은 앞서 언급한 것처럼 현실을 있는 그대로 묘사하고자 하는 자연주의의 "탈선"을 통해 단련된 섬세하고 감각적인 인식과 묘사를 뜻한다. 이러한 묘사는 이미 자연주의 작품인 「파파 햄릿」의 '순간문체'나 「선로지기 틸」의 자연묘사 등에서 찾아볼 수 있다. 하지만 두 작품 간에도 미묘한 차이가 있는데, 「파파 햄릿」에서는 사실 자체를 되도록 있는 그대로 재현하는 데 초점이 맞춰져 있다면, 「선로지기 틸」에서는 자연의 섬세한 묘사가 틸의 내면을 드러내기 위한 상징으로 사용된다.

이러한 초점의 이동은 세기전환기에 이르러 완전한 형태로 나타난다. 마치 신경을 바깥으로 꺼내놓은 듯 감각을 최대한 열어놓고 인지되는 모든 것들을 섬세하게 묘사하는 문학적 경향은 사실 그 자체보다 오히려 인물 내면의 심리를 묘사하기 위해 사용되며, 그러한 인지와 묘사의 주체 역시 더 이상 서술자가 아니라 등장인물인 경우가 많다. 병적일 정도로 예민하며, 섬세한 신경을 가진, 극도로 문명화된 인물들은(섬세한 '신경'과 문명의 관계는 뒤에서 자세하게 다룰 것이다) 예를 들면 에두아르트 폰 카이절링의 소설 「하모니」에서 다음과 같이 비유적으로 표현된다.

> 여기의 모든 것들은 신경을 가지고 있었다. 모든 사람들, 모든 가구들, 모든 꽃들까지도. 그 자신도 또한 신경을 가지게 되었다.
> —에두아르트 폰 카이절링, 「하모니」(1905)

'신경 예술'과 함께 바르가 새로운 문학의 특징으로 언급한 '새로운 이상주의'는 자연주의의 일탈로부터 다시 전통적인 이상주의 문학으로 돌아가는 것을 의미한다. 하지만 그 "이상"은 더 이상 고대 그리스나 바이마르 고전주의에서처럼 "조화"에 있는 것이 아니다. 새로운 이상은 "독재자"가 되어버린 "신경적인 것"이자 동시에 "자기 자신의 세계"다. 바르가 주장하는 '새로운 이상주의'는 이제 '나'의 바깥에 있는 것이 아니라 바로 '나'의 "신경" 안에 존재한다. '나'는 더 이상 외부의 사물과 세계를 객관적으로 묘사하는 수동적인 중개자가 아니라, 세계를 감각적으로 인지하고, 그것을 통해 자신의 내면에 생겨난 감각적 인상을 표현하는 인식과 표현의 주체가 된다.

여기에서 우리는 주체로서 '나'와 관련된 세기말의 두 가지 경향을 읽을 수 있다. 첫째는 '인식 주체로서 나'의 발견이다. '인식 주체로서 자아'와 주관성의 문제는 이미 객관적인 사실을 묘사하고자 한 자연주의 문학에서 제기된다. 사실을 '있는 그대로' 재현하고자 하는 작가의 의지가 아무리 확고하다 하더라도 사실 전체를 묘사하는 것은 불가능하므로 작가는 묘사하고자 하는 대상을 선택할 수밖에 없으며, 이러한 선택에는 필연적으로 작가의 주관이 개입될 수밖에 없기 때문이다. 이러한 주관성은 객관적인 사실에 대한 요구가 사라지는 세기전환기에 이르러 더욱 분명하게 드러난다. 이제 중요한 것은 사실 그 자체가 아니라 그 사실을 인식하는 인식 주체의 주관적 인상이 된다. 이처럼 세기전환기에 접어들어 문학의 중심이 객관성에서 주관성으로 이동했다는 사실은 이미 여러 연구를 통해 밝혀진 바 있다. 특히 페터 뷔르거는 「자연주의-유미주의와 주관성의 문제」(1979)에서 자연주의에서 세기전환기 유미주의로의 이행을 "이 시기 시민사회 발달의 단계에서 주체가 느낀 소외"의 표현이자 "주관성으로의 후퇴"로 설득력 있게 설명하고 있다.

바르의 '새로운 이상주의'가 내포하고 있는 '자아'에 대한 또 다른 성찰은 그러나 주관성의 발견과는 정반대되는 것처럼 보인다. 바르는 '자아', 혹은 인간 자체를 "신경"과 감각으로 환원시키고 있는데, 이로써 '자아'는 "구제할 길 없는" 개념으로 해체되어버리기 때문이다. 바르의 이와 같은 '자아'에 대한 비판적 성찰은 당대 오스트리아 빈에서 활동하던 작가들에게 커다란 영향을 끼친 물리학자이자 철학자 에른스트 마흐의 이론을 바탕으로 하고 있다. 마흐는 그의 유명한 에세이 「반형이상학적 서문」에서 다음과 같이 적고 있다.

에른스트 마흐, 「반형이상학적 서문」(1885)

(…) 색깔, 소리, 온도, 압력, 공간, 시간 등은 다양한 방식으로 서로 얽혀 있으며 이들은 기분, 감정, 의지와 연결되어 있다. 이러한 조직에서 비교적 확실한 것, 지속적인 것이 생겨난다. 그리고 이는 기억 속에 남게 되며 언어를 통해 표현된다. 비교적 지속적인 것으로 나타나는 것은 우선 공간적·시간적으로 연결된 색깔, 소리, 압력 등의 복합체이며, 이는 몸이라고 지칭된다. 그러나 그러한 복합체도 절대적으로 지속적인 것은 아니다.

내 책상은 어떤 때는 더 밝은 빛을, 또 어떤 때는 더 어두운 빛을 받으며, 이에 따라 더 따뜻하거나 더 차가울 수 있다. 잉크 자국이 묻을 수도 있다. 책상다리 하나가 망가질 수도 있고, 고쳐질 수도 있으며, 광이 나게 닦일 수도 있고, 일부분이 교체될 수도 있다. 그러나 책상은 내게 내가 매일 그 앞에 앉아 글을 쓰는 책상일 뿐이다.

내 친구는 다른 바지를 입을 수 있다. 그의 얼굴은 심각할 수도 즐거울 수도 있다. 그의 얼굴 색깔은 조명에 따라, 혹은 흥분 때문에 달라질 수 있다. 그의 형체는 움직임에 의해 [순간적으로], 혹은 끊임없이 변화할 수 있다. 그러나 지속적인 것의 총합은 점진적인 변화에 비해 항상 너무나 크기 때문에, 점진적인 변화는 두드러지게 나타나지 않는다. [그러한 변화에도 불구하고] 그는 내가 매일 함께 산책을 하는 그 친구일 뿐인 것이다.

내 양복 상의에는 얼룩이 묻거나 구멍이 생길 수 있다. 이러한 표현은 이미 새로운 것이 덧붙여지거나 [무언가의] 결여가 생겨나는 지속적인 것의 총합이 중요하다는 사실을 보여준다.

변화하는 것에 비해 지속적인 것의 비중이 더 크고, 우리에게 훨씬 더 친숙하기 때문에, 우리는 사물을 표상하고 이름 붙일 때 부분적으로는 직관적으로, 부분적으로는 임의적·의식적으로 경제성을 추구하게 되며, 이는 일상적인 사고와 언어에서 표현된다. 한번 표상된 것은 하나의 표식을 얻게 되고, 하나의 이름을 얻게 되는 것이다.

더 나아가 우리가 자아[나]라고 표현하는 복합체, 즉 특별한 몸에 연결되어 있는 기억, 기분, 느낌들의 복합체 역시 비교적 지속적인 것으로 나타난다. 자아는 이런저런 사물들에 관여할 수 있고, 침착하고 기분이 좋거나 흥분할 수도 있으며, 기분이 나쁠 수도 있다. 그러나 (병적인 경우를 제외하면) 자아를 동일한 것으로 인정할 수 있을 만큼 지속적인 것은 충분히 남아 있다. 하지만 이러한 자아 역시 단지 상대적으로 지속적일 뿐이다. 자아가 지속적인 것처럼 보이는 것은 무엇보다도 오로지 그것이 연속성을 지니며 변화가 느리게 진행되기 때문이다. 어제의 수많은 생각과 계획들이 오늘 계속되고, 잠에서 깨어 있을 때는 주변 환경이 계속 그것들을 상기시킨다. 바로 이러한 생각과 계획들(그렇기 때문에 자아는 꿈속에서 매우 불분명하거나 이중적일 수 있으며, 완전히 사라져버릴 수도 있다), 그리고 무의식적으로, 또 의도적으로 오랜 시간 동안 유지되는 작은 버릇들이 자아의 토대를 이룬다. 여러 사람의 자아에서 나타나는 상이함도 여러 해에 걸쳐 한 사람 안에서 나타나는 상이함보다 더 크지는 않다. 지금 내 어린 시절을 회상해보더라도, 만약 연속적인 기억의 사슬이 없었더라면 나는 그 어린아이를 (얼마 안 되는 몇 가지 점들을 제외하면) 다른 사람으로 생각할 수밖에 없었을 것이다. (…)

자아는 몸과 마찬가지로 전혀 절대적인 것이 아니다. 우리가 죽음을 생각할 때 그렇게 두려워하는 지속성의 파괴는 우리의 삶 속에서 이미 충분히 나타난다.

(…)

지속적인 것에 하나의 이름을 붙이고 그 구성 요소를 매번 분석하지 않고 하나의 사고 속에 종합하는 실용적인 습관은 그 구성 요소를 구분해내려는 노력과 특이한 갈등에 빠질 수 있다. 이러저러한 구성 요소들이 떨어져나갈 때 눈에 띄지 않게 변화하는 지속적인 것의 어두운 상(像)은 무언가 그 자체인 것으로 보일 수 있다. 모든 구성 요소들을 개별적으로 떼어내더라도 이 상이 전체 모습을 대표하는 것을 그만두지 않고, 또 그 전체 모습을 알아볼 수 있기 때문에, 사람들은 모든 것을 떼어내더라도 여전히 남는 것이 있다고 생각한다. 당연하게도 이렇게 해서 처음에는 훌륭해 보이는, 그러나 나중에는 끔찍한 것으로 인식되는 (그것의 "현상"과는 다르며 우리가 인식할 수 없는) 물자체라는 철학적 사고가 생겨난다.

사물, 육체, 물질은 요소들, 색깔, 소리 등의 관계, 즉 일반적으로 얘기되는 특성들을 제외하면 남는 것이 없다. 여러 가지 특성을 가진 하나의 사물에 대한 다양한 형태의 소위 철학적인 문제는 일목요연한 종합과 주의 깊은 분리가 — 이 두 가지는 한시적으로는 정당한 것이기도 하고, 또 여러 가지 목적에 유용하기도 하지만 — 한 번에 이루어질 수 없는 상황을 오인함으로써 생겨난다. 우리가 세부에 주의를 기울여야 할 필요가 없는 한, 육체는 하나이고 변화하지 않는다. 따라서 지구나 당구공도 하나의 구다. 우리가 그것과 구의 형태 사이의 모든 차이를 외면하려 하고, 또 더 정확성이 크게 요구되지도 않는다면 말이다. 그러나 산악지형기록이나 현미경 검사를 해야만 하는 상황이라면 이 두 물체는 더 이상 구가 아니다. (…)

대중적인 사고방식과 언어 습관에서 사람들은 진실과 겉모습을 대립적인 것으로 이해해왔다. 허공에서 들고 있는 연필을 우리는 반듯한 것으로 본다. 우리가 그 연필을 물속에 비스듬히 집어넣으면, 연필은 꺾인 것으로 보인다. 후자의 경우에 사람들은 말한다. 연필은 꺾인 것처럼 보이지만, 실제로는 반듯하다. 그러나 우리가 하나의 사실을 또 다른 하나의 사실에 대해 진실이라 말하고, 그 다른 사실은 겉모양에 불과한 것이라고 폄하하는 것을 무엇이 정당화해주는가? 두 경우는 모두 다른 조건하에 있는, 요소들의 상이한 관계를 보여주는 사실들일 뿐이다. 물속에 있는 연필은 그저 자신의 주변 환경 때문에 시각적으로 꺾여 있는 것이고, 촉각적·미터법적 측면에서는 반듯한 것이다. 오목거울, 혹은 평평한 거울 속의 상은 단지 눈으로 볼 수만 있는 반면, 다른 (일상적인) 조건에서는 만져서 확인할 수 있는 물체가 눈에 보이는 상과도 일치한다. 밝은 면은 더 밝은 면 옆에 있을 때보다 더 어두운 면 옆에 있을 때 더 밝다. 그러나 우리가 관계의 여러 가지 경우들을 — 그 조건들을 정확하게 고려하지 않으면서 — 서로 혼동하고, 일상적이지 않은 경우에서 일상적인 것을 기대하는 자연스러운 실수를 범하면, 우리의 기대는 좌절되고 만다. 사실들은 여기에 아무런 잘못이 없다. 이러한 경우들에서 겉모양을 이야기하는 것은 현실적으로는 의미가 있지만, 학문적으로는 의미가 없다. 이와 마찬가지로 세계가 실재하는 것인가, 아니면 우리가 단지 꿈을 꾸고 있는 것인가 하는 자주 제기되는 질문 역시 아무런 학문적 의미가 없다. 제아무리 황당한 꿈이라 할지라도 다른 모든 것들과 마찬가지로 하나의 사실인 것이다. 만약 우리의 꿈들이 더 규칙적이고, 더 연관성이 있으며, 더 안정적이라면, 우리에게 현실적으로 더 중요했을 것이다. 잠에서 깨어나면 꿈을 꿀 때와는 달리 요소들의 관계가 더 풍부해진다. 우리는 꿈을 그것 자체로서만 인식한다. 반대의 과정[잠이 들고 꿈을 꾸게 되는 과정]에서는 물리적인 시야가 좁아진다. 대립관계는 대부분 완전히 사라진다. 대립관계가 사라진 곳에서는 꿈과 깨어남의 구분, 겉모습과 사실의 구분이 모호해지고 가치가 없어진다. (…)

이렇게 해서 인지와 표상, 의지, 감정, 간단히 말해 모든 외적·내적 세계는 몇 안 되는 동일 종류의 요소들로 이루어진 채 때로는 순간적이고, 때로는 강력한 연관관계 속에서 하나로 모인다. 이러한 요소들은 일반적으로 지각이라 불린다. 그러나 이 명칭에는 일방적인 이론이 내재되어 있으므로, 우리는 이미 지금까지 그래왔던 것처럼 이를 단순히 요소들이라고 부르기로 한다. 모든 연구는 이러한 요소들의 연결을 밝히는 것을 목적으로 한다. (…)

이러한 요소들의 — 근본적으로는 하나의 덩어리인 — 복합체로부터 육체와 자아가 특정한 방식으로, 모든 경우에 있어서 충분한 방식으로 분리될 수 있다는 사실은 이미 언급한 바 있다. 고통 및 즐거움과 가장 밀접하게 연관된 요소들을 경제적 사고를 위한 관념적 단위로 요약한 것인 자아는 고통을 줄이고 즐거움을 추구하는 의지에 봉사하는 지성에게 매우 중요한 의미가 있다. 자아의 분리는 따라서 본능적으로 이루어지며, 익숙한 것이 되고, 어쩌면 심지어 유전에 의해 확고해진다. 개인에게뿐만 아니라 전체 종에게도 매우 실용적 의미를 지닌 이와 같은 "자아"와 "육체"라는 요약은 본능적으로 유효하며 원초적인 힘을 가진 것으로 보인다. 그러나 실용적인 목적이 문제가 되는 것이 아니라 인식 자체가 목적이 되는 특별한 경우에는 이러한 분리가 불충분하고, 방해되며, 근거 없는 것으로 밝혀질 수 있다.

중요한 것은 자아가 아니라 요소들[지각들]이다. (…) 요소들은 자아를 구성한다. 자아가 녹색을 지각한다는 것은 녹색이라는 기본 요소가 다른 기본 요소들[지각들, 기억들]의 특정한 복합체 안에 나타난다는 것을 의미한다. 자아가 녹색을 인지하는 것을 멈추면, 즉 자아가 죽으면, 요소들은 더 이상 익숙한, 잘 알려진 조합으로 나타나지 않는다. 이로써 모든 것을 다 이야기한 셈이다. 단지 사고를 편하게 하기 위해 만들어진 관념상의 단위 하나가 더 이상 존재하지 않게 된 것이지, 실재하는 단위가 사라진 것이 아니다. 자아는 불변의 단위이거나, 분명하게 경계가 나뉜 특정한 단위가 아니다. 불변의 것인가, 혹은 다른 것들과의 특정한 차이를 밝힐 수 있는가 하는 문제, 또는 다른 것들과의 경계를 분명히 할 수 있는가 하는 문제는 중요한 것이 아니다. 이 모든 요소들은 이미 개인의 삶 안에서 스스로 변화하고 있으며, 개인은 심지어 그러한 변화를 얻고자 노력하기 때문이다. 중요한 것은 오로지 연속성이다. (…) 그러나 연속성은 자아의 내용을 준비하고 보존하기 위한 하나의 수단일 뿐이다. 중요한 것은 자아가 아니라 바로 내용이다. 하지만 이 내용은 개인에 한정되어 있지 않다. 자아의 내용은 한 개인이 죽고 난 이후에도 사소하고 가치 없는 개인적 기억들에 이르기까지 다른 사람 안에 보존된다. 한 개인의 의식 요소들은 자기들끼리 확고한 연관관계를 이루고 있지만,

다른 개인의 의식 내용과는 약하게, 간헐적으로 인식할 수 있을 정도로만 연관관계를 맺고 있다. 따라서 모든 사람들은 자기 자신을 분리할 수 없는, 다른 사람들로부터 독립적인 단위로 여김으로써, 오로지 자기 자신에 대해서만 안다고 생각하는 것이다. 일반적인 의미의 인식 내용은 그러나 개인의 틀을 넘어서서 — 물론 다시 개인들과 연결되기는 하지만 —, 그리고 그것을 생겨나게 한 개인과 무관하게, 일반적이고 비개인적인, 초개인적인 삶을 살아간다. 그리고 이에 기여하는 것은, 예술가나 학자, 발명가, 사회개혁가 등의 가장 커다란 행복 중 하나다.

자아는 구원할 길이 없다. 부분적으로는 이러한 통찰에 의해, 또 부분적으로는 이러한 통찰에 대한 두려움으로 인해 매우 특이한 염세주의적이고 낙관주의적인, 종교적인, 금욕적이고 철학적인 부조리들이 생겨난다. 사람들은 심리학적 분석에서 나온 단순한 진리를 오랫동안 외면할 수는 없을 것이다. 그렇게 되면 사람들은 이미 개인적인 삶 속에서 여러 차례 변화해온, 잠을 잘 때에나 어떤 견해, 어떤 생각에 빠져 있을 때, 또 가장 행복한 순간에 부분적으로, 혹은 완전히 사라져버릴 수 있는 자아에 더 이상 높은 가치를 두지 않을 것이다. 그렇게 되면 사람들은 개인적인 불사(不死)를 기꺼이 포기하게 될 것이며, 중요한 것보다 부수적인 것에 더 많은 가치를 두지 않게 될 것이다. 사람들은 이를 통하여 낯선 자아에 대한 경멸과 자기 자아의 과대평가를 배제하는, 좀 더 자유롭고, 더 높은 차원으로 승화된 인생관에 도달하게 될 것이다. 이러한 인생관에 기초한 윤리적 이상은 금욕주의자들의 윤리적 이상, 즉 그들로서도 생물학적으로 더 이상 유지할 근거가 없고, 동시에 그들의 몰락과 함께 사라져버리고 말 윤리적 이상으로부터 멀리 떨어져 있게 될 것이다.

마흐는 이 글에서 물자체, 혹은 '인간이 감각적으로 인지할 수 있는 사실의 이면에 숨어 있는 근본적 진실'의 존재를 부정하고 감각적으로 인식된 것만을 인정함으로써 오로지 관찰·관측된 사실에서 출발하는 자연과학적·실증

에른스트 마흐(1838~1916)는 오스트리아의 물리학자이자 철학자다. 소리보다 빨리 날아가는 물체가 만들어내는 충격파를 처음으로 확인했기 때문에 음속 이상의 속도는 그의 이름을 따서 "마흐(마하)"라는 단위를 사용하여 표기한다. 빈 대학 물리학과에서 교수 자격 논문이 통과된 후, 그라츠 대학 수학과 교수, 프라하 카를 대학 물리학과 및 철학과 교수를 거쳐 1895년부터 빈 대학 철학과 교수로 재직했다. 마흐는 뉴턴역학에 대한 비판적 성찰로 후에 아인슈타인의 상대성이론에 큰 영향을 끼쳤으며, 경험비판 철학과 과학사의 형성 및 발전에도 크게 기여했다. 대표적 저서로는 『역학의 발달』(1883), 『감각의 분석과 심리적인 것에 대한 물리적인 것의 관계』(1886) 등이 있다.

주의적 사고체계를 극단까지 밀고 나간다. 마흐가 원래 물리학자라는 사실을 고려하면 이러한 극단적인 실증주의적 사고는 기본적으로 19세기 중반 이래 이어진, 철학에서 자연과학 방법론 수용의 극단적 형태로 이해할 수 있다.

그러나 마흐의 철학은 당대의 정신사적 맥락에서 이와는 결이 다른 몇 가지 함의가 있었다. 우선 감각적 인식의 절대화는 — 앞서 바르의 예를 통해 살펴본 — 섬세한 감각적 인식과 이의 재현을 중심으로 하는 '신경 예술', 혹은 인상주의 예술을 정당화해주는 근거로 수용되었다. 그러나 마흐는 동시에 인식의 주체인 '나', 혹은 자아까지 해체하고 있다. 인식의 주체인 자아가 효율적인 사고를 위한 우연적 개념에 불과하다면, 자아의 인식은 어떤 의미를 가질 것인가? 이 질문에 대한 답으로서 마흐는 자아를 독립된 개체가 아니라 전체의 일부로서 이해할 것을 제안한다. '나'라는 것이 임의의 인식 요소들의 우연한 조합에 불과하며, 궁극적으로는 오로지 세계 전체에 속하는 것임을 인지할 때, 인간은 이기적이고 개인적인 삶을 극복하고, 초개인적이며 "더 높은 것으로 승화된" 인생관을 가지게 된다는 것이다. 마흐에 따르면 이제 독립적인 개체로서 '나'는 구원할 길 없이 해체되었으며, 오로지 전체의 우연한 일부로서 '나'만이, 본질적으로 동일한 존재인 수많은 개체들 중 하나로서 '나'만이 존재한다.

헤르만 바르, 「구원할 길 없는 자아」

(…) 여기에서[마흐의 『감각의 분석』에서] 나는 지난 3년 동안 나를 괴롭혀온 것이 무엇인지를 분명히 발견했다. "자아는 구원할 길이 없다." 자아는 그저 이름일 뿐이다. 자아는 단지 환상일 뿐이다. 자아는 우리가 우리의 심상(心想)을 정리하기 위해 실용적으로 사용하는 임시방편이다. 색깔, 소리, 온도, 압력, 공간, 시간의 결합들 외에는 아무것도 존재하는 것이 없다. 그리고 이 연결은 기분, 감정, 의지와 연결되어 있다. 모든 것은 끊임없이 변화한다. 우리가 연속성 혹은 지속성에 대해 말한다면, 그것은 단지 어떤 변화들이 더 천천히 벌어지기 때문이다. 세계는 지속적으로 형성되며, 그렇게 형성됨으로써 지속적으로 스스로를 파괴한다. 그러나 이러한 변화 외에는 아무것도 존재하지 않는다. 색깔과 소리, 온도를 제거하고도 무언가 남게 되는 사물은 존재하지 않는다. 사물은 색깔과 소리, 온도의 연관관계 외에는 아무것도 아니다. 그저 임시로 기준을 정하기 위하여 우리는 "육체"를 말하고, 또 "자아"를 이야기하며, 결코 분리될 수 없고 곧 하나가 되어버리고 마는 현상과 감각에 대해 이야기한다. 물리적 연구와 심리적 연구 사이의 커다란 간극은 단지 익숙하고 진부한 관찰 방식에 한해서만 존재한다.* 하나의 색깔은 우리가 예를 들어 그 색깔의 빛을 내고 있는 광원에 대한 의존성(다른

• 원문에는 이 문장 앞에 따옴표가 있다. 그러나 이에 상응하는 닫는 따옴표를 찾아볼 수 없으므로 여기서는 따옴표를 제거했다.

색깔들, 공간들)을 고려하는 순간 하나의 물리적인 대상이 된다. 그러나 우리가 망막에 대한 의존성을 고려하면 그것은 심리적인 대상이며, 하나의 감각이다. 두 영역에서 차이가 나는 것은 소재가 아니라 연구의 방향인 것이다. (…) 이로써 "인식과 심상, 의지, 감정, 간단히 말해 모든 내적·외적 세계는 적은 수의 동일한 요소들로 이루어진 — 때로는 순간적인, 때로는 보다 확고한 — 결합이 된다." 모든 내적·외적 세계, 나의 자아와 다른 자아는 단지 여기에서는 두툼해지고, 저기에서는 거의 끊어질 것처럼 보이는 물결치는 질긴 덩어리다. 자아는 그것과 연결된 요소들을 가리키는 이름이다. (…)

자아는 구원할 길이 없다. 이성은 옛 신들을 무너뜨렸고 우리의 대지에게서 왕관을 빼앗았다. 이제 이성은 우리를 파괴하려고 위협하고 있다. 여기에서 우리는 우리의 삶의 요소가 진실이 아니라 환상일 뿐임을 인식하게 된다. 나에게 유효한 것은, '진실인 것'이 아니라, '내가 필요로 하는 것'이다. 그렇게 해서 해는 여전히 떠오르고, 대지는 진짜이며, 나는 나다.

마흐의 "구원할 수 없는 자아"라는 개념을 당대의 문화계에 통용시킨 인물은 헤르만 바르다. 바르는 이 글에서 마흐를 통해 그가 「자연주의의 극복」에서 새로운 예술로서 제시한 '신경 예술'을 정당화할 철학적 근거를 찾았다는 사실을 밝히고 있다. 세계는 물론 인간의 자아 역시 감각 요소들의 우연적 조합에 불과하다면, 예술 역시 이러한 감각적 요소들, 혹은 감각적 인상으로 구성되어야 한다. 바르의 시학에서 감각으로 환원된 '자아'는 구제할 길 없이 해체되고, 예술은 감각과 신경의 조합으로 새롭게 탄생한다.

자아를 독립적인 개체가 아니라 전체의 일부로 바라보는 관점은 마흐에게서만 찾아볼 수 있는 것은 아니다. 아르투어 쇼펜하우어 역시 인간을 독자적 가치를 지닌 특별한 존재가 아니라 세계의 개체화된 형태로 이해했다. 그의 주요 저서인 『의지와 표상으로서의 세계』에서 쇼펜하우어는 인간의 삶이 고통스러운 이유는 의지, 즉 영속적으로 충족될 수 없는 욕망이 인간의 정신은 물론 모든 신체 기관을 지배하기 때문이라고 주장한다. 그러나 이 의지는 개인적인 것이 아니다. 인간 개인을 지배하는 의지는 개체화된 '세계 의지'에 불과하며, 삶의 고통은 그러한 사실, 즉 삶을 고통스럽게 만드는 나의 의지와 욕망이 세계 의지의 일부라는 사실을 깨달음으로써 일종의 열반의 상태에 이를 때 극복할 수 있다.

쇼펜하우어의 기본 전제들에서 출발한 니체에게서도 역시 비슷한 인간관을 찾아볼 수 있다. 1872년에 출간된 『비극의 탄생』에서 니체는 고대 그리스인들 역시 삶이 고통스럽다는 사실을 잘 알고 있었으며, 디오니소스 제전, 더 나아가 비극을 통해 개인과 개인 사이의 벽을 허물고 세계와의 원초적 합일을 경험함으로써 개인화된 존재로서 인간이 지닌 근원적 고통을 극복하려 했다고 주장한다.

프리드리히 니체, 『비극의 탄생』(1872)

(…) 같은 부분에서 쇼펜하우어는 엄청난 **공포**에 대해 기술한다. 이 공포는 '근거의 원리'가 예외적으로 다른 형상을 드러내고, 이로 인해 인간이 갑자기 현상의 인식 형태들에 혼란을 느낄 때 엄습한다. 우리가 이 공포에 개체화의 원리가 바로 그렇게 깨졌을 때 인간의 가장 깊은 밑바닥으로부터, 즉 자연으로부터 솟아오르는 환희에 찬 황홀감을 더한다면, 우리는 **디오니소스적인 것**의 본질을 엿볼 수 있다. 이 디오니소스적인 것은 **도취**를 매개로 한 유추를 통해 우리에게 가장 가깝게 다가온다. 모든 원시인들이나 원시 부족들이 그들의 찬가에서 말하는 마취 음료의 영향을 통해서, 또는 봄이 자연 전체를 흥겹게 관통하며 다가올 때, 저 디오니소스적 격정이 깨어나며, 이 격정이 고조되면 주관적인 것은 완전한 자아의 망각 속으로 사라져버린다. (…)

디오니소스적인 것의 마법 속에서 인간과 인간 사이의 결합이 다시 이루어진다. 그뿐만 아니라 소외되고, 적대적이고, 억압되어왔던 자연이 자신의 잃어버린 아들, 즉 인간과 다시금 화해의 제전을 벌이게 된다. 대지는 자발적으로 선물을 제공하고, 절벽과 황야의 맹수들은 평화롭게 다가온다. 디오니소스의 마차는 꽃과 화환으로 뒤덮여 있다. (…) 이제 노예는 자유의 몸이 된다. 이제 곤궁과 자의와 "뻔뻔한 태도"가 인간들 사이에 만들어놓은, 완강하고 적대적인 경계를 모두 부쉬버린다. 이제 세계 조화의 복음 속에서 누구나 이웃과 결합되고 화해하고 융합되었다고 느낀다, 뿐만 아니라 마치 마야의 면사포가 찢어져 신비로운 '근원적 일자(一者)' 앞에 누더기가 되어 펄럭이고 있기라도 한 것처럼 모두가 하나가 되어버린다. 인간은 노래하고 춤추며 더 높은 공동체의 일원임을 알린다. 그들은 걷는 법도 말하는 법도 잊어버린 채 춤을 추며 허공으로 날아오르려 한다. 그의 몸짓에서 마법에 걸렸다는 것이 드러난다. 이제 동물들이 말을 하고 대지가 젖과 꿀을 선사하듯 인간으로부터도 무언가 초자연적인 것의 소리가 들려온다. 인간은 자신을 신이라 느끼며, 꿈속에서 본 신들이 그랬던 것과 똑같이 그 자신도 환희에 가득한 채로, 한껏 고양된 기분으로 돌아다닌다. 인간은 더 이상 예술가가 아

프리드리히 니체(1844~1900)는 독일의 고전문헌학자이자 철학자다. 24세의 나이에 바젤 대학의 교수로 임명된 후 『비극의 탄생』(1872)을 시작으로 『반시대적 고찰』(1873~1876), 『인간적인 너무나 인간적인』(1878~1880), 『차라투스투라는 이렇게 말했다』(1883~1885), 『선악의 피안』(1886), 『신들의 황혼』(1889) 등 일련의 철학적 에세이들을 발표했다. 철학자로서 명성을 얻은 것은 사후의 일이지만, 자연주의 이래로 문학과 예술에 커다란 영향을 끼쳤다.

니라, 스스로 예술작품이 되어버린다. 자연 전체의 예술적 힘이 도취의 전율 속에 모습을 드러내니, 근원적 일자는 최고의 환희와 만족을 느낀다.

위의 인용문은 『비극의 탄생』 중 디오니소스적인 것에 대해 설명하는 부분이다. 여기에서 니체가 쇼펜하우어의 중요한 전제들을 — 즉 ① 삶은 고통이다, ② 인간은 세계가 개체화된 것이다, ③ 고통은 개체화된 개인이 다시 세계와 하나라는 사실을 인지할 때 극복된다 — 그대로 가져왔다는 사실이 잘 드러난다. 니체는 쇼펜하우어보다 한 걸음 더 나아가, 적극적으로 세계와 하나가 되어 개체화를 극복하고 삶의 고통에서 벗어나는 길이 존재한다고 주장한다. 니체에 따르면 그러한 시도의 원형은 고대 그리스의 디오니소스 제전에서 찾을 수 있는데, 도취를 특징으로 하는 이 제전에서 고대 그리스인들은 개인화로 인해 생겨난 개인과 개인 사이의 간극을 극복하고, 세계와의 원초적 합일을 경험하게 된다. 고대 그리스의 비극은 이러한 디오니소스 제전이 아폴론적인 형식과 합쳐져 예술의 형태로 승화된 것이다. 쇼펜하우어 역시 예술을 삶의 고통을 극복하는 수단으로 이해했다. 그러나 이는 감각을 통해 개인과 세계가 하나라는 인식을 가능하게 해주는 것으로서, 니체가 말하는 "세계와의 근본적인 합일"을 체험하게 해주는 것이 아니며, 고통으로부터의 일시적인 해방만을 가능하게 해줄 뿐이다.

이처럼 '자아', 혹은 인간 개체를 세계 및 인류 전체와의 연관성 속에서 이해하는 인간관은 기본적으로 다윈의 진화론과 밀접한 관계가 있다. 앞서 살펴본 것처럼 다윈의 진화론에서 인간은 자연을 극복하고 문명을 창조한 지적인 존재이기에 앞서 오랜 세월에 걸친 진화의 결과로 만들어진 자연적 존재다. 다윈적 관점에서 이는 인간이란 종 역시 다른 모든 생물과 똑같이 본질적으로 종의 존속을 위해 살아가며, 개체의 존재 의미는 종 전체의 관점에서만 파악할 수 있다는 것을 뜻한다. 인간을 더 이상 독립적인 개체가 아니라 인류의 한 개체로, 혹은 세계의 일부로, 동시에 초개인적인 자연적 욕망을 본질로 하는 존재로 이해한 것이다. 인간을 자연현상의 일부로 보는 관점이 자연주의에서 환경결정론으로 이어졌다면, 동일한 관점이 세기전환기에 이르러서는 인간 개개인을 세계의 개체화된 존재로, 인류라는 생물학적 종의 한 개체로 이해하는 생물학적 인간관으로 이어졌다.

이러한 인간관은 유일무이한 존재로서 개인과 '자아'를 무의미한 것으로 만들어버린다. 모든 개체가 세계의 개인화된 형태에 불과하다면 도대체 개인의 특별함이 어디에 존재할 수 있을 것인가? 사회적 존재로서 인간은 『직조공들』에 등장하는 인물들처럼 사회적 조건에 따라 여전히 몇 가지 유형으로 분류되지만, 생물학적 존재로서 인간에게는 그러한 유형적 차이조차 존재할 수 없다. 그들은 본질적으로 모두 동일한 존재인 것이다. 오이디푸스처럼 특별한 운명을 가진 영웅적 개인은 이제 완전히 존재할 수 없게 되어버렸다.

그렇다면 세기전환기 문학과 예술에 나타나는 개인적 주관성으로의 후퇴는 어떻게 설명할 수 있을까? '자아'가 구제할 길 없이 해체된 시대에 문학과 예술의 시선은 어떻게 자아의 내면으로 향하게 된 것일까? 이에 대한 답은, 조금은 뜬금없게 느껴질 수 있지만, 지그문트 프로이트가 암시해준다.

프로이트는 정신분석학 이론을 만들어가는 과정에서 자신의 꿈과 심리를 적극적으로 활용했다. 이는 일차적으로 타인의 꿈과 심리가 자기 검열과 언어를 통해 전달되는 과정에서 왜곡될 가능성이 높은 반면, 자신의 꿈과 심리는 그러한 왜곡 없이 파악할 수 있기 때문이다. 그러나 이러한 연구 방법론은 다원적·생물학적 인간관을 전제로 한 것이기도 했다. 자신의 꿈과 심리를 분석함으로써 인간의 정신에 일반적으로 적용할 수 있는 이론을 찾는 것은, 인간 개체를 특별한 존재가 아니라 동질적인 생물학적 속성을 가지고 있는, 인류라는 종의 한 개체로 이해할 때에만 가능하기 때문이다.

이러한 관점에서 보면 세기전환기 문학에서 발견되는 개인적 주관성으로의 후퇴, 혹은 자아의 내면에 대한 관심은 단순히 그동안 여러 가지 이유로 관심 밖에 머물렀던 개인과 주관으로의 시선 전환만을 의미하는 것이 아니었다. 그것은 동시에 '나'의 내면에서 세계의 의지와 자연의 본질을 찾아 드러내고자 하는 시도이기도 했다.

"문명 속의 불만"–성적인 존재로서 인간 vs. 문명

세기전환기에 이르러 성이 독일어권 문학의 주요 소재로 등장한 사실이 꼭 성에 대한 일반적인 관심이 증가했다는 것을 의미하지는 않는다. 이 시기에 특징적인 것은 성에 대한 관심의 증가라기보다, 오히려 성 문제가 주류 문화의 한복판으로 들어오기 시작했다는 사실이다. 볼프강 리델은 기존에 "포르노그래피적인 것"으로 폄하되던 소재들이 세기전환기에 이르러 주류 문학에 수용되었으며, 이로 인해 오히려 에로틱 문학, 포르노 문학이 종말을 고하게 되었다고 주장한다.

이처럼 고급 문학에서 단순히 성 묘사가 증가한 것만이 아니라, 비윤리적이거나 전통적인 가치체계에서 허용될 수 없는 성관계의 묘사까지 갑작스럽게 많아진 것은, 이 시기에 성과 관련된 사회적 관습이 무너지기 시작했다는 사실, 더 나아가 성 문제를 문학적·예술적으로 다루는 과정에서 더 이상 윤리적 판단이 결정적인 역할을 하지 못하게 되었다는 사실을 잘 보여준다. 이러한 맥락에서 볼프디트리히 라쉬는 '자연적 충동의 절대적 우위'와 '윤리의 실종'을 세기전환기 문학에서 나타나는 에로틱의 특징으로 보았다.

'자연적 충동의 절대적 우위'와 '윤리의 실종'이라는 라쉬의 정리는 세기전환기 문학에 등장하는 '성 묘사'의 뿌리가 어디에 있는지를 암시해준다. 앞서 살펴본 바와 같이 자연주의 이후로 인간은 자연의 일부로 이해되었으며, 인간의 자연적 본질은 성 욕망에 존재하는 것으로 받아들여졌다. 따라서 '자연적 충동', 즉 성 욕망은 인간의 본질적 속성으로서 인간의 의지나 의식적 노력으로 (영속적으로) 극복할 수 있는 것이 아니며(이는 이미 자연주의 소설인 빌헬름 폰 폴렌츠의 「시험」에서 다룬 바 있다), 따라서 사회제도나 윤리 등 인간이 만들어낸 인류 문명의 산물들보다 우선하는 것이다. '성'이 주류 문학에 편입될 수 있었던 것은 '성'이 단순히 자극적이고 통속적인 소재가 아니라 새로운 인간관을 바탕으로 인간의 자연적 본질의 핵심을 이루는 것으로 이해되었기 때문이다.

뒤에서 자세히 살펴볼 슈니츨러의 희곡 『라이겐』에 등장하는 열 명의 인물들이 사회적 계급 및 신분과 무관하게 성 욕망에 사로잡힌 것으로 묘사되는 것도, 프랑크 베데킨트의 『봄의 깨어남』에 등장하는 청소년들이 성을 억압하는 교육에 신음하며 죽어가는 것도, 펠릭스 잘텐의 소설 『요제피네 무첸바허』에서 "빈의 창녀"가 '자연의 목소리에 따라 살았다'고 당당하게 고백하는 것도, 클림트가 흔히 '소녀의 자위' 시리즈로 알려진, 음화와 다를 바 없는 일련의 크로키를 남긴 것도 모두 이 시기의 작가와 예술가들이 인간의 자연적 본질을 인간의 성 속에서 찾았기 때문이다.

인간에 대한 이러한 새로운 인식은 베를린에서 활동한 폴란드 출신의 작가 스타니슬라프 프쉬비셰프스키의 소설 「추도미사」(1893) 1장에서 다음과 같이 표현된다.

스타니슬라프 프쉬비셰프스키, 「추도미사」(1893)

태초에 성이 있었다. 그것 외에는 아무것도 없었으니 — 모든 것이 그 안에 있었다.

고대 아낙시만드로스*가 내게 태초에 대해 꿈꾸게 해주었을 때, 성은 목적도 끝

• 고대 그리스의 철학자.

도 없는, 아낙시만드로스의 아페이론*이었다. 나 외에는 아직 아무것도 없었던 그 때, 성은 물 위를 떠다니는 성경의 정신이었다.

성은 삶의 핵심이며 발전의 내용이자, 개성의 가장 깊숙한 곳에 있는 본질이다.

성은 영원히 창조하는 자이자, 변화하게 하고 파괴하는 자다.

그것은 내가 원자들을 집어던져 쌓은 힘, 그 원자들이 결합하여 원소들과 세계들을 창조하도록 만든 눈먼 욕정이다.

그것은 에테르를 형언할 수 없는 동경에 휩싸이도록 하여 그 부분들을 잇달아 결합하도록 만들고, 그들을 뜨겁게 진동하게 하여 빛이 되도록 만든 힘이다.

그것은 전기의 흐름을 내부로 역류하도록 하여 증기의 분자들을 서로 충돌하게 만든 힘이었다. 그렇게 하여 성은 삶이 되고, 빛이 되고, 움직임이 되었다.

성은 또한 한없이 탐욕스러워졌다. 성은 세계를 다 마셔버리기 위해 촉수들을 만들고, 깔때기와 관과 핏줄을 창조했다. 성은 끝없는 평면을 즐기기 위해 원형질을 창조했으며, 욕망을 만족시키기 위해 모든 삶의 기능들을 자신의 탐욕스러운 목구멍 속으로 빨아들였다.

끝없는 진화 속에 천천히 앞으로 나아가는 성은 쉴 수가 없었다. 성은 수없이 많은 형태로 뻗어나갔으며, 만족할 줄을 몰랐고, 트로키트 화석** 속의 행복을 찾아 내달렸다. 태고의 존재를 둘로 자르고 자기 자신 역시 두 개의 성으로 나뉘었을 때, 그 최초의 다세포생물 안에 존재하는 환희를 향해서, 그리고 서로를 파괴하기 위해서, 끔찍하고도 야만스럽게 소리를 질러댔으니, 그것은 오로지 더 정제된 새로운 존재를, 영원히 배고픈 욕망의 악령들을 위해 더 복잡한 욕망 충족의 난장(亂場)을 만들어낼 수도 있는 새로운 존재를 창조하기 위한 것이었다.

- 아낙시만드로스의 철학에서 세계를 구성하는 원초적인 물질. 원래는 '끝없는', '경계가 없는'이라는 뜻.
- 중생대 트라이아스기의 화석.

그렇게 성은 마침내 두뇌를 창조했다.

두뇌는 욕망의 위대한 걸작이었다. 성은 두뇌를 주무르고 땋기 시작했고, 다시 감고 뒤집어 감각기관들을 만들었다. 한 덩어리였던 그것을 천 개의 변형된 형태로 나누었고, 일반적인 감정들을 독특한 감각적 인상들로 세분했으며, 그것들 사이의 연결을 끊었으니, 그 결과 하나의 동일한 인상이 다양한 감각 속에서 중요한 것처럼 보이고, 하나의 단일한 세계가 다섯, 혹은 여섯 개의 세계로 보이게 되었으며, 이전에는 하나의 힘이 포식(飽食)하던 곳에서 이제 수천 개의 힘들이 들쑤시고 다니게 되었다.

그것이 정신의 탄생이었다.

성은 정신을 사랑했다. 성은 암수한몸인 자신의 가슴에서 두뇌의 영혼을 강하게 만들어주었다. 성은 정신에게 있어 근원적 존재의 심장으로부터 나온 삶의 피를 공급해주는 대동맥이었다. 그것은 정신에게 있어 근원적 자궁과 이어주는 탯줄이었다. 그것은 정신이 세상을 볼 수 있도록 해주는 렌즈의 초점이었으며, 그 안에서 영혼이 세계를 소리로 인지하는 음계이자, 그 안에서 영혼이 가장 큰 기쁨과 가장 큰 고통을 인지하는 영역이었다.

아, 불쌍하고 어리석은 성이여! 배은망덕한 정신이여!

나를 통해 객체화되어 근원적 존재 속으로 들어선 성은 빛이 되고 또 정신을 창조했으나, 바로 그 정신으로 인해 몰락했다.

수단이 되어야 할 것이, 종사해야 할 것이 목적 자체가 되어버렸고, 지배자가 되어버렸다. ― 새로운 자연선택을 이끌고, 새로운 종들을 만들어야 할 감각적 인상들이 독립하기 시작했다.

분명하게 구별되던 감각들이 서로 섞이기 시작했고, 가장 위에 있던 것들이 가장 아래에 있게 되었으며, 소리는 색깔이, 후각적 자극은 근육의 느낌이 되었고, 질서는 혼란이 되었다. 그리고 어머니와 자식 사이의 격렬한 싸움이 시작되었다.

어머니는 자식을 지배하고자, 제압하고자 했다. 그녀는 자기 자식을 손톱으로 움켜쥐고 낚아채서 천 개의 기쁨들과, 천 개의 음탕한 실로 자신의 몸에 단단히 묶었다. 어머니는 자신의 자식을 생식기 동물이자 생산의 동물인 여성에게 던졌다. 그녀는 그의 눈에 피를 쏟아붓고 청각을 무디게 만들었으며, 그의 목소리를 뜨거운 사랑의 가쁜 신음 소리로 희미하게 만들었다. 그러고는 그의 근육을 경련에 떨도록 만들었으며, 관능적 쾌락의 전율이 경련하는 뱀처럼 그의 몸 위로 기어가도록 만들었다. 그러나 아무것도, 아무것도 소용이 없었다.

작은 박테리아가 백혈구를 잡아먹었다.

백혈구는 그가 가진 모든 생명의 액체를 박테리아가 자리 잡고 앉아 주변을 갉아먹고 있는 지점으로 흘러가게 만들었다. 삶의 축으로 박테리아를 파괴하기 위해 자신의 핵을 악마 같은 그의 신부 안으로 집어던졌으나 헛된 일이었다. 핵은 깨져 산산조각이 나고, 부서져 가루가 되었다. 그리하여 최고의 삶의 기능, 모든 존재의 어머니, 생명체의 창조주이자 모든 발전의 시작인 아버지 정자가 죽었다.

백혈구는 죽는다.

아아! 이것이 첫날밤, 성과 영혼의 근친상간적 첫날밤이었다. 승리한 박테리아의 찬가.

그러나 이제 정신은 병들고 시들고 허약해졌다.

정신은 자기 자신의 손으로 자신을 자궁에서 떼어냈다. 대동맥을 묶고, 힘의 원천을 마르게 만들었다.

정신은 살아 있다. 그렇다, 아직까지는 살아 있다. 성을 배부르게 뜯어 먹었기 때문이다. 정신은 아직 성이 그에게 준 내용물을 먹고 있다. 정신은 이제까지 오로지 번식에만 종사해왔던 형태들과 소리들을 만들어냈다. 정신은 이제까지 오로지 성적 영역만을 자극해왔던 환각들까지는 창조할 수 있었다. 자신 안에서 낯선 존재가 나타나도록 할 수 있다고 착각할 때면 영혼은 성의 과대망상과도 같은 엑스터시 속으로 빠져들 수도 있었다. 그러나 정신이 그렇게 자신의 힘으로 만들어낸 모든 것들은 그저 사치스러운 기능일 뿐이었다. 예술이 단지 성의 사치스러운 기능이었던 것과 마찬가지로. 하지만 정신이 만든 모든 것들은 번식력이 없었다.

반면 예술은 그렇지 않다. 그 안에는 살아 있는 성과, 빛의 뜨거운 정자(精子) 만(灣)과, 개인적 불사에 대한 의지의 맥박이 힘차게 뛰고 있기 때문이다.

그리고 그렇게 정신은 몰락할 수밖에 없다. 승리한 박테리아는 자신에게 흡수된 백혈구로 인해 죽을 수밖에 없다.

그러나 나는 나의 성이 도망쳐 들어가 승화한 그 성스럽고 위대한 기능을 사랑한다. 내게서 성을 앗아 가 먹어치우고 그로 인해 죽어가는 정신을 사랑한다.

그리고 그렇게 나는 나의 붕괴해가는 성으로 인해, 수천 개의 욕정에 달아오른 감각들로 쪼개져버린 성으로 인해, 나는 몰락할 수밖에 없다.

나는 몰락할 수밖에 없다. 그것은 내 안의 빛의 원천이 말라버렸기 때문이며, 내가 내 성의 끝없는 발전과 변태(變態)의 사슬 속 마지막 마디이기 때문이다. 성 진화의 파도가 나를 넘어 나아가지 못하기 때문이며, 내가 곧 해안에 부딪혀 깨지게 될 마지막 노도의 꼭대기에 있는, 폭풍에 부딪혀 생긴 하얀 물거품이기 때문이다.

나는 몰락할 수밖에 없다. 내 정신이 너무 커지고, 또 내 성과 함께 임신을 하게 되었기에, 내 정신은 아침 성욕에 가득한, 앞날을 기뻐하며 새롭게 빛나는 낮을 낳을 수 없기 때문이다.

그리고 그렇게 나는 내 정신의 불임의 임신으로 인하여 멸망할 수밖에 없다.

그러나 나는 또한 내 죽은 성을, 나의 정신이 그 나머지를 먹어치우고 있는 내 죽어버린 성을 사랑한다. 나는 내 개성의 마지막 핏방울들을, 그 안에서 원초적인 존재가 온전한 위엄을 갖추고 있으며, 끝을 알 수 없는 깊이와 심연 속에서 창백하고 약하게 반영되고 있는, 그 죽은 성을 사랑한다. 나는 성을 사랑한다. 나의 청각적인 인상들을 놀랍기 짝이 없는 색깔들로 물들이고, 미각적 환각을 시신경으로 이끌며, 표피적인 인상들을 환영으로 가득한 엑스터시가 되도록 만드는 성을 사랑한다. 그리고 나는 나의 병을, 나의 광기를, 그 안에서 교조적이고 세련되며, 비웃는 시스템이, 진지하고 성스러운 표정으로 비웃는 시스템이 드러나는 그 광기를 사랑한다.

『요한복음』1장 1~3절("태초에 말씀이 계시니라 이 말씀이 하나님과 함께 계셨으니 이 말씀은 곧 하나님이시니라/ 그가 태초에 하나님과 함께 계셨고/ 만물이 그로 말미암아 지은 바 되었으니 지은 것이 하나도 그가 없이는 된 것이 없느니라", 개역개정)을 변형한 파격적인 선언 "태초에 성이 있었다"로 시작되는 「추도미사」의 이 도입부에서 성은 모든 생명체의 어머니로 묘사된다. 성은 최초의 다세포동물부터 양성생식을 하는 최초의 생물, 그리고 그보다 더 복잡한 생물에 이르기까지 모든 생물의 근원이자, 생물의 진화를 이끄는 원초적인 힘이라는 것이다. 그리고 그러한 진화와 발전의 최종 단계에서 두뇌가 만들어지고, 두뇌에서 가장 섬세하게 발달한 존재인 "정신(Seele)"이 만들어진다. 그런데 "배은망덕한" 정신은 만들어지자 곧 자신을 창조한 성에게서 독립하고 성을 죽인다. 그러나 정신은 성의 죽음과 동시에 스스로도 병들고 허약해져 죽어갈 수밖에 없다. 성은 단순히 정신의 근원일 뿐만 아니라, 정신이 살아갈 수 있도록 해주는 생명력의 원천이므로, 이를 자신의 손으로 파괴한 정신은 더는 생존할 수 없는 것이다.

일견 매우 기괴해 보이는 「추도미사」의 이 도입부는 성과 '정신', 즉 인간의 자연적 본질과 문명 사이의 관계를 상징적으로 보여준다. 앞서 살펴본 바와 같이 다윈주의적, 혹은 생물학적 인간관에서 성은 인간의 가장 본질적인 생명력을 의미한다. 바로 그러한 성으로부터 태어난 인간의 정신이 성을 '죽였다'는 것은, 정신이 만들어낸 — 윤리, 사회제도, 삶의 양식 등을 포괄하는 — 인간의 문명이 성과 적대적인 관계에 있으며, 성을 억압한다는 것을 의미한다. 그리고 프쉬비셰프스키는 그러한 억압과 동시에 정신 스스로도 허약해져 죽어가기 시작하는 것으로 묘사함으로써, 성이 생명을 유지시켜주는 힘의 원천임을, 인간은 성을 배제하고는 살아갈 수 없음을 상징적으로 표현하고 있다.

「추도미사」의 예가 잘 보여주듯이 세기전환기의 독일어권 문화에서 성은 단순히 욕망의 자유로운 충족을 직접적으로 제한하는 사회적·윤리적·종교적 규범에 의해서만 억압받는 것으로 이해되지 않았다. 인간의 성은 정신이 발달할수록, 다시 말해 인위적인 규칙과 질서, 인위적인 아름다움으로 대표되는 문명이 발달할수록 설 자리를 잃어가며, 그와 함께 인간은 점차 생명력을 상실한다고 보았다.

이와 유사한 성과 문명의 대립은 세기전환기의 여러 문학작품에서 찾아볼 수 있다. 희곡『라이겐』에서 슈니츨러는 사회적 신분에 따라 성 욕망을 충족시키는 방식이 달라짐을 희화적으로 묘사하고 있는데, 이때 사회적 신분은 문명의 발달 정도를 나타냄과 동시에 성적 능력의 정도를 나타내는 지표이기도 하다. 사회적 신분이 높은 집단에 속한 인물일수록 더 문명화된 삶을 살아가지만, 그에 반비례하여 성적 능력은 떨어진다. 예를 들어, 사회의 하층민인 창녀와 군인, 군인과 하녀의 관계에서는 성행위 이전의 대화가 짧고 직접적이며, 성행위가 연달아 두 번 이루어지기도 하지만, 부유한 시민계급인 '남편'은 성행위 이전의 대화가 매우 길고 직접적이지 못하며, 성행위에 실패하기까지 한다. 가장 문명화된 존재이자 애초부터 육체적 능력이 떨어지는 초로의 인물로 설정된 귀족의 경우, 추상적이며 철학적인 발언들이 두드러지며, 성행위의 성공 가능성을 본인 스스로 의심한다.

사회적 신분과 자연적 본성의 반비례 관계는 이미 자연주의 문학에서도 찾아볼 수 있다. 콘라트 알베르티는 앞서 간략하게 언급한 글(「사실주의의 12조항 - 문학적 신앙고백」)에서 다음과 같이 적고 있다.

콘라트 알베르티, 「사실주의의 12조항 - 문학적 신앙고백」(1889)
현대적 예술은 민주주의적이라고들 말한다 — 물론 일상적인 정치적 당파의 의미에서도 아니고, 정치적-교조적인 경향의 매개체로서 그렇다는 것도 아니다. 더 높고 일반적-인간적인 의미에서, 즉 예술 앞에서는 법 앞에서와 마찬가지로 신분의 차이가 없다는 점, 예술 이론 앞에서는 모든 인간이 평등하고 황제라 하더라도 프롤레타리아와 동일하다는 점에서 그런 것이다. 예술가는 그가 오로지 왕과 군주들을 주인공으로 묘사함으로써가 아니라 성찰의 깊이와 그 성찰을 다루는 방식의 완전함을 통해서 자신의 작품을 고귀하게 만든다. 프롤레타리아에게는 군주와 동일한 열정이 살아 있으며, 동일한 인류가, 동일한 자연법칙들이 동일한 강도로 구현되어 있다. 단지 그들은 상이한, 그러나 예술적으로 동등한 형태로 표현될 뿐이다. 오히려 모든 감각적 인식은 민중의 남성과 여성들에게서 더욱 근본적으로, 더욱 단순하고 자연적으로 표현된다. 이들은 그 어떤 관습적인 고려에 의해서도 방해받지 않기 때문이다. 거역할 수 없는 자연법칙의 비밀스럽고도 강력한 지배, 즉 예술적 묘사 대상은 민중의 사건들과 삶 속에서 지배자와 영웅들의 삶에서와 똑같이, 그리고 흔히 더욱 선명하게 표현된다. 따라서 민중은 예술의 대상으로서 지배자 및 영웅들과 똑같은 정도로, 혹은 더욱더 적합하다.

고상한 인물들만을 묘사 대상으로 삼아왔던 전통적 이상주의 문학에 반대하기 위해 쓴 이 글에서 알베르티는 자연법칙의 지배를 받는 자연현상으로서 인간의 모습이 높은 사회적 신분을 가진 사람들보다 사회 하층민에게서 더욱 잘 드러난다고 주장하고 있다. 높은 사회적 신분을 가진 사람들, 즉 ― 세기전환기적 맥락에서 보자면 ― 더 문명화된 사람들은 사회적 관습 때문에 그들의 자연적 본성을 직접적으로 드러내기 어렵기 때문이다. 이러한 성찰은 아직 자연적 본성과 문명의 대립에까지 이른 것으로 보기 어렵지만, 문명의 발전이 인간의 자연적 본성을 억압하고 통제한다는 세기전환기의 인식이 이미 자연주의에서 시작되고 있었음을 분명하게 보여준다.

좀 더 진지한 사례는 에두아르트 폰 카이절링의 '성(城) 이야기'들에서 찾아볼 수 있다. 데카당스 문학을 대표하는 작가 중 한 명인 카이절링은 1903년에 발표한 『베아테와 마라일레―성 이야기』 이후 귀족의 외딴 영지에서 벌어지는 일들을 다룬 일련의 소설을 발표하는데, 이 소설들은 대체로 유사한 공간적 배경과 인물들을 그리고 있어 '성 이야기'로 통칭된다. 이 소설들에서 카이절링은 극단적으로 문명화·양식화된 귀족의 삶을 살아가는 "하얀 여인들"과 주로 낮은 시민계급 출신이면서 성적인 에너지로 충만한 "붉은 여인들"을 두 축으로 놓고, 이 사이에서 방황하는 남성 인물을 그린다. 이 작품에서 문명화된 '하얀 여인들'과 귀족은 성 욕망을 억압하는 수준을 넘어서서 성 욕망이 부재하는 인물들로, 또 ― 당시 귀족계급의 운명에 상응하게 ― 생명력을 잃고 곧 "멸종"되어버릴 집단으로 묘사된다. 하우프트만의 「선로지기 틸」에서 이미 나타난 성과 정신·영혼의 대립 구도는 세기전환기에 이르러 더욱 분명하게 성과 문명, 삶과 죽음의 대립 구도로 발전한다.

이처럼 인간의 자연적 본질을 성에서 찾고, 문명이 자연적 본질에 대해 적대적인 입장을 가지고 있는 것으로 보는 태도는 무엇보다도 지그문트 프로이트의 정신분석학에서 찾아볼 수 있다. 프로이트는 ― 의미심장하게도 ― 1900년에 출간된 『꿈의 해석』 이후 발표한 일련의 논문과 저서들을 통해 인간 심리의 본질이 자연적이며 초개인적인 이드(id, 독일어로는 비인칭 대명사인 Es), 즉 근원적 (성) 욕망과 욕망을 통제하는 초자아(super-ego, 독일어로는 Über-ich), 그리고 둘 사이에서 불안하게 방황하는 자아로 이루어져 있다고 주장했다. 또한 그에 따르면, 문명이 발전할수록 발전을 위한 에너지를 본질적 성 욕망에서 취해야 하는 문명의 속성상 문명은 더욱더 성 욕망을 억압할 수밖에 없다. 문명 속에서 인간의 성 욕망은 지속적으로 불만족 상태에 머무를 수밖에 없는 것이다. 프로이트는 1930년에 발표한 『문명 속의 불만』에서 이를 다음과 같이 설명한다.

지그문트 프로이트, 『문명 속의 불만』(1930)

문명의 편에서 성생활을 제한하는 경향은 문명의 범위를 확대하려는 경향만큼이나 분명하다. 이미 문명의 첫 단계인 토테미즘 단계에서 문명은 근친 중에서 대상을 선택하는 것을 금지했으며, 이는 아마도 지금까지 인간의 성생활이 경험한 제약 가운데 가장 강력한 제약일 것이다. 금기와 법과 관습은 더 많은 제약을 만들어냈으며, 이러한 제약은 남성뿐만 아니라 여성에게도 적용되었다. (…) 우리는 이때 문명이 경제성의 원칙을 따른다는 사실을 알고 있다. 문명은 성으로부터 매우 큰 정신적 에너지를 가져와서 자신이 직접 사용하기 때문이다. 이때 문명은 성을 상대로 다른 민족이나 사회계층을 착취하는 이들과 같은 태도를 취한다. 억압받는 자들이 반란을 일으킬지도 모른다는 두려움이 엄격한 예방 조치를 취하게 만든다. 이러한 전개의 정점을 우리 서유럽의 문명이 보여준다. (…) 이러한 [유아기 성욕의 발현 및 이성 간 성행위가 아닌 다른 수단을 통해 성 욕망을 충족시키는 것의] 금지에서 드러나는 '모든 사람이 동일한 종류의 성생활을 영위해야 한다'는 요구는 선천적 혹은 후천적으로 정해진 인간의 성적 소질의 차이를 무시하는 것으로서, 이는 상당히 많은 수의 사람들로 하여금 성적인 즐거움을 누릴 수 없도록 만들어버리며, 따라서 심각한 불공평의 원인이 된다. 이 요구로 말미암아 상당수 사람들이 성생활을 즐길 수 있는 통로를 봉쇄당해버리기 때문이다. 이런 제한 조치는 성적 기질로 인하여 방해를 받지 않는 보통 사람들이 모든 성적 관심을 아무런 손해도 보지 않고 열려 있는 통로로 모조리 쏟아붓도록 하는 성과를 얻을 수도 있다. 그러나 금지되지 않은 이성 간의 성애도 합법성과 일부일처제에 의해 제약을 받는다. 오늘날의 문명은 일회적이고 해체할 수 없는 남성과 여성의 결합 안에서만 성적인 관계를 허용하고, 성이 독립적인 쾌락의 원천이 되는 것을 원치 않으며, 성을 아직까지 대체 불가능한 인류 번식의 수단으로서만 용인할 뿐이라는 점을 분명히 하고 있다.

물론 이는 극단적인 것이다. 아무리 짧은 기간 동안이라도 이를 실행하는 것이

데카당스 문학

'데카당스'는 원래 역사철학적 개념으로서 고대 로마의 몰락과 같은 개별 문명의 '몰락'을 뜻한다. 세기전환기에 독일어권에서 데카당스 개념을 통용시킨 이는 니체다. 그는 인간의 (자연적) 삶을 부정하는 기독교와 이를 토대로 하는 유럽 문화를 몰락의 징후로 해석하는 과정에서 데카당스 개념을 사용했다. 부정적이었던 데카당스 개념은 세기말에 이르러 몰락해가는 문명이 문학의 주요 주제로 떠오르면서 — 기본적으로는 여전히 부정적인 의미를 가진 채로 — 새로운 미적 가치로 자리 잡는다. '데카당스 문학'은 세기전환기의 다양한 문학적 경향의 한 갈래로서, 데카당스적 주제를 다룬 문학작품들을 일컫는 개념이다. 독일어권에서는 호프만스탈, 페터 알텐베르크, 리하르트 베어–호프만 등의 오스트리아 작가들과 카이절링, 초기의 토마스 만 등이 데카당스적 경향을 띠는 작품들을 발표했다.

불가능하다는 사실은 잘 알려져 있다. (…) 문명사회는 자신의 규정을 따른다면 마땅히 처벌해야만 하는 수많은 탈선을 조용히 눈감아줄 수밖에 없다고 생각해왔다. 그러나 이를 다른 쪽으로 잘못 생각하여, 이러한 문명의 규정이 의도하는 바를 모두 달성하지 못하기 때문에 완전히 무해하다고 생각해서는 안 된다. 문명화된 인간의 성생활은 심하게 훼손되어 있으며, 우리의 신체기관으로서 이와 머리털이 퇴화하고 있는 것처럼 보이는 것과 마찬가지로, 성생활도 때때로 하나의 기능으로서 퇴화하고 있다는 인상을 주기 때문이다. 우리는 아마도 행복을 느끼게 하는 원천으로서 성생활의 의미가, 즉 인생의 목적을 달성하는 과정에서 성생활이 차지하는 의미가 크게 줄어들었다고 생각해도 좋을 것이다.

프로이트의 이와 같은 인간관과 문명관은 세기전환기 문학의 토대를 이루는 인간관과 정확하게 일치한다. 이로부터 우리는 세기전환기 문학에 프로이

지그문트 프로이트(1856~1939)는 오스트리아의 신경학자로서, 정신분석학을 통해 인간 심리 연구의 새 장을 열었다. 프로이트는 빈 대학에서 공부하면서 흔히 "빈 학파"로 불리던 당시 빈 의과대학의 유물론적 의학에 큰 영향을 받았다. 프로이트는 1900년에 『꿈의 해석』을 발표하면서 국제적인 명성을 얻기 시작했으나, 결국 빈 대학의 교수로 임용되지는 못했다. 이는 정신병에 대한 그의 견해가 빈 학파의 유물론적 의학과 어울리지 않았기 때문이기도 했지만, 그가 유대인이라는 것 역시 결정적인 이유 중 하나였다. 프로이트는 유년기에 부모와 함께 빈으로 이주한 후 계속 빈에서 살았지만, 1938년에 나치가 오스트리아를 장악하자 영국으로 망명하여 죽을 때까지 런던에서 살았다. 프로이트의 정신분석학은 인간의 심리와 정신에 대한 학문적 이론으로서는 유효성을 대부분 상실했으나, 그의 인간에 대한 통찰은 인문학과 문학, 예술에서 여전히 활발하게 수용되고 있다.

트의 정신분석학이 커다란 영향을 끼치지 않았을까 추정할 수 있다. 그러나 놀랍게도 생물학적인 인간관과 문명에 대한 새로운 인식을 담은 문학작품들이 『꿈의 해석』보다 훨씬 이전에 발표되었으며, 성과 문명 사이의 적대적인 관계를 다룬 『문명 속의 불만』은 1차 세계대전이 끝나고 10여 년이 지난 후인 1930년에야 발표되었고, 문명과 성의 적대적 관계를 다룬 첫 논문인 「"문명적" 성도덕과 현대의 신경과민」 역시 1908년에 발표되었다. 반면 프쉬비셰프스키의 「추도미사」는 1893년에 발표되었고, 『라이겐』은 1897년에 완성되었으며, 카이절링의 '성 이야기'들은 1903년부터 발표되기 시작했다.

이는 프로이트의 정신분석학이 당대의 문학과 예술에 커다란 영향을 끼친 것은 사실이지만, 세기전환기 문학에 드러난 인간관과 문명관은 프로이트의 정신분석학에서 시작된 것이 아니라 19세기 중반 이후 독일어권 문학에 뿌리를 내리기 시작한 다윈주의적, 생물학적 인간관을 바탕으로 한 것이라는 사실을 알려준다. 따라서 프로이트와 이들 세기전환기 문학의 관계는 일방적으로 영향을 주는 관계라기보다는, 같은 뿌리에서 생겨난 서로 다른 문화적 현상으로 이해하는 것이 옳을 것이다. 이러한 맥락에서 보면 프로이트가 슈니츨러를 자신의 "도플갱어"라고 느낀 것도 놀랄 만한 일이 아니다. 프로이트는 슈니츨러의 60번째 생일을 맞아 1922년 5월 14일에 보낸 편지에서 다음과 같이 적고 있다.

프로이트가 슈니츨러에게 보낸 편지(1922년 5월 14일)

이제 당신께서도 60번째 생일에 도달하셨군요. 여섯 살 더 나이가 많은 저는 이미 삶과 죽음의 경계에 가까워졌고, 이 상당히 이해하기 힘든, 그리고 항상 즐겁지만은 않은 5막의 끝을 곧 볼 수 있으리라 기대해도 좋은 나이에 이르렀지만 말입니다.

제가 만일 아직까지 "사고의 절대권력"에 대한 믿음을 일부라도 가지고 있었다면, 지금 당신께 앞으로 오게 될 날들에 대한 열렬하고 진심 어린 축하를 하는 일을 게을리하지 않았을 것입니다. 그러나 그 어리석은 일은 5월 15일에 당신을 기리게 될 수많은 동시대인들에게 맡겨두도록 하겠습니다. 그렇지만 저는 당신께 고백을 하나 하려고 합니다. 저를 생각하셔서 당신만 아시고, 친구들이나 다른 사람들에게는 비밀로 해주셔야 할 그런 고백 말입니다. 저는 제가 대체 왜 지난 긴 세월 동안 당신과 친분을 맺고 대화하려는 시도를 하지 않았을까 하는 물음으로 괴로워했습니다(물론 당신께서 저의 그러한 접근을 달가워하실까 하는 문제는 고려하지 않고 하는 이야기입니다).

이 질문에 대한 답은 제게는 매우 개인적으로 보이는 고백을 담고 있습니다. 저는 제가 일종의 '도플갱어에 대한 부끄러움' 때문에 당신을 피해왔다고 생각하고 있습니다. 제가 쉽게 다른 사람들과 저를 동일시한다거나, 당신을 저와 갈라놓고 있는 재능의 차이를 외면하려는 것이 아닙니다. 그것은 제가 당신의 아름다운 작품들에 빠져들 때마다 항상 그 문학적 형상의 이면에서 저 자신의 연구를 통해 알고 있는 것과 동일한 예의 그 전제들, 관심들 그리고 결과들을 발견했다고 믿었기 때문입니다. 당신의 결정론과 ─ 사람들이 비관주의라 부르는 ─ 회의, 무의식의 진실과 인간의 본질적 욕망에 대한 당신의 몰두, 문화적-관습적 안정의 해체, 사랑과 죽음이라는 두 축에 대한 생각에의 집착, 이 모든 것들이 너무나도 친밀하게 저를 사로잡았습니다. (「쾌락원칙의 피안」이라는 1920년의 한 소논문에서 저는 에로스와 죽음에의 욕망이라는 근원적 힘들 사이의 대립관계가 삶의 모든 수수께끼를 지배하고 있다는 사실을 보여주고자 시도했습니다.) 그래서 저는 당신께서 제가 다른 사람들에 대한 힘겨운 연구를 통해 발견한 모든 것을 직관을 통해 ─ 그러나 근본적으로는 섬세한 자기 인식의 결과로서 ─ 알고 계시다는 인상을 받았습니다. 그렇습니다. 저는 선생님께서 존재의 근본에서부터 심리학적 심층연구자, 전례가 없을 만큼 진지하게 중립적이고, 무엇에도 흔들리지 않는 그러한 연구자라고 믿고 있는 것입니다. 만약 선생님께서 그런 분이 아니시라면, 당신의 예술적 능력, 즉 언어예술과 형상화 능력이 제멋대로 힘을 발휘하여 당신을 대중의 희망에 훨씬 더 부합하는 작가로 만들었을 것입니다. 그러니까 저는 연구가로서의 본질이 당신에게 있어서 우위에 있으리라고 생각하는 것입니다. 제가 분석적이 되어버린 것을 용서하시기 바랍니다. 어쩔 수가 없군요. 다른 사람의 호의를 얻는 데 분석이 좋은 수단이 아니라는 것을 잘 알고 있는데도 말입니다. (…)

이 유명한 편지에서 프로이트는 자신의 정신분석학적 이론과 유사한 내용을 슈니츨러의 문학작품들 속에서 발견하는 데 대한 놀라움을 직설적으로 표현하고 있다. 자신이 힘든 연구 과정을 거쳐 얻어낸 결론들을 슈니츨러는 놀라운 "직관"을 통해 인지하고 있다는 것이다. 그러나 슈니츨러로서는 프로이트의 이러한 발언이 썩 공평하게 들리지는 않았을 것이다. 왜냐하면 슈니츨러 자신도 프로이트와 마찬가지로 ─ 6년의 시차를 두고 ─ 빈 대학에서 의학을 전공했으며, 당시 유물론적 의학으로 유럽 의학계를 이끌던 '빈 학파'의 수장 테오도르 마이너르트 밑에서 ─ 프로이트와 마찬가지로 ─ 보조의사로 일했고, 아버지가 발행하던 의학 잡지의 편집인을 맡을 정도로 오랫동안 의학 연구에 몸담았을 뿐만 아니라, 아버지가 사망한 1893년에 대학병원을 떠난 뒤에도 오랫동안 의사로 일했기 때문이다. 물론 슈니츨러는 자신의 뜻이 아닌 아버지의 강요로 의학을 전공했으며, 프로이트처럼 학문적인 연구에 전념한 것은 아니었으나, 동일한 학파의 의학적 견해를 프로이트와 공유하고 있었으니, 인간 심리에 대한 그의 견해를 작가의 "직관"이라고 칭하는 것은 정확한 표현은 아닌 것이다.

슈니츨러가 프로이트의 주요 저작들을 읽은 것은 분명하다. 그의 일기에 "정신분석학"에 대한 언급이 ─ 매우 드물긴 하지만 ─ 등장하기 때문이다. 그러나 그렇다고

프로이트가 즐겨 찾던 카페 란트만의 현재 모습. 1888년에 지어져 오늘날까지도 유럽의 가장 중요한 극장 중 하나로 명성을 이어가고 있는 부르크테아터 옆에 위치해 있다. 위 사진에서는 공교롭게도 슈니츨러의 『라이겐』 공연 광고가 카페 란트만이 있는 건물에 빔 프로젝터로 투영되고 있다.

해서 슈니츨러의 인간과 인간 심리에 대한 문학적 묘사가 프로이트에게 영향을 받은 결과라고 생각하는 것은 지나친 해석이다. 지금까지 살펴본 것처럼, 프로이트의 정신분석학의 토대가 되는 인간관과 세계관은 이미 19세기 후반부터 자리를 잡고 있었으며, 프로이트의 정신분석학이 세상에 알려지기 전에 이미 여러 문학작품에서 '프로이트적인' 성 인식이 등장한다. 이는 슈니츨러의 경우도 마찬가지다.

"하지만 꿈이란 용기 없는 욕망인 거야. / 한낮의 빛이 우리 정신의 구석으로 몰아넣은 / 뻔뻔스러운 소망이 바로 꿈이라고. / 그러니 그 소망은 밤이 되고 나서야 비로소 밖으로 기어 나오게 되는 거지."

슈니츨러가 필리포라는 인물을 통해 프로이트의 꿈-욕망의 관계를 분명하게 드러내는 위의 대사를 하도록 만드는 희곡 『베아트리체의 베일』은 프로이트의 『꿈의 해석』보다 10여 년 더 앞선 1889년에 발표되었다. 인간과 인간 심리에 대한 프로이트와 슈니츨러의 공통점은 — 비록 상호 간의 영향을 배제할 수 없다 하더라도 — 19세기 후반부터 세기전환기에 이르기까지 이어진 새로운 인간관과 세계관, 자연과학적·유물론적 사고체계를 공통의 토대로 두고 있기에 생겨난 것이라 볼 수 있다.

"모든 병든 것들을 사랑한다"–데카당스 문학과 유미주의

독일어로 예술은 '쿤스트(Kunst)'이며, 이는 본래 (자연적으로 존재하는 것이 아니라) '인간에 의해 만들어진 것'을 뜻한다.• 이런 의미에서 예술은 자연의 개입 없이 인간에 의해 창조된, 순수하게 인공적인 문명의 정수라 할 수 있다.

그렇다면 인간의 자연적 본성과 문명이 서로 대립적일 뿐 아니라, 한쪽이

• 이에 따라 '쿤스트'에서 두 형용사 '퀸스틀리히(künstlich)'와 '퀸스틀러리쉬(künstlerisch)'가 파생되며, 이는 각각 '인공적인'과 '예술적인'을 뜻한다.

살면 다른 쪽이 죽는 일종의 반비례 관계에 있는 것으로 이해하던 시대에 예술은 무엇을 의미했을까? 이는 세기전환기의 새로운 문학적 구상을 이해하는 데 중요한 질문이다. 다음은 이 새로운 문학적 구상을 형상화하고 있는 슈테판 게오르게의 시 「죽었다고들 말하는 정원으로 오라 그리고 보라」(1897)다.

슈테판 게오르게, 「죽었다고들 말하는 정원으로 오라 그리고 보라」(1897)

죽었다고들 말하는 정원으로 오라 그리고 보라
멀리 미소 짓는 물가의 흐린 빛과,
순수한 구름의 예기치 않은 푸른빛이
연못과 울긋불긋한 오솔길을 비춘다.

그곳에서 깊은 노란색, 부드러운 회색을
자작나무와 회양목에서 가져오라, 바람은 미지근하고,
때늦은 장미는 아직 완전히 시들지 않았다,
잘 골라 입을 맞추고 화환을 엮어라.

잊지 말아라, 여기 마지막 과꽃들도,
야생 포도 덩굴 주변의 보랏빛도
그리고 또한 녹색의 삶으로부터 남아 있는 것들도
가을빛 얼굴 속에 가볍게 엮어라.

이 유명한 시에서 게오르게는 새로운 문학이 무엇이 되어야 할지를 선언하는 동시에, 스스로 새로운 문학을 (번역으로는 제대로 옮기기 불가능한) 섬세

슈테판 게오르게는 시의 운율과 내용뿐만 아니라 인쇄된 시의 시각적인 인상도 중요하게 생각했다. 그래서 그는 화가이자 책 디자이너였던 멜히오르 레히터에게 의뢰하여 시집을 제작했다. 게오르게는 자신의 시집을 위한 특별한 글꼴을 만들어 사용하도록 했으며, 모든 명사의 첫 글자를 대문자로 써야 하는 독일어의 규칙을 무시하고 각 행의 첫 글자만을 대문자로 인쇄하도록 했다. 심지어 쉼표와 마침표조차 표준 정서법을 따르지 않고 자신만의 규칙에 따라 사용했다. 이와 같은 시각적 인상을 전하기 위하여 오늘날 출간되는 게오르게의 시집들은 게오르게의 초판을 복제하여 그대로 사용하는 경우가 많다.

하고 감각적인 언어로 실현해 보여주고 있다. 첫 시행을 따라 「죽었다고들 말하는 정원으로 오라 그리고 보라」라고 불리는 이 시는(게오르게는 시에 제목을 붙이지 않았다) '정원에서 아름다운 색깔들을 모아 화환을 만들라'는 내용을 담고 있다. 이때 "죽었다고들 말하는 정원"은 이후의 시행(2행 3연의 "때늦은 장미", 3연 마지막 행의 "가을빛 얼굴")을 통해 알 수 있는 것처럼 가을의 정원, 그것도 겨울이 오기 직전 늦가을의 스산한 정원을 뜻하는 상징적인 표현이다. 가을, 혹은 다가오는 겨울이 제목에서 암시하는 것처럼 죽음을 뜻한다면, 시적 자아가 '모아서 화환을 만들라'고 말하는 모든 색깔과 꽃은 생명력이 다해가는 죽기 직전의 사물들, 삶의 힘으로 충만했던 여름의 찌꺼기들, 겨울로 넘어가기 직전 마지막 희미한 생명의 숨결을 내뱉는 죽어가는 것들을 뜻하는 것으로 이해할 수 있다. 시적 자아는 독자에게 죽어가는 것들을 모아 화환을 엮으라고 예언자적 목소리로 말하고 있는 것이다.

앞서 살펴본 자연과 문명의 대립관계를 고려하면 이러한 시적 자아의 목소리는 새로운 예술에 대한 요구로 이해할 수 있다. 문명이 자연적 생명력과 대립적인 것이고, 예술이 그러한 문명의 정수라면, 예술은 자연적 생명력이 결

「죽었다고들 말하는 정원으로 오라 그리고 보라」가 수록된 시집 『정신의 해』의 표지. 동식물 모티브와 인위적이고 장식적인 선을 특징으로 하는 전형적인 유겐트슈틸 양식을 보여준다. 역시 멜히오르 레히터의 작품이다.

여된 것들과 순수하게 인위적인 미적 형식을 통해서만 실현될 수 있다. 따라서 낙엽으로 가득한 정원에서 생명이 꺼져가는 늦가을의 색들로 화환을 엮으라는 요구는 자연의 아름다움 속에서 예술의 이상을 찾을 것이 아니라 생명이 없는 것들과 인위적이며 문명화된 형식(화환)으로 새로운 예술을 실현하라는 요구다.

이러한 맥락에서 게오르게의 "죽었다고들 말하는" 늦가을의 "정원"은 생명력이 사라져가는 자연의 무덤이자 세기전환기 순수예술과 유미주의 문학의 요람이라 할 수 있다. 이 시가 수록된 시집의 제목이 앞서 인용한 프쉬비셰프스키의 「추도미사」의 1장을 연상시키는 『정신의 해(年)』라는 사실도 놀랄 만한 일은 아니다.

게오르게의 유미주의 문학, 혹은 "예술을 위한 예술(Kunst für die Kunst, 프랑스어로는 l'art pour l'art)"은 삶의 배제와 절대적 양식성 외에도 예술적 가치의 독립성과 절대성을 핵심적인 전제조건으로 삼고 있다. 그는 1892년에 〈블래터 퓌어 디 쿤스트(Blätter für die Kunst, 예술을 위한 잡지)〉라는 잡지를 창간하며 이 잡지의 목적을 다음과 같이 밝혔다.

슈테판 게오르게, 〈블래터 퓌어 디 쿤스트〉 창간호 서문(1892)

이 잡지의 이름이 이미 이 잡지가 무엇이 되어야 할지를 부분적으로 말해준다. 예술, 특히 문학과 저술에 종사하는 것, 모든 국가적이고 사회적인 것들을 배제하면서.

이 잡지는 새로운 감각 방식을 토대로 새로운 정신적 예술을, 예술을 위한 예술을 만들고자 한다. 따라서 이 잡지는 잘못된 사실의 이해로부터 생겨난 예의 그 낡아빠지고 가치 없는 유파의 정반대 편에 서 있다. 이 잡지는 또한 세계의 개혁, 그리고 우리가 오늘날 그 안에서 모든 새로운 것의 싹을 보는 지고의 행복에 대한 꿈과도 관계할 수 없다. 그렇게 된다면 아마도 매우 좋을 것이나, 그것은 문학과는 다른 영역에 속하는 것이다. (…) 예술 속에서 우리는 찬란한 재탄생을 믿는다.

이 글에서 게오르게는 자신이 지향하는 예술이 "잘못된 사실의 이해로부터 생겨난 (…) 가치 없는 유파"의 정반대 편에 서 있다고 밝힘으로써 그가 '객관적이고 적나라하며 추한 사실'을 묘사하는 데 집중하는 자연주의 문학에 반대한다는 사실을 분명히 하고 있다. 게오르게는 또한 아무리 바람직한 이상이라 할지라도 예술이 이상을 실현하는 데 종사해서는 안 된다고 주장하고 있다. 이를 통해 게오르게는 두 가지 문학적 경향을 거부하는데, 하나는 인간의 미적 교육을 예술의 목적으로 보는 계몽주의와 고전주의 문학의 전통이며, 다른 하나는 비판적 사회 인식에서 출발하는 정치적 문학이다. 반면 게오르게가 지향하는 예술은 오로지 '미적 가치 그 자체만을 위해 존재하는 예술', 다른 모든 외적 가치로부터 독립된 '예술을 위한 예술'이다. 예술과 문학의 독립은 좀 더 넓은 관점에서 보면 19세기 중반 이후 종교적 세계관 및 가치체계의 붕괴와 함께 일원화된 가치의 중심점이 사라져버린 것과 관련이 있다. 유미주의자들은 바로 이 비어버린 가치의 중심에 '아름다움'과 '예술'을 가져다 놓았다고 할 수 있다. '모든 가치에 우선하는 아름다움'은 특히 독일 유미주의 작가들에게

슈테판 게오르게(1868~1933)는 언어적 재능이 탁월한 시인이었다. 프랑스 상징주의의 영향을 강하게 받은 게오르게의 시는 예술적 언어와 뛰어난 형식미로 이미 당대에 대단히 높은 평가를 받았다. "예술을 위한 예술"을 주창한 게오르게는 오로지 예술의 진정한 가치를 아는 소수의 사람들만을 자신의 독자로 생각하는 권위적이고 엘리트주의적인 태도를 보였다. 게오르게는 예술관이 비슷한 이들과 〈블래터 퓌어 디 쿤스트〉라는 잡지를 발간했을 뿐만 아니라, 이른바 "게오르게 그룹"이라 불리는 자신의 추종자 집단을 이끌었다. 게오르게 그룹에는 유명한 문학연구자인 프리드리히 군돌프 외에도 작가 카를 볼프스켈, 철학자이자 심리학자인 루트비히 클라게스, 저널리스트 에른스트 모르비츠 등이 속해 있었다. 게오르게의 대표적인 시집으로는 『알가발』(1892), 『정신의 해』(1897), 『일곱 번째 반지』(1907) 등이 있다.

커다란 영향을 끼친 프랑스 작가 조리스-카를 위스망스의 장편소설 『거꾸로』(1884)와 영국 작가 오스카 와일드의 소설 『도리언 그레이의 초상』(1890)에서 잘 드러난다.

　예술이 오로지 비자연적인 것들과 인위적인 것들을 통해 이루어져야 한다는 믿음은 극도로 문명화되고 양식화된 삶의 묘사로 이어졌다. 이는 동시에 — 게오르게의 시에서도 잘 나타나는 것처럼 — 생명력이 없는 것들, 죽어가는 것들의 묘사이기도 했다. 이에 따라 성적인 속성이 제거된 '하얀' 여인들, '예배당과도 같은' 여인들, 아이 같은 여인들(팜므 앙팡)이 문학작품에서 주요 인물로 등장했다. 이들은 하나같이 병약하고, 신경이 지극히 예민했으며, 아이를 갖지 못하거나, 아이를 낳다가 죽거나, 혹은 사산을 하게 된다. 반면 유미주의 소설의 여러 남자 주인공들은 — 방탕하고 감각적인 삶 끝에 —

성적 욕망을 상실한 채 여성과의 관계에 관심을 보이지 않는다. 또 생명이 없는 보석과 장신구들, 장식들, 그리고 병들고 죽어가는 것들이 — 그것이 사람이건 사물이건 상관없이 — 아름답고 매력 있는 것으로서 묘사의 주요 대상이 된다. 펠릭스 되어만은 이러한 유미주의적 정서를 「내가 사랑하는 것들」(1892)이란 시에서 다음과 같이 표현하고 있다.

펠릭스 되어만, 「내가 사랑하는 것들」(1892)

나는 분주하고, 날씬한, 피처럼 빨간,
입술을 가진 수선화를 사랑한다.
나는 심장을 찌르고 상처 내는,
괴로운 생각들을 사랑한다.

나는 핏기 없고 창백한 여인들을,
지친 얼굴을 한 여인들을 사랑한다.
그 얼굴에서 집어삼킬 듯한 관능의 열정이
불타오르듯 드러나는.

나는 현란한 빛깔의 뱀들을 사랑한다.
너무나 유연하고 탄력 있으며 차가운.
나는 죽음의 기분을 노래하는,
탄식하는, 근심 어린 노래를 사랑한다.

나는 그 어떤 광석보다 심장이 없는,
녹색의 에메랄드를 사랑한다.

나는 푸른 달빛 속의

노란 솜털을 사랑한다.

나는 뜨거움에 가득 젖은,

도취적이며 무거운 향기를 사랑한다.

온통 번개에 그을린 구름을

분노의 거품을 머금은 회색 바다를 사랑한다.

나는 그 누구도 선택하지 않는 것을,

그 누구의 사랑도 받지 못한 것을,

나 자신의, 불순하기 그지없는 존재를,

그리고 모든 기이하고 병든 것들을 사랑한다.

마지막 연, 특히 마지막 행 때문에 많은 문학사에서 인용되는 이 시에서 시적 자아는 자신이 "사랑"하는 대상들을 나열하고 있다. 눈에 띄는 것은 그 대상들이 대부분 자연적 생명력의 결여와 관련이 있다는 것이다. 시적 자아가 사랑하는 생각은 "심장을 찌르고 상처 내는", "괴로운 생각들"이며, 그가 사랑하는 여인은 "핏기 없고 창백"하며 "지친 얼굴을 한" 여인들이다. 또한 "죽음의 기분을 노래하는" "근심 어린 노래"와 "심장이 없는", 즉 생명은 없으나 아름다운 광물인 "녹색의 에메랄드", 그리고 궁극적으로는 "모든 기이하고 병든 것들"이 시적 자아가 사랑하는 대상들이다.

게오르게의 시에서보다 훨씬 거칠고 직설적으로 표현되고는 있지만, 되어만이 이 시에서 나열한 것들은 자연적 생명력이 결여되어 있는 점에서 "죽었다고들 말하는 정원"의 아름다운 사물들과 동일하다. 그리고 이는「내가 사랑하는 것들」이 게오르게의 시와 마찬가지로 반자연적이고 인공적이며 극도로 문명화된 미적 감수성을 중심으로 하는 유미주의의 예술적 경향을 표현하고 있다는 사실을 잘 보여준다.

슈테판 게오르게, 후고 폰 호프만스탈, 레오폴트 폰 안드리안 등이 대표하는 독일의 유미주의 문학은 당대의 다른 문학적 경향들과 마찬가지로 시대를 대표하는 문학사조로까지 발달하지는 못했으나, 세기전환기의 여러 작가들과 작품들에 그 흔적을 남겼다. 유미주의적 경향을 보여주는 문학작품들은 지극히 섬세한 감수성과 정제된 언어, 완성도 높은 형식을 특징으로 하며, 우울한 정서를 동반하는 경우가 많다. 생명력이 없는 아름다움은 죽음과 종말로 이어질 수밖에 없기 때문이다.

1893년 9월 9일에 호프만스탈이 슈니츨러에게 보낸 편지는 이러한 유미주의적 멜랑콜리가 어디에서 기인하는지를 짐작할 수 있게 해준다.

호프만스탈이 슈니츨러에게 보낸 편지(1893년 9월 9일)

친애하는 아르투어!

아름다움과 삶! 삶이란 우리가 내적으로 나태한 바로 그 순간에, 사실은 살고 있지 않을 때 특히 더 우리의 마음에 들고, 또 우리는 바로 그럴 때 그것이 어떤 모습이며 어떤 맛이 나는지 아주 정확하게 알게 된다는 생각이 든 적이 없는지요? 당신의 편지가, 이 두 개의 커다란 단어를 담은 그 "유쾌한" 편지가 도착했을 때, 내가 정말로 식탁에 앉아 식사를 해서 이제 내 앞에, 식욕 떨어지는 현실 속에게 껍질, 닭 뼈, 살구씨 같은 것들이 놓여 있는 것 같다는 생각이 살짝 들었습니다… 하지만 당신은 붉은 대하와 황금빛 도는 붉은 포도와 화려한 칠면조가 있는 너무나 아름다운 정물화 앞에 앉아 계십니다. 그것들을 먹기 위해서는 쥐어뜯고, 삶고, 껍질을 벗기고, 썰고, 또 씹어야 하지요. 그러고 나면 더 이상 아름다운 것은 아무것도 없습니다! 하지만 그것은 먹기 위해 존재하는 것이지 보기 위해 존재하는 것이 아닙니다. 그것 — 바로 '삶' 말입니다. (…)

베니스에서 멀지 않은 이탈리아 북부의 산악 마을이자, 티치아노의 고향인 피에베 디 카도레를 여행 중이던 아르투어 슈니츨러는 1893년 8월 24일 후고 폰 호프만스탈에게 편지를 보냈다. 이 편지에서 슈니츨러는 자신이 머물고 있는 작은 마을의 풍경을 나열했는데, 이때 각각의 풍경 뒤 괄호 안에 "아름다움", 혹은 "삶"이라고 적어 넣었다. 위의 편지는 이에 대한 호프만스탈의 답장이다. 이 짧은 글에서 호프만스탈은 일상적 삶 속에 파묻혀 있는 자신보다 여행자로서 거리를 두고 작은 마을의 풍경을 바라보는 슈니츨러가 삶의 아름다움을 더욱 잘 인지할 수 있음을 재기 넘치는 음식의 비유를 통해 밝히고 있다. 동시에 이 글은 삶과 아름다움을 바라보는 호프만스탈의 유미주의적 관점을 잘 드러내준다.

기본적으로 식사의 본질은 식욕의 충족과 영양의 섭취다. 식사의 절차, 음식의 모양새나 차림새는 식사의 본질에 속하지 않으며, 부수적이고 장식적인 요소에 지나지 않는다. 그러나 이 편지를 쓴 젊은 호프만스탈에게 음식의 미적 가치는 이보다 훨씬 더 큰 것으로 보인다. 그의 식탁에 차려진 음식은 식욕을 충족시켜주는 수단인 동시에 "아름다운 정물화", 즉 음식의 본질적 역할 및 가치와 관계없는 독립적인 미적 가치를 지닌 감상의 대상이다. 이처럼 미적 가치를 본질적인 가치만큼, 혹은 그보다 더 큰 것으로 이해하는 호프만스탈에게 식사는 해결하기 어려운 딜레마다. 음식의 미적 가치는 음식을 먹는 순간 파괴되며, 반대로 음식의 미적 가치를 지키기 위해 음식을 먹지 않는다면 음식의 존재 의미가 사라져버리기 때문이다.

호프만스탈이 보기에 미적 가치와 본질적 가치의 충돌로 생겨나는 이러한 딜레마는 인간의 삶에도 똑같이 존재하는 문제다. 음식이 먹기 위해 존재하듯, 삶이란 본질적으로 살기 위해 존재하는 것이지만, 삶을 살아가는 순간 그 미적 가치는 파괴되어버린다. 이러한 지극히 유미주의적인 삶의 이해는 필연적으로 멜랑콜리를 동반한다. 미적 가치의 절대화는 ─ 음식을 먹을 수 없는 것으로 만들 뿐만 아니라 ― 삶을 살아갈 수 없는 것으로 만들지만, 미적 가치를 절대화하는 유미주의적 삶을 살아가는 자는 그 사실을 알면서도 다른 방식의 삶을 선택할 수 없기 때문이다. 이러한 관점에서 보면 유미주의적 예술은 결국 아름답게 죽어가는 것들의 마지막 기록일 수밖에 없다.

이러한 맥락에서 극단적인 인공적 아름다움을 묘사하는 유미주의 문학은 생명력을 잃고 몰락해가는 것들, 병든 것들, 죽어가는 것들을 묘사하는 세기말의 데카당스 문학과 상당 부분 그 영역이 겹친다. "모든 기이하고 병든 것들"을 사랑하는 「내가 사랑하는 것들」의 시적 자아도, 온실 속의 화초처럼 극도로 통제된 유미주의적 삶을 살아가는 「672번째 밤의 동화」(호프만스탈)의 주인공 "부유한 상인의 아들"도, 극단적으로 양식화된 인위적 삶을 살아가는 '성 이야기'(카이절링)의 귀족들도, 현실과는 동떨어진, 오로지 미적 가치만을 위해 살아가는 「트리스탄」(토마스 만)의 주인공 슈피넬도 모두 전형적인 유미주의적 인물들이지만, 이들은 결국 삶을 살아갈 능력을 상실한 채 힘없이 죽음을 맞이해야만 하는 운명을 가진 병든 자들이자, 데카당스적 인물들이다.

시대적인 맥락에서 보면 생명력이 없는 아름다움, 혹은 죽어가는 문명에 대한 사랑은 19세기에서 20세기로 넘어가던 세기말의 특별한 정서와 밀접한

문명비관론

세기전환기를 지나 유럽 구질서의 최종적인 붕괴를 야기하는 1차 세계대전 이후까지 이어진다. 이는 역사철학자 오스발트 슈펭글러의 『서구의 몰락』(1권은 1918년에, 2권은 1922년에 발표됨)에서 분명하게 드러난다. 서구 문명을 고대 이집트, 바빌론, 고대 인도와 중국의 문명 등 과거의 문명들과 비교하는 이 책에서 슈펭글러는 문명이 유기체와 마찬가지로 생성과 발전, 몰락의 정해진 순서를 따라 반복된다고 주장한다. 그의 진단에 따르면 20세기 초의 서구 문명은 이미 몰락 단계에 접어들어 있었다.

관계가 있다. 앞서 설명한 것처럼, 19세기 말에는 세기말의 염세적 정서에 지속적인 사회·문화·경제적 혼란(전통적 세계관과 인간관의 붕괴, 산업구조와 정치체계의 재편으로 인한 사회적 혼란, 세계 경제공황, 유럽 열강들 간의 긴장 고조 등)이 더해져 역사와 문명의 발전에 대한 비관적 전망이 생겨났다. 진화론과 창업자 시대의 폭발적인 경제성장, 혁명적인 기술 발전을 바탕으로 생겨난 낙관주의적 역사관은 점차 힘을 잃고, 서구의 문명이 극도로 발달하여 몰락에 다가가고 있다고 믿는 비관적인 역사관이 자리를 잡기 시작한 것이다. 한 부유한 시민 가족의 몰락을 기록한 토마스 만의 장편소설 『붓덴브로크가(家)』 (1900)로 대표되는 데카당스 문학은 이러한 역사 인식의 문학적 표현으로 이해할 수 있다.

세기전환기 문학 속의
인간

지금까지 우리는 19세기 중반에 형성되어 자연주의 문학의 형성과 발전에 결정적인 영향을 미친 새로운 인간관과 세계관이 19세기 말에 이르러 어떠한 양상으로 변화했는지, 그리고 그러한 변화가 어떻게 새로운 문학적 경향의 발전으로 이어졌는지를 살펴보았다.

2장에서는 세기전환기의 문학적 양상을 잘 보여주는 6편의 작품들을 통해 지금까지 이야기한 내용을 구체적으로 살펴보고자 한다. 세기전환기 문학의 섬세한 유미주의적 경향, 자연적 본성과 문명화된 삶의 대립을 바탕으로 하는 인간관, 이를 바탕으로 한 사회 및 문명 비판이 어떻게 문학적으로 형상화되었는지에 주의를 기울이며 읽어보도록 하자.

성적인 존재로서 인간과 문명—아르투어 슈니츨러 『라이겐』

라이겐—스캔들

『라이겐』은 모두 열 개의 단막극으로 구성된 희곡으로, 각각의 에피소드들은 (마지막 에피소드를 제외하고) 모두 성관계 직전과 직후의 대화로 이루어

라이겐—열 개의 대화(Reigen. Zehn Dialoge)

작가: 아르투어 슈니츨러

형식: 10개의 단막극으로 구성된 희곡

집필: 1896/1897년

발표: 1900년 200부를 자비로 인쇄하여 지인들에게 배포. 1903년에 빈 출판사 (Wiener Verlag)를 통해 정식으로 출간. 1931년부터 피셔 출판사에서 출판됨.

초연: 1920. 12. 23. (클라이네스 샤우슈필하우스 베를린)

번역본:

『라이겐』, 홍진호 역, 을유문화사, 2008

『윤무』, 김기선 역, 성신여자대학출판부, 2009

『윤무』, 최석희 역, 지식을만드는지식, 2011

『윤무』, 이관우 역, 써네스트, 2017

* '라이겐'은 원형으로 둘러선 참여자들이 한 방향으로 움직이며 추는 여러 종류의 춤들을 일컫는다. 일부 번역자들이 번역본의 제목으로 '윤무(輪舞)'를 선택한 것은 이 때문이다.

독일어 판본:

Reigen. Zehn Dialoge, Wien und Leipzig: Wiener Verlag, 1903

Reigen / Liebelei, Frankfurt am Main: Fischer, 2010

Reigen. Zehn Dialoge, Stuttgart: Reclam, 2008

져 있다. 슈니츨러는 1896년 11월에 이 희곡의 구상을 시작했고, 석 달 뒤인 1897년 2월 말에 집필을 마쳤다. 슈니츨러는 『라이겐』을 그동안 자신의 작품을 출간해오던 독일의 피셔 출판사에서 출간해주길 바랐다. 하지만 당시 피셔 출판사를 이끌던 자무엘 피셔는 슈니츨러의 요청에 대해 '검열에 따른 사법처리에 대한 우려 때문에 유감스럽게도 출판이 불가능하니 검열이 상대적으로 느슨한 오스트리아에서 출판해보는 것이 어떻겠느냐'는 답을 보내왔다. 이에 슈니츨러는 우선 자비로 200부를 인쇄하여 지인들에게 돌렸고, 이 책을 받아본 알프레드 케를과 같은 문학평론가들에 의해 그 내용이 알려지면서 『라이겐』은 출판되기도 전에 이미 '화제작'이 되어버렸다.

1903년에 화제작을 출간하기를 원했던 신생 출판사 '빈 출판사'를 통해 『라이겐』이 정식으로 출판되자 그 반응은 여러 가지 의미로 폭발적이었다. 『라이겐』은 출간 후 한 달 만인 1903년 5월 4일에 이미 4,000부가 판매되었고, 그해 말까지 1만 1,000부가, 1904년 2월까지 모두 1만 4,000부가 팔려나갔으며, 이러한 판매 속도는 당시 도서 시장의 상황에서 매우 이례적인 것이었다. 파격적인 내용을 담은 이 희곡은 출간 즉시 독일과 오스트리아 검열당국의 주요 관심 대상이 되었다. 그 결과 1904년 1월에는 라이프치히에서, 1905년 10월에는 베를린에서 판매 금지와 압수 조치를 당했다. 『라이겐』이 슈니츨러가 원했던 대로 피셔 출판사를 통해 출간된 것은 바이마르공화국이 들어서고 문학작품에 대한 검열이 사라진 1931년이었다.

그러나 출간 직후 벌어진 일들은 『라이겐』의 공연이 불러일으킨 사건들에 비하면 너무나 사소한 일들이었다. 『라이겐』의 첫 공연은 정식 출판 직후인 1903년 6월 25일에 슈니츨러의 허락 없이 이루어졌다. 뮌헨 대학의 연극 단체인 아카데미-드라마 협회는 검열 가능성을 사전에 배제하기 위해 베를린 프라이에 뷔네의 모델에 따라 회원들만을 관객으로 하여 『라이겐』의 네 번째, 다섯 번째, 여섯 번째 에피소드를 무대에 올렸다. 당시 『라이겐』은 아직

아르투어 슈니츨러(1862~1931)는 20세기 초 오스트리아 문학을 대표하는 작가 중 한 명이다. 슈니츨러는 유대인 의사 집안에서 태어났다. 아버지 요한 슈니츨러는 당시 빈의 유명한 의사였고, 외가도 부유한 의사 집안이었다. 슈니츨러는 아버지의 요구에 따라 빈 대학에서 의학을 전공했지만, 어려서부터 연극과 문학에 관심이 많았다. 대학 졸업 이후 아버지가 창간한 의학 잡지의 편집인으로 일하는 등 의학과 창작을 병행했으나, 1893년에 아버지가 사망한 이후로는 대학병원을 떠나 개인 병원을 차리고, 문학 창작에 더 많은 시간과 노력을 기울이기 시작했다. 호프만스탈과 막역한 친구 사이였으며, 헤르만 바르, 펠릭스 잘텐, 베어-호프만 등 빈 모더니즘의 젊은 작가들과 활발하게 교류하며, 의사다운 분석적 시선으로 인간의 심리를 그린 뛰어난 작품들을 발표했다. 대표작으로는 『아나톨』, 『라이겐』, 『초록 앵무새』 등의 희곡과 「구스틀 소위」, 「엘제 양」, 『꿈의 노벨레』 등의 소설이 있다. 「구스틀 소위」는 소설의 (거의) 전체를 ― 주인공의 내적 사고와 목소리를 그대로 전달하는 ― '내적 독백'으로 쓴 첫 번째 소설로서 세계문학사에 기록되었다. 제임스 조이스의 '의식의 흐름'과 유사한 이러한 소설 기법은 후에 「엘제 양」에서 더욱 본격적으로 사용되었다.

판매 금지나 압수 조치를 당하기 전이었지만, 『라이겐』을 비판하던 사람들과 옹호하던 사람들 모두에게서 혹평을 받은 이 공연 이후 아카데미-드라마 협회는 대학 당국에 의해 해체되었다.

이 외에도 『라이겐』이 출간된 직후 이루어진 공연들은 모두 슈니츨러의 허락 없이 이루어졌는데, 이는 슈니츨러가 이 작품의 공연을 원하지 않았기 때문이다. 그는 『라이겐』이 공연을 통해 적나라한 진실을 보여주면 보여줄수록 "더욱 비극적으로 오해받게 될" 것이며, 결국에는 "약간의 음담패설"과 "약간의 수다스러운 대화"만이 남아 작품의 원래 의미는 사라져버리고 말 것이라고 생각하여 정식 공연 제안들을 모두 거절했다. 그러나 1918년 말에 당대 최고의 연출가 중 한 명이자 베를린의 도이체스 테아터를 이끌던 연출가 막스 라인하르트가 공연을 제안하자 슈니츨러는 마음이 흔들렸고, 이듬해 4월에 마침내 공연을 허락했다.

1920년 12월 23일 베를린의 클라이네스 샤우슈필하우스에서 열기로 예정된 『라이겐』의 초연 준비는 순조롭게 진행되었다. 그러나 바이마르공화국의 문화부는 공연 당일에 갑작스럽게 '과거에 외설적인 작품으로 압수당한 적이 있다'는 사실을 근거로 『라이겐』의 공연을 잠정적으로 금지한다고 통보했다. 이에 클라이네스 샤우슈필하우스의 총감독이던 아이졸트는 공연 전 무대 위에 올라가 문화부의 결정을 알리고 난 후, "속물적인 박해에 대한 개인적인 두려움 때문에 예술을 포기하느니 차라리 감옥에 가겠다"고 선언하며 공연을 강행했다. 어수선한 분위기에서 시작된 공연은 그러나 매우 성공적이었다. 이 공연은 클라이네스 샤우슈필하우스에서만 300회에 걸쳐 무대에 올랐으며, 이후에는 독일의 다른 대도시에서도 공연이 이루어졌다. 초연 이후 발표된 비평들은 지극히 조심스럽게 연출된 이 공연에 대해 다양한 견해를 제시했으나, 대체로 긍정적인 평가를 내렸으며, 공연을 혹평하는 경우에도 퇴폐성이나 음란성을 문제 삼는 일은 거의 없었다.

그러나 이것으로 『라이겐』 초연을 둘러싼 혼란이 끝난 것은 아니었다. 기자이자 문학비평가인 에리히 슐라이키예르는 보수적이고 반유대주의적인 정당들과 가까웠던 신문 〈테클리헤 룬드샤우〉에 선동적인 기사들을 연재하며 『라이겐』 공연을 중단시키기 위해 모든 정치적·제도적 수단을 동원해야 한다고 주장했다. '독일민족 보호 저항 연맹' 등과 같은 반유대주의적 보수단체들은 폭력적인 방법으로 『라이겐』 공연을 중단시키려 시도했으며, 급기야 1921년 2월 22일에는 공연 반대자들 40여 명이 무대와 객석에 악취 폭탄을 투척하며 공연을 방해하려다 경찰에 체포되는 사태까지 벌어졌다.

또한 복지부의 서기관이면서 '예술과 저작에서 허용되는 것'에 대한 전문가로 통했던 카를 브룬너는 『라이겐』 공연이 "우리 시대의 치욕"으로서 형법 121조가 규정한 "심각한 불쾌함"을 야기했다고 주장하며 무대 위에서 "외설적인 행동"을 감행한 배우들과 이들을 사주한 연출 로이쉬 및 총감독 아이졸트와 슬라데크를 고소했다. 그러나 법의 힘을 빌려 『라이겐』의 공연을 중단시키려던 브룬너의 시도는 결국 실패로 돌아가고 말았다. 1921년 11월에 "클라이네스 샤우슈필하우스의 무대 위에서 불쾌감을 불러일으킬 만한 일이 벌어지지 않았다"는 판결과 함께 배우들과 연출, 총감독은 모두 무죄를 선고받았다.

베를린 초연 준비가 막바지에 이를 무렵이던 1920년 11월에 슈니츨러는 『라이겐』을 빈의 무대 위에 올리기 위한 준비를 시작했다. 슈니츨러는 도이체스 폴크스테아터의 총감독인 알프레트 베르나우와의 협의를 통해 『라이겐』을 풍자적이고 도발적인 작품의 성격에 더 적합한 작은 규모의 빈 캄머슈필레에서 공연하기로 합의했다. 슈니츨러 자신이 직접 연출에 적극적으로 참여한 『라이겐』의 빈 초연은 1921년 2월 1일에 성공적으로 이루어졌다.

그러나 보수주의자들과 극우 집단의 추종자들, 반유대주의자들은 『라이겐』 공연을 단순한 연극 공연이 아니라 오스트리아 사회에 만연한 도덕 및 성윤리의 붕괴와 "유대인에 의해 타락한 빈"을 상징하는 사건으로 받아들였으며, 따라서 이들은 공연을 중단시킴으로써 오스트리아 사회를 도덕적으로 '치료'하고자 했다. 그리하여 보수정당이면서 1920년부터 제1정당으로서 대독일 국민당과 함께 연립정부를 이끌던 기독사회당은 『라이겐』 공연을 법적으로 금지하기 위한 조치에 착수했고, 기독사회당의 기관지 역할을 하던 〈노이에스 비너 타크블라트〉를 비롯해 〈라이히스 포스트〉 같은 보수적 신문들은 일제히 공격적이고 선동적인 기사들을 통하여 『라이겐』의 공연 금지를 촉구하기 시작했다.

공연 반대 움직임은 정치적 차원이나 신문 지상에서만 이루어진 것이 아니었다. 『라이겐』을 반대하던 사람들은 폭력을 통해 공연을 물리적으로 저지하고자 시도했다. 그 첫 시도는 1921년 2월 13일에 벌어졌다. 오스트리아 카톨릭 국민연맹의 집회에 참석했던 사람들 중 500여 명이 집회가 끝난 후 『라이겐』이 공연되고 있던 캄머슈필레 앞에 모여 공연을 반대하는 시위를 벌인 것이다.

그러나 이는 이후에 벌어질 본격적인 폭력의 예고편에 불과했다. 그로부터 사흘 뒤인 2월 16일 낮에 극장 앞에 집결한 시위대는 『라이겐』의 네 번째 에피소드가 공연되고 있을 때 극장으로 난입하여 관람석과 무대를 아수라장으로 만들었다. 당시 극장에는 여섯 명의 경찰관들이 있었지만, 시위대의 난입을 막을 수는 없었다. 시위대는 야유를 하며 관객들을 밖으로 쫓아냈고, 타르를 채운 달걀을 무대에 던졌으며, 2층 특별석의 무거운 의자들을 아래쪽 객석으로 집어던졌다. 곧 도착한 경찰 부대와 소방관들에 의해 시위대는 빠르게 해산되었지만, 다음 날 빈 경찰은 "해당 작품의 재공연 시 관객은 물론 배우들의 안전이 심각하게 위협을 받는 유사한 사건과 상황이 더욱 우려된다"는 이유를 들어 『라이겐』의 공연을 금지했다. 이에 슈니츨러는 다시 공연 허가를 얻기 위해 노력했지만 아무런 결실을 얻지 못했다.

그러나 1921년 11월 5일부터 18일에 걸쳐 열린 베를린의 "라이겐-재판"에서 공연에 참여한 배우들과 연출가가 무죄를 선고받자, 오스트리아에서도 『라이겐』 공연이 다시 허락되었다(1921년 11월 30일). 그리고 이듬해 3월 7일 60명의 경찰이 혹시 있을지도 모를 공연 반대자들의 난동을 막기 위해 극장을 경비하는 가운데 『라이겐』 공연이 재개되었다. 그러나 이미 1922년 중반에 슈니츨러는 『라이겐』 공연을 더 이상 허락하지 않기로 결정했다. "『라이겐』 공연이 (…) 예술적인 이유에서 허락될 수 없는 것은 절대로 아니지만, 현재의 상황이 적당하지 못해 보인다"는 것이 그 이유였다. 슈니츨러는 극단적인 보수주의와 반유대주의가 지배하는 정치 상황에서 『라이겐』의 새로운 공연이 작품에 대한 오해만을 불러일으킬 것이며, 반유대주의자들에게 정치적으로 이용만 당할 것이라고 판단한 것이다.

변하지 않는 것―성 욕망

『라이겐』의 출판과 공연을 둘러싼 스캔들은 작품이나 공연 자체만 놓고 보면 이해하기 쉽지 않은 사건이었다. 슈니츨러의 다른 희곡 작품들과 비교해볼 때 『라이겐』은 그 형식에서나, 주제를 풀어나가는 풍자적·희화적 방식에서 비교적 가벼운 문학적 시도였으며, 그 내용도 실제로 벌어진 것과 같은 본격적인 논쟁이나 논란을 불러일으킬 만하다고 보기도 힘들기 때문이다. 물론 마지막 에피소드를 제외한 아홉 편의 에피소드에서 성행위를 상징하는 장면이 등장하고, 시종일관 적나라한 성 욕망을 소재로 다루기는 하지만, 이는 성이 문학과 예술의 주요 소재로 부각된 19세기 후반과 20세기 초 독일어권 문화의 상황을 고려하면 특별히 더 자극적인 것이라고 볼 수 없다. 더욱 노골적이고 저속하게 성을 표현하는 작품이나 공연은 이미 자본주의화가 이루어진 당대 오스트리아의 문화 시장에서 쉽게 찾아볼 수 있었기 때문이다.

그럼에도 『라이겐』의 출판과 공연이 커다란 사회·정치적 이슈가 되고, 공연 역사상 유례를 찾아보기 힘든 스캔들에 휘말리게 된 데는 무엇보다도 1차 세계대전 후의 혼란 속에서 급격하게 보수화·반유대주의화되어가던 오스트리아의 정치적 분위기가 결정적인 역할을 했다. 연극이 도덕적 몰락의 현장으로 인식되던 상황에서 오스트리아를 대표하는 유대인 작가의 "사창가 연극"(빈에서 발행되던 신문 〈디 라이히스 포스트〉 1921년 2월 14일자 기사의 표현)은 기독사회당의 정치인들과 반유대주의자들, 그리고 그에 가까운 언론들에게 정치적 선동을 위한 이상적인 공격 대상이 될 수밖에 없었던 것이다.

하지만 하필이면 『라이겐』이 이렇게 노골적인 폄하와 정치적 중상모략의 대상이 된 것은 작품의 내적인 특성 때문이기도 했다. 이 작품에 등장하는 열 명의 인물들은 모두가 특별한 개인이 아니라 창녀부터 백작에 이르기까지 사회의 모든 계층을 대표하는 전형적인 인물이다. 따라서 이들이 보여주는 불륜 관계는 특정한 개인의 일회적인 도덕적 일탈이 아니라 사회의 총체적인 타락을 보여주는 것으로 이해할 수 있었으며, 이러한 성격은 『라이겐』이 보수적인 시민사회에 대한 전면적인 도발로 오해받을 수 있는 가능성을 열어주는 것이었다.

『라이겐』에는 창녀, 군인, 하녀, 젊은 주인, 젊은 부인, 남편, "귀여운 아가씨", 작가, 여배우, 백작 등 총 열 명의 인물들이 등장한다. 이들 중 대다수는 이름이 있음에도 희곡의 지문에서는 일관되게 직업이나, 사회적 신분을 직·간접적으로 나타내는 단어로 표시함으로써 인물들의 성격이 개인적 특성이 아니라 사회적 조건에 의해 결정된다는 사실, 다시 말해 인물들이 자신이 속한 각각의 사회집단을 대표한다는 사실을 암시한다. 이러한 등장인물들을 신분의 높낮이에 따라 분류해보면 다음과 같다.

- 최하층: 창녀
- 하층: 군인, 하녀
- 중간층/소시민: 귀여운 아가씨
[- 예술가: 작가, 여배우]
- 중상층/부유한 시민: 젊은 주인, 젊은 부인, 남편
- 최상층/귀족: 백작

이러한 계층구조는 기본적으로 20세기 초반까지 여전히 남아 있던 전통적인 사회 계급의 구조 및 경제적 능력에 따른 계층구조에 상응한다. 물론 작

가와 여배우는 이러한 계층구조의 틀에서 조금은 벗어나 있는 직업집단이지만, 일반적인 사회적 인식이나 경제적 능력으로 미루어 볼 때 소시민과 부유한 시민계급의 사이에 존재한다고 할 수 있으며, 작중 설정을 고려하면 최소한 작가는 부유한 시민계급의 집단에 더 가까이 있는 것으로 볼 수 있다. 이처럼 최하층민부터 귀족에 이르기까지 사회적 신분을 빈틈없이 채우고 있는 인물 구성은 다시 인물들 간의 관계에 따라 다음과 같이 닫힌 순환 구조를 이루게 된다.

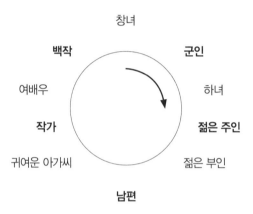

창녀와 군인의 관계로 시작하여 꼬리를 물고 이어지다가 다시 백작과 창녀의 관계로 완결되는 이러한 닫힌 순환 구조는 작품 구조의 완결성을 높여주는 동시에, 이 작품이 사회 전체의 모습을 대변하고 있다는 사실을 알게 해준다. 또한 (위의 도식에서 굵은 글꼴로 강조한) 남성들을 기준으로 봤을 때 처음의 에피소드부터 마지막 에피소드에 이르기까지 인물들의 신분이 점차로 상승하고 있는데, 이러한 일관성은 작중 세계를 더욱 완결되고 독립적인 것으로 만들어줌으로써 작중 세계가 일종의 소우주적 성격을 획득하는 데 기여한다. 『라이겐』에서는 모든 등장인물이 각자 자신이 속한 사회 계급을 대표할 뿐만 아니라, 이들 인물들로 구성되는 닫힌 집단이 사회 전체를 대표하게 되는 것이다.

이와 같이 전체적으로 완결된 구조를 형성하는 에피소드들은 그 각각의 형식과 내용에서 기본적으로 동일한 구조로 이루어져 있다. 마지막 백작과 창녀의 에피소드를 제외하면, 모든 에피소드들의 중심에는 일련의 짧은 줄("------")로 암시되는 성행위가 자리 잡고 있으며, 그 앞뒤에 서로 뉘앙스가 다른 대화들이 위치해 있다. 성행위 이전의 대화에서는 욕망을 적나라하게 드러내거나 은폐하는 이야기들이 오고 간다. 예를 들어 창녀는 군인에게 노골적으로 함께 가자고 유혹하고, 젊은 주인은 반복해서 사소한 핑계로 하녀를 부르는 행위를 통해 자신의 욕망을 숨기는 동시에 드러낸다. 젊은 주인을 만나러 온 젊은 부인은 외투를 벗지 않겠다거나, 곧 돌아가야 한다거나 하는 말들로 욕망을 감추지만, 코르셋을 입고 오지 않았다는 사실을 통하여 처음부터 성 욕망의 실현이 방문 목적이었다는 사실이 밝혀진다. 귀여운 아가씨는 남편이 자신의 옛 남자 친구와 닮았기 때문에 처음 만난 남자를 따라 식당의 밀실까지 따라오게 되었다고 변명하고 와인 탓을 하며 자신의 욕망을 감추려 하지만, 결국에는 남편보다 관계에 더 적극적인 모습을 보여준다. 또 작가와 함께 도시 근교의 호텔에 온 여배우는 작가에게 다른 방에서 자라며 욕망을 감추지만, 정작 작가를 침대로 끌어들이는 것은 그녀 자신이다.

이처럼 성행위 이전의 대화가 주로 욕망을 나름의 방식으로 감추는 동시에 드러내며 성 욕망의 충족으로 이끌어주는 역할을 한다면, 성행위 이후의 대화는 대부분 본래의 목적을 달성한 인물들이 자신들이 저지른 불륜 행위를 합리화하고, 성행위로 인해 생겨난 관계를 일상적 삶의 영역 안으로 끌어들이는 역할을 한다. 예컨대 첫 번째 에피소드에서 창녀는 성행위 후 군인의 이름을 물어보고 자신의 이름을 밝힘으로써 본능적인 행위에 개인적인 의미를 부여하려 한다. 하녀는 군인과 관계 후 자신을 사랑하는지 물어봄으로써 성행위를 사랑의 결과로 합리화하고, 집에 바래다줄 것을 요구함으로써 욕망의 결과로 이루어진 군인과의 관계를 일상적인 연애 관계로 발전시키려 한다. 젊은 부인 역시 젊은 주인과 잠자리 후에 "어쩌다 내가 자길 이렇게 사랑하게 되었는지!"라고 한탄하며 불륜을 — 그녀에게 — 더 높은 가치로 여겨지는 "사랑"으로 합리화할 뿐만 아니라, 불륜 관계를 지속할 수 있는 구체적인 방법을 모색한다. 또한 남편은 귀여운 아가씨와 사랑을 나누고 나서 그녀와 장기적으로 안전하게 만날 수 있는 장소를 찾고자 하며, 작가는 여배우와 잠자리를 함께하고 난 후에야 그녀에게 "사랑한다고 말해"줄 것을 요구한다. 여배우는 백작과 관계를 맺고 난 뒤 우선은 더는 그를 만나지 않을 거라 말하며 백작의 마음을 흔들어놓지만, 곧 다음에 만날 장소와 방법을 정한다.

이처럼『라이겐』의 에피소드들은 거의 예외 없이 동일한 구조, '비윤리적인 성 욕망의 충족으로 이끄는 대화–성 욕망의 충족–비윤리적 성 욕망을 합리화하는 대화'의 구조로 이루어져 있다. 이는 이 작품에 등장하는 모든 인물들에게 성 욕망의 충족이 윤리적인 판단에 선행한다는 사실을 의미하며, 각각의 인물들이 그들이 속한 집단을 대표한다는 사실을 고려하면 이는 다시 '모든 사회집단에서 성 욕망은 윤리적 판단이나 사회적 관습에 우선한다'는 것으로 일반화할 수 있다. 그리고 이러한 성 욕망의 절대성이『라이겐』의 전체 에피소드들에 걸쳐 일관되게 유지되는 '남녀 관계에서 변하지 않는 부분'을 이루게 된다.

이처럼 윤리와 사회적 관습에 대한 성 욕망의 우위를 남녀 관계의 본질로 일반화하는『라이겐』은 기본적으로 두 가지 방향으로 해석할 수 있다. 가능한 첫 번째 해석은 — 당대 보수주의자들과 반유대주의자들이 그랬던 것처럼 — 슈니츨러가 사회 전반에 걸쳐 벌어지는 도덕적 타락과 퇴폐적인 성 문화를 관음증적인 유희의 대상으로 삼고 있다는 것이다. 이러한 해석은 비록 당대의 많은 독자들과 관객들이 그러한 인상을 받았으리라는 추측이 충분히 가능하다 하더라도, 옳다고 보기는 어렵다.『라이겐』이 저급한 음담패설로 해석되는 것이야말로『라이겐』을 출판하면서, 또 공연을 하기로 결정하면서 슈니츨러가 가장 우려했던 '비극적인 오해'라는 사실은 차치하더라도,『라이겐』에서 반복적으로 표현되는 성 욕망과 윤리의 관계에 대한 유사한 생각이 비슷한 시기에 발표된 희곡『파라켈수스』(1898)나, 역시 비슷한 시기에 쓰이기 시작한『꿈의 노벨레』(1926) 등에서도 잘 드러나기 때문이다.

『파라켈수스』에서 슈니츨러는 의사이자 최면술사인 파라켈수스를 통해 정숙한 부인인 유스티나가 무의식 속에 억압하고 있던 불륜 욕망을 그녀 자신과 그녀의 남편인 치프리안 앞에 드러내놓음으로써, 인간의 본질적인 욕망이 항상 윤리적으로 통제될 수 있는 것은 아니며, 따라서 이분법적인 윤리적 판단의 대상이 될 수 없다는 사실을 두 사람에게 일깨워준다.『꿈의 노벨레』에서는 아내가 자신이 아닌 다른 남성에게 성적 욕망을 느낄 수 있다는 사실을 알고 분노하던 주인공 프리돌린이 '통제되지 않은 욕망의 장'인 비밀가면무도회를 체험하면서, 성 욕망을 '윤리적 판단에 우선하는 인간의 자연적 본질'로 인식하는 과정을 묘사한다(이에 대해서는 뒤에서 더 자세하게 살펴볼 것이다).

이러한 관점에서 보면『라이겐』에서 묘사하는 비윤리적 관계들을 단순한 '음담패설'로 볼 수 없다는 사실은 분명해 보인다. 자신이 속한 사회 계급을 대변하는 인물들이 예외 없이 불륜을 나누는 모습은 당대의 타락한 성 문화에 대한 묘사이기 이전에, 인간의 본질적인 욕망이 문명화된 사회의 윤리적 통제와 가치 너머에 존재한다는 사실에 대한 해학적 표현인 것이다.

이러한 맥락에서 마지막 에피소드에 등장하는 백작의 독백은 의미심장하다. 백작의 입을 통해 성 욕망의 본질을 암시하기 때문이다. 백작은 윤리적으로 가장 타락한 인물이자 성 욕망을 가장 직접적으로 표현하는 창녀의 잠든 모습을 바라보면서 다음과 같이 이야기한다.

　　백작　(…) 많은 여자들을 알았지만 그 여자들은 잠잘 때조차 이렇게 도덕적으로 보이지는 않았어. 맙소사… 뭐 룰루는 또 철학 한다고 말하겠지만. 하지만 진짜야, 잠이란 것도 ─ 그 형제, 그러니까 죽음과 마찬가지로 사람을 모두 똑같은 존재로 만들어준다는 생각이 들어. (…)

또 잠에서 깨어난 창녀의 모습을 보면서는 다음과 같이 말한다.

　백작　하긴 얼굴만 본다면 말이야, 지금처럼… 아침에 깨어날 때는 누구나 순결해 보여… (…)

백작이 창녀에게서 가장 도덕적인 모습과 순결함을 발견하게 되는 것은 창녀가 잠을 자고 있거나, 잠에서 막 깨어난 상태라는 것과 관련이 있다. 백작이 직접 밝히고 있는 것처럼 잠은 죽음의 형제이고(그리스 신화에 등장하는 잠의 신 히프노스는 죽음의 신 타나토스와 형제지간이다), 죽음은 인간이 모든 사회적 조건들, 문명화된 삶의 형식들을 내려놓고 다시 자연의 상태로 돌아가는 것을 뜻한다. 그러므로 잠을 자고 있는 인간은 ─ 그리고 특히 그가 가장 문명화가 덜 된, 다시 말해 자연적 본성을 가장 잘 간직하고 있는 사회의 최하층민인 창녀라면 더욱더 ─ 자신의 자연적 속성을 가장 분명하게 드러낸다. 따라서 백작이 윤리적으로 가장 타락한 인물이자 성 욕망과 가장 직접적인 관계에 있는 창녀에게서 지고의 순결함과 도덕적 순수함을 느끼는 것은 사회적 조건과 윤리적 판단 너머에 존재하는 성 욕망을 '원초적인 순수함을 간직한 인간의 자연적 본성'으로 깨닫는 것이라고 볼 수 있다. 『라이겐』에서 묘사하는 다양한 남녀들의 관계에서 '변하지 않는 것', 즉 성 욕망은 결국 인간의 순수한 자연적 본성인 것이다.

변하는 것—문명화의 정도에 따른 성 욕망의 표현과 실현 방식

지금까지 살펴본 것처럼 『라이겐』의 에피소드들은 모두 성 욕망과 이의 실현을 중심으로 하는 동일한 구조로 이루어져 있다. 그러나 조금 더 자세히 살펴보면, 각각의 대화들 사이에 여러 가지 차이점 또한 있다는 사실을 알 수 있다. 이 중 우선 눈에 띄는 것은 성행위에 이르기까지 이어지는 대화의 분량이다. 1978년에 초판이 출간된 피셔 출판사의 슈니츨러 전집을 기준으로 할 때, 첫 번째 에피소드인 "창녀와 군인"에서 성행위에 이르기까지 두 인물의 대화는 총 66행에 걸쳐 이어지고, "군인과 하녀"에서는 70행, "하녀와 젊은 주인"에서는 83행, "젊은 주인과 젊은 부인"에서는 178행, "젊은 부인과 남편"에서는 216형, "남편과 귀여운 아가씨"에서는 245행, "귀여운 아가씨와 작가"에서는 163행, "작가와 여배우"에서는 147행, 그리고 "여배우와 백작"에서는 225행의 대화가 이어진다.

단순히 대화를 나누는 두 인물의 신분과 대화의 길이만 고려했을 때 알 수 있는 것은 하층민들 간의 관계일 경우("창녀와 군인", "군인과 하녀") 성행위에 이르기까지 상대적으로 짧은 대화(각각 66행, 70행)가 이루어지고, 둘 중 한 명이 더 높은 사회 계급인 부유한 시민이나 귀족에 속하는 인물들일 때 ("하녀와 젊은 주인", "귀여운 아가씨와 작가") 대체로 대화가 길어지며(각각 83행, 163행), 관계를 나누는 두 사람이 모두 높은 사회 계급에 속한 경우("젊은 주인과 젊은 부인", "젊은 부인과 남편", "여배우와 백작") 대화가 가장 길어진다는(각각 178행, 216행, 225행) 사실이다.

이처럼 성행위에 이르기까지의 대화 길이가 차이 나는 이유는 사회적 신분이 높을수록 본래의 목적인 성 욕망의 충족을 직접적으로 드러내지 못하기 때문이다. 예를 들어 창녀는 군인을 보자마자 곧 "함께 가지 않을래?"라고 말하며 단도직입적으로 목적을 드러낸다. 이는 군인 또한 마찬가지여서 자신의 상황과 의도를 아무런 꾸밈없이 매우 직접적으로 전달하기 때문에

두 사람은 곧장 대화의 목적을 달성하게 된다. 그러나 창녀가 아닌 하녀와 만나면 군인의 태도에 변화가 생긴다. 군인은 하녀를 숲속으로 데려가면서 — 사실은 이를 통해 자신의 의도를 이미 분명하게 밝히고 있음에도 — 그녀의 이름을 묻고, 외모를 칭찬하며, 그녀를 집적거렸던 사내를 가만두지 않겠다고 허세를 부리기도 한다. 하녀 역시 어떤 의도로 군인이 자신을 숲속으로 데려가는지 잘 알면서도 반복해서 "이럴 줄 알았더라면 [따라오지 않았다]!"고 외치며, 말을 놓자는 군인의 제안까지도 아직 서로 잘 모른다는 이유로 거절한다. 그러나 이러한 하녀의 태도는 곧 자신의 욕망을 감추려는 공허한 수사에 불과했다는 것이 드러난다.

> 군인 다른 사람들은 필요 없어, 안 그래, 마리, 필요 없어… 그걸 하는 데는…
> 하하.
> 하녀 그렇지만, 프란츠 씨, 제발, 맙소사, 좀 봐요, 이럴 줄… 알았더라면… 아…
> 아… 어서 와!

부유한 시민계급에 속하는 젊은 주인과 하녀의 관계에서는 대화가 더욱 길어지는데, 이는 젊은 주인이 자신의 욕망을 완전하게 드러내기까지 네 번이나 사소한 심부름을 시키며 하녀를 부르기 때문이다. 이때 하녀를 반복해서 부르는 것은 한편으로는 그녀를 가까이에 두고 싶은 욕망의 표현이지만, 다른 한편으로는 하녀와 관계를 맺기 위한 비열한 전략이기도 하다. 젊은 주인은 심부름을 시키는 과정에서 매우 엄격하고 권위적인 모습을 보이는데, 이는 하녀에게 자신의 우월한 지위를 분명하게 인식시킴으로써 저항을 미리 차단하려는 시도로 이해할 수 있다.

공허한 수사를 통해 성 욕망을 감추고 도덕성을 가장하려는 시도는 "젊은 주인과 젊은 부인"의 에피소드에서 절정에 달한다. 젊은 부인은 두꺼운 베일

두 개로 얼굴을 가리고 나타나 단 5분만 머물다 갈 것이라고 과장된 말투로 수차례 강조하며, 모자도 외투도 벗지 않으려 한다. 또 젊은 주인에게 오지 않겠다는 긴 편지를 썼다가 찢어버렸다고 이야기하기도 하고, 자신이 타락했다는 사실에 몹시 괴로워하는 등 불륜에 저항하는 정숙한 여인의 모습을 보여주려 애를 쓴다. 그러나 이러한 그녀의 이야기들은 행동과 일치하지 않는 공허한 가장에 불과하다. 단지 잠시만 머물다 가겠다던 젊은 부인은 슬그머니 외투를 벗어놓고는 떠날 기색을 보이지 않으며, 젊은 주인의 손에 이끌려 침실에 들어가서는 돌연 적극적인 모습을 보인다.

젊은 부인이 '사랑 때문에 타락할 수밖에 없었던 순수하고 불행한 여인'의 가면을 쓰고 있는 동안 젊은 주인은 그녀에게 불륜을 합리화할 수 있는 근거들을 제시해주기 위해 노력한다. 그리고 그 첫 번째 근거는 절대적인 사랑이다.

> 젊은 부인   맙소사, 알프레트, 왜 저를 이런 길로 끌어들이셨어요.
>
> 젊은 주인   그건 제가 당신을… 너무나 사랑하기 때문이에요.

하녀가 오로지 성적 욕망으로 인해 벌어진 일을 '사랑'으로 합리화하려 시도하듯이, 젊은 주인 역시 이 대사에서 '사랑한다면 윤리적 판단은 중요하지 않다'는, 다시 말해 '사랑'이 윤리보다 상위의 가치라는 주장을 하는 것처럼 보인다. 젊은 주인은 이어서 또 다른 전략으로 불륜을 합리화한다.

> 젊은 주인   (…) 전 당신에 대해서 많이 생각해봤어요. 전 당신이 불행하다는 걸 알아요.
>
> 젊은 부인   (기뻐한다.)
>
> 젊은 주인   인생은 너무나 텅 비어 있고, 너무나 공허해요 — 게다가 — 너무 짧지

요 — 끔찍할 만큼 짧아요! 오로지 단 하나의 행복만이 있을 수 있어
요… 나를 사랑해줄 수 있는 한 사람을 찾는 것 —

여기에서 젊은 주인은 우선 젊은 부인이 윤리적 판단을 중요시하지 않아
도 되는 특별한 상황, 즉 "불행" 속에 살고 있다고 — 아무런 근거도 없이 —
강변하고, 이어서 인생이 짧다는 것을 이유로 윤리적 판단을 아예 무력화하
려 시도하고 있다. 이러한 젊은 주인의 시도는 우선은 성공적인 것처럼 보인
다. 젊은 부인이 자신이 불행하다는 그의 주장에 기뻐하기 때문이다. 하지만
피상적이며 공허한 수사에 불과한 젊은 주인의 이야기에 대한 그녀의 기쁨이
정말로 진지한 것인지는 의심스럽다. 젊은 주인의 이야기 도중 젊은 부인이
보이는 행동은 그녀에게 — 그리고 사실은 젊은 주인에게도 — 이 진지한 척
하는 대화가 일종의 연극에 불과하다는 사실을 잘 보여주기 때문이다.

> 젊은 주인　인생은 너무나 텅 비어 있고, 너무나 공허해요 — 게다가 — 너무 짧지
> 　　　　　요 — 끔찍할 만큼 짧아요! 오로지 단 하나의 행복만이 있을 수 있어
> 　　　　　요… 나를 사랑해줄 수 있는 한 사람을 찾는 것 —
> 젊은 부인　(설탕에 절인 배를 탁자에서 집어 입으로 가져간다.)
> 젊은 주인　반은 나에게 줘요. (여자는 입으로 설탕에 절인 배를 건네준다.)

도덕적 타락에 대한 젊은 부인의 괴로움과 갈등이 그저 연기에 불과할 뿐
이라는 사실은 곧 이어지는 장면에서 더욱 분명하게 드러난다. 젊은 부인은
자신을 옆방으로 데려가는 젊은 주인에게 여전히 "맙소사, 대체 날 얼마나
타락한 여자로 만들려는 거예요!"라고 소리치지만, 곧 옷을 벗고 침대로 들
어가 — 하녀와 똑같이 — 오히려 적극적으로 젊은 주인을 부른다.

젊은 부인	당신은 정말… 맙소사, 대체 날 얼마나 타락한 여자로 만들려는 거예요! — 알프레트!
젊은 주인	당신을 너무나 사랑해요, 엠마!
젊은 부인	기다려, 최소한 기다려주기라도 해요… (약해져서) 나가 있어요… 그러면 내가 부를게요.

(…)

젊은 부인	(애정 어린 목소리로) 어서 와, 어서, 어서!

본래의 목적인 성 욕망의 실현에 이르기까지 공허한 대화가 길게 이어지는 것은 시민계급에 속하는 인물들이 등장하는 다른 에피소드에서도 동일하다. 그러나 대화의 내용은 차이가 나는데, 유일하게 윤리적으로 정당한 관계이면서도, 오히려 성 욕망의 지배를 가장 덜 받는 "젊은 부인과 남편"의 관계에서는 앞선 에피소드들에서와는 달리 '왜 부부가 성 욕망으로부터 일정한 거리를 두어야 하는지', 또 '왜 여성은 남성과 달리 정숙해야만 하는지'에 대한 남편의 일방적인 설교가 이어진다. "남편과 귀여운 아가씨"에서는 귀여운 아가씨를 지속적인 불륜 대상으로 삼기 위해 그녀의 신상을 꼬치꼬치 캐묻는 남편의 질문들과 함께 자신의 과거와 욕망을 숨기려는 귀여운 아가씨의 숨바꼭질 같은 대화가 이어진다. 이러한 내용의 차이에도 부유한 시민계급들의 대화는 공통점이 있다. 그것은 대화의 목적이 자신의 본래 의도를 드러내는 것이 아니라 은폐하고 포장하는 데 있다는 것이다.

이처럼 『라이겐』에 등장하는 인물들은 예외 없이 윤리적 판단에 우선하는 자연적 욕망의 실현을 목적으로 한다는 공통점이 있음에도, 그들이 사용하는 언어와 행동의 양식에서 분명하게 서로 다른 모습을 보여준다. 그러한 차이는 무엇보다도 인물들이 속한 사회적 집단의 차이와 밀접한 관계가 있는데, 이는 단순히 사회적 신분 혹은 경제적 계급에 따라 언어와 행동의 관습이 다르다는 것만을 의미하지는 않는 것처럼 보인다. 신분이 높아질수록 자연적인 감정과 본능적인 욕망을 직접적으로 표현하지 못하며, 언어적 표현이 본래의 진술 목적에서 멀어지는 현상은 자연적 본성과 문명을 대립적인 것으로 이해한 세기전환기의 인간관과 정확하게 일치하기 때문이다.

인간을 자연의 일부로 보는 생물학적 인간관과 19세기 말의 문명비관론을 바탕으로 하는 이러한 인간관에서 사회적 신분은 문명화의 정도에 따른 집단 구분과 동일시되며, 따라서 신분이 높아질수록 문명화된 집단의 특징, 즉 자연적 본성의 억압과 이에 따른 자연적 본성의 약화, 양식화된 삶과 언어 등의 특징이 두드러지게 나타난다. 따라서 사회의 하층민들과 부유한 시민계급의 인물들이 보여주는 차이는 사회적 계급에 따른 언어와 행동 양식의 차이인 동시에 문명화의 정도에 따른 차이로도 이해할 수 있다.

문명화의 정도와 언어 및 행동 양식의 이와 같은 연관관계를 가장 잘 보여주는 인물은 사회적 신분이 가장 높은, 따라서 가장 문명화된 인물로 볼 수 있는 백작이다. "여배우와 백작"의 에피소드에서 그는 다른 인물들처럼 궁극적으로 성 욕망의 실현을 목적으로 하는 긴 이야기를 늘어놓는다. 그런데 이때 그의 이야기는 시민계급의 대화와는 또 다른 특징을 보여준다. 우선 백작은 대체로 불륜과 관련된 현실적인 문제들에 대해 이야기하는 시민들과 달리, 재미, 시간, 아름다움, 인간의 본질, 삶의 의미, 행복 같은 추상적인 것들을 주제로 삼는다. 또한 그의 이야기는 욕망을 은폐하거나 불륜을 합리화하기 위한 시도가 아니라, 단순히 자신의 "철학적" 성찰과 자신의 삶의 방식을 드러내는 행위로 나타난다. 말하자면, 백작의 이야기는 시민들의 대화보다 훨씬 더 공허하며 이야기의 원래 목적(성 욕망의 충족)에서도 훨씬 멀리 떨어져 있는 극단적인 문명화의 경향을 보여주는 것이다.

백작이 극단적으로 문명화된 삶의 양식을 대변한다는 사실은 다음의 대화에서 더욱 분명하게 나타난다.

백작	진실을 말하자면, 난 아침에 하는 사랑은 끔찍하다고 생각해.
여배우	나 참 — 백작님은 내가 만난 사람들 중에 제일 정신 나간 사람인 것 같아.
백작	난 보통 여자들에 대해서 얘기하는 게 아니야… 보통의 경우라면 결국엔 다 마찬가지니까. 하지만 아가씨 같은 여자들은… 아니야, 아가씨는 날 백번이고 바보라고 불러도 돼. 하지만 아가씨 같은 여자들은… 아침 식사 전에 안는 게 아니야. 그리고… 알겠어?… 그…

(…)

백작	내 생각에는 말이야… 공연이 끝나고 내가 아가씨를 차 안에서 기다리는 거야. 그러고는 어디로든 함께 저녁 식사를 하러 가는 거지-.
여배우	난 비르켄 양이 아니야.
백작	난 그렇게 말하지 않았어. 그저 모든 일에는 적당한 분위기가 따라야 한다고 생각할 뿐이야. 난 저녁 식사 때라야 분위기를 탄다고. 가장 좋은 건 그렇게 저녁 식사를 하고 함께 집으로 가서, 그러고 나서…

여기에서 백작은 성 욕망을 충족시키는 행위 자체보다 멋진 밤을 위하여 성행위를 포함한 모든 요소들을 적당한 형식과 분위기 속에 정리해 넣는 것을 더 중요하게 생각하는 것처럼 보인다. 이러한 백작의 성격은 행위의 본질적인 목적보다 행위의 양식과 아름다움을 더 중요하게 생각하는 세기전환기의 유미주의적 삶의 태도와 일치한다. 백작은 이 희곡에서 유일하게 젊은이가 아닌 "초로"의 인물로 등장하며, 성 능력도 가장 뒤떨어지는 것으로 묘사되고 있다. 성 능력에 자신이 없는 백작은 여배우와 관계를 맺는 데 소극적인 태도를 취하며, 성행위 후 그날 저녁에 다시 찾아오라는 여배우의 요청에 "그러면 별 의미가 없을 것"이라는 대답을 할 수밖에 없다.

백작의 성 능력 부족, 혹은 결여는 마지막 에피소드인 "백작과 창녀"에서 다시 한 번 우스꽝스러운 모습으로 나타난다. 유일하게 짧은 선들이 등장하지 않는 이 에피소드에서 백작은 창녀의 방에서 깨어나는데, 술에 취해 지난밤 일을 기억할 수 없었던 백작은 창녀와 관계를 갖지 않고 그냥 잠이 든 것으로 생각하고 실망한다. 그러고는 마치 자신의 성 능력을 어떻게든 확인받으려는 듯 창녀에게 — 여전히 직접적이지 못한 방법으로 말을 돌려가며, 그것도 여러 차례 머뭇거리다가 — 자신이 정말로 성관계를 맺지 않고 그냥 잠이 들었는지를 물어본다. 그리고 창녀에게서 그러지 않았다는 대답을 듣고는 은근한 만족을 느끼며 오히려 '그렇게 하지 않았더라면 더 좋았을 것'이라는 허세 섞인 혼잣말을 하며 창녀의 방을 나선다.

문명화의 정도에 따른 성 능력의 차이는 다른 인물들에게서도 일관되게 나타난다. 남성들 중 가장 낮은 신분, 즉 문명화의 정도가 가장 낮은 집단에 속하는 군인은 성 욕망과 능력이 가장 강한 인물로 등장한다. 두 번째 에피소드인 "군인과 하녀"에서는 유일하게 성행위를 암시하는 짧은 선들이 연달아 두 번에 걸쳐 등장한다. 반면, 사회적 신분과 문명화의 정도에서 군인과 백작 사이에 존재하는 젊은 주인에게서는 성 능력의 저하, 혹은 결함이 나타난다. "젊은 주인과 젊은 부인"의 에피소드에는 "군인과 하녀"와 마찬가지로 짧은 선들이 두 번 등장하지만, 이때 첫 번째 짧은 선들은 성행위가 아니라 일시적인 임포텐츠로 인한 성관계의 실패를 의미하기 때문이다.

『라이겐』을 구성하고 있는 열 가지 남녀 관계가 보여주는 차이, 즉 '변하는 것들'은 기본적으로 사회적 신분에 따른 언어 및 행동 양식의 차이와 성 능력의 차이라고 할 수 있다. 하지만 지금까지 살펴본 것처럼 이는 단순히 사회적 신분에 따른 관습의 차이나 인물들의 개인적인 성 능력의 차이만을 보여주는 것이 아니다. 창녀와 군인에서 부유한 시민계급, 백작에 이르는 인물들의 신분은 사회적·경제적 계급임과 동시에 문명화의 정도가 다른 집단을 의미하기 때문이다. 열 편의 에피소드들이 보여주는 남녀 관계의 서로 다른 모습들은 결국 문명화의 정도에 따라 성 욕망의 표현과 실현 양상, 그리고 성 욕망 자체가 어떻게 달라지는지를 보여주는 것이라 할 수 있다.

『라이겐』의 에피소드들에서 나타나는 공통점과 차이점, 즉 '사회적 신분의 차이에도 변화하지 않는 것들'과 '사회적 신분의 차이에 따라 변화하는 것들'은 슈니츨러가 이 작품을 통해 무엇을 묘사하고자 했는지를 분명하게 드러내준다. 슈니츨러는 다양한 사회집단에 속하는 인물들의 즉흥적이고 불륜적인 관계를 통해 성 욕망이 모든 인간의 본질을 이루는, 윤리적으로 쉽게

오늘날의 카페 쩬트랄

빈 모더니즘과 청년-빈파, 카페 쩬트랄

작가 아르투어 슈니츨러와 후고 폰 호프만스탈, 건축가 오토 바그너와 아돌프 로스, 작곡가 아르놀트 쇤베르크, 정신분석학의 창시자 지그문트 프로이트, 철학자 루트비히 비트겐슈타인, 화가 구스타프 클림트의 공통점은 무엇일까? 19세기 말과 20세기 초 각 분야에서 가장 중요한 인물들 중 하나였던 이들은 모두 합스부르크 가문이 지배하던 오스트리아-헝가리 이중제국의 수도 빈에서 활동했다. 이들의 이름이 말해주듯, 이 시기에 빈은 문학과 철학, 음악과 미술, 건축 등의 분야에서 비슷한 사례를 찾아보기 힘들 정도로 뛰어난 인물들을 많이 배출했다. '빈 모더니즘'은 세기전환기 빈의 이 특별한 문화적 상황을 일컫는 개념이다. 빈 모더니즘의 중요한 특징 중 하나는 당대 작가, 예술가, 평론가 사이의 교류가 카페를 중심으로 매우 활발히 이루어졌다는 점이다. 흔히 '청년-빈파'라고 불리는 당대의 젊은 작가들(슈니츨러, 호프만스탈, 바르, 베어-호프만, 잘텐, 안드리안 등)은 처음에는 카페 그리엔슈타이들을 중심으로, 카페 그리엔슈타이들이 문을 닫은 1897년부터는 카페 쩬트랄을 중심으로 활동했다.

판단 내릴 수 없는 인간의 자연적 본성이라는 사실을 보여준다. 그리고 동시에, 사회적인 조건과 문명화의 정도에 따라 성 욕망을 표현하는 언어, 성 욕망과 윤리적 판단이 갈등을 빚는 상황에 대처하는 방식, 그리고 궁극적으로는 인간의 자연적 본성인 성 능력 자체까지도 달라진다는 것을 유쾌한 풍자와 해학으로 그려내고 있는 것이다.

성적인 존재로서 인간과 사회·윤리적 통제―프랑크 베데킨트『봄의 깨어남』

극작가이자 배우인 프랑크 베데킨트(1864~1918)의 희곡『봄의 깨어남』은 두 가지 측면에서 파격적이고 도발적인 작품이었다.

『봄의 깨어남』이 파격적인 이유는 우선 연극 형식에서 찾아볼 수 있다. 19세기 말에 이르기까지 연극은 전통적으로 '관객이 무대 위에서 벌어지는 사건들을 실제 현실로 받아들일 것을 요구'하는 환영극을 지향했다. 환영극은 아리스토텔레스의『시학』에 이론적 토대를 둔 연극으로서, "연민과 공포"를 통한 감정의 정화, 즉 카타르시스를 불러일으키기 위해 무대 위에서 벌어지는 사건에 관객이 완전히 감정이입을 하도록 유도하고자 한다. 이를 위해서 연극은 여러 가지 방법으로 관객이 무대 위 사건을 실제 사실인 것처럼 받아들일 수 있는 조건을 만든다. 공간적으로 실제 무대 크기 정도의 장소에서 벌어질 수 있는 사건을 되도록 장소의 변경 없이 보여주는 것(장소의 일치), 되도록 극중 시간과 실제 시간을 일치시키는 것(예를 들어 극중의 1시간은 실제의 1시간이 될 것, 시간의 일치), 관객들이 줄거리를 쉽게 이해할 수 있도록 간결한 이야기 구조를 가질 것(사건의 일치) 등, 흔히 "삼일치법칙"으로 알려진 연극의 "법칙"은 모두가 "환영(illusion)"을 만들기 위한 수단이라 할 수 있다. 또한 비극의 주인공은 신분이 높은 사람이어야 하며(신분이 낮은 사람이 몰락할

봄의 깨어남-청소년 비극(Frühlings Erwachen. Eine Kindertragödie)

작가: 프랑크 베데킨트

형식: 3막으로 구성된 희곡

집필: 1890/1891년

발표: 파격적인 내용으로 인하여 출판사를 찾는 데 어려움을 겪은 베데킨트는
1891년에 취리히의 장 그로스 출판사를 통해 자비로 출판

초연: 1906. 11. 20. (베를린 캄머슈필레)

번역본:

『사춘기』, 김기선 역, 성신여자대학출판부, 2001

『눈뜨는 봄』, 김미란 역, 지만지, 2011

* 원작의 제목은 "봄의(Frühlings) 깨어남(Erwachen)"이다. 한국어로 옮겼을 때 어색
한 표현이라서 두 번역본은 작품의 내용에 맞춰 제목을 의역한 것으로 보인다.

독일어 판본:

Frühlings Erwachen. Eine Kindertragödie, Stuttgart: Reclam, 1995

Frühlings Erwachen. Eine Kindertragödie, Frankfurt am Main: Suhrkamp,
2002

* 뮤지컬화: 이 작품은 2006년에 미국 브로드웨이에서 뮤지컬("Spring Awakening")
로 만들어져 큰 성공을 거뒀다. 국내에서도 2009/2010년과 2011년에 라이선스 공
연이 이루어졌다.

때보다 신분이 높은 사람이 몰락할 때 몰락의 낙폭이 더 커서 더 큰 연민과 공포를 불
러일으킨다), 희극의 주인공은 신분이 천해야 한다(신분이 낮은 사람일 때 웃음
을 유발하기 쉽다)는 신분규칙 역시 같은 목적으로 만들어진 것이었다.

  아리스토텔레스의 시학 규정을 엄격하게 따르던 프랑스 고전주의 연극(피
에르 코르네유, 몰리에르, 장 라신 등이 주도)이 독일에 소개된 18세기 이후 독일

연극도 기본적으로 아리스토텔레스적인 전통극의 틀을 크게 벗어나지 않았다. 물론 이후 독일 연극의 발전이 고전주의적 규칙과 규범들을 파괴해가며 이루어진 것도 사실이다. 고트홀트 에프라임 레싱이 셰익스피어를 소개한 이후 삼일치법칙의 절대성이 깨졌고, 역시 레싱이 시민을 주인공으로 한 시민비극을 등장시킴으로써 신분규칙마저 그 절대성을 잃었다. 게오르크 뷔히너와 하우프트만 등은 하층민이 주인공으로 등장하거나, 주인공이 없는 파격적인 내용과 형식의 비극들을 무대에 올리기도 했다. 그러나 세기전환기에 이르기까지 대부분 극들은 여전히 삼일치법칙의 일부를 준수했으며, 관객들이 사실로 인지할 수 있는 "환영"을 제공하는 것을 기본적인 목적으로 하는 전통극의 테두리를 완전히 벗어나지 못했다(등장인물과 소재에서 혁명적이라 할 수 있을 만큼 파격적이었던 하우프트만의『해 뜨기 전』역시 사건, 장소, 시간의 일치가 대체로 잘 지켜지는 전통적인 5막극의 형식으로 쓰였다는 사실을 기억하자).

그러나『봄의 깨어남』은 이러한 전통적인 희곡의 형태를 전혀 지키지 않는다. 각각 5장, 7장, 7장으로 이루어진 세 막으로 구성된 이 극은 여름이 가까운 늦은 봄에 시작되어 11월까지 7개월여에 걸쳐 진행됨으로써 극중 시간과 현실 시간의 일치를 요구하는 '시간의 일치' 법칙을 크게 위반한다(기보다 '무시한다'는 것이 더 적당한 표현이라 생각한다). '장소의 일치' 역시도 철저하게 파괴된다. 여자 주인공인 벤틀라의 집 거실, 거리, 학교 앞 공원, 남자 주인공 멜히오르의 공부방, 학교 회의실, 청소년교화원, 공동묘지, 교회의 묘지 등 19개 장들의 공간적 배경이 대부분 서로 다르거나 장소가 특정되어 있지 않기 때문이다. '사건의 일치'도 마찬가지로 지켜지지 않는다. 주요 인물들인 멜히오르와 모리츠, 벤틀라가 전통적인 주인공의 역할을 하기는 하지만, 이들이 함께 중심 이야기를 진행시키는 것이 아니라 각자가 독립적으로 진행되는 자신의 이야기를 진행해가며 서로 교차할 뿐이다(또한 다른 인물들과 교차하지 않으며 자신만의 이야기를 전달하는 인물들도 등장한다). 그 결과 사건의 진행은 하노버에서 태어난 **프랑크 베데킨트**(1864~1918)는 1872년에 부모를 따라 스위스로 이주했다. 학교생활에 적응하지 못하여 개인교사에게 교육을 받은 베데킨트는 1884년에 로잔 대학에서 독일 문학과 프랑스 문학 공부를 시작했다. 같은 해에 뮌헨으로 이주하여 법학으로 전공을 바꿨지만, 이마저 곧 중단했다. 1886년에 아버지가 재정 지원을 중단하자 베데킨트는 다시 취리히로 이주하여 법학을 공부하지만, 1888년에 아버지가 사망하고 유산을 물려받으면서 학업을 완전히 중단하고 창작에 집중하기 시작했다. 1889년에 뮌헨으로 이주한 베데킨트는 1896년에 다시 뮌헨으로 돌아올 때까지 파리, 베를린, 런던 등에서 거주하며 『봄의 깨어남』, 『지령』 등의 희곡을 창작했다. 독일제국의 황제 빌헬름 2세를 조롱하는 시로 인해 6개월의 징역형을 선고받기도 한 베데킨트는 이후 뮌헨과 베를린에서 배우와 작가로 활발하게 활동했다. 베데킨트는 1918년에 맹장 수술의 후유증으로 사망했다. 대표작으로는 희곡 『봄의 깨어남』(1891), 『지령』(1895), 『카이트 후작』(1901), 『판도라의 상자』(1902) 등이 있다.

일관되고 직선적이기보다 산만하고 병렬적으로 느껴진다.

이와 같은 삼일치의 파괴는 아리스토텔레스적 전통극의 목적인 '사실의 환영'을 만들어내는 것을 어렵게 만든다. 관객들은 무대 위에서 벌어지는 일이 실제 사실이라고 생각하기 어려우며, 그 결과 무대 위 사건들은 사실에서 독립하여, 사실을 반영하되 더 이상 사실로는 인식되지 않는, 그 자체로서 가치를 갖는 '예술적 사실'로 나타나게 된다. 이러한 '독립'을 재촉하는 또 다른 요소는 작품의 마지막에 등장하는 초현실적 사건들이다. 자살한 모리츠가 자신의 머리를 들고 나타나 멜히오르에게 자살을 권유하고, 복면을 쓴 정체불명의 사나이가 불쑥 나타나 모리츠를 사기꾼이라고 몰아세우며 멜히오르를 도와주는 장면은 무대 위 사건과 사실 사이의 연결 고리를 끊을 뿐 아니라, 더 나아가 사실의 환영이라는 연극의 전통적인 정체성을 밑바닥부터 거부하는 장면이라 할 수 있다.

그러나 베데킨트가 출판사의 거부로『봄의 깨어남』을 자신의 활동 무대였던 뮌헨에서 정식으로 출간하지 못하고 스위스 취리히에 있는 쟝 그로스 출판사에서 자비로 출간할 수밖에 없었던 것은 이러한 연극 형식에서의 파격 때문이 아니었다. 이 작품이 출간되기도 전에 이미 법적 조치에 대한 우려가 나온 것은 당시 금기시되던 청소년들의 성 문제를 적나라하게 묘사할 뿐만 아니라 불합리하고 억압적인 시민계급의 교육을 직설적으로 조롱하고 비판하는 작품의 파격적이고 도발적인 내용 때문이었다.

『봄의 깨어남』은 여러 인물들을 중심으로 한 여러 갈래의 줄거리를 통해 이제 막 성에 눈을 뜨기 시작하는 청소년들의 문제를 다룬다. 줄거리는 크게 다음과 같은 세 갈래로 진행된다.

① 멜히오르 가보르는 사춘기의 지적인 남학생으로, 인간의 몸과 성에 대한 생물학적인 지식이 있다. 멜히오르는 성에 대해 전혀 아는 것이 없는 친구 모리츠에게 성과 임신, 출산에 대해 설명하는 그림을 전해주었다가, 그것이 어처구니없게도 모리츠가 자살한 원인으로 지목되었기 때문에, 또 벤틀라와 성관계를 했다는 사실이 밝혀지면서 부모에 의해 청소년교화원으로 보내진다. 청소년교화원 생활을 견디지 못한 멜히오르는 교화원을 탈출하고, 모리츠를 따라 자살을 하려고 한다. 이때 죽은 모리츠가 머리를 팔에 끼고 나타나 자살을 권하지만, 갑자기 나타난 복면을 쓴 남성의 설득으로 멜히오르는 다시 살아가기로 결정한다.

② 멜히오르의 친구인 모리츠 슈티펠은 낙제를 면하기 위해 교무실에서 서류를 바꿔치기했다는 사실이 발각되자 미국으로 도망치려고 한다. 그러나 멜히오르의 어머니가 도주를 위한 비용을 빌려달라는 요청을 거절하자 절망 속에 자살해버리고 만다. 후에 멜히오르가 자살 유혹에 빠졌을 때 멜히오르 앞에 다시 나타나 죽음을 찬미하며 자살을 권유한다. 그러나 복면을 쓴 남

성이 나타나 외롭고 괴로운 죽음의 세계를 함께할 친구를 찾고자 하는 모리츠의 진짜 의도를 폭로하자 곧 뒤로 물러선다.

③ 순진한 여학생인 벤틀라 베르크만은 부모의 보수적인 교육 탓에 아무런 지식도 없이 성에 눈을 뜨게 된다. 결국 벤틀라는 우연히, 그것이 어떤 결과를 가져올지 전혀 알지 못한 채로 멜히오르와 성관계를 맺고 임신까지 하게 된다. 벤틀라의 임신을 먼저 눈치챈 어머니는 절망에 빠진다. 그대로 아이를 낳으면 벤틀라는 물론 자신의 사회적 삶까지 불가능해질 것이라는 사실을 알기 때문이다. 이에 어머니는 자신이 임신했다는 사실을 알고 경악하는 벤틀라에게 독한 낙태약을 주고, 벤틀라는 약의 부작용으로 목숨을 잃는다.

작품의 내용을 결정짓는 주요 줄거리는 위의 세 인물들을 통해 이루어지지만, 헨스헨 릴로우와 에른스트 뢰벨, 일제 등의 다른 청소년들을 통해 전체 줄거리의 진행과 무관한 청소년들의 성 문제를 추가로 묘사한다.

두 청소년의 죽음과 한 청소년의 희망 없는 방황이라는 이 작품의 비극적 결말은 명백하게 학교와 부모의 그릇된 교육에 그 원인이 있다. 보수적이고 강압적인 환경에서 학업을 따라가지 못하는 모리츠를 기다리고 있는 것은 낙제와 낙오뿐이고, 모리츠는 학업의 실패를 인생의 실패와 동일시하는 부모와 교사 그 누구에게도 도움을 받지 못한 채 절망 속에서 스스로 삶을 끊을 수밖에 없다. 벤틀라의 죽음은 더 극적이다. 벤틀라는 황새가 아기를 가져다주는 것이 아니라는 사실을 알게 된 후 어머니에게 아이가 어떻게 생기는지를 물어보지만 벤틀라의 어머니는 자신의 품위 때문에, 또 아이에게 성과 관련된 지식을 전달하는 것이 비윤리적이라 생각하기 때문에 "결혼해서 사랑을 하면" 아이를 갖게 된다고 대답한다. 그러나 이는 벤틀라가 임신을 하게 되는 중요한 이유가 된다. 이러한 은폐로 인해 성에 대해 아무것도 알지 못하는 벤틀라는 임신 가능성을 전혀 알지 못한 채로, 오로지 호기심 때문에 멜히오르와 잠자리를 같이하기 때문이다. 벤틀라의 임신에 대한 어머니의 대처도 비극의 원인이 된다. 벤틀라의 어머니는 딸의 출산을 막기 위해 독한 약을 먹였다가 결국 딸이 목숨을 잃도록 만든다.

멜히오르는 상대적으로 개방적인 어머니 덕에 좀 더 자율적으로 성장할 수 있었지만, 그러한 어머니 역시 성 문제에 관해선 다른 부모들과 다를 것이 없다. 아들을 교화원에 보내자는 멜히오르 아버지의 주장에 반대하던 멜히오르의 어머니는 멜히오르가 벤틀라와 잠자리를 가졌다는 사실을 알게 되자 멜히오르가 모든 자유를 빼앗길 것을 알면서도 주저 없이 아버지의 주장에 찬성한다. 학교 역시 멜히오르의 불행에 결정적인 역할을 한다. 모리츠의 죽음에 대한 멜히오르의 책임을 놓고 논의하는 회의에서 교사들은 학생에 대한 관심보다 학교의 안위와 명성에 대한 관심만으로 퇴학을 결정한다.

이처럼 『봄의 깨어남』에 등장하는 청소년들의 불행은 본인들 자신의 책임 때문에 발생한다기보다는, 부모와 학교, 교사들에 의해 야기된다. 이는 무엇보다 벤틀라의 임신과 죽음 등 성과 관련한 문제에서 분명하게 드러난다. 부모와 교사들은 성에 대해 이야기하는 것 자체를 금기시함으로써 청소년들이 사춘기를 지나면서 갖게 되는 성에 대한 호기심과 자연스러운 욕망을 억압하고자 하며, 그러한 은폐와 억압이 결국 비극적 사건의 원인이 되기 때문이다.

하지만 성을 은폐하려는 시도가 항상 성공하는 것은 아니다. 지적 능력이 뛰어난 멜히오르는 자발적인 학습과 경험, 성찰을 통해 성 욕망, 성행위와 이를 통한 수태와 출산이 모든 동물에게 적용되는 "본능적인 것"이며, 인간 역시 자연적인 존재로서 동일한 "본능"을 가지고 있다는 사실을 알고 있다.

멜히오르   나도 전적으로 그렇게 생각해, 모리츠! ― 근데 문제는 말이야, 여자
            애가 임신을 하면, 그럼 어떻게 할 거야?

모리츠   웬 임신?

멜히오르   난 그러니까 그런 관점에선 어떤 본능 같은 게 있다고 생각해. 예를

들면 수고양이와 암고양이를 새끼 때부터 함께 가둬놓고, 바깥으로 돌아다니지 못하게 하면, 그러니까 완전히 본능에만 맡겨두면 말이야, 보고 배울 수 있는 다른 고양이가 없어도 언젠가는 새끼를 밸 거야.

모리츠   짐승들은 뭐 저절로 그렇게 되겠지.

멜히오르 인간들이야말로 진짜 그렇다고 생각해! 들어봐, 모리츠, 네 아들이랑 딸이 같은 침대에서 자는데 남자애가 자기도 모르게 처음으로 남자의 흥분을 느끼게 된다면 — 아무하고나 내기를 해도 좋아…

이와 같은 인식을 방해하고 억압하는 가장 효율적인 방법은 아무런 설명 없는 도덕적 판결과 권위에 의존하여 침묵을 강요하는 것이다. 이는 "외설적인" 글로 모리츠를 자살로 이끌었다는 혐의를 받는 멜히오르의 퇴학 여부를 결정하기 위한 학교의 회의에서 잘 나타난다.

존넨슈티히 탁자 쪽으로 가까이 오게! 렌티어 슈티펠 씨가 아들의 끔찍한 부정행위에 대해 듣고 당황해서 아들 모리츠가 남긴 물건들을 뒤졌다네. 그렇게 해서 그 혐오스러운 범죄의 동기를 추적할 수 있게 되기를 바라면서 말이야. 그러다 그런 것이 있을 곳이 아닌 데서 어떤 글을 하나 발견하셨어. 그 글이 혐오스러운 비행 자체를 이해할 수 있도록 해주진 않았네. 하지만 그 비행에 결정적이었던 도덕적 혼란이 어떻게 해서 생겨났는지에 대해서는 유감스럽게도 너무나 충분한 설명을 제공해주었어. 그건 「동침」이라는 제목의 대화체로 쓰인 글이었어. 실물 크기의 삽화들이 그려져 있고, 파렴치한 음담패설로 가득한 20쪽짜리 논문이었지. 사악한 난봉꾼이 음란한 책을 읽으며 제기할 수 있는 억지스러운 요구에나 어울릴 것 같은 그런 글이었어. —

멜히오르	저는…
존넨슈티히	입 다물고 있어! (…)

(…)

존넨슈티히	그 외설스러운 글을 작성한 것은 자네인가?
멜히오르	네. ─ 하지만 교장선생님, 그 글에서 음란한 것이 뭔지 *하나만* 알려주시길 부탁드립니다.
존넨슈티히	내가 하는 정확한 질문에 간단명료하게 "예", 아니면 "아니오"로 대답만 해.
멜히오르	전 교장선생님께서도 너무 잘 알고 계신 사실 이상도 이하도 쓰지 않았습니다!
존넨슈티히	이런 파렴치한 놈!!
멜히오르	그 글에서 뭐가 도덕적이지 못한 건지 가르쳐주시길 부탁드립니다.
존넨슈티히	자네는 내가 자네의 어릿광대가 되어줄 기분이라 생각하나?! (…)
멜히오르	저는…
존넨슈티히	자네는 여기 모인 선생님들의 권위에 대한 존경심이 없어! 도덕적인 세계가 부끄러움을 감추고자 한다는 데 대한 이해심도, 인간의 마음속에 깊이 뿌리내리고 있는 그런 이해심에 대한 예의도 없고 말이야!

이미 이름에서부터 작가의 조롱을 느끼게 해주는 교장 존넨슈티히(Son-nenstich, '일사병'을 뜻함)는 멜히오르의 지극히 정당한 주장을 전혀 받아들이지 않고 그를 막무가내로 비난한다. 존넨슈티히가 이처럼 멜히오르의 주장을 받아들이지 않는 이유는, 멜히오르의 글이 당대의 암묵적인 도덕적 규율, 즉 청소년들은 성으로부터 격리해야 한다는 규율을 어겼기 때문이다. 따라서 멜히오르가 아무리 성과 관련된 과학적인 지식을 나열한 것이라 하더

라도 그는 용서받을 수 없다.

이처럼 은폐를 수단으로 하는 성교육은 가정에서도 이루어진다.

벤틀라	(…) 엄마, 화내지 마! 엄마 아니면 이 세상 누구한테 물어보겠어? 제발 얘기해줘, 엄마! 말해주라, 엄마! 나 자신한테 부끄러워. 말해줘, 엄마, 부탁이야! 그런 걸 물어본다고 혼내지 말고. 대답해줘, 어떻게 되는 건데? ― 어떻게 그렇게 되는 거야? ― 열네 살이나 된 아이가 황새가 아기를 데리고 온다는 말을 믿을 거라고 진짜로 생각하는 건 아니지?
베르크만 부인	맙소사, 얘야, 너 오늘 이상해! ― 그런 생각이 들다니! ― 난 진짜 못해.
벤틀라	왜? 엄마, 왜 안 돼? 모두가 다 기뻐하는 일이라면 흉측한 일일 리는 없잖아.
베르크만 부인	아이고, 하나님, 절 좀 지켜주세요! ― 그래, 내 잘못이긴 해… 자, 옷 입어, 아가야, 옷 입어.
(…)	
베르크만 부인	내게 죄가 없다는 걸 하늘도 알 거야, 벤틀라, 하늘도 아실 거야!, ― 이리 와봐! ― 얘기해줄게, 얘야, 네가 어떻게 이 세상에 왔는지 얘기해줄게. ― 잘 들어봐, 벤틀라.
벤틀라	(앞치마를 머리 위에 뒤집어쓰고) 듣고 있어.
베르크만 부인	(무언가에 홀린 듯) 그렇지만 안 되겠어, 아가야! 책임지질 못하겠어. ― 사람들이 날 감옥에 가두고, 널 내게서 빼앗아 가도 뭐라 할 수 없어…
벤틀라	(앞치마를 머리 위에 뒤집어쓰고) 마음을 단단히 먹어봐, 엄마!
베르크만 부인	그럼 들어봐…!

벤틀라	(앞치마를 머리 위에 뒤집어쓰고, 벌벌 떨면서) 어떡해, 어떡해!
베르크만 부인	아기를 갖기 위해선 말이야, 무슨 말인지 알겠어, 벤틀라?
벤틀라	빨리, 엄마 — 나 더 못 버티겠어.
베르크만 부인	아기를 갖으려면 — 남자를, 자기가 결혼한 남자를… *사랑해야 돼, 사랑해야 한다고.* — 남자하고만 할 수 있는 그런 방식으로 사랑해야 하는 거야! 온 마음을 다해서, 말로는, 말로는 표현할 수 없는 방식으로 사랑해야만 해! 남자를 사랑해야만 하는 거란다, 벤틀라, 네 나이엔 전혀 할 수 없는 그런 사랑을 해야 돼… 이제 알겠지?

성에 대한 은폐와 침묵을 강요하는 것을 특징으로 하는 교육은 청소년들로 하여금 자신의 욕망에 죄책감과 수치심을 느끼도록 만든다. 그러나 극중 가장 비극적인 사건을 야기하는 그릇된 교육의 결과는 성에 대한 청소년들의 무지다. 임신이 될 수 있다는 사실을 알지 못한 벤틀라는 한 번의 호기심 때문에 임신을 하게 되고, 이로 인한 딸의 (그리고 자기 자신의) 사회적인 불이익을 겁낸 어머니에 의해 목숨을 잃게 되기 때문이다.

벤틀라	밖에서 의사 선생님이 또 뭐라 그래, 엄마?
베르크만 부인	아무 말도 안 했어. — 폰 비츠레벤 양도 자꾸 기절한대. 빈혈이 있을 땐 항상 그렇다는구나.
벤틀라	선생님이 내가 빈혈이라 그래, 엄마?
베르크만 부인	식욕이 돌아오면, 우유 많이 마시고 고기랑 야채를 먹으래.
벤틀라	아, 엄마, 나 빈혈이 아닌 것 같아…
베르크만 부인	빈혈이야, 아가야. 진정해, 벤틀라, 진정해. 빈혈이야.
벤틀라	아냐, 엄마, 아냐! 나도 알아. 느낄 수 있다고. 나는 빈혈이 아니

	라, 복수가 차는 거야…
베르크만 부인	빈혈이야. 의사 선생님이 빈혈이라고 하지 않았니. 진정해, 아가야. 곧 나을 거야.
벤틀라	낫지 않을 거야. 복수가 찼어. 난 틀림없이 죽을 거야, 엄마. — 아, 엄마, 나 죽게 될 거야.
베르크만 부인	죽지 않아! 죽지 않아, 아가야…
베르크만 부인	죽지 않아, 아가야! — 복수가 찬 게 아니야. 아기를 가진 거야. 아기를! — 아! 나한테 왜 이러니?
벤틀라	난 엄마한테 아무 짓도 안 했어 —
베르크만 부인	부정하지 마. 벤틀라! 다 알고 있어. — 네게 차마 말을 할 수가 없었어. 벤틀라…
벤틀라	그렇지만 그럴 리가 없어, 엄마. 난 결혼도 안 했는데…!
베르크만 부인	하나님 맙소사! — 바로 그거야, 네가 결혼을 하지 않았다는 거. 그게 끔찍한 일인 거야. — 벤틀라, 벤틀라, 벤틀라, 무슨 짓을 한 거니?
벤틀라	이제 아무것도 모르겠어! 우리는 건초 더미 위에 누워 있었어… 내가 사랑한 건 이 세상에 엄마, 엄마, 엄마 말고는 아무도 없단 말이야.

청소년들에게 성을 금기시하고 욕망을 억압하는 교육과 시민계급의 성에 대한 이중적 태도는 카이절링의 장편소설 『로자 헤르츠 양』에서도 풍자의 대상이 된다.

에두아르트 폰 카이절링, 『로자 헤르츠 양』(1887)

잘리 양이 다시 눈을 작은 구멍에 가져다 댔을 때, 결국 그녀는 달라붙은 듯 구멍에 매달렸다.

"뭐가 있어?" 라닌 부인이 탐문하듯 물었다? 그녀의 딸은 아무 말도 없었다. "뭐가 보여?" 잘리 양은 대답하지 않았다. "왜 그래? 걔들이 거기 있어?" 라닌 부인이 소리치며 일어섰다. 라닌 부인은 잘리가 엿보고 있는 구멍을 차지하려고 자신의 늘어지고 탄력 없는 볼을 딸의 뜨거운 볼에 대고 들이밀었다. 그러나 뜨거운 볼이 저항했다. 그리고 서로 딱 달라붙은 얼굴들이 기이하게 일그러졌다. 두 얼굴이 모두 서로에 대해 화가 난 채. "말 좀 해봐! 거기 있어 없어?" 라닌 부인이 이제 엄한 목소리로 명령했다.

"있다니까요!" 잘리 양이 짜증 내며 대답했다.

"그럼 나도 좀 보자고!"

"기다리세요."

"넌 충분히 오래 봤잖아."

소용이 없었다! 라닌 부인은 어쩔 줄 몰라 하며, 또 불행한 표정으로 주위를 둘러보았다. 무엇을 해야 한단 말인가? 어떻게 딸의 고집을 꺾을 수 있을까? 밖에선 흥미진진한 일이 펼쳐지고 있는데, 시간은 흘러갔다. "잘리", 라닌 부인이 경고 섞인 진지한 목소리로 다시 말을 시작했다. "창문에서 떨어져라. 엄마가 그러길 바라. 넌 지금 어린 소녀에게 어울리지 않는 것들을 엿보고 있어. 지금까지 나는 너를 세심하게 보호해왔어. 모든 나쁜 것들을 네게서 멀리 떼어놓았단다. 심지어 네가 닭 교배에 관여하는 것도 못하게 했어. 아빠도 역시 반대하셨고. 그런데 이게 뭐니! 잘리, 아가야, 말 들어." 아이는 꼼짝도 하지 않았다. "잘리", 라닌 부인은 기도하는 듯한 열정적인 목소리로 계속했다. "엄마 말을 들어. 잘리, 더 높은 곳의 심판관께서 너를 내려다보고 있다는 걸 생각해! 라저가 지난 일요일에 교회에서 말한 걸 생각해봐."

잘리 양은 불안해져서 머리를 커튼에 더 들이밀었다.

"최소한 뭘 보고 있는지 말이라도 해봐." 라닌 부인이 울음 섞인 목소리로 속삭였다.

"조용히 해보세요! 키스해요." 잘리가 보고했다.

"어디서?"

"암브로지우스가 손을 잡았어요."

"그리고 또?"

"일단은 손만 잡았어요."

"더 이상은 안 돼." 라닌 부인이 중얼거리고는 몇 걸음 뒤로 물러섰다가 딸을 향해 달려가 온몸으로 그녀를 밀쳐냈다. 잘리는 안락위자 위로 넘어졌다. 그녀는 창백한 입술로 "열 받네"라고 외치고는 더 높은 곳의 심판관께서 이것도 보고 계시다고 조롱하듯 덧붙였다. 라닌 부인은 깊은 주름이 잔뜩 생기도록 인상을 쓰고는 거리를 내다보느라 화난 딸이 하는 소리를 듣지 못했다. 누군가 갑자기 무거운 손을 라닌 부인의 등 위에 올렸다. 두 번째 손이 그녀를 조심스럽게 옆으로 밀었다. 그리고 품위 있는 낮은 목소리가 물었다. "뭐가 있어?" 라닌 씨가 부드러운 실내화를 신고 소리 없이 다가와서 잘리가 엿보던 구멍을 차지했다. 그는 불평하듯 "아!" 소리를 내뱉고는 아무 말 없이 창턱에 손을 받치고 등을 굽힌 채 바깥을 몰래 내다보았다. 어머니와 딸은 가장의 넓적한 등을 못마땅하게 바라보았다. "아빠는 분명 비키지 않을 거야!" 라닌 부인이 말했다.

"엄마 잘못이에요. 엄마가 너무 시끄러웠다고요." 잘리 양이 차갑게 말하고는 쓴웃음을 지었다. 그러나 재빨리 자세를 바로잡고는 다른 커튼에 자신을 위한, 오로지 자기 자신만을 위한 구멍을 만들기로 결심했다.

"그건 나도 할 수 있지." 라닌 부인이 말했다. 두 사람은 서둘러 다른 창문가로 갔다.

이제 모두가 몰래 밖을 내다볼 수 있는 구멍을 갖게 되었다. 라닌의 집 안에 평화가 찾아왔다. 세 사람은 꼼짝도 하지 않고 커튼에 들러붙어 있었다. 모두가 한쪽 눈을 꼭 감고 있었으며, 입은 비스듬하게 일그러져 있었다.

이 장면에서는 소설의 주인공 로자가 그녀의 남자 친구인 암브로지우스와 골목 한구석에서 사랑을 나누는 장면을 엿보는 부유한 시민계급 가정의 우스꽝스러운 모습을 묘사하고 있다. 여기서 잘리의 어머니는 벤틀라의 어머니와 똑같이 자신의 딸을 성적인 것들로부터 격리하고자 애쓴다. 그러나 그녀의 노력은 실패로 돌아갈 수밖에 없는데, 이는 한편으로는 그녀 자신이 (그리고 그녀의 남편도) 성적인 자극에 대한 호기심에 사로잡혀 있기 때문이며, 다른 한편으로는 잘리가 벤틀라와는 달리 그러한 교육의 허상을 이미 잘 알고 있기 때문이다.

벤틀라의 죽음은 19세기 중반 이후 중산층 이상의 시민계급 여성에게 행해진 성적 억압에 대한 비판적인 묘사로 이해할 수 있다. 당시 여성에 대한 성적 억압은 일차적으로 어린 여성들과 결혼 전의 젊은 여성들에게 순결을 강요하고 성에 대한 지식을 얻을 기회를 박탈함으로써 이루어졌다. 이는 앞서 살펴본 『라이겐』의 '젊은 부인과 남편' 에피소드에서 다음과 같이 묘사된다.

남편   (침대로 간다) 세상을 좀 경험해본 사람에게는 ― 자, 머리를 내 어깨에
            기대요 ― 세상을 아는 사람에게 결혼이란 원래, 너희 좋은 집안의 어
            린 소녀들이 느끼는 것보다 훨씬 더 비밀스러운 것을 의미하는 법이
            야. 너희는 순수하게 그리고… 적어도 어느 정도까지는 아무것도 모
            르고 우리를 맞이하지. 그리고 바로 그렇기 때문에 너희는 원래 우리
            남자들보다 훨씬 맑은 시선으로 사랑의 본질을 바라보는 거야.

젊은 부인   (웃으면서) 아하!

남편   사실이야. 왜냐하면 우리들은 결혼 전에 어쩔 수 없이 겪어야만 했던
            다양한 경험들 때문에 혼란스럽고 또 불안해져 있거든. 반면 너희는
            많이 듣고 너무 많이 알고 또 책도 사실은 너무 많이 읽는 것 같지만,

우리 남자들이 실제로 경험하는 것에 대해 제대로 된 개념은 가지고 있지 않아. 우리에게는 사람들이 보통 사랑이라고 말하는 것이 정말로 철저하게 불쾌한 것이 돼버리거든. 왜냐하면… 우리가 만나야 했던 그 여자들이 도대체 어떤 존재들이냔 말이야!

젊은 부인   그래, 어떤 존재들인데?

남편   (그녀의 이마에 키스를 하며) 그런 사정에 대해 알 기회가 없었던 것을 다행으로 생각해야 해, 자기야. 하여튼 대부분은 정말 불쌍한 존재들이지 ― 그런 여자들에게 돌을 던지지는 말자고.

젊은 부인   그만둬 ― 그 놈의 동정. ― 전혀 어울리지 않아.

남편   (아주 부드럽게) 그런 여자들은 동정을 받을 만해. 좋은 집안에서 곱게 자란 너희, 부모님의 보호 속에서 조용히 너희와 결혼하길 갈망하는 신사들을 기다리던 너희는 그 가난을 알지 못해. 불쌍한 사람들의 대부분을 죄악의 품으로 몰아넣는 그 가난을 말이야.

젊은 부인   그럼 모두 다 몸을 팔아?

남편   그렇게 말하고 싶지는 않아. 그리고 나는 물질적인 가난만을 얘기하는 것이 아니야. 내가 말하고 싶은 건 도덕적인 가난도 존재한다는 거야. 무얼 해도 되고 무얼 해서는 안 되는지에 대한 생각, 특히 무엇이 고귀한 것인지에 대한 생각이 틀려먹은 경우 말이야.

―아르투어 슈니츨러, 『라이겐』 중

위의 인용문에서는 시민계급 여성에게 성적 무지와 순결이 강요된 반면, 남성들에게는 성적으로 자유분방한 삶을 살 가능성이 주어졌다는 사실도 잘 드러난다. 실제로 19세기 말은 강력한 성적 억압과 동시에 문란한 성 문화가 두드러진 시기이기도 하다. 이러한 이중적인 성윤리는 특히 오스트리아 빈에서 잘 나타났는데, 카페에 창녀들이 드나드는 것이 일반적이었으며, 고급 식당에는 종업원이 방해하지 않는 밀실이 존재했고, 부유한 남성들이 젊고 어린 하층민 출신의 여성에게 집을 구해주고 생활비를 대주며 은밀한 삶을 살아가는 일들이 흔했다.

이에 대해 오스트리아 출신의 작가 슈테판 츠바이크는 자신의 자서전 『어제의 세계』(1942)에서 이렇게 적고 있다. "그 당시 시민계급의 관습은 '좋은 집안'의 여성은 결혼하기 전에는 성욕을 갖고 있지도 않고 또 가져서도 안 된다는 허구적 믿음을 유지하려고 필사적으로 노력했다. 이에서 벗어난 여성은 누구나 '비도덕적인 사람'이자 집안에서 버림받은 사람이 되었다. 반면 젊은 남자들은 그러한 욕망의 존재를 어쨌든 인정하지 않을 수 없었다. 성적으로 성숙한 젊은 남성이 자신의 정력을 사용하는 것을 막을 수 없다는 것을 사람들은 경험적으로 잘 알고 있었기 때문에, 사람들은 그들이 품위 없는 쾌락을 신성한 도덕의 벽 밖에서 해결했으면 하는 작은 소망을 갖는 것이 고작이었다." 슈니츨러의 『라이겐』은 이런 맥락에서 보자면 당대의 이중적인 성도덕에 대한 통렬한 비판이자 풍자이기도 했다.

『봄의 깨어남』에서 다루는 청소년의 성 욕망과 이를 은폐하고 억압하는 교육의 대립과 갈등은 초점이 청소년과 교육 문제에 맞춰져 있다는 차이가 있을 뿐, 세기전환기의 성−문화 담론과 정확하게 일치한다. 제목에서 암시하는 것처럼 청소년의 성적인 성장은 계절의 흐름과도 같이 자연스러운 것이지만, 학교와 부모, 즉 문명화를 담당하는 — 혹은 프로이트적 관점에서 슈퍼에고를 형성시키는 — 기관은 이를 되도록 은폐하고 억압함으로써 청소년들 스스로 자신들의 자연적인 본질을 부정하고, 문명화된 존재로 살아갈 것을 강요하는 것이다.

이러한 문제의식 자체는 지금까지 살펴본 것처럼, 또 앞으로 살펴볼 작품들에서 드러나게 될 것처럼 세기전환기 문학에서 쉽게 찾아볼 수 있는 것이다. 그러나 베데킨트의 작품은 — 성행위에 대한 직접적인 묘사도 없지만 — 다른 작품들보다 더 도발적으로 읽힌다. 이 작품이 청소년들을 다루고 있음에도 단순한 성적 호기심이나 몽정, 자위 등 청소년들의 성과 관련된 일반적인 주제들만을 다루는 것이 아니라, 마조히즘-새디즘, 근친상간, 동성애 등 당시로서는 — 굳이 청소년과 관련된 주제가 아니더라도 — 파격적인 주제들을 다루고 있기 때문이다.

흥미로운 것은 베데킨트가 이러한 주제들을 주요 사건의 진행과는 독립적으로 다루고 있으며, 이를 위하여 경우에 따라서는 주요 인물들과 관련 없는 별도의 인물이 등장하는 장면을 삽입하고 있다는 사실이다. 베데킨트는 비슷한 주제를 다룬 동시대 다른 작가들과 마찬가지로 성을 문명과의 대립과 갈등이라는 더욱 큰 맥락 속에서 다루고 있지만, 부분적으로는 성과 성적 도발을 사회·문화적 맥락에서 떼어내어 독립적인 주제로 다루고 있는 것이다. 이러한 경향은 베데킨트의 이후 작품들, 특히 『룰루』 2부작인 희곡 『지령(地靈)』(1895)과 『판도라의 상자』(1904)에서 더욱 분명하게 드러난다.

성적 욕망과 문명의 통제 사이의 인간—아르투어 슈니츨러 『꿈의 노벨레』

1926년에 발표된 아르투어 슈니츨러의 소설 『꿈의 노벨레』는 서로에게 의심을 품게 된 한 부부가 각각 나름의 방법으로 성 욕망의 본질을 이해하고 관계를 복원해나가는 과정을 그리고 있다.

의사인 프리돌린은 아내 알베르티네와의 사이에 어린 딸을 하나 둔 평범한 중산층 가정의 가장이다. 그는 알베르티네와 함께 가면무도회에 다녀온 후 나눈 대화에서 그녀가 덴마크 여행 중 우연히 본 한 장교에게 강렬한 성 욕망을 느꼈다는 이야기를 듣고 큰 충격을 받는다. 자신도 덴마크의 해안에서 만난 젊은 여인에게 커다란 유혹을 느꼈다고 고백하지만, 그는 자신의 아내가 자기가 아닌 다른 남성에게 가정을 버릴 수도 있을 만큼 강렬한 욕망을

꿈의 노벨레(Traumnovelle)

작가: 아르투어 슈니츨러

형식: 소설

집필: 본격적인 집필은 1921년 10월부터. 주제에 대한 첫 번째 구상은 1907년 6월에 이루어짐.

발표: 1925년 12월부터 1926년 3월까지 베를린에서 발행되던 여성잡지 〈디 다메〉에 연재됨. 1926년에 피셔 출판사를 통해 단행본으로 정식 출간됨.

번역본:

『꿈의 노벨레』, 백종유 역, 문학과지성사, 1997

『카사노바의 귀향·꿈의 노벨레』, 모명숙 역, 문학동네, 2010

독일어 판본:

Arthur Schnitzler. Das erzählerische Werk, Bd. 6, Frankfurt am Main: Fischer, 1987

Traumnovelle, Frankfurt am Main: Fischer, 1995

Traumnovelle, Stuttgart: Reclam, 1995

Frühlings Erwachen. Eine Kindertragödie, Frankfurt am Main: Suhrkamp, 2002

* 영화화: 『꿈의 노벨레』는 1969년에 오스트리아의 영화감독 볼프강 글뤽에 의해 영화화되었다. 1999년에는 미국의 영화감독 스탠리 큐브릭이 『꿈의 노벨레』를 원작으로 한 영화 〈아이즈 와이드 셧〉을 발표했다. 이 영화는 스탠리 큐브릭 감독의 마지막 작품이며, 당시 부부 사이이던 톰 크루즈와 니콜 키드먼이 주연을 맡아 화제가 되었다.

느꼈다는 사실에 분노한다. 격앙된 감정으로 왕진을 위해 늦은 밤에 집을 나선 프리돌린은 우연히 재회한 대학 시절 친구 나흐티갈에게서 난교가 이루어지는 비밀가면무도회에 대한 이야기를 듣는다. 프리돌린은 비밀가면무도회에서 눈을 가린 채 피아노를 연주하기로 되어 있는 나흐티갈의 도움을 받아 비밀가면무도회에 몰래 들어가지만, 곧 초대받지 않은 손님이라는 사실이 발각되어 응징을 받게 될 위기에 처한다. 그때 한 미지의 여인이 프리돌린 대신 처벌을 받겠다며 앞으로 나서고, 프리돌린은 경고와 함께 무도회장에서 쫓겨나고 만다. 새벽녘에 집에 돌아온 프리돌린은 기이한 웃음을 웃다 깨어난 알베르티네에게서 '자신이 무수히 많은 남성들과 몸을 섞는 동안 프리돌린은 여왕의 요구를 거절하고 정조를 지키다 십자가에 매달렸다'는 꿈 이야기를 듣는다. 다음 날 프리돌린은 비밀가면무도회의 배후와 자신을 구해준 여인의 정체를 추적하지만, 미지의 여인으로 추정되는 인물이 죽었다는 사실을 알게 된다. 프리돌린은 시체실까지 찾아가 그녀의 시신을 살펴보고, 집에 돌아와 지난밤에 있었던 일들을 알베르티네에게 고백한다.

『꿈의 노벨레』는 이미 제목에서부터 '꿈'을 강조하고 있다. 그러나 이 작품에서 실제 꿈은 딱 한 번, 작품의 중반이 조금 지난 부분에 등장한다. 그것은 바로 알베르티네가 프리돌린에게 들려주는 꿈 이야기인데, 작품의 전체 줄거리가 프리돌린을 중심으로 진행되기 때문에 알베르티네의 꿈 이야기가 줄거리의 기본 뼈대를 이룬다고는 할 수 없다. 그러나 알베르티네의 꿈은 프리돌린이 비밀가면무도회에서 혼란스러운 심정으로 돌아온 직후에, 즉 프리돌린이 아직 자신의 체험을 내적으로 이해하거나 정리하지 못한 상황에서 조금은 갑작스럽게 삽입되고 있기 때문에 독자는 이 꿈이 프리돌린의 체험을 이해하는 데 중요한 단서를 제공해줄지도 모른다는 기대를 품게 된다. 실제로 알베르티네의 꿈은 프리돌린의 경험과 이후에 프리돌린이 겪는 내적인 성장, 혹은 인식의 발달 과정을 미리 보여주며, 결과적으로 작품 줄거리의 대부분을 차지하는 프리돌린의 체험을 이해하는 데 결정적인 단서를 제공해준다. 따라서 여기서는 우선 알베르티네의 꿈을 살펴보고, 이를 바탕으로 작품 전체를 해석해보고자 한다.

알베르티네의 꿈

알베르티네의 꿈은 지극히 구체적이고 개인적인 공간인 뵈르터 호숫가의 작은 별장에서 시작된다. 이 별장은 알베르티네와 프리돌린의 앞선 대화에서 이미 한 번 등장한 장소로서, 두 사람이 약혼을 하던 당시 알베르티네가 그녀의 부모와 함께 머무른 곳이다. 공간적 배경에서 나타나는 이러한 구체성과 사적인 성격은 꿈의 도입부에서 알베르티네가 처한 상황에서도 나타난다. 알베르티네는 꿈속에서 결혼 하루 전날로 돌아가는데, 이는 ― 비록 과거의 일이기는 하지만 ― 구체적이고, 지극히 개인적이며, 실제 사실의 반영이기도 하다. 그러나 사실과 일치하는 공간적·상황적 배경을 바탕으로 벌어지는 이후의 사건들은 지극히 비사실적이며 비현실적이다.

비사실성은 우선 결혼식이 눈앞에 다가왔음에도 웨딩드레스는 아직 도착하지 않았고, 옷장은 "오페라 의상 같은, 화려하고 오리엔트적인" 옷들로만 가득 차 있다는 사실에서 나타난다. 사실을 왜곡하고 있을 뿐만 아니라 현실의 일상적인 규칙성을 파괴하는 이와 같은 꿈의 내용은 ― 알베르티네의 꿈 전반에 걸쳐 확인할 수 있듯이 ― 알베르티네의 깊은 내면에 잠재한 무의식적 욕망을 반영한다. 즉 화려한 옷들이 웨딩드레스를 대신하고 있다는 사실은 꿈속의, 혹은 무의식 속의 알베르티네가 결혼을 '신 앞에 맹세하는 신성한 결합'이 아니라, 윤리적 규범의 틀 안에서 성 욕망을 실현할 수 있는 기회로 바라보고 있다는 사실을 보여준다. 앞서 언급한 하얀색의 상징을 굳이 고려하지 않더라도, 웨딩드레스의 하얀색은 신부의 순결과 정조를, 오페라의 화려하고 이국적인 의상은 일상을 벗어난 즐거움과 관능을 상징하기 때문이다.

이러한 해석을 뒷받침해주는 것은 부모의 부재다. 이제 갓 열여섯 살이 된 꿈속의 알베르티네에게 부모는 윤리적 규범의 현현이자, 성적 욕망을 억압하고 규제하는 주체일 수밖에 없다. 그러한 부모가 결혼식 하루 전날 알베르티네를 혼자 남겨둔 채 여행을 떠났다는 사실은 알베르티네가 결혼을 일상에서의 탈출이자, 윤리적 규범에서의 해방, 성적인 욕망의 구체적인 실현 가능성으로 이해하고 있다는 사실을 암시한다. 이러한 관점에서 볼 때, 알베르티네의 꿈이 뵈르터 호숫가의 빌라에서 시작되는 것은 우연이 아니다. 그곳은 바로 알베르티네가 프리돌린에게 처음으로 성적인 욕망을 느낀 장소이며, 그 욕망을 실현하기 위해 윤리적 규범까지도 파괴할 마음의 준비가 되어 있었던 장소이기 때문이다.

이와 같은 알베르티네의 욕망은 프리돌린의 등장으로 충족된다. 훌륭하게 차려입은 프리돌린은 알베르티네를 빌라의 창문에서 이끌어내 어느 산속에 있는 숲속의 빈터로 데리고 간다. 누구라도 접근이 가능한 산속에 있기는 하지만, 삼면이 숲으로 둘러싸여 있고, 뒤쪽으로는 가파른 절벽이 솟아 있어 폐쇄적으로 느껴지는 이곳에서 두 사람은 사랑을 나누는데, 알베르티네는 이 공간을 "신혼방", 즉 본능적인 욕망과 그 (최초의) 실현을 허용하며, 동시에 감춰주는 문명화된 욕망의 공간으로 인식한다. 숲속의 빈터는 열려진 자연의 공간이면서, 동시에 은밀한 개인적 욕망이 실현되는 폐쇄적이고 사적인 공간이기도 한 것이다.

이와 같은 공간의 이율배반적 성격은 이 숲속 빈터의 지리적 특성에서도 나타난다. 프리돌린과 알베르티네는 뵈르터 호숫가의 빌라에서 출발하여 친숙한 산골과 시골집들, 그리고 엘리자베트 산을 지나 날아가다가 "갑자기" 어딘지 정확히 알 수 없는 산속에 내려앉게 된다. 두 사람은 자신들이 너무나도 잘 아는 곳에서, 그들이 익히 아는 곳이기는 하지만 그렇다고 완전히 낯익은 것도 아닌 장소로 이동하고 있다.

  개방성과 폐쇄성, 친숙함과 낯설음이 교차하는 이러한 공간적 특성은 이곳에서 이루어지는 성 욕망의 실현이 지니는 성격을 상징적으로 보여준다. 알베르티네에게 결혼은 처녀 시절 성 욕망의 실현을 가로막았던 윤리적 굴레에서의 해방을 의미하는 동시에, 부부 관계 이외의 성적 욕망과 그 실현을 금지하는 또 다른 윤리적 굴레를 의미하기도 한다. 다시 말해 알베르티네에게 결혼은 ― 슈니츨러가 인간의 자연적 본성으로 이해한 ― 성 욕망의 실현을 부분적으로 가능하게 해주면서, 다른 한편으로는 성 욕망을 통제하고 억압하는 또 다른 문명화된 삶으로의 진입을 강요하는 것이다. 따라서 신혼 첫날밤의 성관계는 알베르티네에게 그동안 잠재적인 가능성으로만 존재해온, 따라서 낯설 수밖에 없는 자연적 실존과, 그동안의 삶을 규정해온, 익숙한 문명화된 삶의 형식이 교차하는 이율배반적인 성격을 지닐 수밖에 없다.

  프리돌린의 품에 안겨 있는 동안 알베르티네가 느끼는 "미리 정해진 고통에 대한 예감" 역시 이러한 맥락에서 이해할 수 있다. 결혼의 틀 안에서 이루어지는 욕망의 충족은 배우자를 제외한 상대에 대한 욕망을 포기하는 것을 전제로 한다. 그러나 덴마크 남성에 대한 알베르티네의 욕망에서 이미 분명하게 드러난 것처럼 인간의 자연적 욕망은 결혼과 윤리라는 사회문화적 규범에 제한을 받지 않는다. 따라서 성 욕망과 결혼은 갈등을 일으킬 수밖에 없으며, 이러한 갈등은 특별한 상황에 의해 유발되는 것이 아니라, 무제한적인 성 욕망의 충족을 요구하는 인간의 본질과 성 욕망의 충족을 제도적 틀 안에서만 허락하려고 하는 문명의 본성 사이에서 생겨나는 일반적인 것, 즉 결혼과 함께 "미리 결정된" 필연적 갈등인 것이다.

공간 구조 및 알베르티네의 감정에서 드러나는 이와 같은 이율배반성은 다음 날 아침에 더욱 분명하게 나타난다. 갑자기 찾아온 아침에 알베르티네는 우선 아름다운 자연의 모습을 보게 된다. 그러고는 "다시 세계 속으로, 사람들 사이로" 돌아가야 할 때가 되었음을 깨닫는다. 하지만 알베르티네는 곧 "내적인 파멸에 이를 만큼" 극심한 부끄러움과 함께 프리돌린에 대해 "깨어 있을 때에 느꼈던 그 무엇과도 비교할 수 없을 만큼 격렬한" 분노를 느끼게 되는데, 이는 두 사람의 옷이 사라져버렸기 때문이다. 옷이 사라진 것에 알베르티네가 격렬한 감정을 느끼는 것은 한편으로는 알베르티네가 성적 욕망의 지배에서 벗어나 다시 문명화된 일상으로 돌아왔다는 사실을 암시한다. 옷을 입지 않은 육체는 문명화되지 못한 본능적인 욕망이 그대로 노출되어 있으며, 따라서 문명화된 "세계 속으로" 돌아갈 수 없게 되었다는 사실을 의미하며, 이에 대해 부끄러움을 느끼는 것은 알베르티네가 명백히 문명의 관점에서 상황을 판단하고 있음을 뜻하기 때문이다.

그러나 프리돌린에 대한 분노는 이러한 맥락에서는 설명이 되지 않는다. 알베르티네도 잘 알고 있다시피 옷이 없어진 것은 프리돌린의 책임이 아니기 때문이다. 그렇다면 알베르티네는 무언가 다른 이유 때문에 프리돌린에게 분노하는 것으로 볼 수 있는데, 그 이유는 곧 밝혀진다. 프리돌린은 벌거벗은 채 죄의식 속에서 옷을 구하기 위해 산을 내려간다. 그러자 알베르티네는 — 여전히 옷을 입고 있지 않다는 상황에는 변화가 없음에도 — 기분이 좋아져, 어디선가 들려오는 춤곡 — 두 사람이 모두 성적인 유혹을 받았던 가면무도회에서 들은 음악 — 에 맞춰 춤을 추며 들판을 뛰어다닌다. 또한 산을 내려간 프리돌린에 대해서는 걱정하거나 가슴 아파하지도 않고, 혼자가 되었다는 사실에 행복해한다. 그러고는 햇빛이 내리쬐는 들판에 누워 자신의 벌거벗은 육체가 얼마나 아름다운지를 음미한다.

이 장면에서 우선 눈에 띄는 것은 장소가 갑작스레 바뀐다는 사실이다. 프리돌린이 사라지자 알베르티네는 더 이상 숲속의 은폐된 장소가 아닌 들판에 나와 있게 된다. 이와 같은 열린 자연으로의 이동은 옷이 사라지고 프리돌린이 떠나면서 알베르티네가 완전하게 욕망의 세계로 들어섰다는 것을 암시한다. 성적 욕망의 자극을 상기시키는 가면무도회의 음악에 맞춰 춤을 추고, 들판에 누워 육체의 아름다움을 음미하는 알베르티네는 이제 결혼과 윤리적 규범의 제약에서 완전하게 벗어나 있다. 이렇게 프리돌린이 떠나면서 알베르티네가 본질적인 욕망의 세계로 들어서는 것은, 그동안 욕망을 억압해온 것이 바로 그녀의 남편 프리돌린이었음을 보여준다. 그리고 이는 동시에 숲속에서 신혼 밤을 보낸 알베르티네가 다음 날 아침 프리돌린에게 느낀 격한 감정이 프리돌린이 체현하고 있는 억압의 장치, 즉 성적 욕망의 실현을 통제하는 문명의 윤리적 규범에 대한 분노였다는 사실을 분명하게 보여준다.

이러한 맥락에서 보면 프리돌린이 사라진 자리에 곧장 덴마크 사내가 나타나는 것은 지극히 당연해 보인다. 실제 현실에서 알베르티네가 가족과 미래, 모든 것을 버리고 따라가겠다는 생각을 할 만큼 성적인 매력을 느낀 상대인 이 덴마크 사내는 처음에는 정장을 입고 친절한 태도로 알베르티네에게 다가온다. 이러한 그의 복장과 태도는 일견 문명화된 삶의 양식을 보여주는 듯하다. 그러나 그것이 그의 본질을 보여주는 것은 아니다. 이는 오히려 꿈속에서도 여전히 그 힘을 완전히 잃지 않은 알베르티네의 자기 검열이 작용하고 있는 것으로 이해할 수 있다.

성적 욕망의 상징으로서 덴마크 사내의 본질을 보여주는 것은 우선은 자연과의 연관성이다. 덴마크 사내는 나타났다가 사라지기를 여러 차례 반복하는데, 그가 나타나는 곳은 항상 숲, 즉 인간의 본질적 성격을 규정하는 자연의 영역인 것이다. 덴마크 사내에 대한 알베르티네의 반응은 매우 직설적이다. 알베르티네는 곧 덴마크 사내에게 "살아오면서 한 번도 그렇게 웃어본 적이 없는 유혹의 웃음을" 웃는다. 그러자 사내는 그녀를 향해 두 팔을 벌리고, 알베르티네는 도망치고자 하지만 그렇게 할 수 없다. 알베르티네가 보여주는 저항의 불가능성은 알베르티네의 자기 검열이 와해되고 있음을 보여준다.

이제 알베르티네는 덴마크 사내와 "수없이 많은 밤과 낮"을 보낸다. 그와 동시에 알베르티네는 공간과 시간이 구체성을 상실하는 상황을 경험한다. 그녀는 자신이 "더 이상 숲과 절벽에 둘러싸인 장소"가 아니라 사방이 모두 끝없이 열린 공간 속에, 그것도 언제부터인지 알 수 없는 "오래전부터" 존재해왔다는 사실을 깨닫는다. 이러한 시간과 공간의 소실은 곧 탈개인화로 이어진다. 알베르티네는 주변의 벌판에 수없이 많은 남녀의 쌍들이 있다는 사실을 깨닫게 되는데, 이는 단지 '많은' 사람이 자신과 같이 성 욕망을 충족시키다는 인식이 아니다. 이는 오히려 그 수가 "셋, 열, 혹은 수천이었는지" 알 수 없는, 또 "그들을 직접 본 것인지 아닌지"도 알 수 없는, 말하자면 수의 많고 적음이 의미가 없는 절대적이고, 추상적이며, 일반적인 상황에 대한, 자연의 법칙성에 대한 직관적 인식이다. 다시 말해 알베르티네는 남편이 아닌 남성에 대해 느끼는 거부할 수 없는 성적 욕망을, 개인의 성격과 의지, 윤리 의식과 결부된 개인적 차원이 아니라, 인간의 본질을 규정하는 일반적인 자연법칙의 차원에서 바라보게 된 것이다.

이처럼 스스로를 자연법칙의 지배를 받는 자연현상의 일부로, "끝없는 물결"에 속하는 하나의 "파도"로 바라봄으로써 알베르티네의 성적 욕망은 개인의 영역을 넘어선다. 꿈속에서 덴마크 남성과 벌이는 정사는 알베르티네 개인의 의식 및 의지와는 무관한, 일반적 자연법칙의 실현이며, 이 안에서 알베르티네가 느끼는 것은 성 욕망의 단순한 충족이 아니라, 완전히 탈개인화된, 자연과의 디오니소스적인 합일이다. 그리고 이는 알베르티네가 덴마크 남성의 품에만 있었는지, 혹은 다른 남성들의 품에도 안겼는지를 분명하게 기억하지 못한다는 사실에서도 확인할 수 있다. 구체성이 제거된 꿈속의 절대적 시공간 안에서 탈개인화된 성적 욕망의 충족을 경험함으로써 알베르티네는 성적 욕망이 개개인의 특수한 조건에 의해 규정되는 개인적인 것이 아니라 자연법칙적으로 정해진 인간의 일반적 본질임을 인식하게 되는 것이다.

알베르티네는 꿈속에서 프리돌린을 대상으로 하던 성적 욕망이 배우자가 아닌 다른 남성에 대한 욕망으로, 더 나아가 불특정 다수를 향한 일반적인 욕망, 즉 자연이 부여한 인간의 본질적인 욕망으로 확장되는 것을 경험한다. 이는 알베르티네가 문명화된 삶을 지배하는 윤리적 굴레에서 벗어나 무의식 속에 억압되어 있던 욕망의 실체를 인지하게 되었음을 의미한다. 웨딩드레스가 도착하지 않았다는 사실에 불안해하고, 덴마크 남자의 손길에서 도망치려 했던 알베르티네는, 이제 문명화된 삶의 양식을 완전히 버리고 오히려 본질적인 욕망을 대변하기 시작한다. 그리고 이는 우선 옷을 찾으러 산을 내려간 프리돌린에 대한 그녀의 조소와 적대적인 감정에서 잘 나타난다. 새로운 인식에 접근하는 알베르티네에게 남편 프리돌린은 더 이상 성적인 욕망의 대상이 아니라, 성 욕망의 무제한적인 충족을 방해하는 자이자, 문명화된 삶과 윤리적 억압을 대표하는 자이기 때문이다.

"가라앉아버린 도시"로 내려간 프리돌린이 제일 처음 하는 일은 나체, 즉 벌거벗겨진 자연의 본성을 감춰줄 수 있는 옷과 속옷, 신발과 보석 등 온갖 "아름다운 것들"을 닥치는 대로 구입하여 "작은 노란색 가죽 손가방"에 집어넣는 것이다. 옷과 장신구가 성 욕망을 단순히 감춰주기만 하는 것이 아니라 성 욕망을 억압하는 문명의 상징이라는 사실을 감안할 때, 프리돌린은 알베르티네의 꿈속에서 문명의 대변자로 이해되고 있음이 분명해진다. 그리고 이는 욕망의 공간인 "가라앉아버린 도시"의 사람들이 그를 "위협하는 울부짖음"과 함께 뒤쫓는다는 사실에서 더욱 명백하게 나타난다.

프리돌린이 산을 내려가 옷을 구하는 에피소드는 알베르티네가 덴마크 남자와 조우하는 장면 이전에, 그러니까 알베르티네가 본능적인 욕망에 완전히 눈을 뜨기 이전에 등장한다. 따라서 문명의 대변자로서 프리돌린의 정체성은 상징적으로만 드러나며, 프리돌린에 대한 알베르티네의 감정 역시 '이유를 알 수 없는 분노'나 '프리돌린이 떠난 뒤에 느끼는 편안함' 등을 통해 간접적으로만 나타난다.

그러나 알베르티네가 성 욕망의 본질을 인식하게 된 이후 이러한 묘사의 상징성, 간접성은 사라져버린다. "가라앉아버린 도시"의 여제후는 나체로 나타나 프리돌린에게 자신의 연인이 될 것을 명령하는데, 프리돌린은 지하감옥 감금과 채찍질, 결국에는 사형선고까지 감수하면서 이를 단호하게 거부한다. 이러한 프리돌린의 행동은 여제후가 — 앞서 프리돌린이 강한 성 욕망을 느낀 것으로 묘사된 — 덴마크 소녀의 모습으로 등장한다는 점에서 윤리적 규범을 지키기 위해 자신의 성 욕망까지도 억제하고 부정하는 것으로 이해할 수 있다.

이는 슈니츨러가 세기전환기 무렵에 발표한 초기 작품들에서 신랄하게 비판한 이중적 성도덕과는 전혀 다른 양상으로, 프리돌린이 성 욕망을 억압하는 문명의 순수한 대변자로 등장하고 있음을 잘 보여준다. 따라서 이미 성 욕망을 자연적인 본성으로 조건 없이 받아들인 알베르티네에게 정조를 지키기 위하여 성 욕망을 완전히 부인하는 프리돌린의 태도는 인간의 본질을 부정하는, "한없이 어리석고 의미 없는" 것으로 여겨질 수밖에 없다.

또한 그녀가 프리돌린을 조소하고 눈앞에서 웃어주고 싶은 욕망을 느낀다는 것, 그리고 프리돌린이 매달려 사형에 처해질 십자가가 다름 아닌 자연적 본성의 공간, 즉 알베르티네와 수많은 사람들이 짝을 이루어 사랑을 나눈 산 위의 벌판에 세워진다는 사실은 최소한 꿈의 공간, 무의식의 공간에서는 성 욕망이 문명과 윤리적 규범에 대해 절대적인 우위를 차지한다는 것을 잘 보여준다. 프리돌린은 정조를 지키는 데 성공하지만, 이는 결국 본성의 부정과 죽음을 의미한다는 점에서 ─ 무의식적 욕망의 장(場)인 알베르티네의 꿈 속에서는 ─ 무의미한 자기 파괴일 수밖에 없는 것이다.

사형을 선고받은 프리돌린은 상처투성이의 몸으로 도시에서 구한 옷가지와 신발, 보석들을 가지고 혼자서 십자가가 서 있는 벌판으로 올라온다. 그러자 그의 모습을 "그 어떤 동정심도 없이" 바라보던 알베르티네는 그를 향해 달려가는데, 이는 반가움의 표현이 아니라 그의 얼굴에 대고 조롱의 웃음을 웃어주고 싶은 적대적인 욕망 때문이다. 그리고 서로를 향해 달려가던 두 사람은 곧 허공으로, 구체적인 배경이 완전히 결여된 공간으로 떠오른다. 그러고는 서로 엇갈려 날아가버린다.

꿈의 결말을 이루는 이 짧은 에피소드는 화해의 접점을 찾지 못하는 알베르티네와 프리돌린의 현실 속 상황을 상징적으로 묘사하는 것으로 해석할 수 있다. 그러나 꿈이 진행되는 과정에서 알베르티네는 점차 무의식 속에 잠재된 성 욕망의 대변자로, 프리돌린은 성 욕망을 억압하는 문명화된 삶의 대변자로 발전해왔다는 사실을 고려하면 이러한 해석은 지나치게 단순하다.

두 사람이 산 위의 벌판에서 떠올라 구체성이 상실된 공간으로 이동하는 것은 ─ 알베르티네가 사랑을 나누는 수많은 연인들 사이에서 개인성을 상실하는 것과 마찬가지로 — 이들이, 혹은 이들을 바라보는 꿈속 알베르티네의 관점이 개인적인 차원에서 일반적인 차원으로 이동하는 것을 의미한다. 따라서 이들의 엇갈림은 프리돌린과 알베르티네 두 개인의 엇갈림이라기보다는 이들의 개인적인 삶을 무의식의 차원에서 규정하고 있는 일반적인 갈등의 구조, 즉 본성적인 성 욕망과 이를 억압하는 문명화된 삶의 화해 불가능성을 보여주는 것으로 이해하는 것이 타당하다. 그렇게 엇갈려 지나간 후, 십자가에 못 박혀 사형을 당할 때 자신의 웃음소리를 듣게라도 해주겠다는 알베르티네의 가학적 적대감 역시 프리돌린에 대한 개인적인 감정의 표현이라기보다는 의식의 차원에서 끊임없이 자신을 억압해온 문명에 대한 본성적 성 욕망의 의인화된 목소리라고 보는 것이 옳을 것이다.

이와 같은 알베르티네의 꿈은 소설의 나머지 부분들과는 다른 방식으로 전달된다. 이 소설에서 주인공인 프리돌린의 경험과 생각은 모두 서술자에 의해 전달된다. 따라서 프리돌린의 경험을 서술할 때 경험의 주체(프리돌린)와 서술의 주체(프리돌린의 내면을 꿰뚫어보는 서술자)는 일치하지 않는다고 할 수 있다. 하지만 왜곡할 의도가 없는 것으로 보이는 서술자가 전달하는 것은 경험의 주체인 프리돌린이 경험과 동시에 인식하고 사고하는 내용이다. 따라서 프리돌린의 경험과 내면에 대한 서술자의 진술은 비록 제3자에 의한 것이기는 하지만 직접적이고 동시적인 것으로 이해된다.

반면 알베르티네의 경우에는 경험의 주체와 서술의 주체가 동일하다. 꿈을 꾸는 것도, (프리돌린에게) 꿈의 내용을 이야기하는 것도 모두 알베르티네이기 때문이다. 그러나 경험의 주체인 꿈속의 알베르티네가 — 앞서 살펴본 것처럼 — 무의식적 욕망을 대변하고 있고, 서술의 주체인 현실 속의 알베르티네는 무의식적 욕망을 억압하고 숨기고자 하는 의식의 대변자이기 때문에, 경험 주체와 서술 주체 사이에는 꿈 내용의 객관적이고 직접적인 서술을 방해하는 일종의 긴장 관계가 생겨난다. 또한 꿈의 내용이 동시적이 아니라 시간적 거리를 두고 있다는 사실, 즉 서술 주체가 모호한 꿈의 내용을 이해하고 해석할 수 있는 시간이 주어진다는 사실은 이러한 긴장 관계를 더욱 강화시켜준다. 알베르티네의 꿈 이야기는 기본적으로 서술 상황의 차원에서 생겨나는 이와 같은 긴장 관계를 바탕으로 전개되고 있다.

실제로 알베르티네의 입을 통해 진술되는 꿈의 내용에는 서술자인 현실 속 알베르티네의 의식이 직·간접적으로 끊임없이 드러난다. 꿈의 내용을 말로 전달하는 것이 쉽지 않음을 반복해서 강조하는 알베르티네는 현실과의 연관관계를 지시하는 주석을 통해 꿈속에 등장하는 인물, 사물, 사건 등을 설명하며, 꿈속에서 느낀 감정을 올바로 전달하기 위해 직접 개입하여 보충 설명을 하기도 하고, 특정한 사건이 논리적으로 설명되지 않음을 지적하기도 하며, ― 특히 성행위의 ― 적나라한 묘사를 피하기 위해 비유적인 표현을 사용하기도 한다. 알베르티네의 이와 같은 서술은 모호하며 지극히 상징적인 꿈의 내용을 일상적인 언어와 이해 가능한 논리로 재구성하려는 서술 주체의 노력을 보여주는 것으로서, 결과적으로 꿈의 전체 내용에 매우 논리적이고 일관적이며 완전한 구조를 부여함으로써 프리돌린으로 하여금 꿈의 본질적인 내용을 쉽게 파악할 수 있도록 해준다.

꿈의 내용을 의식의 차원에서 인식 가능한 형태로 재구성하는 알베르티네의 서술 태도는 그녀 스스로 꿈의 본질적 내용, 즉 꿈속에서 드러난 성 욕망의 본질을 온전하게 이해하고 있다는 사실을 암시한다. 이는 꿈을 꾼 직후부터 프리돌린에게 꿈의 내용을 이야기하기까지의 과정과 이야기를 마치고 난후의 상황에서도 잘 나타난다. 프리돌린이 새벽에 들어와 "완전히 낯설게, 거의 끔찍하게" 웃고 있는 알베르티네를 잠에서 깨웠을 때, 알베르티네는 "저항과 두려움", 그리고 "경악"으로 반응함으로써, 한편으로는 여전히 의식의 세계로 완전히 돌아오지 못했음을, 다른 한편으로는 꿈속에서 직면한 불편한 진실로 인해 생겨난 내적 혼란을 드러낸다. 이어서 프리돌린은 알베르티네에게 꿈 이야기를 들려줄 것을 요구하는데, 알베르티네는 "굉장히 혼란스러웠어"라는 말만 하며 프리돌린의 요구에 응하지 않는다. 그러나 한동안 가만히 누워 있던 프리돌린이 갑자기 꿈 이야기를 들려달라고 다시 요구하자 알베르티네는 "기다렸다는 듯" 차분하게 이야기를 시작한다.

이러한 알베르티네의 태도 변화는 그녀가 의식의 세계로 돌아와 꿈의 내용을 반추하면서, 즉 의식의 차원에서 무의식적 욕망의 표현들을 되짚어보면서, 그동안 억압해온 본질적 욕망의 실체를 발견하고, 수긍하고, 화해했다는 사실을 의미한다. 꿈속의 알베르티네가 겪는 인식의 과정은 이제 의식 차원으로 돌아온 알베르티네에게 그대로 전이되고, 알베르티네는 자신 안에 내재된 본질적 욕망의 실체를 긍정함으로써, 다시 말해 더는 남편 이외의 상대에 대한 욕망에 죄의식을 느끼지 않게 됨으로써 내적인 평화 상태에 이르게 된 것이다. 이러한 내적 평화는 이야기를 마친 알베르티네의 "행복하고, 밝고, 천진난만한 얼굴 표정"에서 잘 드러난다. 또한 꿈을 통해 얻은 이러한 인식은 소설의 마지막에 등장하는 프리돌린과의 대화에서 알베르티네가 보여주는 여유 있고 자신감 넘치는 태도와 ─ 일견 갑작스러워 보일 수도 있는 ─ 성 욕망 및 결혼 생활에 대한 깊이 있는 인식의 바탕이 된다.

슈니츨러는 꿈을 무의식 속에 억압된 욕망이 의식의 영역으로 침범하는 곳, 즉 ─ 그가 "끊임없이 변화하는 의식과 무의식 사이의 일종의 중간 지대"로 묘사한 ─ "반인식"의 장으로 이해했다. 꿈속에서는 의식에 의한 욕망의 검열과 억압이 불완전해지며, 그 결과 의식이 지배적인 상황에서는 표출될 수 없는 무의식 속의 욕망이 의식의 영역으로 들어설 수 있다고 보았기 때문이다. 따라서 꿈을 깬 상태에서, 즉 의식의 기능이 완전해진 상태에서 재구성하고 서술하는 알베르티네의 행위는 무의식 속에 억압된 욕망을 의식의 차원에서 재수용하는 것으로 이해할 수 있다.

이러한 관점에서 볼 때 알베르티네의 꿈 '이야기'는 의식과 무의식이 그 어느 쪽도 억압되지 않은 상태에서 서로 교차하는 지점이라고 할 수 있다. 꿈 속에서 의식은 무장해제 되어 더는 영향력을 행사할 수 없지만, 꿈을 서술하는 과정에서 의식은 여전히 그 기능을 잃지 않은 채 무의식 속의 욕망과 직면하게 되는 것이다. 알베르티네의 꿈을 단지 간접적인 방법으로 서술하는 것은 소설 전체의 서술 상황으로 인해 불가피한 것이기도 하지만, 동시에 의식과 무의식이 온전한 형태로 만나는 것을 가능하게 해주는 서술적 장치이

알베르티네의 꿈과 『파라켈수스』

알베르티네의 꿈은 여러 가지 점에서 슈니츨러의 초기 작품인 『파라켈수스』를 연상시킨다. 1898년에 발표된 희곡 『파라켈수스』에서 여주인공 유스티나는 ― 비록 파라켈수스의 최면으로 유도된 것이기는 하지만 ― 꿈을 통해 무의식 속에 억압되어 있던 욕망과 불륜 경험을 (재)인식하게 되고, 이를 통하여 '조신하고 순결한 부인'이라는 반쪽의 진실을 넘어서 자신의 온전한 본질을 깨닫게 된다. 또한 꿈과 숨겨온 욕망에 대한 그녀의 고백은 그녀의 남편 치프리안으로 하여금 두 사람의 결혼 생활에 대한, 그리고 삶에 대한 더 깊고 넓은 통찰에 이르도록 해준다. 『파라켈수스』에서 꿈은 억압된 욕망이 표출되는 장이자, 삶에 대한 새로운 인식을 가능하게 해주는 계기가 되는 것이다.

『꿈의 노벨레』에서 꿈이 행하는 역할은 기본적으로 『파라켈수스』에서와 별반 다르지 않다. 꿈을 꾸는 주체인 알베르티네 역시 유스티나와 마찬가지로 꿈을 통해 무의식 속의 욕망을 온전하게 인식하게 되고, 다시 이를 통해 삶에 대한 총체적인 이해에 도달하기 때문이다. 그러나 작품의 전체 구조에서 알베르티네의 꿈이 지니는 의미는 『파라켈수스』에서와는 다르다. 『파라켈수스』에서 유스티나의 꿈은 줄거리의 정점을 이루며 주요 등장인물들의 태도와 인식 변화를 유도하지만, 알베르티네의 꿈은 줄거리의 진행과는 직접적인 관련이 없을 뿐만 아니라, 주인공인 프리돌린의 새로운 인식에 직접적으로 기여하는 바도 없기 때문이다.

기도 한 것이다.

『꿈의 노벨레』에서 줄거리는 비밀가면무도회 장면에서 정점에 들어서며, 알베르티네의 꿈 이야기는 프리돌린이 비밀가면무도회에서 다시 집과 일상으로 돌아온 후에야 등장한다. 이러한 구성은 알베르티네의 꿈이 지니는 '열쇠'로서의 기능을 이미 어느 정도 분명하게 암시한다. 이후 프리돌린의 행동과 그가 겪는 사건, 그리고 새로이 알게 되는 사실들은 모두가 비밀가면무도회 체험을 해명하는 데 그 초점이 맞춰져 있기 때문이다. 즉 알베르티네의 꿈은 불가사의한 사건과 그 해명의 가운데에 삽입됨으로써 이후에 벌어지는 일들에 대한 상징적 복선으로 기능하고 있는 것이다. 아래에서는 지금까지 살펴본 알베르티네의 꿈을 토대로 작품 전체의 줄거리를 이루는 프리돌린의 기이한 체험을 어떻게 이해할 수 있을지 살펴보도록 하자.

프리돌린의 '꿈' 같은 체험

『꿈의 노벨레』를 읽는 독자들이 알베르티네의 꿈을 우리가 현실에서 경험하는 일상적인 꿈과 동일한 것으로 인식하도록 만들어주는 요소에는 여러 가지가 있다. 그중 꿈의 내용 자체와 직접적인 관련이 있는 것은 ① 비약적인 사건의 전개, ② 초자연적인 사건들, ③ 현실의 왜곡된 반영 등이다. 이 세 가지 꿈의 특징들은 알베르티네의 꿈속에서 예를 들면 '갑작스러운 장소의 이동'(비약적인 사건의 전개)이나, '초자연적인 인지능력의 획득'(초자연적인 사건들), '실제와는 전혀 다른 정체성을 가지고 등장하는 현실 속 인물'(현실의 왜곡된 반영) 등으로 나타난다.

이처럼 다양한 양상으로 나타나기는 하지만 세 가지 꿈의 요소들이 '꿈의 성격'을 만들어내는 방식은 근본적으로 동일하다. 이 세 가지 요소들은 모두 '우리의 일상 현실을 지배하는 법칙성', 혹은 '논리적 인과관계'를 파괴함으로써 현실과의 연관관계가 끊어진 비현실적 꿈의 세계를 만들어내기 때문이다. 예를 들어 갑작스러운 시간과 장소의 변화는 현실 세계를 지배하는 시간과 거리의 물리적 특성을 왜곡함으로써 꿈속의 사건을 비현실적인 것으로 만들어준다. 하늘을 나는 행위, 인지능력의 확장 등과 같은 초자연적인 사건들은 자연법칙을 파괴함으로써, 또 현실의 왜곡된 반영은 우리의 경험적 지식을 부정함으로써 묘사되는 사건들이 현실 법칙, 혹은 자연법칙에 기초하여 논리적으로 재구성되는 것을 방해하고, 이를 통해 작중 세계가 현실과는 동떨어진 것, 꿈과 같은 것으로 인식되도록 만들어준다.

　알베르티네의 꿈과는 달리 프리돌린의 비밀가면무도회 체험은 현실 속 사건, 즉 '꿈이 아닌 것'으로 묘사되며, 실제로 비약적인 사건의 전개나 초자연적인 것이라고 할 수 있을 만한 사건은 등장하지 않는다. 그러나 비밀가면무도회는 마치 작중의 일상적 현실 세계 바깥에서 벌어지는 듯한, 혹은 일상적 현실 세계와 분명한 거리가 있는 듯한 인상을 또한 남기는데, 이는 이 비밀스러운 가면무도회가 공간적으로 프리돌린의 일상적 생활 영역에서 멀리 떨어진 곳에서 벌어질 뿐만 아니라, 참석자, 주최자 등 그 배후가 전혀 알려지지 않으며, 사실이라고 믿기에는 너무나 진기한 일들이 벌어지기 때문이다. 그 결과 프리돌린 자신조차 비밀가면무도회장에서 쫓겨난 후 자신이 지금 죽을병에 걸려서 침대에 누워 있으며, "그가 경험했다고 믿고 있는 모든 것들이 (고열로 인한) 환상이었던 것"은 아닌지 자문할 수밖에 없으며, 꿈이 아니라는 사실을 확인하기 위해 "가능한 한 눈을 크게 뜨고, 이마와 볼을 손으로 문지르고", 심지어 "맥박을 재어"보고 난 후 "모든 것이 정상"임을, 자신이 "완전히 깨어" 있음을 확인한다. 하지만 꿈이 아님을 확인하는 프리돌린의 이러한 행위는 오히려 그가 체험한 것들이 꿈과 유사하다는 사실을 강조해줄 뿐이다.

　이처럼 작중의 현실 세계에서 거의 완전하게 고립되어 있는 것처럼 보이는 비밀가면무도회는 오로지 몇 가지 단편적인 사실들을 통해 무도회장 바깥의 일상적 현실과 연관을 맺게 된다. 그러나 이러한 연관관계는 이야기가 진행되는 과정에서 결국 허구로 판명되거나, 그 사실 여부가 설명되지 않은 채 남아 있게 됨으로써, 즉 — 알베르티네의 꿈에서 비현실적 꿈의 세계가 만들어지는 것과 마찬가지의 방식으로 — 여타의 현실적인 맥락에서 그 실체를 온전하게 이해하고 논리적으로 재구성하는 것이 불가능해짐으로써 비밀가면무도회는 우연도, 필연도 아닌, 그 개연성 자체가 모호한 불가사의한 사건, 혹은 '꿈'과도 같은 사건으로 남게 된다.

이를 잘 보여주는 예 중 하나가 비밀가면무도회에 입장하는 데 필요한 암호다. 프리돌린은 나흐티갈에게서 이 암호가 "덴마크"라는 이야기를 듣고 깜짝 놀라는데, 이는 아내인 알베르티네는 물론 자신 역시 타인에게 비윤리적인 성 욕망을 느낀 장소, 그것도 나흐티갈을 만나기 불과 몇 시간 전에 알베르티네와 나눈 긴 대화의 동기가 된 여름휴가의 장소가 바로 "덴마크"였기 때문이다. 그러나 이러한 도저히 있을 법하지 않은 우연은 너무나 극단적이어서, 비밀가면무도회라는 낯설고 비밀스러운 사건은 오히려 프리돌린의 사적 영역, 즉 프리돌린의 일상적 현실과 — 최소한 이 소설을 읽는 독자의 머릿속에서 — 밀접한 인과적 연관관계를 맺게 된다. 소설 속에서 벌어지는 사건들의 개연성에 익숙한 독자들은 이러한 극단적인 우연을 단순한 우연으로 받아들이지 못하며, 곧 비밀가면무도회의 배후에 "덴마크"와 관련 있는 (프리돌린을 제외하면) 유일한 인물인 알베르티네가 존재하는 것이 아닐까 하는 추측을 하게 되는 것이다. 또한 서술자 역시 이러한 연관관계를 부각시키기 위하여 프리돌린으로 하여금 자신이 놀란 이유를 나흐티갈에게 친절하게 설명해주도록 하고 있기도 하다.

"그럼 좋아 — 암호는 덴마크야."
"너 미쳤어, 나흐티갈?"

"왜 미쳤다는 거야?"

"아냐, 아니야 ─ 내가 지난여름에 우연하게도 덴마크 해변에 갔었거든. (…)"

    그러나 이러한 연관성, 혹은 연관성에 대한 추측과 기대는 곧 깨져버리고 만다. 프리돌린이 가면무도회에서 쫓겨나는 순간까지 알베르티네는 전혀 언급되지 않으며, 그를 도와준 미지의 여인이 알베르티네일 것이라는 암시 역시 찾아볼 수 없기 때문이다. 따라서 비밀가면무도회와 일상적 현실/알베르티네와의 연관관계는 급격히 약화되며, 소설이 끝날 때까지 이 연관관계에 대한 적극적인 해명이나 부인이 없기 때문에, 또 비밀가면무도회와 미지의 여인의 정체 역시 끝까지 밝혀지지 않기 때문에 이 연관관계는 ─ 그와 함께 암호가 "덴마크"였다는 사실이 단순한 우연인지 필연인지의 문제 역시 ─ 끝까지 풀리지 않는 수수께끼로 남게 된다(혹은 서술자의 관심 밖으로 밀려나버린다).

    기이한 사건이 서술자의 암시를 통해 일상적 현실과의 연관관계를 획득하지만, 이야기가 진행되는 과정에서 그러한 연관관계가 부인되거나, 연관관계가 확인되지 않음으로써 그 기이한 사건의 논리적 재구성이 결국 완전히 불가능해지는 상황은 프리돌린을 도와주는 미지의 여인과 관련된 에피소드에서 가장 분명하게 드러난다. 비밀가면무도회 이후 줄거리를 진행하는 데 핵심 역할을 하는 미지의 여인은 프리돌린이 가면무도회장에 들어서자 곧 그에게 다가와 다음과 같이 경고한다.

    "(…) 여기를 떠날 수 있는 시간이 아직은 남아 있어요. 당신은 여기에 속하는 사람이 아니에요. 사람들이 그 사실을 발견하게 된다면 당신에게 좋지 못한 일이 생길 거예요."

    미지의 여인은 프리돌린의 정체를 ─ 완전히는 아니더라도 최소한 그가 초대 없이 숨어들어 온 사람이라는 사실을 ― 알고 있으며, 그의 정체가 탄로 나면 이곳에서 어떤 일이 벌어질지도 알고 있다. 또한 그녀는 ― "당신 걱정에 마음이 아플 거예요"라는 말에서 분명하게 드러나는 것처럼 ― 어떤 이유에선지 프리돌린을 걱정한다. 그 어떤 암시나 복선도 없이 갑작스럽게 등장한 미지의 여인은 후에 다시 한 번 프리돌린에게 경고를 하고, 결국 프리돌린이 가면무도회의 다른 사내들에게 발각되어 가면을 벗어야 할 위기에 처했을 때 대신 처벌을 받겠다고 나섬으로써 프리돌린을 구해준다.

이 에피소드가 기이하게 느껴지는 것은 우선 초대받지 않은 비밀가면무도회에 잠입한 사람이 있으며, 그 사람이 바로 프리돌린이라는 사실을 아는 사람은 나흐티갈밖에 없기 때문이다. 소설 속에서 묘사한 내용으로 추론해볼 때 프리돌린과 비밀가면무도회를 연결시켜 생각할 수 있는 가능성이 있는 또 다른 여성 인물로는 의상대여점 주인 기비저의 딸이 있으나, 그녀에게는 프리돌린을 걱정해야 할 이유도, 자신을 희생하면서까지 그를 구해줄 이유도 없다. 결국 프리돌린에게 경고를 전하는 여인은 ― 프리돌린의 일상 현실을 공유하는 인물이 아니면서, 동시에 그에 대해 전지적인 지식을 가지고 있는 ― 완전히 불가사의한 인물인 것이다. 그리고 이러한 사실이 밝혀지는 동시에 서술의 중점과 독자의 관심은 ― 당연하게도 ― '이 미지의 여인이 누구인가?' 하는 문제에 집중된다.

이러한 상황에서 프리돌린이 미지의 여인을 처음 보았을 때 인지한 첫 번째 특징이 "피처럼 빨간 입술"이었다는 사실은 매우 의미심장해 보인다. 왜냐하면 "빨간 입술"은 그날 밤 프리돌린이 방문한 두 번째 여성, 즉 창녀를 처음 보았을 때 프리돌린이 가장 먼저 인지한 특징이며, 동시에 프리돌린이 창녀와 함께 나눈 짧은 대화의 주요 주제 중 하나였기 때문이다. 이는 가면무도회에서 쫓겨난 후 자신을 구해준 그 여인이 "(…) 창녀 외에 그 무엇일 수 있겠는가?"라고 자문하는 장면과 더불어 미지의 여인을 창녀와, 즉 가면무도회의 비밀스러운 인물을 프리돌린의 경험적 현실 속의 인물과 연결시켜주는 근거가 된다. 그러나 "빨간 입술"을 매개로 한 이러한 연관관계는 암호의 경우와 마찬가지로 확인되거나 부정되지도 않은 채 소설의 마지막까지 방치된다.

그 결과 미지의 여인은 완전히 (프리돌린의 경험적) 현실의 맥락 밖에 존재하는 인물도, 그렇다고 (프리돌린의 경험적) 현실 속의 인물도 아닌, 정체성이 모호한 인물로 남게 된다. 그리고 바로 이 지점에서 가면무도회 에피소드가 지닌 꿈의 성격이 다시 한 번 드러나는데, 어떤 인물이 분명히 현실 속 인물의 특징을 가지고 있으되 전혀 다른 정체성을 가지고 전혀 다른 사회적 맥락 속에서 등장하는 것은 바로 우리가 일상적으로 체험하는 꿈의 일반적인 속성이자, 동시에 근본적으로는 허구인 알베르티네의 꿈을 진짜 꿈처럼 보이도록 만들어주는 중요한 특징 중 하나이기 때문이다.

이러한 관점에서 보면 다음 날 비밀가면무도회의 배후와 미지의 여인의 정체를 알아내기 위해 추적을 시작하는 프리돌린의 행위는 경험적 현실과 오로지 모호한 연관관계만이 있는 비밀가면무도회를 현실적 맥락 속에서 논리적으로 완전하게 재구성하려는 시도라고 할 수 있다. 그리고 그러한 시도는 성과가 없는 것도 아니어서, 프리돌린은 지난 새벽 나흐티갈이 정체불명의 사내 두 명과 함께 호텔에 들어왔다가 곧 나갔다는 사실을 알게 되고, 비밀가면무도회가 열렸던 집을 다시 찾아내기도 하며, 그 과정에서 비밀가면무도회를 연 사람들이 자신의 정체를 이미 알고 있으며, 어쩌면 이미 자신을 감시하고 있을지도 모른다는 사실까지 깨닫게 된다.

현실의 맥락 바깥에 존재하는 것만 같았던 가면무도회는 이로써 프리돌린의 경험적 현실과 조금 더 복잡한 연관관계를 맺게 된다. 그리고 그 과정에서 프리돌린은 마침내 자신을 도와준 미지의 여인으로 추정되는 한 여인과 관련된 정보를 얻는다. 프리돌린은 카페에서 우연히 신문을 읽게 되는데,

그 신문에서 지난 새벽 남작 부인 D.가 자살을 기도했다는 기사를 읽고, 그녀가 바로 자신을 도와준 미지의 여인이라고 확신하게 되는 것이다. 그러나 그러한 확신은 프리돌린 자신도 잘 알다시피 근거가 약하며 자의적이다. 물론 프리돌린은 미지의 여인에게서 비밀가면무도회에서 한 여인이 우연한 사고로 신분을 드러냈는데, 그 여인이 후작 집안 출신으로 이탈리아 왕자와 약혼한 상태였으며 결국 자살했다는 이야기를 들었고, 이를 바탕으로 지난밤에 '자살'을 시도한 '귀족' 부인이 바로 자기 대신 신분을 드러내는 처벌을 받은 미지의 여인일 것이라고 유추한 것이다. 그러나 이는 어디까지나 프리돌린의 추측일 뿐 아직은 입증할 수 없는 가설에 불과하다.

그리하여 프리돌린은 남작 부인 D.가 자살을 기도한 호텔을 찾아가고, 그곳에서 다시 그녀가 이송된 병원을 찾아간다. 하지만 프리돌린을 기다리고 있는 것은 그녀가 이미 숨을 거뒀다는 사실뿐이다. 프리돌린은 이제 병원의 시체실로 그녀를 찾아가고자 하며, 그 목적은 당연히 남작 부인 D.가 실제로 자신이 찾는 미지의 여인인지를 확인하는 것이다. 그러나 이러한 그의 목적은 애초부터 실현될 수 없는 것이었다. 프리돌린이 그 여인에 대해 알고 있는 것은 그저 그녀의 걸음걸이, 몸가짐, 그리고 목소리와 두 눈뿐으로 죽은 육신을 통해서는 확인할 수 없는 것들이기 때문이다. 그리고 그가 우려했던 바 그대로 프리돌린은 시체실에서 찾은 남작 부인의 시체가 자신이 찾던 여인의 것인지, 그렇지 않은지를 알아내지 못한다. 그런데 여기서 시체를 자세히 들여다보며 상념에 빠져 있던 프리돌린은 작품 속에서 구체적으로 설명되지 않은 무언가를 깨닫고 갑작스럽게 가면무도회의 배후를 찾는 일, 미지의 여인을 추적하는 일을 포기해버린다. 그리고 이와 함께 비밀가면무도회 체험은 더 이상 현실의 맥락 속에서 논리적으로 재구성하는 것이 불가능한, 마치 '꿈'과도 같은 상태로 남겨진다.

그런데 여기에서 나타나는 프리돌린의 태도에는 석연치 않은 점이 있다.

자살을 시도한 남작 부인이 자신을 구해준 미지의 여인이라는 사실도 확실하지 않은 상태에서 그는 남작 부인의 시체를 보고 무엇을 깨달은 것일까? 그리고 왜 그는 그 깨달음 이후에 곧바로 비밀가면무도회의 배후를 추적하는 일, 그러니까 지난밤 이후 그의 가장 중요한 과제가 되어버린 그 일을 포기해버린 것일까? 프리돌린은 지난밤의 체험이 모두 한낱 꿈에 불과한 것이란 사실을 깨달은 것일까? 아니면 그는 비밀가면무도회나 미지의 여인의 정체가 아니라 사실은 무언가 다른 것을 찾고 있었고, 남작 부인의 시체에서 그가 원하던 것을 찾게 된 것일까? 이에 대한 답은 우선 비밀가면무도회의 성격을 더 상세하게 검토해본 후에야 얻을 수 있다.

비밀가면무도회 체험은 지금까지 살펴본 것처럼 경험적 현실의 요소를 가지고 있으되, 현실적인 맥락에서 완전하게 설명할 수 없는 꿈의 성격을 동시에 가지고 있다. 그러나 프리돌린의 이 진기한 체험이 단순히 이러한 형식적인 측면에서만 꿈과 맞닿아 있는 것은 아니다. 가면무도회는 무의식 속에 숨어 있는 성적 욕망이 모습을 드러내는 곳이라는 점에서, 또 프리돌린이 그러한 성적 욕망의 본질과 처음으로 대면하게 되는 곳이라는 점에서 알베르티네의 "꿈"과 본질적으로 동일한 성격을 가지고 있다.

이러한 사실은 우선 비밀가면무도회가 프리돌린에게 무엇을 의미하는지를 살펴보는 과정에서 분명하게 드러난다. 알베르티네의 도발적인 고백으로 시작된 소설 도입부의 대화에서 프리돌린은 커다란 충격을 받는다. 이 충격은 일차적으로 자신의 부인이 비윤리적인 성 욕망을 가질 수 있다는 사실에서 기인하지만, 알베르티네가 *자신이 아닌* 다른 남성에게 성 욕망을 품었다는 사실 역시 충격의 중요한 이유가 된다. 알베르티네의 부도덕함에 대한 분노 이면에는 자존심, 더 정확히 말하면 남성성에 입은 커다란 상처가 존재하는 것이다. 그리하여 프리돌린은 알베르티네와 이혼해야겠다고 결심하는 동시에, 절반은 무의식적으로, 절반은 의식적으로 다른 여성과의 비윤리적인 관계를 통하여 상처받은 자신의 남성성을 회복하고 알베르티네에게 복수해야겠다고 마음먹게 된다. 이는 집을 나와 첫 번째로 마주친 여성인 마리아네와의 에피소드에서 이미 잘 나타난다. 마리아네는 궁중고문관이었던 아버지의 시신을 옆에 두고 프리돌린의 발밑에 엎드려 흐느끼며 그동안 숨겨온 자신의 사랑을 고백한다.

> "그러지 말고 일어서세요, 마리아네." 그는 낮은 목소리로 말하고 몸을 숙여 그녀를 부드럽게 일으켜 세우며 생각했다. (…) 프리돌린은 마리아네를 품에 안았지만 동시에 약간 거리를 두었고, 거의 자기도 모르게 그녀의 이마에 입을 맞추었다. 이러한 행동이 스스로에게도 우습게 여겨졌다. (…) 바로 그 순간 프리돌린은 ― 왜인지 자신도 모르는 채 ― 아내를 생각하지 않을 수 없었다. 그녀에 대한 불쾌함과 덴마크에서 노란 손가방을 들고 호텔 계단에 서 있었다는 사내에 대한 막연한 적의가 그의 내면에서 치밀어 올랐다. 프리돌린은 마리아네를 더 세게 끌어안았다 (…).

이 장면에서 잘 드러나듯이 프리돌린은 궁중고문관의 딸 마리아네에게 아무런 사랑의 감정이 없음에도, 한편으로는 알베르티네에 대한 분노 때문에, 다른 한편으로는 알베르티네가 성 욕망을 품었던 덴마크 사내에 대한 적개심 때문에, 다시 말해 남성성의 상처에서 기인한 열등감 때문에 마리아네를 "더 세게" 끌어안는다.

마리아네의 방문 이후 비밀가면무도회에 이르기까지 이어지는 에피소드에서 이와 같은 행동의 동기들은 점차 고조된다. 마리아네에게서 "아무런 흥분도" 느끼지 못했을 뿐만 아니라, 그녀의 "윤기 없는 바짝 마른 머리카락"과 옷에 밴 "달콤하면서도 김빠진 냄새"에 거부감을 느낀 탓에 알베르티네에 대한 복수를 감행할 수 없었던 프리돌린은 이번에는 길거리에서 술에 취한 대학생들로 인해 다시 한 번 남성성에 상처를 입는다. 시비를 거는 대학생들에게 맞서지 못하고 도망치듯 피해 가는 자신의 모습을 여러 가지 이성적이며 합리적인 이유를 떠올리며 — 동시에 더는 무모하고 유치한 행동을 하지 않을 만큼 성숙했다는 사실을 상기하면서 — 정당화하려 하지만, 오히려 그런 정당화 과정에서 자신도 이제 나이를 먹었으며, 더 이상 위험을 무릅쓸 '용기'가 부족한 "겁쟁이"라는 사실을 인식하게 되는 것이다.

따라서 바로 그 순간 프리돌린이 무의식중에 "젊은 덴마크 사내"가 알베르티네와 함께 걸어오는 장면을 떠올리고, 그의 이마에 권총을 조준하는 자신의 모습을 상상하는 것은 갑작스러운 일이 아니다. 비밀가면무도회에 이르기까지 프리돌린의 행동을 결정짓는 심리적 욕구는 바로 알베르티네에 대한 배신감에서 비롯된 시민적 윤리로부터의 일탈에 대한 욕구, 그리고 남성성에 입은 상처에서 기인하는 젊음과 남성적 힘을 확인하고픈 욕구이기 때문이다.

그러한 욕구들은 이제 프리돌린으로 하여금 "빨갛게 칠한 입술을 가진" 창녀를 따라가도록 만든다. 하지만 여전히 시민적 합리성에서 벗어날 수 없는 프리돌린은 이번에는 분명 강렬한 성적 욕망을 느끼면서도 성병에 대한 두려움으로 인해 결국 욕망을 실현하지 못한다. 이처럼 궁중고문관의 집, 길거리, 창녀의 집을 거치면서 프리돌린의 내적 욕망은 점차 강렬해지는데, 그렇게 욕망의 정도가 고조되면서 욕망의 대상도 조금씩 변화를 보인다. 즉 마리아네의 사랑 고백을 받을 때만 하더라도 프리돌린이 원한 것은 윤리적 일탈, 다시 말해 불륜 관계를 통하여 알베르티네에게 복수하는 것이었으나, 술 취한 대학생들로 인해 다시 한 번 남성성에 상처를 입고, 빨간 입술을 가진 어린 창녀에게 성적 능력을 억압하는 시민적 합리성에 대한 지적을 받고 난 후(성관계를 가질 수 없는 것이 피곤함 때문이라고 변명하는 프리돌린에게 창녀는 "두려운 거지요, 뭐"라는 말로 그의 진심을 꿰뚫어보고 있음을 알린다), 프리돌린은

"자신의 핏속에서 뜨거운 파도"가 이는 것을 느낀다. 알베르티네와의 대화부터, 시체 옆에서 이루어진 마리아네의 사랑 고백, 그리고 길거리의 술 취한 대학생에 이르기까지, 모든 것이 "유령처럼" 느껴지는 기이한 밤, 그러나 "동시에 그를 모든 책임에서 자유롭게 해주고, 모든 인간관계에서 해방시켜줄 것처럼 보이는" 밤을 보내는 동안 프리돌린은 알베르티네에 대한 복수가 아니라 마침내 성적 욕망의 실현 자체를 목적으로 삼게 되는 것이다.

창녀의 집을 나와 카페에 들어간 프리돌린은 그곳에서 우연히 옛 친구 나흐티갈을 만난다. 프리돌린은 나흐티갈에게서 비밀가면무도회에 대한 이야기를 듣는데, 그는 커다란 호기심을 보이며 매우 적극적인 태도로 그날 밤 벌어질 비밀가면무도회에 따라가겠다며 나흐티갈을 다그친다. 프리돌린의 이와 같은 태도는 그동안 보여준 소극적이고 조심스러운 태도를 생각하면 놀라워 보인다. 그러나 "알베르티네와 대화를 나눈 이후로 자신이 살고 있던 낯익은 지역을 점점 벗어나서 그 어딘가 다른 세계로, 멀고도 낯선 세계로 점차 빠져든" 프리돌린에게 이러한 적극성은 당연한 것이기도 하다. 마리아네와 길거리에서 만난 대학생들, 그리고 창녀와의 에피소드들을 통해 프리돌린은 자신의 욕망에 민감해지고, 또 이를 적극적으로 충족시키려 하기 시작했으며, 이런 그에게 비밀가면무도회는 바로 이러한 욕망을 적나라하게 드러낼 수 있는 곳, 또 자신의 시민적 삶에 해를 입히지 않으면서 그 욕망을 충족시킬 수 있는 곳이기 때문이다.

나흐티갈은 비밀가면무도회에 대하여 매우 모호한 설명만을 늘어놓는데, 그에 따르면 이 가면무도회는 "비밀스러운" 모임이며, 다른 곳 어디에서도 볼 수 없는 특별한 것, 그 모임의 존재를 알기 위해서 심지어 "용기"가 필요한 곳으로서, "나체의 여인들" — 프리돌린이 전에 본 적 없을 그런 여인들이 가면을 쓴 남자들과 어울리는 곳이다. 다시 말해 이 "위험한" 비밀가면무도회는 프리돌린에게 시민적 윤리의식 및 합리성의 방해 없이(*비밀가면무도회*) 성적 욕망을 실현(나체의 여인들)시킬 수 있으며, 동시에 상처받은 남성성을 회복(성 욕망의 실현 및 "용기"로 위험을 극복함으로써)할 수 있는 기회를 뜻하는 것이다.

마침내 무도회 장소에 잠입하는 데 성공한 프리돌린이 경험하는 비밀가면 무도회는 그가 기대했던 것과 다르지 않다. 처음에는 무도회에 참여한 남녀가 모두 수도승과 수녀의 복장을 하고 있고, "고대 이탈리아의 종교 아리아"가 홀 안에 울려 퍼지지만, 곧 음악은 "세속적이고 도발적인" 것으로 바뀌고, 동시에 가면을 제외하면 완전히 나체인 여성들이 돌아다니며, 모든 남자들은 화려한 기사 복장으로 갈아입은 채 여자들에게 돌진하듯 달려든다. 그러면 여자들은 "미친 것 같은, 거의 사악한 웃음"으로 남자들을 맞이한다.

이러한 집단적인 성 욕망의 분출 장면은 직접적으로 (작품에서는 비밀가면무도회 에피소드 다음에 등장하는) 알베르티네의 꿈을 연상시킨다. 알베르티네는 꿈속에서 처음에는 덴마크 사내와 단둘이서 잠자리를 같이하지만, 곧 자신이 수없이 많은 남녀의 쌍들 사이에 있다는 사실을 깨닫는데, 이때 알베르티네 자신은 물론, 함께 들판에서 사랑을 나누는 모든 사람들은 개인성이 배제된 일반화·추상화된 인간을 뜻하며, 이들이 노골적으로 드러내는 성적 욕망은 탈개인화된, 즉 개인의 성격과 의지, 윤리 의식에서 분리된 본질적인 자연적 욕망으로 나타난다.

비록 그 규모에는 차이가 있지만 비밀가면무도회에서 묘사하는 집단적인 성 욕망의 분출 역시 이와 근본적으로 동일하다. 비밀 무도회는 참여한 이들의 얼굴에 가면을 씌움으로써 이들의 개인성을 배제하고 있으며, 이러한 개인성의 배제를 통하여 무도회 참가자들로 하여금 윤리적·사회적 통제와 자기 검열에서 벗어나 본질적인 성 욕망을 노골적으로 드러내도록 만들기 때문이다. 이러한 맥락에서 보면 비밀가면무도회는 무의식의 깊숙한 곳에 감추어져 있던 성 욕망이 모든 억압적 힘들을 극복하고 그 자연적인 본질을 드러내는 공간, "밤이 되고 나서야 비로소 밖으로 기어 나오는" "용기 없는 욕망"이 모습을 드러내는 꿈과도 같은 공간이라는 사실이 분명해진다.

이처럼 탈개인화된 성 욕망이 드러나는 공간이라는 점에서 비밀가면무도회는 알베르티네의 꿈과 본질적으로 동일한 성격을 지닌다. 그러나 프리돌린의 비밀스러운 모험과 알베르티네의 꿈 사이에는 차이점도 존재한다. 그 차이는 우선 프리돌린의 체험이 명백하게 (꿈이 아닌) 현실로 묘사되고 있는 반면, 다시 말해 체험의 주체인 프리돌린이 여전히 의식의 차원에 머물러 있는 반면, 알베르티네의 꿈은 진짜 꿈으로 묘사되고 있다는 사실, 즉 체험의 주체인 알베르티네가 의식의 차원을 떠나 있다는 사실에 있다. 그리고 이것은 무도회와 꿈의 또 다른 중요한 차이의 원인이 된다. 즉 의식보다는 무의식의 세계에 가까이 와 있는 (꿈을 꾸고 있는) 알베르티네는 약간의 저항을 겪기는 하지만 곧 자기 검열을 해제하고 완전히 본질적 욕망의 편으로 이동하는 반면, 여전히 의식의 세계에 존재하는 프리돌린은 본질적인 욕망의 세계, 무의식의 세계를 눈앞에 바라보고 있으면서도 자기 검열을 해제하지 못하기 때문에 완전히 욕망의 편에 서지도, 욕망을 실현하지도 못하는 것이다.

이러한 사실은 우선 비밀가면무도회에 참여한 사람들 중 프리돌린만이 유일하게 초대받지 못한 자이자 수도승복을 벗지 못한 사내라는 점에서 상징적으로 표현된다. 그러나 이는 무엇보다도 그에 대해 모든 것을 알고 있으며, 그를 보호하고자 하는 인물이 나타나 그가 욕망을 실현하는 것을 가로막고, 그에게 욕망의 세계를 떠날 것을 요구한다는 사실에서 분명하게 드러난다. 이러한 관점에서 보면 비밀가면무도회에서 자기를 희생해가며 프리돌린을 구해준 미지의 여인은 프리돌린에게 욕망의 대상인 동시에, 자기 검열을 강제하는 ─ 프로이트의 용어를 빌리자면 ─ "초자아"의 역할을 하는 이중적인 성격을 가지고 있다고 할 수 있다.

앞서 살펴본 것처럼 알베르티네의 꿈은 독자에게 직접적·동시적으로 전달되는 것이 아니라 꿈에서 깨어난 알베르티네가 시차를 두고 간접적으로 서술한다. 그리고 알베르티네는 이러한 서술 과정을 통해 무의식 속에 억압되어 있던 본질적 욕망의 실체를 발견하고, 수긍하고, 사실 그대로 받아들인다. 꿈의 내용을 기억해내고, 정리하고, 이해하고, 또 그것을 말로 옮기는 과정에서 의식과 무의식이 만나고, 이를 통하여 의식 세계와 무의식의 세계는 일종의 화해를 하게 되는 것이다.

이와 유사한 의식과 무의식의 만남, 혹은 교차는 프리돌린의 경우 비밀가면무도회에서 이루어진다. 꿈속의 알베르티네와 다르게 프리돌린은 무의식의 욕망이 모습을 드러내는 비밀가면무도회장에 잠입한 이후에도 여전히 의식과 자기 검열의 지배를 받기 때문이다. 그러나 이렇게 의식의 지배를 받기 때문에 — 따라서 시민적 윤리에 더욱 강력하게 얽매여 있기 때문에 — 이미 꿈속에서 성 욕망의 본질을 새로이 인식한 알베르티네와는 다르게 프리돌린은 비밀가면무도회의 실체를 한동안 전혀 이해하지 못한다.

그리하여 프리돌린은 다음 날 비밀가면무도회의 배후와 자신을 도와준 미지의 여인을 찾는 추적을 시작한다. 자신이 겪은 "모든 것들을 마지막까지 다 체험하고, 이를 모두 정직하게 털어놓음"으로써 "정조도 없고, 잔혹하며, 배신자인" 알베르티네에게 "복수"를 하기 위해서다. 그러나 이러한 추적은 — 앞서도 살펴봤듯이 — 자신이 찾던 여인이 맞는지도 확실치 않은, 자살한 남작 부인의 시신을 확인하면서 갑작스럽게 끝나버리고, 비밀가면무도회 체험에 대한 고백도 결과적으로는 "복수"가 아니라 서로에 대한 이해와 새로운 부부 관계의 모색을 목적으로 이루어진다.

이러한 갑작스러운 추적의 포기와 심경의 변화는 프리돌린이 시체실에서 얻은 어떤 깨달음, 작품 내부에서 구체적으로 설명하지 않은 채 암시적으로만 제시되는 그 어떤 깨달음에서 기인한다. 프리돌린은 시체실에서 지난 새벽에 자살한 남작 부인의 시신을 유심히 관찰한다. 그는 "부패 작업이 이미 시작된 듯한" 여인의 육체, "이제는 비밀도 의미도 없는" 시신을 바라보며, 그것이 그가 불과 하루 전만 해도 그토록 "고통스럽게 열망했던 그 육체"였던 것인지 자문한다. 그러고는 "자기도 모르게", "마치 보이지 않는 힘에 강요를 당하고 이끌린 것처럼" 두 손으로 죽은 여인의 얼굴과 팔을 어루만지고, "사랑의 장난이라도 하려는 듯" 시체의 손을 잡고는 "마법에 이끌린 듯" 그녀의 얼굴을 향해 고개를 숙인다.

이 네크로필리아[시간증(屍姦症)]적 행동은 분명 매우 갑작스럽고 놀라운 것이지만, 이를 성도착의 관점이 아니라 19세기 후반 이후 세기전환기 독일어권 문화에서 쉽게 찾아볼 수 있는 사랑(성)과 죽음의 밀접한 연관관계를 염두에 두고 보면 그렇게 놀랄 만한 일도 아니다. 흔히 '에로스와 타나토스'로 상징되는 성과 죽음의 결합은 누구보다도 지그문트 프로이트와 밀접한 관계가 있다. 프로이트는 1920년에 발표한 논문『쾌락원칙의 저편』에서 처음으로 "죽음 욕망"이 존재한다는 가설을 제시했다. 프로이트에 따르면 모든 생명체는 자신의 근원적인 상태, 즉 "생명력이 없는 물질의 상태"로 돌아가고자 하는 욕망이 있으며, 이러한 "죽음 욕망"은 "에로스", 즉 ― 성 욕망을 포괄하는 ― "삶 욕망"과 대립을 이루며 모든 생명체의 삶의 과정을 결정짓는 근원적인 두 힘 중 하나로 작용한다.

이처럼 성과 죽음, 혹은 삶과 죽음을 인간의 가장 본질적인 두 가지 특징

"에로스와 타나토스"
성과 죽음의 밀접한 연관관계를 상징하는 표현으로 통용되며, 프로이트가 주장한 인간의 두 가지 근원적 욕망을 나타내는 점에서 프로이트와 밀접한 관계가 있다. 그러나 이는 프로이트가 만들어낸 표현은 아니다. 프로이트는 "성 욕망"과 "삶 욕망" 등을 아울러 "에로스"라고 표현했을 뿐, 그의 저술에서 "타나토스" 혹은 "에로스와 타나토스" 같은 상징적 표현을 사용한 적은 없다.

으로 보고, 이 둘 사이의 긴장 관계 속에서 인간의 삶을 이해하고자 하는 경향은 — 프로이트 자신도 잘 알고 있었다시피 — 슈니츨러에게서도 찾아볼 수 있다. 예를 들어 1895년에 발표한 — 따라서 『꿈의 노벨레』는 물론 『쾌락 원칙의 저편』보다도 훨씬 전에 쓰인 — 짧은 산문 「해부실에서 보낸 봄날 밤」에서 슈니츨러는 마리아네의 사랑 고백을 연상시키는 죽음과 사랑의 그로테스크한 결합을 묘사한다. 이 작품의 서술자로 등장하는 의대생은 새벽 3시에 무도회장을 빠져나와 못다 한 공부를 마치기 위해 시체들이 누워 있는 해부실을 찾아간다. 그런데 그곳에서 그는 자신의 친구가 길거리 악사의 음악에 맞춰 시체들 사이에서 해부실 관리인의 딸과 유쾌하게 춤을 추고 포옹하고 키스하는 모습을 목격하게 된다.

또한 슈니츨러 초기의 대표 산문이라 할 수 있는 『죽음』(1892)에서는 죽음에 가까워질수록 점점 더 강렬해지는 삶에 대한 욕망을 불치병에 걸려 죽어가는 한 사내의 이야기를 통해 그리고 있으며, 「한 시간만」(1899)이라는 짧은 산문에서는 죽어가는 아내를 위해 천사에게 한 시간만 더 삶을 연장해달라고 소원하는 한 사내의 이야기를 통해 죽음을 앞둔 사람들이 얼마나 더 삶에 집착하는지, 혹은 생명력의 절멸을 뜻하는 죽음이 오히려 삶에 대한 욕구를 얼마나 강하게 만들어주는지를 희화적으로 묘사하고 있다.

서로 대립적인 개념인 성과 죽음, 혹은 생명과 죽음을 하나로 엮고, 죽음을 삶에 대한 의지와 강렬한 성 욕망의 배경으로 묘사하는 슈니츨러의 이러한 경향은 기본적으로 인간의 본질을 생물학적인 본성에서 찾는 그의 인간관에서 비롯된다. 인간을 자연의 일부로 파악하는 인간관에서 죽음은 삶, 생명력, 성적 욕망의 대척자이면서 동시에 탄생과 함께 생명의 양 끝단을 잇는 자연현상을 의미한다(이런 의미에서 프로이트는 "모든 생명의 목적은 죽음"이라고 주장한다). 따라서 죽음은 단순히 생명, 혹은 생명력이 부재한 상황을 일컫는 개념일 뿐만 아니라, 자연과 생명, 삶의 에너지, 성적 욕망의 연장선상에 있는 인간의 자연적 존재 형식의 또 다른 양상이자, — 프로이트의 표현을 빌리자면 — "외부 조건에 대한 [생명체의] 적응 양상"으로서 인간의 자연적 본성을 — 성 욕망이나 삶에 대한 욕구 못지않게 — 가장 분명하게 보여주는 삶의 형식인 것이다.

이러한 삶/성과 죽음의 관계는『꿈의 노벨레』에서도 여러 가지 형태로 다시 나타난다. 예를 들어 마리아네가 아버지의 시체를 옆에 두고 프리돌린에게 사랑을 고백하는 장면이나, 비밀가면무도회로 나흐티갈을 태우고 가는 마차를 프리돌린이 반복해서 "장례용 마차"라고 부르는 것, 프리돌린을 실은 마차가 비밀무도회가 벌어지는 저택, 즉 무의식과 성 욕망이 지배하는 공간으로 접어드는 길에서 — 마치 하데스가 지배하는 죽은 자들의 세계로 내려가듯 — "계곡 속으로, 혹은 어둠 속으로 더 깊이 떨어지는" 것처럼 비탈길을 달려 내려간다고 묘사하는 장면, 그리고 프리돌린이 저택으로 들어가며 이것이 "죽음"에 이르는 길이라 할지라도 되돌아가지 않겠다고 다짐하는 장면들은 모두 작중 세계에서 죽음과 성 욕망이 동전의 양면처럼 하나로 이어져 있다는 사실을 분명하게 보여준다.

이러한 관점에서 보면 프리돌린이 찾아가는 시체실 역시 상징적인 차원에서는 비밀가면무도회와 마찬가지로 성, 즉 인간의 본질을 드러내주는 '사랑'의 장소로 이해할 수 있다는 사실이 분명해 보인다. 그리고 이곳에서 프리돌린은 비밀가면무도회를 체험하던 시점에서는 오로지 개인적인 차원에서만 인식되던 성 욕망이 일반적인 자연현상의 차원으로 확장되는 것을 경험한다. 불과 하루 전만 하더라도 그가 그토록 갈망했던 '특정한' 여인의 육체를 이제 "열여덟 살 소녀의 것으로도, 서른여덟 살 여인의 것으로도" 볼 수 있을 만큼 개인성과 시간성을 상실한 시신, 의사인 그에게 익숙할 수밖에 없는 시신 그 자체로 인식하는 것은, 프리돌린이 성 욕망과 그 대상이 되는 육체를 이전과는 다른 맥락에서 보기 시작했다는 사실을, 즉 탄생(생명)부터 시작하여 죽음에까지 이르는 인간의 생물학적 순환의 틀 안에서 이해하기 시작했다는 사실을 보여준다.

그리고 이러한 새로운 인식은 — 마치 알베르티네가 개인적인 성 욕망에서 출발하여 탈개인화된 성 욕망에 대한 인식으로 나아갔듯이 — 프리돌린으로 하여금 지난밤 알베르티네에 대한 복수심을 계기로 드러난 자신의 비윤리적 성 욕망에 대한 이해로, 더 나아가 "정조도 없고, 잔혹한 배신자" 알베르티네의 비윤리적 성 욕망에 대한 이해로 나아가도록 만들어준다. 그리고 이러한 인간의 본질 속에 자리한 성 욕망에 대한 이해, 너무 쉽게 비윤리적이 될 수밖에 없는 성 욕망과의 화해는 마침내 인간의 자연적인 본성이자 동시에 탈개인화된 욕망과 육체를 대변하는 시체에 대한 입맞춤의 시도를 통해 상징적으로 묘사된다.

이와 같은 맥락에서 보면 프리돌린이 비밀가면무도회의 배후와 미지의 여인에 대한 추적을 갑자기 그만둬버리는 이유 역시 분명해진다. 성 욕망을 개인 차원이 아닌 일반적인 인간의 본질 차원에서 이해하게 된 프리돌린에게 이제 시체실에 누워 있는 여인이 스물네 시간 전 나흐티갈의 격렬한 피아노 소리에 맞춰 품에 안았던 그 나체의 여인인지, 아니면 그가 "모르는, 완전히 낯선 여인"인지는 더는 중요한 문제가 아니다. 지난밤 경험한 자신의 욕망이 특정한 상대를 향한 것이 아니라 무의식 속에 잠재하는 일반적인, 탈개인화된 자연적 욕망의 발현이었다는 사실을 프리돌린은 이제 깨달았으며, 따라서 지난밤의 욕망을 개인적인 차원, 의식의 차원으로 다시 '끌어올려' 판단하는 것이, 다시 말해 지난밤 갈망했던 그녀의 정체를 일상의 맥락에서 다시 찾아내는 일이 아무런 의미가 없다는 사실도 잘 알게 된 것이다. 열여덟 살 소녀로도, 서른여덟의 여인으로도 보이는 그 시신은 이제 지나간 밤 그를 지배했던, 그러나 이제는 다시 무의식 속으로 숨어버린 '본질적 욕망'의 상징이자 "지난밤의 창백한 시신"에 불과한 것이다.

두 꿈

『꿈의 노벨레』에는 두 "꿈"이 등장한다. 그중 하나는 작품의 한가운데에 등장하는 알베르티네의 꿈이고, 또 다른 하나는 프리돌린이 체험하는 비밀가면무도회다. 이 두 꿈, 혹은 하나의 꿈과 하나의 꿈 같은 체험은 분량과 작품 전체에서 차지하는 비중에서 커다란 차이를 보이지만, 근본적으로는 매우 유사한 형식과 내용을 담고 있다.

알베르티네의 꿈은 무의식 속의 성 욕망이 윤리적 자기 검열에서 해방되어 자신을 드러내는 장소다. 그리고 알베르티네는 이러한 꿈속의 욕망을 기억해내고, 정리하고, 이야기하는 과정에서 자신 안에 내재한 본질적인 성 욕망을 긍정하고 받아들인다.

프리돌린이 경험하는 가면무도회는 서술자의 이중적인 — 분명 현실로서 묘사하고 있음에도 명백한 꿈의 특성들을 삽입하는 — 태도에도 불구하고 잠을 자는 동안에 꾸는 "꿈"은 아니다. 그러나 비밀가면무도회 역시 알베르티네의 꿈과 마찬가지로 무의식 속에 숨어 있는 욕망이 사회적·윤리적 검열을 해체하고 모습을 드러내는 장소다. 물론 여전히 의식의 세계에서 완전히 벗어날 수 없는 상태에 있는 프리돌린은 그곳에서 자신의 욕망을 실현할 수는 없지만, 무의식 속에 잠재하는 성 욕망의 실체를 직접 확인할 수 있는 기회를 얻게 된다. 그리고 비밀가면무도회의 배후와 자신을 도와준 미지의 여인을 추적하는 과정에서 그는 — 알베르티네가 꿈을 서술함으로써 새로운 인식에 도달하듯이 — 자신과 알베르티네의 욕망이 개인적 의지나 윤리로 통제할 수 없는 인간의 일반적인 본성에서 기인하는 것이라는 사실을 깨닫고 이를 묵묵히 받아들인다.

슈니츨러가 "반의식", 즉 "끊임없이 변화하는 의식과 무의식 사이의 일종의 중간 지대"라고 일컬은 것은 무의식 속에 억압된 성 욕망이 의식의 통제가 약해진 사이에 자신의 모습을 어렴풋하게나마 드러내는 상태를 말한다.

이러한 "반의식"의 대표적인 예는 욕망이 상징과 왜곡을 수단으로 자신의 모습을 적당히 은폐하며 나타나는 꿈일 것이다. 그런데 슈니츨러는 이러한 반의식의 상태, '꿈'을 『꿈의 노벨레』에서 매우 흥미로운 방식으로 변형하여 묘사하고 있다.

슈니츨러는 비밀가면무도회를 통하여 분명히 현실 속에서 벌어지는 일들이지만, 현실 법칙의 맥락 속에서 완전하게 설명할 수 없는 의문투성이의 사건을 만들어내고, 동시에 이 사건 속에서 의식의 검열이 해제되고 무의식의 욕망이 모습을 드러내도록 만듦으로써, '현실 속에서 펼쳐지는 꿈'이자 "반의식", 일종의 '백일몽'과도 같은 사건을 그려내고 있다. 동시에 동일한 구조와 기능을 가진 알베르티네의 꿈을 작품 중간에, 그것도 꿈과도 같은 체험이 이제 막 이루어지고, 그 실체를 파악하고자 하는 프리돌린의 추적이 시작되기 직전에 삽입해 넣음으로써 복선과 해석의 실마리를 동시에 제공하는 흥미로운 구조를 완성하고 있다.

자연적 존재로서 인간 vs. 아름다운 인간 1– 에두아르트 폰 카이절링 「하모니」

발틱의 귀족 집안 출신으로 뮌헨에서 활동한 작가인 에두아르트 폰 카이절링은 19세기 후반에 자연주의 경향의 작품들을 발표하다가, 1903년에 이전과는 전혀 다른, 몰락해가는 귀족 집안의 이야기를 다룬 『베아테와 마라일레－성(城) 이야기』로 성공하며 작가로서 이름을 알렸다. 카이절링은 이후 비슷한 배경과 비슷한 인물들로 인해 흔히 "성 이야기"로 불리는 일련의 소설들을 발표했다. 이 작품들에서 카이절링은 "붉은 여인"과 "하얀 여인"의 대립, 즉 자연적인 성적 아름다움을 상징하는 여인과 문명화된 유미주의적 삶

하모니(Harmonie)

작가: 에두아르트 폰 카이절링

형식: 단편소설

발표: 1905년에 잡지 〈노이어 룬트샤우〉에 발표

독일어 판본:

Harmonie, Frankfurt am Main: Insel, 2001

Harmonie. Romane und Erzählungen, München: Droemer Knauer, 1998

Bunte Herzen, Am Südhang, Harmonie, Frankfurt am Main: Fischer, 1997

Harmonie. Novelle, Frankfurt am Main: Suhrkamp, 1989

을 상징하는 여인 사이의 대립을 묘사했다. '성 이야기' 중 하나인 「하모니」는 1905년에 발표된 단편소설로서 — "붉은 여인"이 등장하기는 하지만 — 주로 "하얀 여인"의 삶을 묘사 대상으로 삼고 있다.

이 작품의 줄거리는 병약한 젊은 귀족 부인 안네마리와 건강하고 에너지가 넘치는 남편 펠릭스 폰 바세노우 사이의 갈등을 중심으로 전개된다. 안네마리는 펠릭스와 결혼 뒤에 곧 임신을 하지만, 사산을 하고 만다. 육체적·정신적으로 큰 충격을 받은 안네마리는 요양소에 들어가고, 펠릭스는 여행을 떠난다. 안네마리가 건강을 회복하고 집으로 돌아왔다는 소식을 들은 펠릭스는 오랜 여행을 끝내고 커다란 기대와 함께 안네마리가 기다리는 북구 영지의 성으로 돌아온다. 그러나 짧은 재회의 기쁨 뒤에 두 사람은 곧 조용한, 그러나 심각한 갈등에 빠진다. 안네마리는 자유분방한 펠릭스를 자신의 섬세한 감각으로 조율해놓은 유미주의적 삶의 틀에 끼워 맞추려 하고, 펠릭스

에두아르트 폰 카이절링(1855~1918)은 당시 동프로이센에 속하던 발트해 근처의 작은 도시인 파데른(오늘날 라트비아의 파두레 파리스)의 지방 귀족 가문에서 태어났다. 도르파트(오늘날 라트비아의 타르투) 대학에서 법학을 공부하다, 알려지지 않은 이유로 학업을 중단한 후 오스트리아로 건너가 빈 대학에서 철학과 예술사를 공부했다. 1895년 세 누나와 뮌헨으로 이주하여 죽을 때까지 살았다. 1902년까지 자연주의 경향의 소설과 희곡을 발표했으나 1903년에 지방 귀족의 이야기를 다룬 『베아테와 마라일레-성 이야기』

독일 인상주의를 대표하는 화가 중 한 명인 로비스 코린트가 그린 카이절링의 초상화(1900)

로 성공을 거두면서 이후 비슷한 분위기의 작품들을 발표했다. 1908년에 시력을 잃은 후에는 거의 집을 떠나지 않다가 1918년에 사망했다. 대표적인 작품으로는 『베아테와 마라일레』 외에 『무더운 날들』(1904), 『남쪽 언덕에서』(1904), 「하모니」(1905), 『파도』(1910), 『저녁의 집들』(1914) 등의 소설이 있다.

는 안네마리에게 그녀가 원하지 않는 거친 삶을 강요한다. 결국 펠릭스는 안네마리의 하녀와 부정한 관계를 맺게 되고, 안네마리는 때마침 아버지와 함께 자신을 방문한 삼촌 틸로와 플라톤적인 사랑에 빠진다. 그리고 펠릭스의 요구에 따라 틸로가 떠나자 안네마리는 곧 스스로 목숨을 끊는다.

간략한 줄거리에서 이미 드러나는 바와 같이 안네마리는 철저하게 양식화된 유미주의적 삶을 살아가는 인물이다. 그녀는 — 프랑스 유미주의 작가 조리스-카를 위스망스의 소설 『거꾸로』에서 주인공 데 제셍트가 자신의 섬세한 감각에 거슬리는 것을 모두 거부하고 오로지 자신의 까다로운 미적 감각에 부합하는 것들로만 집을 꾸미듯이 — 자신의 집과 일상을 철저하게 자신의 미적 감수성에 따라 꾸미고, 조직하고 통제한다. 안네마리는 붉은 눈이 거슬린다는 이유로 하인을 내보내고, 손이 축축하다는 이유로 손님의 방문을 거절하는 등 조금이라도 그녀의 감각에 부합하지 않는 것들은 단호하게 거절한다. 또한 안네마리는 하루의 일정을 그녀의 뜻에 따라 ― 말텐 부인의 도움으로 ― 완벽하게 조율하고자 하는데, 이때 그녀는 마치 자연현상까지도 자신이 원하는 대로 통제하고 제어하고자 하는 듯이 보인다. 안네마리는 오랜 여행 끝에 집에 돌아온 남편 펠릭스에게 다음과 같이 저녁 식사와 이후의 계획을 설명한다.

> "(…) 오늘은 가재수프와 멧도요새 요리, 그리고 파인애플 고기파이가 있을 거예요. 그러고 나서 우리는 샴페인을 마셔요. 그다음에 당신은 석양이 드리운 파란색 방에서 그 낯선 곳들에 대한 얘기를 들려주세요. 나이팅게일이 노래할 거예요. 그러면 우리는 창문을 열고 귀를 기울여요. 오늘은 그렇게 보내야 해요."
> 말텐 부인은 일을 멈추고 주의 깊게 들었으며, 모든 것을 마치 하나의 과제처럼 받아들였다 ― 멧도요새, 샴페인, 석양과 나이팅게일.

여기에서 안네마리는 저녁 식사에 나올 요리는 물론, 펠릭스가 자신에게 해줘야 할 이야기와 이후에 해야 할 일들까지 모두 계획을 세워놓고 있다. 그리고 이 계획에서 눈에 띄는 것은 모든 일들이 각각의 자연적인 흐름과 실제적인 목표에서 분리되어 하나의 미적 형식이 되어버리고 있다는 사실이다. 가재수프와 멧도요새 요리, 파인애플 고기파이와 샴페인, 석양이 드리운 파란색 방과 낯선 곳들에 대한 이야기, 창문을 열고 나이팅게일의 노래를 듣는 사람들의 모습 등은 전체적으로 하나의 아름다운 그림을 연상시킬 뿐, 그 어디에도 식욕이나 낯선 곳에 대한 궁금함, 자연의 아름다움에 대한 기대나 경탄은 존재하지 않는다.

이처럼 행위의 실제 목적보다 미적 형식을 중시하는 안네마리의 모습은 앞서 소개한 호프만스탈의 편지를 떠오르게 한다. 또한 『라이겐』에 등장하는 가장 문명화된 인물인 백작에게서도 비슷한 경향을 발견할 수 있다.

백작	아가씨, 내가 말하지 않았습니까. 아가씨는 풀리지 않는 문제라고 말이에요.
여배우	아, 그 철학으로 날 좀 괴롭히지 말고… 이리 다가와요. 그리고 이제 나한테 무엇이든 해달라고 해봐… 원하는 건 뭐든지 가질 수 있어요. 백작님은 너무 멋져.
백작	그렇다면 내가 허락을 구해도 될까 ─ 그녀의 손에 키스하며 ─, 오늘 밤에 다시 찾아와도 된다는.
여배우	오늘 밤… 나 공연해야 되잖아.
백작	공연 끝나고.
여배우	다른 부탁은 없어?
백작	다른 것들은 모두 공연이 끝나고 부탁하지.
여배우	(기분이 상해서) 그때 가서 오랫동안 부탁해보시지, 이 불쌍하고 뻔뻔한 아저씨야!
백작	이거 봐요, 아니 이거 봐, 우린 지금까지 이렇게 마음을 터놓고 함께 있었잖아… 공연이 끝난 밤이라면 난 그 모든 것들이 더 좋을 것 같아… 지금보다 더 편안할 것 같고… 난 계속 누군가 문을 열고 들어올 것 같은 느낌이 들어.
여배우	저 문은 밖에서는 열리지 않아.
백작	이봐, 어쩌면 훨씬 더 멋질 수도 있는 일을 처음부터 경솔하게 망쳐버려선 안 된다고 생각해.
여배우	어쩌면이라고요!…

백작	진실을 말하자면, 난 아침에 하는 사랑은 끔찍하다고 생각해.
여배우	나 참 – 백작님은 내가 만난 사람들 중에 제일 정신 나간 사람인 것 같아.
백작	난 보통 여자들에 대해서 얘기하는 게 아니야… 보통의 경우라면 결국엔 다 마찬가지니까. 하지만 아가씨 같은 여자들은… 아니야, 아가씨는 날 백번이고 바보라고 불러도 돼. 하지만 아가씨 같은 여자들은… 아침 식사 전에 안는 게 아니야. 그리고… 알겠어?… 그…
여배우	어머, 백작님 정말 귀여워!
백작	내가 말하는 뜻을 알겠어? 그렇지 않아? 내가 생각하기에는 –
여배우	그래서, 어떻게 생각하는데?
백작	내 생각에는 말이야… 공연이 끝나고 내가 아가씨를 차 안에서 기다리는 거야. 그러고는 어디로든 함께 저녁 식사를 하러 가는 거지–.
여배우	난 비르켄 양이 아니야.
백작	난 그렇게 말하지 않았어. 그저 모든 일에는 적당한 분위기가 따라야 한다고 생각할 뿐이야. 난 저녁 식사 때라야 분위기를 탄다고. 가장 좋은 건 그렇게 저녁 식사를 하고 함께 집으로 가서, 그러고 나서…
여배우	그러고 나서 뭐?
백작	그러니까 그러고 나면… 그다음은 알아서 진행되는 거야.

이 대화에서는 백작이 욕망의 충족만큼이나 욕망의 충족에 이르는 절차와 형식, 그리고 "분위기"를 중요하게 생각한다는 사실이 드러난다. 안네마리의 경우처럼 욕망의 충족이라는 목적이 완전히 사라져버리는 것은 아니지만 백작의 이러한 태도 역시 문명화된 삶의 유미주의적 경향을 보여주는 것으로 이해할 수 있다. 『라이겐』 내에서 이는 사회 하층민들, 즉 문명화가 상대적으로 덜 이루어진, 자연에 가까운 인물들과의 대비를 통해 더욱 분명하게 부각되는데, 이들은 욕망을

직접적으로 드러낼 뿐만 아니라, 다른 어떤 전제조건 없이 곧장 욕망 충족을 위한 행위를 시작한다.

이처럼 안네마리가 삶을 조율하는 과정에서 가장 중요한 기준은 바로 아름다움이다. 안네마리의 극도로 까다로운 감성, 남편 펠릭스가 "여기선 모든 것에 신경이 달려 있다"고 불평할 만큼 섬세한 그녀의 감성은 아름다움을 모든 가치 위에 놓는 그녀의 본성에서 기인한다. 그리고 그러한 삶에 적응하지 못하는 펠릭스는 다음과 같이 불평을 늘어놓는다.

> "(…) 우리는 마치 마법에 걸린 성에 살고 있는 것 같아. 이 사람은 커프스단추를 달고 있기 때문에 와서는 안 되고, 저 사람은 긴 얘기들을 늘어놓아서 안 되고, 헤르만은 눈이 빨개서 하인으로 쓸 수 없고. 우리 집 문턱을 넘는 사람들은 이제 곧 모두 미학 시험을 치러야만 하겠군. (…)"

안네마리의 이러한 철저한 유미주의적 삶은 자연적인 것, 통제되고 정리되지 않은 모든 것에 대한 거부로 나타난다. 그녀는 항상 하얀 커튼을 내려 외부의 위협적인 것들, 성을 둘러싼 야성의 자연이 자신의 정돈된 삶, 문명화된 삶 안으로 들어오는 것을 막고자 하며, 이는 곧 모든 자연적인 본능, 육체성에 대한 거부로 나타난다. 안네마리는 젊은 하인을 힘으로 압도하고 즐거워하는 펠릭스에게 혐오감을 드러내며, 그와의 성관계를 거부하진 않지만, 그의 품속에서 "창백한 얼굴"로 "고통"에 불과한 성행위를 "거만하게" 참아낼 뿐이다.

> 그러나 안네마리와 펠릭스는 더 잘 알고 있었다. 말끔한 질서로 정돈된 낮에는 드러나지 않는 무슨 일인가가 일어났다. 그 어떤 말도, 그 어떤 눈빛도 그 사실을

떠올리게 하지 않았다. 그러나 펠릭스는 그 모습을 항상 마음에 품고 다녔다. 밤이면 — 아무 소리도 들리지 않게 되면, 어두운 방 안에 놓인 가구들이 하얀 천 아래에서 잠을 잘 때면, 꽃들이 화병 속에서 시들어갈 때면 — 말텐 부인의 훌륭한 태엽 장치가 멈추고 나면 — 하얀 방 안, 하얀 등 아래에서 하얗고 작은 모습이 침대 위에 웅크리고 앉아 있었다. 이 모든 하얀색 속에 새까맣게 보이는 눈동자는 두려움에 가득 차서 그를 바라보았다. 그리고 그 작고 차가운 몸은 미동도 없이 그의 팔에 안겨 있었다. 창백한 얼굴은 거만하게 감춰진 고통을 드러내주고 있었다.

이처럼 오로지 감각적 아름다움을 중심으로 완전하게 조율된 안네마리의 삶은 때로 폭력적인 모습으로 나타나는 펠릭스의 자연적·성적 사랑에 결코 부합하지 못한다. 그리하여 펠릭스는 하녀 밀라, 즉 문명화가 덜 된 집단의 일원으로서 여전히 자연적 본성을 간직하고 있는 '붉은 여인'과 내연 관계를 맺게 된다.

안네마리 역시 자신과 동질적인 한 인물을 사랑하게 되는데, 그것은 바로 삼촌 틸로다. 펠릭스와 대립관계에 있는 틸로는 행동은 하지 않고 오로지 멋지게 말하는 것만을 업으로 삼는 40대의 국회의원으로서, 안네마리와 마찬가지로 유미주의적 삶을 체현하고 있는 인물이다. 인간의 실체를 감춰주는 가면을 벗어서는 안 된다고 주장하는 틸로는, 아름다운 여인에게는 여행을 통해 그녀에게 알맞은 배경을 찾아줘야 한다고 주장하며, 안네마리의 아름다움을 돋보이게 하기 위하여 "꽃잎 목욕" — 꽃이 가득 핀 과일나무들 아래에서 바람에 날려 쏟아지는 꽃잎들 속에 서 있는 것 — 을 고안해낸다. 또한 그는 독신으로 남아 있는데, 그 이유는 자신이 엘름트 가문의 마지막 백작으로 남아 "고상한" 멸종을 맞이하기 위해서다.

엘름트 가문은 너무나 고상해서 거의 살아갈 수 없을 정도였다. 그들은 또한 죽어 사라져가고 있기도 했다. 틸로 삼촌은 엘름트 가문 최후의 제국백작이 되기 위하여 결혼을 하지 않았다. 죽어서 사라져가는 것은 고상하다.

자연적 본질이 아닌 장식과 양식, 행동이 아닌 언어적 수사, 삶이 아닌 죽음 지향 등을 통해 유미주의적 삶을 체현하고 있는 틸로는 그러나 펠릭스와 갈등 끝에 안네마리의 곁을 떠난다. 그 후 안네마리는 펠릭스와의 생활을 오래 버티지 못한 채 결국 자살을 하고 마는데, 그녀의 죽음 또한 지극히 유미주의적으로 연출된다. 안네마리는 달이 밝게 뜬 밤에 하얀색 모슬린 옷을 입고, 손에는 라일락꽃이 달린 나뭇가지를 들고, 나지막이 노래를 부르며 달빛이 반짝이는 고요한 연못 속으로 걸어 들어간다. 숲속에서 밀라와 밀회를 즐기던 펠릭스가 그녀를 구하러 연못 속으로 뛰어들지만 그녀는 끝까지 도도함을 잃지 않고 자신의 의지대로 삶을 마감한다.

달 한 조각이 다시 정원의 나무들 꼭대기에 걸려 있었다. 펠릭스는 밤나무 아래 잔디 위에 누워 있었다. (…) 그리고 또 다른 소리가 그에게 들려왔다. 밝은 노랫소리 ― 그 소리는 점점 가까워져 왔다. 목소리는 아주 가까웠다. "안네마리." 펠릭스는 생각했다. 그때 안네마리는 그들을 벌써 지나쳐 갔다. 천천히. ― 라일락 가지 하나를 그녀는 손에 들고 있었고, 노래에 박자를 맞추려는 것처럼 그 나뭇가지를 부드럽게 움직였다. 하얀 모슬린 옷자락이 자갈길 위에서 작게 바스락거리는 소리를 냈다. 그녀가 잠깐 머리를 두 사람이 앉아 있는 옆쪽 그늘로 돌리는 것 같았다. 펠릭스는 그 갸름한 얼굴을 분명히 보았다 ― 조용하고 낯선 얼굴. 입술은 노래를 부르느라 반쯤 열려 있었다. 그렇게 그녀는 지나갔다. 노랫소리는 멀어져가고 약해졌다. 그러더니 물 위에서 노랫소리가 다시 더 분명하게 들렸다. 노래는 자장가처럼 들렸다. 두 눈이 반쯤 감긴 상태에서 엄마가 하얀색 요람 옆에서 침대 등의 불빛을 받으며 부르는 노래. 이제 안네마리는 연못의 반대편에 있었다. 그녀의 하얀 모습이 물속으로 들어가도록 만들어진 작은 나무다리를 따라 걸었다. 다리 끝에서 그녀는 멈춰 섰다. 라일락 가지를 흔들며 노래를 불렀다. 펠릭스가 벌떡 일어섰다.

"안네마리!" 펠릭스가 소리쳤다.

그러나 하얀색 모습은 사라져버렸다. 물속에서 소리가 들렸다. 야생 오리들이 갈대숲에서 날아올랐다. 건너편 물 위의 달빛이 한순간 동요하더니 이리저리 흔들거렸다.

"가서 사람들을 불러와!" 펠릭스는 외쳤다. 그는 연못 쪽으로 달려가서 점퍼를 벗어던지고 물속으로 뛰어들었다. (…)

펠릭스는 안네마리를 물가로 들어 올렸다. 그녀 위로 몸을 굽히고 서둘러 옷을 찢었다. 그녀 앞에 무릎을 꿇고 앉아 그녀를 바라보았다. 가슴, 팔다리가 물 때문에 반짝거렸고 투명할 정도로 하얬다. 얼굴은 낯설었고 깊은 고요함 속에 경직되어 있었다. 입술은 반쯤 열려 있었다. 파란빛을 띤 이빨의 표면이 입술 사이로 반짝였다. 윗입술은 약간 위로 올라가 있었다. 거만하게, 그리고 거절하는 듯이. 그녀는 피로한 듯 팔다리를 쭉 펴고 이렇게 말하고 있는 것 같았다: "아, 아니야 — 고마워 — 나한테는 맞지 않아."

유미주의적으로 연출된 이와 같은 죽음은 비록 극적이긴 하지만, 소설의 초반부터 이미 암시되어 있다. 안네마리의 유미주의적 삶은 모든 자연적인 것, 육체적인 것, 성적인 것에 적대적일 뿐만 아니라 — 역시 지극히 자연적인 — 생명 자체에 대해서도 적대적이다. 안네마리는 우선 "그늘에서 핀 꽃"처럼 연약하고 가냘픈 외모를 하고 있으며, 펠릭스와 결혼 직후 가진 아이를 사산(死産)한다. 또한 그녀는 죽음을 생명의 끝으로서 두려워하는 것이 아니라, 외부, 즉 자연의 위협으로부터 자신의 유미주의적 삶을 보호해줄 수 있는 궁극적인 안식으로 생각한다.

> "아, 죽음은 나쁜 것이 아니에요", 안네마리가 밝고 침착한 목소리로 어둠 속에서
> 이야기했다. "확실하게 쳐지는 커튼 ─ 안전하잖아요. 그리고 어쩌면…"

"너무나 고상해서 살아가는 것이 거의 불가능한" 안네마리에게 스스로의 의지에 의한 죽음은 너무나 당연해 보인다.

이 작품에서 안네마리가 체현하고 있는 유미주의적 삶은 오랜 기간의 발달을 통해 극도로 섬세해진 한 귀족 집안의 문화·문명에서 기인한 것으로 묘사되고 있다. 이렇게 생겨난 유미주의적 삶이 자연적 본성의 억압을 넘어 생명력의 결여와 박탈로까지 이어지는 것은, 이 작품의 작가인 카이절링이 문명과 자연의 대립관계 속에서 인간을 이해하고 있다는 사실을 잘 보여준다. 세기전환기의 맥락에서 아름다운 삶은 죽음으로 이어진다.

자연적 존재로서 인간 vs. 아름다운 인간 2─토마스 만 「트리스탄」

20세기 초반 독일 문학을 대표하는 작가 중 한 명인 토마스 만(1875~1955)은 19세기 말부터 2차 세계대전 이후까지 오랜 기간 왕성하게 창작 활동을 했으며, 오랜 활동 기간에 걸맞게 그의 작품들은 특정한 시대와 문예사조로 일관되게 설명할 수 없는 넓은 스펙트럼을 가지고 있다. 그럼에도 한 부유한 상인의 집안이 몰락해가는 과정을 묘사하여 세기전환기 데카당스 문학의 대표작으로 평가받는 『붓덴브로크가(家)』(1900) 등 19세기 말과 20세기 초반에 쓰인 작품들은 지금까지 살펴본, 새로운 인간관과 세계관을 바탕으로 한 새로운 문학적 경향을 잘 보여주고 있다.

트리스탄(Tristan)

작가: 토마스 만

형식: 단편소설

집필: 1899년에 첫 구상. 1901년 봄에 집필

발표: 1903년에 단편소설 모음집 『트리스탄―6개의 노벨레』에 포함되어 발표됨

번역본:

『토니오 크뢰거, 트리스탄, 베니스에서의 죽음』, 안삼환 역, 민음사, 1998

독일어 판본:

Thomas Mann. Frühe Erzählungen 1893~1912, Frankfurt am Main: Fischer, 2012

Tristan, Stuttgart: Reclam, 1991

    그러한 작품들 중 하나가 1903년에 『트리스탄―6편의 노벨레』라는 제목으로 발표된 단편소설집에 수록된 「트리스탄」이다. 이 작품은 기본적으로 토마스 만의 초기 작품에서 가장 중요한 주제인 '예술성과 시민성'의 문제에 대한 변주이다. '예술성과 시민성'은 예술가로서 시민사회의 이방인으로 살아갈 수밖에 없음에도 단순하고 건강한 시민사회를 끊임없이 동경하는 젊은 토마스 만의 개인적인 고민과 성찰이 담긴 주제다. 토마스 만은 같은 소설집에 수록된 「토니오 크뢰거」에서 이 주제를 예술가의 관점에서 진지하게 다룬 반면, 「트리스탄」에서는 같은 주제를 다루고 있음에도 한 걸음 떨어져 좀 더 비판적이고 시니컬한 시선을 유지한다.

    '예술성과 시민성'은 분명 예술적 정체성에 대한 토마스 만의 개인적인 성

20세기를 대표하는 독일 작가 중 한 명인 **토마스 만**
(1875~1955)은 1875년에 독일 북부의 항구도시인
뤼벡에서 태어났다. 어머니는 브라질계 독일인이며,
형은 역시 유명한 작가인 하인리히 만(1871~1950)이
다. 토마스 만은 1894년에 단편소설 「전락」으로 작가
의 길에 들어섰으며, 1895년에 뮌헨 공과대학에 등
록했지만 1896년에 성년이 되면서 아버지의 유산을
직접 관리할 수 있게 되자 학업을 포기하고 전업작가로 살아가기 시작했다. 1901년
에 장편소설 『붓덴브로크가─한 가문의 몰락』이 큰 성공을 거두면서 작가로서 명성
을 쌓기 시작했다. 1929년에 노벨 문학상을 수상했으며, 나치가 집권한 1933년에
스위스로 이주했다가, 1938년에 다시 미국으로 건너갔다. 2차 세계대전이 끝난 후인
1952년에 토마스 만은 다시 유럽으로 돌아와 취리히에 정착했다. 1955년에 취리히에
서 동맥경화로 사망했다. 대표적인 작품으로는 『붓덴브로크가』, 「베니스에서의 죽음」
(1912), 『마의 산』(1924), 『바이마르의 로테』(1939), 『파우스트 박사』(1947) 등이 있다.

찰과 직접적인 관련이 있는 주제지만, 다른 한편으로는 유미주의적 삶과 인
간의 자연적 본질 사이의 갈등 및 대립의 변형이기도 하다. 이는 우선 예술
성을 대변하는 주요 등장인물인 슈피넬에게서 잘 드러난다. 슈피넬은 무명
작가로서, 소설의 무대가 되는 "아인프리트 요양원"에 장기간 머물고 있는 인
물이다. 슈피넬의 성격은 이미 그 이름에서 암시되고 있다. 소설의 서술자는
소설 앞부분에서 주요 인물들을 소개하며 '슈피넬'이란 이름이 "일종의 광물
이나 보석 이름을 연상"시킨다고 적고 있는데, 많은 유미주의 작품에서 생명
이 없는 '보석'의 아름다움이 유미주의적 아름다움의 상징으로 사용되고 있
는 점을 고려하면, 이는 슈피넬이 유미주의적 삶을 살아가는 인물이라는 사
실을 거의 직접적으로 암시한다는 것을 알 수 있다. 그가 쓰는 ─ "신물 나게

지겨운" — 작품들 역시 "고블랭 직물이나 골동품 가구, 값비싼 도자기, (…) 온갖 종류의 물품과 예술적인 귀중품" 등을 묘사하는 데 "너무나 애정 어린 가치"를 두고 있는데, 이는 유미주의의 전범으로 받아들여졌던 조리스-카를 위스망스의 소설 『거꾸로』를 지시하고 있다.

그러나 슈피넬의 유미주의적 성향을 가장 잘 드러내주는 것은 그의 세계 인식 방법이다. 그는 요양원에 거주하는 가브리엘레 클뢰터얀 부인에게 산책 중에 한 미인을 만났다며 다음과 같이 이야기한다.

"오늘 아침에 산책을 하다가 아름다운 여인을 봤습니다… 맙소사, 아름다웠어요!" 이렇게 말하면서 그는 고개를 옆으로 기울이고 두 손바닥을 펼쳤다.

"정말요, 슈피넬 씨? 어떻게 생겼었는지 얘기해주세요!"

"안 됩니다, 그럴 수는 없어요. 그렇게 하면 그 여인의 모습을 잘못 전달하게 될 거예요. 지나가면서 그저 슬쩍 훑어봤을 뿐이니까, 사실은 보지 못한 거예요. 하지만 제가 본 희미한 그림자만으로도 상상의 나래를 펴고 아름다운 인상을 가져오기에는 충분했어요… 맙소사, 아름다운 일이에요!"

그녀가 웃었다. "그게 선생님께서 아름다운 여인들을 관찰하는 방법인가 보지요, 슈피넬 씨?"

"그렇습니다, 부인. 상스럽게 사실을 있는 그대로 다 보려고 얼굴을 뚫어지게 쳐다보다가 결함이 있다는 사실을 인식하는 것보다는 더 나은 방식이지요…"

이 대화에서 슈피넬은 '사실' 그 자체보다는 사실을 인지하는 주체의 인상이 훨씬 더 중요하며, 그것이 현실에서 '아름다움'을 찾는, 혹은 만들어내는 더 나은 방법이라고 주장하고 있다. 명백하게 자연주의 문학을 부정하고, 주관적이며 인상주의적인 아름다움을 추구하는, 그리하여 현실 세계에서 멀어질 수밖에 없는 슈피넬의 세계 인식과 예술관은 클뢰터얀 부인의 과거에 대한 이야기를 듣고 이를 주관적으로 재해석하는 과정에서도 분명하게 드러난다.

"아름다워요! 맙소사, 너무나 아름다워요!" 슈피넬 씨가 소리쳤다. 그의 얼굴은 완전히 일그러져 있었다.

"그런데 *여기서* 뭐가 그렇게 특별하게 아름다운가요, 슈피넬 씨?"

"아, 이거예요, 부인 외에 여섯 명이라는 것, 부인은 그 여섯이란 수에 포함되지 않고, 말하자면 여왕처럼 앞으로 나섰다는 것 말입니다… 부인은 그 여섯 명의 친구들보다 훨씬 뛰어나셨던 거예요. 작은 황금 왕관이, 거의 눈에 보이지는 않지만 의미심장하게, 부인의 머리 위에서 반짝이고 있었던 거지요…"

"아니에요, 말도 안돼요. 왕관 같은 건 없었어요."

"맞아요. 남몰래 반짝이고 있었어요. 만약 제가 그때 눈에 띄지 않게 덤불 속에 있었더라면 왕관을, 부인 머리 위의 왕관을 보았을 거예요…"

"선생님이 무엇을 보셨을지 누가 알겠어요. 하지만 선생님은 그곳에 계시지 않았고, 어느 날 아버지와 함께 덤불 속에서 나타난 사람은 지금 제 남편이에요. (…)"

이 대화에서도 슈피넬에게 실제의 '사실'이란 그의 내면에서 아름다운 인상을 만들어내는 계기에 불과하며, 그러한 인상은 실제 사실과 일치하지 않아도 아무런 상관이 없다는 사실이 잘 나타난다. 그에게 중요한 것은 아름다움 그 자체며, 그것이 사실과 일치하는지 아닌지는 전혀 중요하지 않다. 이와 같은 사실의 주관적 인식과 현실의 부정, 혹은 현실과 단절된 아름다움의 추구는 그를 일상적이고 건강한 삶에서 단절시킨다. 그리고 이는 곧 자연적 삶의 부정과 죽음에 대한 긍정적 태도로 이어진다. 슈피넬에게 미적 인식의 대척점에 서 있는 '현실'을 대변하는 것은 단순한 사고와 육체적 건강함, 생명력을 대변하는 '시민'이기 때문이다. 이러한 맥락에서 슈피넬은 클뢰터얀 부인의 남편이자 정력적인 사업가인 클뢰터얀 씨와 "정말 지나칠 정도로 건강" 한 우량아인 그의 아들 안톤을, 그리고 자연적인 삶과 생명력을 "혐오"한다. 슈피넬은 클뢰터얀에게 보낸 편지에 다음과 같이 적는다.

> 나의 고백을 들어주십시오, 클뢰터얀 씨. 나는 당신을 혐오합니다, 제가 삶 자체를 혐오하듯이, 저속하고 우스꽝스러우면서도 승승장구하는 삶을, 당신이 대표하는 삶을, 아름다움의 영원한 적이자 불구대천의 원수인 삶을 혐오하는 것과 똑같이 당신과 당신의 아들을 혐오합니다. 제가 당신을 경멸한다고까지 해서는 안 되는 것이겠지요.

이처럼 슈피넬이 아름다움과 삶을 적대적인 대립관계로 인식하고 있다는 사실은 이 소설이 문명, 예술과 자연적 생명력을 대립관계로 바라보는 세기 전환기의 세계관과 예술관을 바탕으로 쓰였음을 잘 보여준다.

이러한 사실은 슈피넬이 찬미하는 클뢰터얀 부인을 통해 더욱 극적으로 드러난다. 기관지병 때문에 슈피넬과 같은 요양소에 머무르게 된 클뢰터얀 부인은 카이절링의 "하얀 여인"들과 같이 극도로 문명화된, 따라서 생명력이 결여된 '팜프 프라질'의 성격을 모두 가지고 있다. 클뢰터얀 부인을 수식하는 단어들, 예컨대 "허약한", "우아함과 섬세한 매력", "연약하고 피로한", "사랑스럽고 고상하게, 매력적이고 우아하게", "창백한 손", "눈썹 위로 기묘한 느낌을 주는 연푸른 색깔의 얇은 실핏줄", "거의 투명해 보이는 이마의 티 없이 맑은 모습", "병적인 인상", "얼굴 전체에서 풍기는 섬세한 분위기" 등은 그녀가 극도로 예민하며 연약한 세기전환기의 유미주의적 여성상을 그대로 물려받은 인물임을 알려준다. 아이를 낳고서 병에 걸려 죽어간다는 사실 또한 그녀가 어떤 유형의 인물인지를 분명하게 지시해준다.

이러한 성격에 걸맞게 클뢰터얀 부인은 전문 연주자가 아님에도 피아노를 곧잘 연주하며, 의사는 병세 악화를 막기 위해 그녀에게 피아노 연주를 금지시킨다.

> "우리[클뢰터얀 부인] 집 주치의와 [요양소의] 레안더 박사 모두 피아노 연주를
> 확실하게 금지했어요, 슈피넬 씨."

그 어떤 의학적 근거도 없이 간단하게 제시되는 이 진술은 피아노 연주가 클뢰터얀 부인의 병세에 좋지 않은 영향을 끼칠 수 있다는 사실을 암시하지만, 이는 의학적 사실을 전달하는 것이라기보다 예술(피아노 연주)과 삶(건강)의 적대적 관계를 상징적으로 표현하는 것으로 이해할 수 있다. 예술의 아름다움이 건강과 의학적·이성적 판단을 거스를 때에만 실현될 수 있다는 사실은 클뢰터얀 부인에게 피아노 연주를 간청하는 슈피넬의 발언에서도 잘 드러난다.

> "몸에 해로울까 봐 걱정되신다면, 부인, 당신의 손가락 아래에서 소리를 내고 싶
> 어 하는 아름다움은 죽은 채로 침묵하게 내버려두십시오. 부인은 늘 이렇게 지
> 극히 이성적이지는 않았었지요. 적어도 지금과는 반대로 아름다움을 향해 가셨
> 던 때만큼은 그렇지 않았습니다. 부인이 몸에 대해 걱정도 하지 않으셨고, 작은
> 황금 왕관을 내려놓고 샘을 떠났던 때보다 더 주저하지 않는 확고한 의지를 보여
> 주셨어요… 들어보세요." 잠시 쉬었다가 그는 계속해서 이야기했다. 그의 목소리
> 는 더욱 가라앉았다. "부친께서 부인 옆에 서서 부인을 눈물 흘리게 만든 그 곡을
> 바이올린으로 켜시던 때처럼 이제 부인께서 여기 앉아 연주하신다면… 그러면
> 사람들은 다시 당신의 머리에서 왕관이 반짝이는 걸 몰래 지켜보게 될 수도 있
> 을 거예요. 그 작은 황금 왕관 말입니다…"
> "정말요?"라고 물으며 그녀[클뢰터얀 부인]는 미소를 지었다.

부모에게 물려받은 예술적 기질에도 불구하고 지극히 시민적인 남편의 영향으로 두 세계의 경계에 존재하던 클뢰터얀 부인은 슈피넬의 거듭된 요청에 따라 결국 피아노를 연주한다. 그리고 이러한 행위는 클뢰터얀 부인에게 치명적인 결과를 가져온다. 클뢰터얀 부인은 피아노를 연주하면서 예술적 희열이 가져다주는 몰아의 경지 속에 빠지고, 이는 그녀가 이제 완전히 유미주의적 삶 속으로 발을 들여놓았음을 의미한다. 그러나 유미주의적 삶으로의 중심 이동은 ― 의사들이 경고했던 대로 ― 자연적 생명력의 상실을 의미할 수밖에 없으므로, 그녀는 연주 후 병세가 급격히 악화되어 곧 목숨을 잃게 된다.

피아노 연주와 죽음의 이와 같은 밀접한 관계는 이미 연주 도중에 상징적으로 드러난다. 피아노를 연주하던 클뢰터얀 부인과 슈피넬 앞에 갑작스럽게 목사 부인인 횔렌라우흐의 유령 같은 모습이 나타나는 것이다. 이 여인의 이름은 이미 죽음을 연상시키는데, '횔렌라우흐'는 '동굴'을 뜻하는 Höhle와 '연기'를 뜻하는 Rauch가 합쳐져 만들어진 이름이다. 이 단어는 일반명사도 아니고 일반적으로 이름에 사용되는 단어도 아니며, Höhle가 '지옥'을 뜻하는 'Hölle'와 발음이 유사하기 때문에 저자인 토마스 만이 죽음을 상징하는 인물의 성격을 강조하기 위해 의도적으로 지어낸 이름이라 할 수 있다. 게다가 횔렌라우흐가 "열아홉 명의 아이를 낳고는 사고력을 완전히 상실"했다는 사실은 과도한(?) 출산으로 인해 생명력이 고갈된 것으로 이해될 수 있다는 것, 그리고 당대에 반자연적인 것으로 비판의 대상이 되던 교회와 밀접한 관계가 있는 목사 부인이라는 사실은 횔렌라우흐가 죽음을 대변하는 인물이라는 것을 잘 보여준다.

한편 클뢰터얀 부인이 연주하는 곡은 바그너의 악극 『트리스탄과 이졸데』에 포함된 곡 〈사랑의 죽음〉이다. 쇼펜하우어, 니체와 함께 젊은 토마스 만에게 가장 커다란 영향을 끼친 인물인 바그너의 『트리스탄과 이졸데』는 트리스탄과 이졸데의 끝없는 열정적 사랑을 음악적으로 묘사하고 있다. 이 음악이 전해주는 이야기는 하지만 생명력이 없는 슈피넬과 클뢰터얀 부인의 삶과 기이하게 대조를 이룬다. 자연적 본성과 육체적인 힘, 성적인 욕망과는 거리가 먼 유미주의적 삶을 살아가는 두 사람과 그 무엇으로도 막을 수 없는 뜨거운 사랑을 나누는, 불륜이라는 사실을 알면서도 서로를 갈망하는 열정적인 트리스탄과 이졸데의 사랑은 서로 접점을 찾을 수 없을 뿐만 아니라, 유미주의적 세계관 안에서는 오히려 대립관계에 놓일 수밖에 없다.

그럼에도 슈피넬−클뢰터얀 부인과 트리스탄−이졸데가 갈등 없이 하나로 이어질 수 있는 것은 바로 트리스탄과 이졸데의 사랑이 현실이 아니라 전설이며, 음악이라는 예술을 매개로 전달되기 때문이다. 예술적으로 양식화된, 육체적 욕망이 결여된 추상적 사랑은 두 사람이 감당할 수 있는 유일한 사랑이며, 이는 카이절링의 「하모니」에서 묘사되는 안네마리와 틸로의 사랑, 오로지 섬세하고 암시적인 언어와 "꽃잎 목욕"과 같은 양식화된 행위를 통해서만 이루어지는 유미주의적 사랑과 본질적으로 동일한 것이다.

유미주의적 사랑의 전형적인 예는 앞서 언급한 바 있는 카이절링의 소설 『베아테와 마라일레』에서도 찾아볼 수 있다.

에두아르트 폰 카이절링, 『베아테와 마라일레』(1903)
귄터가 베아테 위로 몸을 굽히고 그녀의 입술에, 두 눈에 입을 맞추자 ─ 귄터가 그녀의 가냘프고 고요한 몸을 뜨겁게 불타오르는 자신의 손으로 끌어안자, 그녀가 말했다: "아 ─ 그만둬 ─ 자기야."
귄터는 곧장 차분해졌다. 귄터는 한숨을 쉬었다. 아, 그렇지! 차분하고 시적(詩的)이어야만 하는 것이었지. "이 차가운 달빛 얼굴", 귄터는 약간 기분이 상해서 말했다. 그러고는 수련이 무리 지어 있는 물속에 손을 집어넣어 무겁고 하얀 꽃송이들을 한 손 가득 끌어올렸다. "자, 이제 내가 자기를 씻어줄게, 기다려봐." 귄터는 물에 젖은 꽃들을 베아테의 머리 위로 가져갔다. 떨어지는 물방울을 맞으며 베아테는 웃었다. "이렇게 하니 좋군", 귄터가 말했다. "아름다움 – 아름다움 – 아름다움, 아멘."

하얀 달빛이 쏟아지는 호수 위에 떠 있는 작은 보트 안에서 두 사람이 연출하는 이 장면은 '하얀 여인' 베아테가 살아가는 유미주의적 삶의 성격을 상징적으로 보여준다. 베아테, 혹은 베아테의 아름다움은 그 어떤 현실적 욕망이나 목적에 종속되어 있는 것이 아니라, 오로지 아름다움 그 자체를 위해 존재한다. 아름다운 베아테는 입맞춤이나 포옹의 대상이 될 수 없으며, 오로지 더욱 아름답게 가꿔주고, 감탄해야 할 대상일 뿐인 것이다. 이와 같은 점에서 베아테의 아름다움은 절대적인 아름다움을 추구하는 세기말 유미주의적 삶의 전형을 보여준다.

이는 베아테가 모든 육체성 및 성적인 욕망과 거리를 두고 있다는 사실에서도 나타난다. 베아테는 성적인 욕망에 사로잡힌 귄터의 입맞춤과 "뜨겁게 불타오르는" 손길을 간단하게 거부해버리며, 귄터는 베아테에게서 욕망의 실현을 기대할 수 없다는 사실을 깨닫고, 곧 달빛 속의 창백한 얼굴에 어울리는 하얀 수련으로 베아테를 장식함으로써 그녀의 아름다움에 봉사한다. 그리고 나서 귄터는 마치 금욕적인 아름다움을 묘사한 종교화를 앞에 두고 있는 것처럼 감탄의, 혹은 탄식의 일성을 내뱉는다. "아름다움 - 아름다움 - 아름다움, 아멘."

이러한 맥락에서 보면, 피아노 연주를 통해서는 전달될 수 없지만, 토마스 만의 탁월한 음악 묘사 속에 자연스럽게 재해석되어 녹아 있는 곡의 가사 역시 두 쌍의 사랑을 기이하게 연결시켜준다. 이 곡은 원래 이졸데가 싸늘한 시신이 되어 누워 있는 트리스탄을 앞에 두고 현실 속에선 이루어질 수 없던 그들의 사랑이 죽음을 통해 실현되기를 소망하며 부르는 노래다. 따라서 '사랑이 죽음 속에서 실현된다'는 것은 이들이 죽음을 통해 사회적인 관계와 비윤리성에서 해방되어 비로소 그들의 사랑을 실현하게 된다는 것을 의미한다. 그러나 토마스 만은 '죽음을 통한 사랑의 실현'을 '일상성과 유한한 육체성에서 해방된, 순수하게 추상적인 영원한 사랑의 실현'으로 재해석하고 있

트리스탄과 이졸데

트리스탄(영어권에서는 '트리스트람')은 아서왕 전설에 등장하는 인물로 원탁의 기사 중 한 명이다. 아서왕 전설의 원전으로 꼽히는 토머스 멜러리의 『아서의 죽음』(1485)에 따르면 트리스탄의 비극적인 운명은 그가 생명의 은인인 아일랜드의 공주 이졸데(영어권에서는 '이주드')와 사랑에 빠지면서 시작된다. 이졸데는 삼촌인 콘월의 왕 마크와 결혼하는데, 두 사람은 이후 마크 왕의 눈을 피해 가며 사랑을 나눈다. 사랑과 죄의식 속에서 번민하던 트리스탄은 결국 성배를 찾는 신성한 원정에 참여하여 죄를 씻기로 하고, 브리타니아의 공주였던 '흰 손의 이졸데'와 결혼한다. 한동안 행복한 생활을 하던 트리스탄은 한 전투에서 부상을 당해 사경을 헤맨다. 트리스탄은 사신을 통해 자신의 부상을 치료해줄 수 있는 유일한 인물인 이졸데를 데려오도록 한다. 이때 트리스탄은 이졸데가 그의 요청에 응해 함께 오면 돌아오는 배에 흰 돛을, 함께 오지 않으면 검은 돛을 달라고 지시한다. 이졸데는 소식을 듣고 흰 돛을 단 배를 타고 당장 길을 떠난다. 그러나 그 사이 트리스탄과 이졸데의 관계를 알게 된 '흰 손의 이졸데'는 질투에 눈이 멀어 트리스탄에게 검은 돛을 단 배가 오고 있다고 전한다. 이 말을 들은 트리스탄은 절망에 빠져 죽어버리고, 배에서 내린 이졸데 역시 트리스탄의 싸늘한 시신을 품에 안고 숨을 거둔다. 트리스탄과 이졸데는 콘월의 교회당에 나란히 묻혔는데 트리스탄의 묘에서 덩굴이 뻗어 나와 이졸데의 묘로 내려갔다고 전해진다.

바그너가 자신의 악극 『트리스탄과 이졸데』(1859)의 토대로 삼은 것은 중세 독일 작가인 고트프리트 폰 슈트라스부르크의 소설 『트리스탄과 이졸데』(12세기)였다. 소설 「트리스탄」에서 클뢰터얀 부인이 연주하는 〈사랑의 죽음〉은 이졸데가 트리스탄의 시신을 안고 죽기 직전 부르는 노래다.

다. 클뢰터얀 부인이 피아노 연주를 통해 들려주는 〈사랑의 죽음〉은 자연적 생명력의 절멸을 통해서만 실현되는 슈피넬과 클뢰터얀 부인의 유미주의적 사랑인 것이다.

클뢰터얀 부인이 피아노 연주를 계기로 건강이 급격히 악화되어 결국 숨을 거두게 된다는 이후의 내용 전개는 토마스 만의 첫 번째 장편소설 『붓덴브로크가』에서 묘사된 한 부유한 시민 집안의 몰락의 축소판으로 이해할 수 있다. 슈피넬은 소설의 초반에 클뢰터얀 부인의 집안 이야기를 들은 후 "현실적인 생업에 종사하는 무미건조한 시민적 전통을 지닌 어느 집안이 그 명을 다할 즈음에 이르러 예술을 통해 다시금 빛을 발하는 경우가 드물지는 않지요"라고 이야기하는데, 클뢰터얀 부인의 죽음으로 실현되는 이 몰락의 운명은 정확하게 붓덴브로크 일가의 운명과 동일하기 때문이다.

다른 한편으로 이러한 결말은 지금까지 우리가 살펴본 유미주의적 삶과 자연적 생명력의 관계를 고려할 때 너무나도 당연한 귀결이기 때문에 독자로 하여금 오히려 냉소적인 거리감을 느끼도록 만든다. 이는 유미주의적 삶과 예술을 대표하는 인물이자 서술의 중심에 놓인 슈피넬이 그다지 긍정적인 인물로 묘사되고 있지 않다는 사실과도 관련 있다. 그는 작가로서 오로지 아름다움만을 추구하지만, 그 자신은 초라하고 볼품없는 외모를 가지고 있으며, 그의 작품들 또한 단 한 번도 성공을 거둔 적이 없다. 또한 음악을 찬미하지만 그 어떤 악기도 다룰 줄 모른다. 이러한 부조화는 슈피넬을 '가난한 예술가', 즉 경제적 이익이 아니라 오로지 순수한 예술적 가치만을 추구하는 타협할 줄 모르는 예술가가 아니라 오히려 우스꽝스러운 인물로 보이도록 만든다.

물론 유미주의적 삶을 대변하는 또 다른 인물인 클뢰터얀 부인에 대해서는 부정적인 서술이 거의 없기 때문에 이 작품을 '유미주의' 자체의 부정으로 해석하기는 어렵다. 그러나 슈피넬의 성격과 눈에 띄게 전형적인 결말은 토마스 만이 건강한 삶을 적대시하는 유미주의적 예술에 대하여, 혹은 "시민성"을 부정하는 예술에 대하여 비판적인 거리를 취하고 있다는 사실을 분명하게 보여준다. 클뢰터얀 부인의 사망 이후 현실과 자연적 생명력 앞에서 부각되는 ─ 특히 아래 인용한 소설의 마지막 장면에서 가장 잘 드러나는 ─ 슈피넬의 무기력과 초라함은 유미주의 예술에 대한 ─ 동정과 동감이 전혀 섞이지 않은 것은 아닌 ─ 토마스 만의 냉소적인 비판으로 이해할 수 있을 것이다.

> 그[슈피넬]는 고개를 숙인 채 음악 한 소절을 흥얼거리며 걷고 있었다. (…) 그는 갑자기 움찔하더니, 경련과도 같이 짧게 숨을 쉬며 무언가에 사로잡힌 듯 멈춰섰다. 그러고는 눈썹을 치켜올리고, 두려움으로 인한 거부의 시선이 담긴 두 눈을 크게 뜨고 똑바로 앞을 쳐다보았다…
>
> (…) 온통 붉은색과 황금색인 스코틀랜드 의상으로 차려입은 한 뚱뚱한 여자가 길에 우뚝 서 있었다. 오른손은 풍만한 허리춤에 받치고, 왼손은 약해 보이는 작은 유모차를 앞뒤로 조금씩 밀었다 당기고 있었다. 유모차 안에는 한 아이가, 안톤 클뢰터얀 2세가, 가브리엘레 에크호프의 뚱뚱한 아들이 앉아 있었다!
>
> (…) 아이의 유쾌하고도 당찬 시선이 슈피넬 씨의 시선과 마주쳤다. 이 소설가는 막 정신을 추스르려 하고 있었다. 그도 사내대장부였으니, 찬란한 모습으로 예기치 않게 나타난 아이를 못 본 체 지나쳐 산책을 계속할 정도의 힘은 있었을 것이다. 그런데 그때 끔찍한 일이 벌어졌다. 안톤 클뢰터얀이 소리 내어 웃고 환호성을 질러대기 시작한 것이다. 아이는 이유를 알 수 없는 즐거움에 들떠 소리를 질러댔다. 사람을 섬뜩하게 만들 수도 있는 소리였다.
>
> 무엇 때문에 아이가 흥분한 것인지, 다가오는 검은 형체 때문에 과도하게 즐거워진 것인지, 아니면 어떤 동물적인 만족감이 느닷없이 아이를 사로잡았는지는 아무도 알 수 없었다. 아이는 한 손에는 씹기 연습을 위한 링을, 다른 한 손에는 양

철로 된 딸랑이 상자를 들고 있었다. 이 두 물건을 아이는 환호성을 지르며 햇빛 속으로 치켜들고는 서로 부딪치며 흔들어댔다. 마치 누군가를 놀리며 쫓아내기라도 하려는 것 같았다. 아이의 눈은 즐거움에 겨워 거의 감겨 있었고, 입은 활짝 벌어져 분홍색 입천장을 다 볼 수 있었다. 아이는 심지어 환호성을 지르며 머리를 이리저리 흔들어대기까지 했다.

그러자 슈피넬 씨는 뒤로 돌아 그 자리를 떠났다. 작은 클뢰터얀의 환호성에 쫓기면서, 신중하게, 또 뻣뻣하고 고상하게 팔을 움직이며 자갈길을 걸어갔다. 마음속으로는 도망치고 있으면서도 그 사실을 감추려는 사람이 억지로 천천히 걸을 때 걷는 그런 걸음걸이였다.

아름다운 인간과 삶의 부재—후고 폰 호프만스탈 「672번째 밤의 동화」

아르투어 슈니츨러와 함께 빈 모더니즘 문학을 대표하는 작가 중 한 명인 후고 폰 호프만스탈은 이미 10대 후반에 '문학적으로 완성되었다'는 찬사를 들을 만큼 뛰어난 문학적 재능을 보여주었다. 슈테판 츠바이크는 『어제의 세계—한 유럽인의 회상』에서 이와 관련된 일화를 다음과 같이 전하고 있다.

슈테판 츠바이크, 『어제의 세계—한 유럽인의 회상』(1942)
헤르만 바르는 '로리스'라는 — 김나지움•에서는 학생들이 자신의 이름으로 글을 발표하는 것을 금지하고 있었다 — 미지의 인물이 자신이 발행하는 잡지에 기고한 원고를 받았을 때 느낀 놀라움에 대해 내게 자주 얘기하곤 했다. 바르는 전 세계에서 기고를 받아왔지만, 그렇게 경쾌하고 고상한 언어로, 그렇게 깊이 있고

• 인문계 중고등학교에 해당하는 독일어권의 학교.

672번째 밤의 동화(Das Märchen der 672. Nacht)

작가: 후고 폰 호프만스탈

형식: 단편소설

발표: 1895년 11월에 빈에서 발간되던 주간지 〈디 차이트〉에 처음으로 발표됨.
1905년에 『672번째 밤의 동화와 다른 단편소설들』에 포함되어 단행본으로 발간됨.

* "672번째 밤"이라는 제목은 『천일야화』를 연상시키지만, "672"라는 수가 무엇을
의미하는지는 여러 추론에도 불구하고 분명하게 밝혀지지 않았다. 『천일야화』에 대
한 호프만스탈의 관심은 호프만스탈의 전 창작 기간에 걸쳐 지속되었으며, 1906년
에 발행된 『천일야화』의 해설을 직접 쓰기도 했다.

번역본:

『호프만스탈』, 곽복록 역, 지식공작소, 2001

『어느 사랑의 실험』, 창비 세계문학 단편선—독일편, 임홍배 역, 창비, 2010

독일어 판본:

*Hugo von Hofmannstahl. Gesammelte Werke. Erzählungen, erfundene
Gespräche und Briefe, Resen*, Frankfurt am Main: Fischer, 1979

풍성한 생각을, 그렇게 쉽게 적어 내려간 글은 받아본 적이 없었다. '로리스'가 누
구지? 이 미지의 사내는 누구지?, 라고 바르는 생각했다. 틀림없이 나이가 지긋하
게 든 사람일 거야. 오랜 세월 동안 조용히 자신의 성찰을 끄집어내고, 비밀스러
운 은둔 생활을 하며 언어의 가장 숭고한 정수를 거의 관능적인 마법이라 할 만
한 수준까지 갈고닦았겠지. 그런데 그런 현자가, 이런 재능을 가진 시인이 바로
이 도시에 살고 있다니! 내가 그 사람에 대해 들어본 적조차 없다니! 바르는 즉시
그 미지의 인물에게 편지를 썼고, 젊은 문학의 본부 역할을 했던 한 카페에서 —

유명한 '카페 그리엔슈타이들' — 만나기로 약속을 잡았다. 갑자기 가볍고 빠른 걸음으로 아직 수염도 나지 않은 고등학생이, 청소년들이 입는 짧은 바지를 입고 그가 앉아 있던 탁자로 다가왔다. 그는 고개를 숙여 인사를 하고는 아직 변성기가 완전히 끝나지 않은 높은 톤의 목소리로 짧고 단호하게 말했다. "호프만스탈입니다. 제가 로리스예요."

「672번째 밤의 동화」는 호프만스탈이 23세 되던 해에 쓴 소설로, 역시 젊은 호프만스탈의 천재성이 잘 드러나는 짧은 산문이다. 프랑스 유미주의 문학의 대표작인 조리스-카를 위스망스의 소설 『거꾸로』의 영향을 받은 이 작품은 섬세한 언어, 치밀하게 짜인 구성, 유미주의의 핵심적인 문제의식을 간결하고도 효과적으로 보여주는 내용 등으로 독일 유미주의 문학의 가장 뛰어난 성과 중 하나로 남아 있다.

분량이 짧은 만큼 이 작품의 줄거리는 간단하다. 일찍 부모를 여읜 한 부유한 상인의 아들이 방탕한 생활을 뒤로하고 네 하인과 함께 자신의 저택에서 은둔자와도 같은 삶을 살아간다. 그러던 어느 날 그에게 하인 중 한 명을 모함하는 편지가 도착한다. 편지를 읽은 상인의 아들은 하인을 잃을지도 모른다는 걱정 때문에 문제를 직접 해결하려고 집을 나서, 하인의 전 고용주인 페르시아 왕의 공사를 찾아간다. 그러나 상인의 아들은 공사를 만날 수 없었고, 시간이 늦었기 때문에 돌아가는 것을 포기하고 호텔에서 하룻밤을 묵고 가기로 결정한다. 호텔을 찾다가 길을 잃은 상인의 아들은 우연히 눈에 띈 누추한 보석상에 들어간다. 그곳에서 하인들에게 줄 장신구를 산 상인의 아들은 상점 뒤쪽에 있는 온실에 끌려 그곳으로 가 기이한 식물들을 날이 어두워질 때까지 오랫동안 구경한다. 그가 구경을 하는 사이 한 어린 소녀가 출구를 잠가버린 탓에 상인은 온실 안에 갇혔다가 힘들게 빠져나온다. 낯선 거리로 나온 상인의 아들은 길을 잃고 더러운 골목길을 헤매다가 군인들의

후고 폰 호프만스탈(1874~1929)은 1874년 오스트리아 빈에서 부유한 유대인 사업가 집안의 외동아들로 태어났다. 호프만스탈은 어려서부터 개인교사를 통해 철저한 기초교육을 받았으며, 이후 김나지움을 매우 뛰어난 성적으로 졸업했다. 그는 18세에 이르기까지 그리스 고전, 프랑스 문학, 영국 문학, 이탈리아 문학, 스페인 문학, 독일 문학의 고전들을 모두 섭렵했다. 16세가 되던 1890년에 '로리스'라는 가명으로 첫 번째 시를 발표한 이래 바르, 슈니츨러, 베어-호프만, 안드리안 등의 작가들과 교류하며 뛰어난 희곡과 시를 발표했다. 1903년부터는 베를린에서 활동하던 당대 최고의 연출가 막스 라인하르트와 함께 『엘렉트라』, 『장미의 기사』, 『낙소스 섬의 아리아드네』 등의 연극을 공연했다. 1906년부터는 작곡가 리하르트 슈트라우스와 함께 자신의 희곡들을 오페라로 만들어 무대에 올렸다. 호프만스탈은 1929년에 자살한 장남 프란츠의 장례식으로 떠나는 길에 쓰러져 사망했다. 대표작으로는 희곡 『바보와 죽음』(1893), 『엘렉트라』(1903), 『오이디푸스와 스핑크스』(1905), 『장미의 기사』(1910), 『낙소스 섬의 아리아드네』(1911), 『예더만』(1911) 등과 산문인 「672번째 밤의 동화」(1895), 흔히 "찬도스 편지"라고 불리는 「편지」(1902) 등이 있다.

숙소 앞에 늘어선 말들 뒤에서 하인들을 위해 산 장신구를 떨어뜨린다. 그리고 장신구를 줍기 위해 몸을 구부렸다가 말에 차여 목숨을 잃고 만다.

이 빈약한 줄거리 속에서 호프만스탈은 '주인공의 아름다운 집'과 주인공이 목숨을 잃는 '하층민들의 누추하고 더러운 거리'라는 두 세계를 대비시키고 있다. 이 중 소설 전반부에서 묘사하는 주인공의 집은 유미주의적인 공간으로 이해할 수 있는데, 이는 이 집이 전형적인 유미주의적 인물인 상인의 아들이 추구하는 삶의 형식을 완전하게 실현하고 있기 때문이다.

이미 아버지와 어머니를 여읜 아주 잘생긴 상인의 아들이 25세가 지나자 곧 사교와 향응에 싫증을 느끼게 되었다. 그는 집의 방 대부분을 걸어 잠그고, 모든 하인과 하녀를 내보낸 후, 충실함과 존재 자체가 그의 마음에 드는 네 사람만을 남겨두었다. 그는 친구를 중요하게 생각하지 않았고, 그 어떤 여성의 아름다움도 항상 곁에 두고 싶다거나 항상 곁에 두고 있는 것을 견딜 수 있을 것이란 생각이 들 만큼 그를 사로잡지 못했기 때문에 그는 점차 상당히 고독한 삶을 살게 되었으며, 그것이 그의 천성에도 가장 잘 맞는 것 같았다. 그러나 사람들을 피하는 것은 결코 아니었다. 오히려 거리나 공원에서 산책을 하며 사람들의 얼굴을 관찰하는 것을 좋아했다. 또한 몸과 그의 아름다운 손, 집의 장식을 관리하는 일도 등한시하지 않았다. 그렇다. 카펫과 직물, 비단, 조각을 하거나 판자를 댄 벽, 금속으로 만든 촛대와 대야, 유리와 점토로 만든 그릇의 아름다움이 매우 의미 있는 것이 되었으며, 이는 그가 전혀 예상하지 못한 것이었다. 점차로 그는 세상의 모든 형상과 색깔이 그의 가구 속에 살아 있다는 사실을 깨닫게 되었다. 서로 뒤엉킨 장식들 속에서 서로 얽혀 있는, 세계의 기적들을 그린 마법에 걸린 그림이 숨어 있다는 것을 알아차렸다. 그는 동물의 형상들과 꽃의 형상들, 그리고 꽃에서 동물로 변해가는 형상들을 발견했다. 돌고래, 사자, 튤립, 진주, 아칸서스. 그는 원주기둥의 무게와 단단한 땅의 저항 사이에서 벌어지는 싸움을 발견했고, 위로 향했다가 다시 아래로 향하는 모든 물의 노력을 발견했다. 운동의 축복과 휴식의 숭고함, 춤과 죽음을 발견했다. 꽃들과 이파리들의 색깔, 야생동물들의 모피 색깔과 여러 인종의 얼굴 색깔, 보석들의 색깔, 폭풍이 몰아치는 바다와 고요히 빛나는 바다의 색깔을 발견했다. 그렇다. 그는 달과 별들을, 신비로운 구와 신비로운 고리들, 그리고 거기에 붙어 자라난 치품천사들의 날개를 발견했다. 그는 자신이 소유한 이 위대하고 의미심장한 아름다움에 오랫동안 도취되어 있었다. 그리고 그의 모든 날들은 이제 이 가구들 아래에서 더 아름답고, 덜 공허하게 움직였다. 가구들은 더 이상 생명이 없거나 가치가 없는 것이 아니라 위대한 유산이자 모든 세대의 신성한 작품이었다.

소설 도입부에서 소개하는 주인공의 모습은 지금까지 살펴본 유미주의적 삶을 매우, 어쩌면 가장 분명하게 보여준다. 우선 그는 —「하모니」의 틸로와 마찬가지로 — 한 가문의 마지막 자손이며, 방탕한 생활에 싫증을 느낀 후 더는 여성을 곁에 두고 싶다는 생각을 하지 않게 되었다. 그리고 이는 그의 가문이 더 이상의 자손 없이 절멸하게 되리라는 것을 의미한다. 물론 그가 여성에 대해 아무런 관심도 없는 것은 아니다. 그러나 그가 여성들에 대해 갖는 관심은 — 이후에 하녀와의 관계에서 다시 한 번 드러나는 것처럼 — 오직 미적인 것이며, 육체적인 욕망, 즉 자연적 생명력을 뜻하는 성 욕망은 그에게 존재하지 않는다. 따라서 그의 죽음과 집안의 생물학적 몰락은 당연한 귀결이다.

이처럼 자연적 본성이 배제된 그의 삶을 지배하는 것은 순수한 미적 인식이다. 그에게는 집 안에 있는 모든 사물들이 섬세한 미적 인식의 대상으로만 인지되며, 그것들의 현실적 기능과 역할은 아무런 의미가 없다. 자연의 생물이나 현상들 역시 오로지 가구에 새겨진 장식으로서, 즉 미적 인식의 대상으로서만 그의 시야에 들어오며, 그것의 원형인 실제의 자연은 그의 관심 밖에 있다.

「672번째 밤의 동화」의 주인공인 실업가의 아들은 『거꾸로』의 주인공인 데 제생트의 온건한 분신이다. 데 제생트 역시 방탕한 생활에 신물을 느끼고 단 두 명의 하인과 함께 자신의 집 안에 은둔해 살아가며, 오로지 집 안을 아름답게 치장하는 데만 열중한다. 데 제생트는 극도로 섬세한 미적 감각으로 집 안을 꾸밀 장식들을 직접 고르는데, 장황하게 이어지는 여러 사물들에 대한 묘사와 설명은 이후 많은 유미주의 작품들에 영향을 끼쳤다. 특히 생명 없는 아름다움의 극치로 인지되는 보석에 대한 데 제셍트의 열광은 보석을 유미주의적 아름다움의 가장 전형적인 상징으로 만드는 데 결정적으로 기여했다. 「트리스탄」의 주인공 이름이 광물을 연상시키는 "슈피넬"인 것도 이와 직접적으로 관련이 있다. 아래의 인용문은 『거꾸로』에서 유미주의의 극도로 섬세한 미적 인식이 어떻게 문학적으로 형상화되는지를 잘 보여준다.

조리스-카를 위스망스, 『거꾸로』(1884)

그는 편안하지만 고급스럽게 꾸며진 인테리어를 구상하고자 했으며, 독특하고 조용하면서도, 앞으로 혼자서 살게 될 자신의 생활에 적합하도록 집을 꾸미고자 했다. 그러나 이는 더 이상 타인들을 놀라게 하기 위해서가 아니라 오로지 자신의 즐거움을 위해서였다.

퐁트네의 집이 완성되고 한 건축가에 의해 그의 바람과 계획대로 꾸며져, 가구와 장식의 배치를 정하기만 하면 되었다. 그는 다시 한 번 색과 뉘앙스들의 순서에 대해 오랫동안 생각해보았다.

그가 원한 것은 인공조명 속에서 느낌이 살아나는 색이었다. 그는 자연광에서 색이 밋밋해지거나 탁해지는지에 대해서는 별로 신경 쓰지 않았다. 그는 거의 밤에만 살았기 때문이다. (…)

신중하게, 하나씩 하나씩, 그는 색깔을 골랐다.

촛불 아래에서 파란색은 거의 녹색으로 보인다. 코발트색이나 인디고(쪽빛)처럼 어두운 파란색은 검은색이 되어버린다. 밝은 파랑은 회색으로 변한다. 터키 옥색처럼 분명하고 부드러운 파란색은 흐려져 아주 차가운 색이 된다.

따라서 파란색을 방의 지배적인 색깔로 하는 것은 있을 수 없는 일이었다. 만약 그렇게 한다면 다른 색을 보조로 써야만 한다.

한편, 은회색은 기분 나쁘고 숨 막히는 색이 된다. 펄이 들어간 회색은 푸른빛을 잃고 지저분한 하얀색이 되어버린다. 갈색은 생기를 잃고 차가워진다. 진녹색과 황제녹색, 도금양 녹색은 마치 진한 파란색처럼 보이고 검정색과 섞여버린다. 그러면 남는 것은 흐릿한 녹색과, 공작 녹색, 광택이 나는 빨강이었다. 그러나 이런 색들은 빛을 받으면 파란색이 사라지고 노랑만이 남는데, 이 노랑은 진짜 색깔이 아니어서 탁한 느낌을 갖게 된다.

부유한 상인 아들의 유미주의적 삶의 자세는 하인들과의 관계에서도 잘 드러난다. 그에게는 모두 네 명의 하인들이 있는데, 이들은 늙은 노파와 그녀의 먼 친척인 15세 정도의 어린 하녀, 그녀보다 두세 살 위인 젊은 하녀, 그리고 페르시아 공사의 집에 있던 하인이다. 이들이 하는 일이 무엇인지는 식사를 담당하는 하인을 제외하고는 구체적으로 제시되지 않는다. 이들은 다른 집 안의 사물들과 마찬가지로 그들이 하는 일과 역할이 아니라 실업가 아들의 미적 감상을 통해 의미를 획득한다. 우선 주인공의 유모였던 노파는 "흰 얼굴과 흰 손에서 노인다운 냉랭함이 스며 나오는" 인물로서, "유년 시절의 추억"과 "죽은 어머니의 목소리"가 "달라붙어" 있는, 다시 말해 지금 이 시점의 현실과 무관한, 미적인 가치로 변해버린 '과거'를 대변한다. 젊은 하녀는 조금 더 적극적으로 미적 인식의 대상으로 묘사된다.

식사를 할 때에는 하인에게만 일을 시켰지만, 과일과 과자가 담긴 접시는 하녀 중 한 명, 즉 젊은 하녀가 가지고 오도록 했다. 젊은 아가씨는 어린 하녀보다 두세 살 정도 나이가 많았다. 이 젊은 아가씨는 멀리서 보거나, 횃불 아래에서 무희로 등장하는 것을 보면 섬세한 모습이 사라져버려 아주 아름답다고는 할 수 없는 그런 여자들에 속했다. 그렇지만 그는 그녀를 가까이에서, 또 매일 보고 있었기 때문에 그녀의 눈꺼풀과 입술의 무엇과도 비교할 수 없는 아름다움에 사로잡혔고, 그녀의 아름다운 몸이 보여주는 느리고 단조로운 움직임은 어떤 감춰진 불가사의한 세계의 비밀스러운 언어처럼 여겨졌다.

젊은 하녀의 아름다움을 인식하고 감상하는 상인의 아들의 섬세한 감각은 다음 장면에서 더욱 분명하게 나타난다.

> 한번은 나이가 위인 하녀의 모습을 기울어진 거울 안에서 본 적이 있었다. 그녀는 높이가 더 높은 옆방을 가로질러 가고 있었다. 그러나 거울 속에서는 안쪽으로부터 그를 향해 걸어왔다. 그녀는 천천히 애를 쓰며, 하지만 꼿꼿한 자세로 걸어오고 있었다. 그녀는 양쪽 팔에 청동으로 된 무겁고도 마른 검은색 인도 여신상을 하나씩 안고 있었다. 그녀는 여신상의 장식된 발을 손바닥으로 받쳐 들고 있었는데, 검은색 여신상들은 그녀의 허리에서 관자놀이까지 닿아서, 죽은 물체의 무게로 그녀의 살아 있는 가녀린 어깨에 기대고 있었다. (…) 사실 그녀는 여신상들을 힘들고 엄숙하게 나르고 있는 것 같아 보이지는 않았다. 살아 있는 어두운 색 금으로 만든 무거운 장신구를 달고, 밝은 이마의 양쪽에 커다란 달팽이 모양으로 머리칼을 말아 올린 자기 자신의 아름다운 머리를 나르고 있는 것 같았다. 마치 전쟁터의 여왕처럼. 그는 그녀의 뛰어난 아름다움에 사로잡히기는 했지만, 동시에 그녀를 자신의 품에 안는다 해도 자신에겐 아무런 의미가 없다는 것을 분명히 알고 있었다. 그는 하녀의 아름다움이 자신의 마음을 동경으로 가득 채우기는 하지만, 그녀에 대한 갈망으로 채우지는 않는다는 것을 잘 알고 있었다. 그래서 그는 그녀에게 오랫동안 시선을 보내지 않고 방에서 나와 거리로 나섰다.

이 인용문은 오로지 미적 대상으로서만 의미가 있는 것처럼 보이는 젊은 하녀의 모습을 부유한 상인의 아들이 얼마나 섬세하고 세심한 시선으로 바라보고 있는지를 잘 보여준다. 그러나 동시에 그의 미적 인식은 늘 현실의 바깥으로 향하고 있어서, 현실 속의 아름다움은 ― 슈피넬에게서와 마찬가지로 ― 단지 그보다 더 높은 아름다움에 대한 상상을 유발하는 동기로서만 의미가 있다는 사실도 잘 드러난다. 현실로부터의 이와 같은 거리는 부유한 상인의 아들이 젊은 하녀의 아름다움에 감탄할 때 그녀의 실물이 아니라 거울 속에 비친 모습을 바라보고 있다는 사실에서 더욱 분명하게 알아차릴 수 있다. 이 인용문에서 다시 한 번 확인할 수 있는 또 다른 사실은 그러한 미적 인식과 감각이 그 어떤 육체적 욕망과도 관련이 없다는 것이다. 그의 마음은 거울 속에 비친 하녀의 아름다움으로 가득하지만, 그는 실제의 그녀에게 성적 "갈망"은 전혀 느끼지 못하는 것이다.

어린 하녀를 바라보는 주인공의 시선도 마찬가지다. 어떤 이유에선지 창밖으로 몸을 던져 쇄골이 부러져버린 그녀를 찾아간 실업가의 아들은 병자를 바라보면서도 여전히 ― 동정 어린 시선이 아니라 ― 차가운 탐미적 시선으로 어린 환자의 얼굴을 바라본다.

> 그는 그녀를 처음으로 오랫동안 조용히 바라보았다. 그리고 아이답지 않게 조숙하고 기이한 그녀의 얼굴에 깜짝 놀랐다. 단지 그녀의 입술은 너무 얇았는데, 거기에 무언가 아름답지 못한 것, 끔찍한 것이 담겨 있었다.

그러나 이 탐미적 순간에 어린 하녀는 예상치 못한 반응을 보인다.

> 갑자기 그녀가 눈을 뜨더니 차가운 화난 시선으로 그를 바라보았다. 그러더니 분노로 입술을 깨물고 아픔을 참아가며 벽 쪽으로 몸을 돌렸다. 그러자 그녀는 이제 상처 입은 쪽을 밑으로 하고 눕게 되었다. 그 순간 죽은 사람처럼 창백했던 얼굴이 갑자기 녹색 기가 도는 하얀색으로 변하더니, 그녀는 정신을 잃고 죽은 사람처럼 원래 자세로 되돌아갔다.

어린 하녀의 갑작스러운 적대적 태도는 하인과 하녀들이 단순히 상인의 아들의 미적 관찰 대상으로서만 존재하는 것이 아니라는 사실을 암시한다.

이들은 주인공의 유미주의적 삶의 일부이기 이전에 사회의 하층민이며, 세기 전환기의 맥락에서 보면 문명화가 덜 된 집단에 속한다. 따라서 이들은 부유한 상인의 아들의 주관적 의미 부여와 무관하게 그를 "개처럼 에워싸고" 그가 생물학적 생존을 위해 해야 하는 모든 육체적 활동과 노동을 대신해주는 존재들이라 할 수 있다. 하인들은 — 앞서 인용한 슈니츨러에게 보낸 편지의 비유를 그대로 따라가자면 — 상인의 아들이 식사 때 차려진 음식의 아름다움에만 집중할 수 있도록 대신 요리해주고, 식탁을 차려주고, 먹어주고, 소화해주고, 배설해주는, 즉 상인의 아들의 육체적 삶을 대신해주는 존재인 것이다. 이러한 관점에서 보면 겉보기에 모든 것이 유미주의적인 원칙과 양식에 따라 순수하고 조화롭게 유지되는 것처럼 보이는 실업가 아들의 집에는 유미주의적 삶/문명−자연적 삶/자연적 본질 사이의 대립과 긴장이 숨어 있다. 그리고 그러한 긴장은 가장 어리며, 따라서 가장 생명력이 강할 뿐 아니라 자의로 상인의 아들의 집에 들어온 것이 아닌 어린 하녀에게서 '적대감'의 형태로 나타난 것이다.

세기전환기의 여러 문학작품들 속에서 문명화된 삶을 살아가는 인물들이 보여주는 공통된 속성 중 하나는 감정을 직접적으로 드러내지 못한다는 것이다. 이들에게서는 감정 역시 양식화되어 표현되며, 이러한 양식화는 커다란 웃음이나, 소리 내어 우는 등의 직접적인 감정 표현을 불가능하게 만든다. 그리고 이를 통해 감정 표현은 표현되는 감정과의 직접적인 연관관계를 잃고 스스로 독립적인 유미주의적 양식이 되어 버린다. 죽음에 대한 성찰 역시 이와 비슷하다. 실업가의 아들이 보여주는 죽음에 대한 성찰은 유미주의적으로 양식화되어 실제의 죽음과는 아무런 상관이 없는 것이 되어버린다. 이는 다음 인용문에서 가장 분명하게 드러난다.

그러나 그는 이 모든 것들의 아름다움과 마찬가지로 허무함도 느꼈다. 오랫동안 죽음에 대한 생각이 그를 떠나지 않았다. 웃고 있는 사람들 사이에 있을 때에도, 시끄러운 사람들 사이에 있을 때에도, 밤에도, 식사 중에도 죽음에 대한 생각이 그를 엄습하는 일이 잦았다.

하지만 그에겐 아무런 병도 없었기에, 죽음에 대한 생각은 끔찍하기보다는 오히려 장엄하고 화려한 무언가를 가지고 있는 것이었다. 그래서 그런 생각은 상인의 아들이 아름다움에 대해서, 자신의 젊음과 고독이 가진 아름다움에 대해서 생각할 때 가장 강하게 찾아왔다. 상인의 아들은 시인의 시에서, 자신의 부와 현명함에서 커다란 자부심을 느낄 때가 많았기 때문에 음울한 격언도 그의 영혼을 짓누르지 못했다. 그는 이렇게 말해보았다: "네가 죽어야 할 곳으로 네 발이 너를 데려간다." 그러자 그는 마치 사냥을 하다 길을 잃은 왕처럼 미지의 숲속에서, 기이한 나무들 아래로 낯설고도 놀라운 운명을 향해 가는 자신의 모습이 보였다. 그는 이렇게 말해보았다: "집이 완성되면 죽음이 찾아온다." 그러자 죽음이 삶의 놀라운 전리품들을 가득 품고 날개 달린 사자들이 받치고 있는 궁전, 즉 완성된 집의 다리를 지나 천천히 이리로 올라오는 것이 보였다.

부유한 상인의 아들에게 죽음은 이처럼 추상적인 아름다움이자 삶의 장식에 불과하다. 그러나 ─ 그것이 자살 시도이든 그렇지 않든 ─ 저택에서의 삶을 견디지 못해 창문 밖으로 뛰어내리는 어린 하녀에게 죽음은 육체적인 것이고, 현실적인 것이다. 이와 유사한 죽음에 대한 인식의 차이는 여러 유미주의 작품에서 찾아볼 수 있다. 예를 들어 카이절링의 「남쪽 언덕」에서는 결투를 앞둔 한 젊은 귀족 청년이 '죽음'의 가능성으로 '장식'되어 주변 사람들과 주변 여인들의 관심을 독차지하는 에피소드가 등장한다. 그러나 귀족들의 결투는 그저 허울 좋은 양식일 뿐으로 실제 결투는 장난처럼 허공에 총을 쏘는 것으로 마무리된다. 그러나 결투에서 청년이 무사히 돌아온 바로 그 순간에 귀족 집안에 가정교사로 와 있던 시민계급 출신의 청년이 '진짜로' 자살을 한다. 한 귀족 미망인에 대한 짝사랑을 견디지 못해 스스로 목숨을 끊은 것이다.

이 선명한 대조는 문명화가 덜 진행된 시민계급과 하층민들과 달리, 유미주의적 삶을 살아가는 문명화된 인간들에게는 '죽음'이 그저 존재를 장식해주는 장신구에 불과하다는 사실을 분명하게 보여준다.

하인들과 상인의 아들, 즉 자연적 생명력을 지닌 인간들과 유미주의적 삶을 살아가는 인간 사이의 긴장은 이들이 여름에 "울창한 산들에 둘러싸인" 별장에 가 있는 동안 가장 두드러지게 나타난다. '산에 둘러싸인 별장'이라는 지형적 구조는 이미 통제할 수 없는 자연의 힘과 유미주의적 삶의 긴장 관계를 암시한다. 그리고 이곳에서 상인의 아들은 하인과 하녀들의 존재와 시선을 느끼며 불안해한다.

그는 바라보지 않고도 네 하인들의 눈이 그를 주시하고 있음을 느꼈던 것이다. 그는 고개를 들지 않고도 그들이 한마디 말도 없이 각자 다른 방에서 자신을 바라보고 있다는 것을 알았다. 그는 그들을 너무나 잘 알고 있었다. 그는 그들이 살아 있다는 것을, 자기 스스로가 살아 있다고 느끼는 것보다 더 강하게, 더 절실하게 느꼈다. 자기 자신에 대해서는 때때로 가벼운 감동이나 경탄을 느끼곤 했지만, 그들 때문에는 그러나 수수께끼 같은 압박을 느꼈다. 그는 가위눌림처럼 분명하게 두 노인이 죽음을 향해 다가가는 것을, 매시간, 그가 너무나 잘 알고 있는 그들의 모습과 몸짓이 조용히, 그러나 끊임없이 변화해가는 것과 함께 느꼈다. 그리고 두 소녀가 지루하고, 말하자면 아무런 즐거움도 없는 일상을 살아가는 것을 느꼈다. 마치 깨어나면 잊히는 끔찍한 악몽의 전율과 극도의 쓰라림처럼 그들 자신은 알지 못하는 그들의 삶의 무게가 그의 사지 속에 놓여 있었다. / 그는 때때로 두려움에 굴복하지 않기 위해 일어나 이리저리 걸어 다녀야 했다.

자연의 한복판에서 유미주의적 삶을 이어가려는 실업가의 아들에게 자연

을 배경으로 서 있는, 살아 있는 하인과 하녀들의 시선은 바로 자연적 삶의
시선이며, 이 시선은 자신의 자연적 본질을 일깨우는 "무서운 압박감"이다.

> 끔찍한 압박감이, 삶에서 벗어날 수 없다는 사실에 대한 공포가 그를 엄습했다.
> 하인들이 그를 끊임없이 관찰하고 있다는 것보다도 더 끔찍한 것은, 아무런 소득
> 없이 지치게만 만드는 자기 자신에 대한 생각을 그들이 강요한다는 것이었다.

삶과의 본격적인 대면은 그가 하인을 모함하는 편지를 받고서 하인이 전
에 일했던 페르시아 공사를 찾아가기 위해 집을 나섰을 때 이루어진다. 공
사를 만나지 못하고 시간이 너무 늦어 도시에서 묵을 곳을 찾아 허름한 길,
창녀들이 사는 초라한 길과 빈곤한 일상적 삶으로 가득한 길을 헤매다 그
가 발견한 것은 누추한 보석상이다. 앞서도 언급했듯이 생명이 없는 보석의
아름다움은 유미주의의 가장 강력한 상징이다. 따라서 삶으로 가득한 공간
에서 부유한 상인의 아들의 눈에 하필 보석상이 들어온 것도, 그가 자신의
유미주의적 삶의 흔적을 발견하기라도 한 것처럼 보석상에 들어가 하인들
을 위한 장신구를 구입하는 것도 놀랄 만한 일은 아니다. 그리고 역시 동일
한 동기에서 온실, 즉 인위적으로 통제된 자연이 있는 곳에 이끌리듯 들어가
"좀처럼 볼 수 없는 수선화와 아네모네, 그리고 전혀 본 일이 없는 이상한 관
엽식물들"을 보며 기쁨을 느끼는 것도 우연은 아니다.

그러나 그곳에서도 삶이 다시 그의 앞을 가로막는다. 어린 하녀와 똑같이
생긴 "기껏해야 네 살 정도의" 여자아이가 어린 하녀와 똑같은 적대적인 표
정으로 그를 바라보고 있었던 것이다. 여자아이는 의미심장하게도 실업가의
아들이 호의로 준 "은화"를 받아 발 앞에 떨어뜨리고는 그가 나올 수 없도록
온실 문을 잠가버린다. 여자아이의 모습으로 나타난 삶의 화신이 생명 없는
아름다움(보석, 은화)을 거부하고 실업가의 아들을 그가 속한 인위적 공간에

가둬버리는 것으로 해석할 수 있는 이 상징적인 에피소드부터 줄거리의 진행 방향이 급격하게 변하기 시작한다.

주변이 어두워지자 온실 안의 식물 모양이 "이상하게" 느껴지기 시작하고, 이전 같았으며 주인공의 삶에 너무나 잘 어울렸을 "밀랍으로 만든 조화 화분"은 갑자기 "살아 있는 꽃과는 전혀 달리 딱딱하면서 어딘지 눈구멍이 막힌 음흉한 가면과 같은" 기괴한 것으로 느껴지기 시작한다. 삶의 공간 한복판에서 삶의 위협에 직면한 주인공은 더 이상 — 안전한 자신의 집에서처럼 — 온전하게 유미주의적 삶을 살아가지 못하고, 더욱 현실적인 눈으로 자신이 처한 상황을 바라보게 되는 것이다. 이처럼 주인공의 내면에서 삶과 유미주의적 세계의 경계가 붕괴되자 유미주의적 공간인 온실은 기이하고도 무시무시한 공간이 되어버린다. 그리고 온실에서 빠져나가기 위한 상인의 아들의 몸짓은 더 이상 아름답거나 양식화되어 있지 않다. 그는 이제 필사적으로 온실을 빠져나가기 위해 애를 쓴다.

> 그럼에도 불구하고 그는 문 두드리는 것을 멈추었다. 그의 시선은 나무와 넝쿨이 얽혀 있는 어둑어둑한 곳을 뚫어져라 바라보았다. 어두운 뒤쪽 벽에 까만 선으로 이어진 사각형 같은 것이 보였다. 그는 그쪽으로 기어갔다. 이제 거리낌이 없어서, 도기로 만든 화분 여러 개를 짓밟았다. 키가 크고 가느다란 나무줄기와 바람 소리를 내는 넓은 나뭇잎 윗부분이 그의 머리 위로, 또 그의 뒤로 유령처럼 쏟아져 내렸다.

간신히 위협적인 온실에서 빠져나온 부유한 상인의 아들은 이제 이 "불안한 장소"에서 빠져나가기 위해 맞은편 건물의 옥상 테라스로 이어진, 여러 층 높이의 벽으로 에워싸인 깊은 개천 바로 위에 있는 판자 다리 위에 올라선다.

두려운 장소를 벗어나고 싶다는 조바심이 너무나 컸기 때문에 상인의 아들은 즉시 한 발을, 다음엔 다른 발을 판자 위에 올려놓았고, 건너편에 시선을 고정시킨 채 건너가기 시작했다. 그러나 불행하게도 그는 자신이 여러 층 높이의 벽으로 에워싸인 개천 위에 매달려 있다는 사실을 깨달았다. 발바닥과 오금에서 공포와 무기력을 느꼈으며, 온몸에서 현기증이 일었다. 그는 죽음이 가까이에 있음을 느꼈다.

위험한 판자 다리 위에서 부유한 상인의 아들이 직면한 죽음은 더 이상 유미주의적 장식이 아니다. 이 죽음은 실제 생명의 절멸을 의미하며, 아름답지도 못하다. 그리고 그러한 죽음에 대한 예감은 그를 일상적인 삶의 공간으로, 더럽고, 누추하며, 생존을 위한 노동과 생존을 위한 음식의 섭취만이 존재하는 곳으로 이끌고 간다. 그곳에선 군인들이 삶의 무게에 짓눌린 발걸음으로 빵이 가득 든 "무거운" 자루를 들고 가고, "피곤에 지친 누런 얼굴을 계속 흔들"거리며 "추하고" "음험한 느낌"을 주는 말의 발굽을 닦아주고 있다. 그리고 바로 말 뒤에서 주머니를 뒤지다가 늙은 하녀를 주기 위해 구입한 녹주석 장신구가 바닥에 떨어진다. 그러자 말은 삶의 세계에 어울리지 않는 것에 저항이라도 하듯 부유한 상인 아들의 허리를 걷어차버린다.

낯선 방에서 죽어가는 실업자의 아들에게서는 이제 더 이상 유미주의적 삶의 모습을 찾아볼 수 없다. 그는 "숨이 막힐 것 같은 죽음에 대한 불안"에 사로잡혀 하인들이 "모두 합세하여 자기를 죽음으로 몰고" 갔다고 생각하며 하인들을 저주한다. 그러고는 "어린아이처럼 훌쩍훌쩍" 운다. 이러한 감정의 직접적인 표현은 그가 실제 죽음을 앞두고 완전히 삶의 영역으로 들어섰음을 말해준다. 그는 이제 "자기가 사랑했던 모든 것을 부정"하고, "너무 일찍 닥쳐온 죽음을 증오한 나머지 자신의 삶을 저주"한다. 그리고 그에 걸맞게 죽어가는 그의 모습은 더 이상 아름답지 못하다.

그러다 그는 잠에서 깨어났다. 여전히 혼자였기 때문에 소리를 지르려 했지만, 목소리가 나오지 않았다. 결국 담즙을, 다음엔 피를 토하고 일그러진 얼굴로 숨을 거두었다. 입술이 심하게 찢어져 이빨과 잇몸이 다 드러난 그의 얼굴은 낯설었으며 화가 난 것처럼 보였다.

소설 초반에 유미주의적 인물의 전형인 데 제생트의 분신처럼 보였던 부유한 상인의 아들이 죽음을 앞두고 보여주는 이러한 변화는 유미주의적 삶에 대한 비판으로 해석할 수 있다(현실로서의 죽음을 눈앞에 두고서야 깨닫게 되는 본질적 삶의 의미에 대해서는 비슷한 시기에 발표된 호프만스탈의 단막극 『바보와 죽음』에서도 다룬 바 있다).

그러나 다른 한편으로는 이러한 해석으로 완전히 해명되지 않는 문제가 있어 보이는 것도 사실이다. 이 소설은 마지막 결말 부분의 반전을 제외하면 대부분 전형적인 유미주의적 세계관을 드러내는 내용으로 이루어져 있으며, 유미주의적 양식, 즉 섬세한 감각적 인식과 주관적 인상을 전달하는 문체는 마지막 결말에 이르기까지 일관되게 유지된다. 다시 말해 이 작품의 문학적 성격과 수준을 결정짓는 중요한 요소들은 소설 말미의 반전에도 불구하고 여전히 유미주의 문학의 전형적인 성격을 그대로 간직하고 있는 것이다.

그렇다면 호프만스탈은 유미주의적 삶과 예술을 유미주의 소설을 통해 비판하고 있는 것일까? 삶의 원칙이자 예술의 원칙인 유미주의를 비판하는 것이 유미주의 소설을 통해 이루어질 수 있는 것일까? 이에 대한 답은 아마도 앞서 인용한 편지에서 찾을 수 있을지도 모른다.

아름다움과 삶! 삶이란 우리가 내적으로 나태한 바로 그 순간에, 사실은 살고 있지 않을 때 특히 더 우리의 마음에 들고, 또 우리는 바로 그럴 때 그것이 어떤 모습이며 어떤 맛이 나는지 아주 정확하게 알게 된다는 생각이 든 적이 없는지요?

당신의 편지가, 이 두 개의 커다란 단어를 담은 그 "유쾌한" 편지가 도착했을 때, 내가 정말로 식탁에 앉아 식사를 해서 이제 내 앞에, 식욕 떨어지는 현실 속에 게 껍질, 닭 뼈, 살구씨 같은 것들이 놓여 있는 것 같다는 생각이 살짝 들었습니다… 하지만 당신은 붉은 대하와 황금빛 도는 붉은 포도와 화려한 칠면조가 있는 너무나 아름다운 정물화 앞에 앉아 계십니다. 그것들을 먹기 위해서는 쥐어뜯고, 삶고, 껍질을 벗기고, 썰고, 또 씹어야 하지요. 그러고 나면 더 이상 아름다운 것은 아무것도 없습니다! 하지만 그것은 먹기 위해 존재하는 것이지 보기 위해 존재하는 것이 아닙니다. 그것 ― 바로 '삶' 말입니다. (…)

이 편지에서 호프만스탈은 음식이 아름다운 것은 먹지 않을 때뿐이라는 비유를 통해 유미주의적 삶의 딜레마를 간접적으로 드러내고 있다. 삶이란 살기 위해 존재하는 것이지만 삶이 아름다운 것은 살지 않을 때뿐이라는 것이다. 그런데 이 편지의 그 어디에서도 따라서 음식을 꾸미는 일이 의미가 없다거나, 아름다운 삶이 의미가 없다거나 잘못된 것이라는 주장이나 암시는 찾아볼 수 없다. 오히려 호프만스탈의 편지는 우울한 여운을 짙게 남기는데, 그 이유는 '그럼에도 음식을 아름답게 차릴 수밖에 없다', 혹은 '그럼에도 예술적 아름다움을 추구할 수밖에 없다'는 기본 전제가 이 편지에 숨어 있기 때문이다. 삶의 부재와 몰락에 대한 예감은 유미주의적 삶과 예술의 필연적인 딜레마이며, 바로 이것이 여러 유미주의 작품들에 자조적인 멜랑콜리가 뒤섞여 있는 이유다. 「672번째 밤의 동화」는 이러한 점에서 유미주의의 딜레마에 대한 자조 섞인 유미주의적 형상화로 읽힌다.

새로운 세계, 새로운 인간, 새로운 문학

지금까지 우리는 19세기 후반부터 20세기 초 독일의 사회와 문화, 문학을 살펴보는 긴 여정을 통해 당대의 독일 문학이 어떠한 사회·문화적 맥락에서 형성되었는지를 알아보았다. 19세기 후반 독일 사회의 급격한 변화를 촉발한 것은 자연과학을 토대로 한 산업의 혁명적 발전이다. 그러나 산업화 과정에서 변화한 것은 경제와 사회, 정치 구조뿐만이 아니었다. 산업혁명의 토대가 된 자연과학의 새로운 연구 결과들은 수백 년 동안 이어져온 기독교적 세계관과 인간관을 뿌리부터 흔들었고, 인간과 세계를 바라보는 새로운 관점을 제시했다. 이제 인간은 더 이상 신과 자연 사이의 어딘가에 위치하는 특별한 존재가 아니라 여타의 자연현상과 다를 바 없는 자연적 존재가 되어버렸다. 인간이 자연의 일부라는 것은 인간 역시 다른 자연현상과 마찬가지로 자연법칙의 절대적인 지배를 받는 존재라는 것을 의미했으며, 이는 동시에 인간의 삶 역시 유물론적·결정론적 관점에서 이해할 수 있다는 것을 의미하기도 했다.

한편으로는 급변하는 사회에 적응하고, 다른 한편으로는 새로운 인간관과 세계관을 적극적으로 수용하여 새로운 문학을 만들려는 첫 번째 시도는 자연주의를 통해 이루어졌다. 자연주의자들은 한편으로는 빠르게 자본주의화되어가는 문학 시장에서 살아남기 위해서, 더욱 근본적으로는 자연과학적인 세계관과 인간관을 문학적으로 표현해내기 위해서 이전에는 볼 수 없었던 과격하고 새로운 문학 강령과 작품들을 발표했다. 물론 그 문학적 결과물들은 대부분 독자와 지식인들의 요구를 충족할 만큼 뛰어나지 못했기에 백여 년이 훌쩍 지난 오늘날의 관점에서 보면 자연주의의 용감한 시도는 그다지 성공적인 것은 아니었다고 할 수 있다. 실제로 오늘날까지 책으로 출간되고 읽히는 자연주의 작품은 아르노 홀츠와 게르하르트 하우프트만의 몇몇 소설과 희곡들뿐이다.

그러나 자연주의 문학은 이미 당대에도 자연주의 문학운동에 참여한 작가와 평론가들에 의해서 곧 "극복된" 것으로 평가되었다. 헤르만 바르의 주장대로 자연주의는 곧 자취를 감추었고, 새로운, 그러나 전통적인 문학에서 크게 벗어나지 않은 문학적 경향들이 생겨나기 시작했다. 이 새로운 경향들은 흔히 '반자연주의적'인 것으로 일컬어지는데, 이는 사실 자체만을 강조하는 자연주의의 "추한" 문학과, 주관적 인상과 '순수한 아름다움'을 추구하는 새로운 문학이 주제와 문체에서 정반대되는 양상을 보여주었기 때문이다. 그러나 문학적 현상의 이면에 존재하는 인간관과 세계관을 들여다보면 자연주의와 세기전환기 문학이 단순히 서로 반대되는 문학적 흐름인 것만은 아니라는 사실을 확인할 수 있다.

자연과학의 연구 방법과 연구 결과를 적극적으로 수용하고자 했던 자연주의자들은 인간을 다른 자연현상들과 다를 바 없는 자연적 존재로 이해했다. 인간이 자연적 존재라는 것은 이들에게 다음의 두 가지를 의미했다. 첫째, 인간의 사고와 행동, 운명은 개인의 자유의지나 신의 뜻이 아니라 환경적·유전적 조건에 의해 자연법칙적으로 결정된다. 둘째, 인간은 본질적으로 다른 생물들과 다를 바 없는 자연적 존재이며, 이는 인간의 자연적 욕망, 특히 진화의 원동력이 되는 성 욕망이야말로 인간의 가장 핵심적인 본질이라는 것을 뜻한다. 이러한 전제하에 자연주의 문학은 인간의 삶이 사회적 환경과 유전적 조건에 의해 결정되는 과정과 인간의 자연적 본질이 이를 통제하고 부정하려는 문명, 즉 종교와 관습, 윤리와 도덕에 우선하는 모습 속에서 '거짓 없는 진실'을 찾았으며, 이를 문학적으로 재현하는 것을 그들의 과제로 삼았다.

이처럼 이미 자연주의에서 찾아볼 수 있는 자연적·성적 존재로서 인간, 그리고 자연적 존재로서 인간과 문명 사이의 대립은 세기전환기로 넘어오면서 문학작품 속에서 새로운 방식으로 형상화된다. 세기전환기에는 인간관과 세계관의 기준을 제시해주던 기독교의 영향력이 더욱 줄어들었으며, 프로이트에게서 확인할 수 있는 것처럼 인간의 본질을 성 욕망에서 찾고자 하는 경향과, 인간의 자연적 본질과 문명을 반비례적인 대립관계로 이해하려는 경향이 더욱 분명해졌다.

이러한 인간관은 어디에 중점을 두는지에 따라 다양한 방식으로 문학작품 속에 표현되었는데, 인간의 성 욕망에 집중하는 작품들이 있는가 하면, 인간의 성 욕망과 문명의 충돌에 초점을 맞추는 작가와 작품들도 존재했다. 또한 모든 자연적인 것들을 배제한 채 그 반대에 위치한 순수한 문명의 요소들, 즉 인위적이고 인공적인 것들, 생명력이 없는 아름다움에만 집중하는 경향도 나타났다. 예컨대 베데킨트는 『룰루』 2부작에서 문명의 허상 속에 숨겨진 인간의 성적 본질 자체를 드러내는 데 집중하며, 『봄의 깨어남』에서는 성과 문명의 충돌로 인한 청소년들의 비극을 묘사한다. 『라이겐』, 「베아테 부인과 그녀의 아들」, 『꿈의 노벨레』 등의 작품에서 슈니츨러는 성 욕망과 문명의 충돌이 인간의 내면에서, 또 인간관계 속에서 어떠한 양상으로 나타나는지를 의사다운 분석적인 시선으로 추적한다. 반면 게오르게는 극도로 정제되고 양식화된 언어로 쓰인 자신의 시에서 자연적 요소들이 모두 배제된 순수한 예술적 세계를 그려낸다. 호프만스탈 역시 초기 작품들에서 정제된 언어와 순수한 아름다움을 추구하는 유미주의적 경향을 보여준다. 그러나 호프만스탈은 게오르게와는 달리 유미주의를 무조건적으로 긍정하지는 않는다. 그의 작품들, 특히 「672번째 밤의 동화」에는 결국 생명력을 잃고 몰락하게 될 유미주의적 삶에 대한 양가적 감정, 즉 비판적 거리와 우울한 정서가 섞여 있다. 카이절링의 작품들 역시 「672번째 밤의 동화」처럼 극도로 문명화된 인간들의 유미주의적 삶을 주로 묘사하지만, 유미주의적 삶 자체보다는 생명력을 잃고 죽어가는 몰락 과정과 우울한 정서에 더 큰 관심을 기울이고 있는 것으로 보인다.

이처럼 자연주의와 세기전환기 문학은 그 소재와 문학적 형상화 방식에서 극단적인 차이를 보이기는 하지만, 기본적으로 동일한 뿌리를 가진 인간관과 세계관을 바탕으로 하고 있다. 여러 자연주의 작가들이 후에 유미주의나 인상주의적 경향을 보이는 작품들을 발표한 사실이나, 일부 유미주의·세기전환기 문학의 작가들이 자연주의에서 출발했다는 사실은 이러한 관점에서 보면 별로 놀랄 일이 아니다. 두 문학적 경향은 멀리 떨어진 곳에서 서로 전혀 다른 모습의 꽃을 피웠지만, 그 뿌리는 서로 굳건하게 연결되어 있기 때문이다.

이제 우리의 긴 여정을 마무리하기 전에 이 책의 서두에서 던진 질문으로 돌아가보도록 하자. 클림트는 에로틱한 다나에를 통해 도대체 무엇을 표현하고자 한 것일까?

지금까지 이야기한 내용을 주의 깊게 읽은 독자라면 아마도 그 답을 이미 알고 있을 것이다. 구스타프 클림트는 19세기 말부터 20세기 초에 오스트리

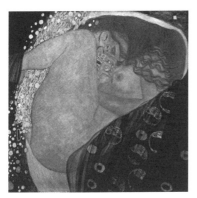

구스타프 클림트, 〈다나에〉, 1907~1908

아 빈에서 활동했다. 이는 그가 지금까지 우리가 살펴본 세계관과 인간관의 직접적인 영향권 안에 있었다는 것을 의미한다. 그렇다면 클림트의 에로틱한 다나에는 무엇을 표현하고 있을까? 다나에를 그린 이전의 그림들이 순결한 다나에를, 즉 성 욕망이 배제된 아름다운 여인들을 보여준 데 반해, 클림트의 다나에가 욕망을 노골적으로 드러내는 이유는 무엇일까? 지금까지 우리가 살펴본 것처럼 클림트 역시 성 욕망을 인간의 자연적인 본질로 이해했다면, 그의 다나에는 인간의 자연적 본질을 도발적으로 드러내고 있는 것은 아닐까? 그렇다면 다나에를 둘러싼 천이 만들어주는 공간은 아이를 밴 어머니의 자궁을 상징하는 것이 아닐까? 어색하게 몸을 웅크리고 있는 다나에의 자세는 자궁 속 태아의 자세가 아닐까? 다나에의 사타구니로 쏟아져 내려가는 황금 비는 남성의 성기이면서 동시에 다나에에게 생명력을 공급해주는 탯줄은 아닐까?

이러한 흥미로운 추론은 클림트의 그림이 단순히 아름다운 여성의 나신을 에로틱한 분위기로 묘사한 것이 아니라, 당대의 인간관을 온전히 반영한 것이라는 사실을 알 수 있도록 해준다. 이러한 관점에서 보면 클림트가 새로 지은 빈 대학 건물의 벽을 장식할 벽화 중 하나인 〈의학〉을 여인들의 나신으로 가득 채운 것도, 〈유디트〉에서 구약성서에 등장하는 성녀를 요염한 여인으로 그린 것도 단순히 자신의 미적 취향뿐만이 아니라, 인간의 본질을 상징적으로 표현하고자 하는 의도를 반영한 것으로 이해해야 함을 알 수 있다.

그러나 클림트의 그림에서 흥미로운 것은 이것만이 아니다. 당대의 문학에서 인간의 자연적 본질과 인위적 아름다움은 서로 대립되는 것으로 여겨졌음을 우리는 여러 문학작품을 통해 확인해보았다. 호프만스탈이 묘사하는 부유한 상인 아들의 삶도, 카이절링의 「하모니」에 등장하는 안네마리의 극단적으로 양식화된 삶도, 토마스 만의 「트리스탄」에서 희화화된 유미주의자로 등장하는 슈피넬의 미적 인식도 모두가 삶의 자연적 본질을 거부하고 일상의 현실과 동떨어진 장식적 아름다움만을 추구한다는 공통점이 있다. 그러나 클림트는 〈다나에〉를 비롯한 자신의 회화 작품들과 건축 프로젝트 등에서 에로틱한 여성의 나신을 유겐트슈틸 특유의 양식화된 선과 화려한 황금색 등을 이용하여 지극히 장식적인 유미주의적 아름다움으로 만들어내고 있다. 문학에서는 대립적인 것으로만 보였던 자연적 본질과 유미주의적 아름다움이 클림트의 회화에서는 조화롭게 하나로 합쳐지고 있는 것이다. 이러한 흥미로운 현상을 출발점으로 삼아 우리는 당대의 예술을 탐구하는 또 다른 흥미진진한 여정을 떠날 수 있을지도 모른다.

이제 정말로 우리의 긴 여정을 마무리해야 할 때가 되었다. 지금까지 우리는 우리가 살고 있는 곳에서 8,000킬로미터 가까이 떨어져 있는 먼 나라의 100여 년 전 역사와 문학을 살펴보았다. 이 이야기가 우리에게 흥미롭게 느껴지는 것은 단순히 우리와는 상관없는 먼 나라의 옛날이야기이기 때문만은 아닐 것이다. 유럽인들에게 19세기 말과 20세기 초는 종교적 세계관과 인간관이 붕괴되며 찾아온 가치의 아노미 상태에서 새로운 가치 기준을 찾아 방황하던 시기였다. 또한 오늘날 서구사회의 근간이 되는 새로운 세계관과 인간관이 형성되던 시기이기도 했다. 따라서 오늘날 유럽, 특히 독일어권 사회와 문화를 이해하는 출발점으로서 세기전환기는 매우 중요하며, 오늘날의 독일어권 문화를 공부하고자 하는 사람이라면 반드시 잘 알고 있어야만 하는 시기이기도 하다.

그러나 세기전환기 독일어권의 문화는 우리에게 이러한 지식 차원의 문제를 넘어서는 의미가 있다. 전통적 가치체계가 붕괴한 상황에서 많은 시행착오를 거치며 새로운 가치의 중심을 찾고자 했던 당대 지식인들과 작가들의 모습은 개인적인, 또 사회적인 차원에서 가치의 부재와 혼란으로 인해 생겨나는 문제들과 씨름하고 있는 우리에게 시사하는 바가 많기 때문이다. 인간과 세계를 어떻게 이해할 것인지에 대한 치열한 고민과 그러한 고민을 바탕으로 하는 새로운 문화와 예술에 대한 성찰은 경제적 가치가 모든 것의 척도가 되어버린 우리에게 고민의 방향을 제시해준다. 비록 이 책에서 다룬 내용이 먼 나라의 것이고, 또 주로 문학과 관련된 이야기들이기는 하지만, 이러한 맥락에서 그들의 삶과 세계, 사회와 문화에 대한 고민이 이 책을 읽는 독자들에게 단순한 지식 전달 이상의 의미로 받아들여지기를 바란다.

산업혁명

1. 1860년부터 1913년까지 세계 총 산업생산에서 개별 국가의 산업생산이 차지하는 비율
(37~38쪽, 광산업 생산 제외, %)

	1860	1880	1900	1913
선진국	63.4	79.1	89.0	92.5
유럽 전체	53.2	61.3	62.0	56.6
오스트리아-헝가리 이중제국	4.2	4.4	4.7	4.4
프랑스	**7.9**	**7.8**	**6.8**	**6.1**
독일	**4.9**	**8.5**	**13.2**	**14.8**
이탈리아	2.5	2.5	2.5	2.4
러시아	7.0	7.6	8.8	8.2
스페인	1.8	1.8	1.6	1.2
스위스	0.7	0.8	1.0	0.9
영국	**19.9**	**22.9**	**18.5**	**13.6**
유럽 이외 국가	10.2	17.8	26.9	35.9
캐나다	0.3	0.4	0.6	0.9
미국	7.2	14.7	23.6	32.0
일본	2.6	2.4	2.4	2.7
제3세계 전체	36.6	20.9	11.0	7.5
중국	19.7	12.5	6.2	3.6
인도/파키스탄	8.6	2.8	1.7	1.4
브라질	0.4	0.3	0.4	0.5
멕시코	0.4	0.3	0.3	0.3
세계 총 산업생산 1900년 영국을 기준(100)으로 했을 때의 수치	225.9	320.1	540.8	932.5

출처: Gerhard A. Ritter & Klaus Tenfelde, *Arbeiter im Deutschen Kaiserreich 1871 bis 1914*, Verlag J.H.W. Dietz Nachf., Bonn 1992, p.13.

2. 1871년부터 1910년까지 독일 도시의 성장(45~46쪽)

	2,000 이하	2,000 이상	2,000 ~4,999	5,000~ 19,999	20,000 ~ 99,999	10만 이상
1871	63.9	36.1	12.4	11.2	7.7	4.8
1875	61.0	39.0	12.6	12.0	8.2	6.2
1880	58.6	41.4	12.7	12.6	8.9	7.2
1885	56.3	43.7	12.4	12.9	8.9	9.5
1890	53.0	47.0	12.0	13.1	9.8	12.1
1895	49.8	50.2	12.0	13.6	10.7	13.9
1900	45.6	54.4	12.1	13.5	12.6	16.2
1905	42.6	57.4	11.8	13.7	12.9	19.0
1910	40.0	60.0	11.2	14.1	13.4	21.3

출처: Gerhard A. Ritter & Klaus Tenfelde, *Arbeiter im Deutschen Kaiserreich 1871 bis 1914*, p.27.

3. 1871년부터 1890년까지 독일 내 노사분규 건수(51쪽)

연도	노사분규 건수	연도	노사분규 건수	연도	노사분규 건수
1871	158	1878	41	1886	77
1872	352	1879	15	1887	125
1873	283	1880	19	1888	100
1874	129	1881	15	1889	280
1875	88	1882	27	1890	390
1876	84	1884	60		
1877	67	1885	146		

출처: Rüdiger vom Bruch & Björn Hofmeister, *Deutsche Gesichte in Quellen und Darstellung Bd. 8. Kaiserreich und Erster Weltkrieg 1871~1918*, Stuttgart, Reclam, 2000, p.111.

4. 1890년부터 1900년까지 독일 내 파업 건수(51쪽)

연도	파업 건수	연도	파업 건수	연도	파업 건수
1890/91	226	1895	204	1899	976
1892	73	1896	483	1900	852
1893	116	1897	578		
1894	131	1898	985		

출처: Rüdiger vom Bruch & Björn Hofmeister, *Deutsche Gesichte in Quellen und Darstellung Bd. 8*, pp.110~111.

번역·인용한 텍스트가 어떤 책에 실려 있는지는 다음과 같은 규칙으로 제시한다.

- 먼저 인용문이 실린 쪽수와 번역한 제목을 제시하고
- 원본 출처를 독일어 인용 규칙에 맞춰 제시한다.
- 주로 하나의 책에서 인용한 작품 해석 부분(2부 3장과 3부 2장)의 인용문 출처는
- 우선 인용과 번역에 사용한 책을 제시하고, 이후에는 해당 인용문이 담긴 쪽수만 밝힌다.
- 중간에 다른 책에서 인용한 경우 그 책의 정보와 쪽수를 별도로 제시한다.

1부 격변의 시대가 가져온 존재의 불안―19세기 중반 이후 독일의 사회·문화적 상황

1장 혁명적 변화와 달라진 삶의 조건들

사회구조의 변화―노동자계급의 형성

41~44쪽: 율리우스 하르트, 「베를린으로 가는 기차에서」(1885)
Julius Hart, Auf der Fahrt nach Berlin. In: Ursula Münchow(Hrsg.), *Naturalismus 1885~1891*, Berlin u. Weimar 1970, S. 30ff.

47~48쪽: 게르하르트 하우프트만, 『해 뜨기 전』(1889)
Gerhart Hauptmann, *Vor Sonnenaufgang*, S. 278ff. In: *Naturalismus 1885~1891*, Berlin u. Weimar 1970, S. 236~339.

48~51쪽: 막스 크레처, 『기만당하는 자들』(1881)
Max Kretzer, *Die Betrogenen*. In: Jürgen Schutte u. Peter Sprengel, *Die Berliner Moderne 1885~1914*, Stuttgart 1987, S. 252~257.

정치적 변화—사회주의 정당의 성장

54~55쪽: 독일 사회주의 노동자당(SAP), 『고타강령』(1875)

Gothaer Programm, http://www.spd-trier-mitte.de/dl/Das_Gothaer_Programm. pdf

2장 새로운 세계관과 인간관의 형성

산업혁명과 자연과학

64~66쪽: 작자 미상, 『전문가를 위한 베를린』(1912)

[Anonym], *Berlin für Kenner*. In: Jürgen Schutte u. Peter Sprengel, *Die Berliner Moderne 1885~1914*, S. 95~99.

69~71쪽: 베르너 폰 지멘스, 〈자연과학의 시대〉(1886)

Werner von Siemens, Naturwissenschaftliche Zeitalter, Berlin 1886.

실증주의 철학과 결정론, 자연과학적 미학

76~78쪽: 콘라트 알베르티, 「자연과 예술—자연과 예술의 관계에 대한 연구를 위한 기고」

Conrad Alberti, Natur und Kunst. Beiträge zur Untersuchung ihres gegenseitigen Verhältnisses. In: Theo Meyer(Hrsg.), *Theorie des Naturalismus*, Stuttgart 1973, S. 152~156.

80~86쪽: 아르노 홀츠, 「예술—그 존재와 법칙들」(1888)

Arno Holz, Die Kunst. Ihr Wesen und ihre Gesetze. In: Arno Holz, *Arno Holz. Werke*, Bd. V. Neuwied am Rhein/ Berlin-Spandau 1962, S. 1~16.

진화론과 생물로서 인간

89쪽: 『창세기』 1장, 26~28절 (개역개정)

http://www.holybible.or.kr/B_GAE/cgi/bibleftxt.php?VR=GAE&VL=1&CN=1& CV=99

90~91쪽: 요한 볼프강 폰 괴테, 『파우스트』 2부

Johann Wolfgang von Goethe, *Faust*, S. 348. In: Johann Wolfgang von Goethe. *Werke, Hamburger Ausgabe*, Bd. 3, Dramatische Dichtungen I, München 1998, S. 7~364.

2부 아름다움과 추함, '있는 그대로'의 미학—자연주의가 보여준 사실의 문학

1장 자연주의 운동

'잉크 노예'—자본주의 문학 시장의 작가들

106~107쪽: 잡지 〈디 가르텐라우베〉의 창간호 서문(1851)

Die Gartenlaube, 1851, Nr. 1. Zitiert nach: Alfred Estermann(Hrsg.), *Die duetsche Zeitschriften 1850~1880*, Bd. 2, München u.a. 1988, S. 298~299.

110~111쪽: B. G. 토이프너 출판사에서 릴리엔크론에게 보낸 편지(1905)

Die Feder, Nr. 115 (1905. 12. 11). Zitiert nach: Stehphan Füssel, Das Autor—Verleger—Verhältnis in der Kaiserzeit, S. 140. In: York—Gothart Mix(Hrsg.), *Naturalismus, Fin de siécle, Expressionismus, 1880~1918*, München 2000, S. 137~154.

자연주의 문학 집단과 잡지들

115~116쪽: 〈디 게젤샤프트〉 창간호 서문(1885)

[Redaktion und Verlag der Zeitschrift "Die Gesellschaft"], Zur Einführung. In: Manfred Brauneck u. Christine Müller(Hrsg.), *Naturalismus, Manifeste und Dokumente zur deutschen Literatur 1880~1990*, Stuttgart 1987, S. 33.

117~119쪽: 문학 집단 '두르히!'의 열 가지 테제(1886)

[Thesen der freien litterarischen Vereinigung "Durch!"]. In: Manfred Brauneck u. Christine Müller(Hrsg.), *Naturalismus, Manifeste und Dokumente zur deutschen Literatur 1880~1990*, Stuttgart 1987, S. 58.

122~124쪽: 시작하며—〈프라이에 뷔네 퓌어 모데르네스 레벤〉의 창간호 서문(1890)

[Redaktion der Zeitschrift "Freie Bühne"], Zum Beginn. In: Manfred Brauneck u. Christine Müller(Hrsg.), *Naturalismus, Manifeste und Dokumente zur deutschen Literatur 1880~1990*, Stuttgart 1987, S. 63.

2장 자연주의의 문학적 성격

추한 진실의 묘사

129쪽: 카를 프렌첼, 「현대의 사실주의」(1891)

Karl Frenzel, Der moderne Realismus, S. 380f. In: M. Brauneck u. C. Müller(Hrsg.),

Naturalismus. Manifeste und Dokumente zur deutschen Literatur 1880~1900, S. 380~390 [Ursprünglich in: *Vom Fels zum Meer*, 1891/92, Bd. 1, Januar-Heft, S. 156~161].

131~133쪽: 카를 헨켈, 「창녀」(1883~1886)

Karl Henckel, Die Dirne. In: *Nautalismus 1885~1891*, Berlin u. Weimar 1970, S. 89.

자연과학적 진실의 묘사

137쪽: 하인리히 하르트, 「사실주의 운동-그 근원, 본질, 목표」(1889)

Heinrich Hart, Die realistische Bewegung. Ihr Ursprung, ihr Wesen, ihr Ziel, S. 121. In: M. Brauneck u. C. Müller(Hrsg.), *Naturalismus. Manifeste und Dokumente zur deutschen Literatur 1880~1900*, S. 118~128 [Ursprünglich in: Kritisches Jahrbuch, 1. Jg. (1889), Heft 1]

감각적 진실의 묘사

139~141쪽: 에두아르트 폰 카이절링, 「세 번째 계단」(1892)

Eduard von Keyserling, *Die dritte Stiege*, Heidelberg 1985, S. 1ff.

143~145쪽: 게르하르트 하우프트만, 「직조공들」(번역본 제목은 「길쌈쟁이들」, 전동열 옮김, 성균관대학교출판부, 1999, 28~30쪽)(1891)

147~149쪽: 아르노 홀츠 & 요하네스 슐라프, 「파파 햄릿」(1889)

Arno Holz u. Johannes Schalf, Papa Hamlet, S. 53~55. In: Arno Holz u. Johannes Schlaf, *Papa Hamlet*. Ein Tod, Stuttgart 1997, S. 19~63.

3장 자연주의 문학 속의 인간

환경과 유전에 지배되는 인간-게르하르트 하우프트만 『해 뜨기 전』

Gerhart Hauptmann, *Vor Sonnenaufgang*. In: *Naturalismus 1885~1891*, Berlin und Weimar 1970, S. 236~339.

161~162쪽: S. 280f

163쪽: S. 324

164쪽: S. 327

166~167쪽: S. 261f

성 욕망에 지배되는 인간–빌헬름 폰 폴렌츠 「시험」

Die Versuchung. Eine Studie. In: *Naturalismus 1892~1899*, Berlin und Weimar 1970, S. 255~335.
172~173쪽: S. 258f
178쪽: S. 292

물리법칙에 지배되는 인간–콘라트 알베르티 『누가 더 강한 자인가?』

Conrad Alberti, *Wer ist der Stärkere?*, Leipzig 1888, Bd. I u. Bd. II.
183쪽: S. 278f
183~184쪽: S. 283f

사회법칙에 지배되는 인간–막스 크레처 『마이스터 팀페』

Max Kretzer, *Meister Timpe*, Stuttgart 1976.
189~190쪽: S. 20f
194쪽: S. 128f
195쪽: S. 258

발전의 법칙에 지배되는 인간–아르노 홀츠 & 요하네스 슐라프 「파파 햄릿」

Arno Holz u. Johannes Schlaf, Papa Hamlet, Stuttgart 1979.
199쪽: S. 72
204쪽: S. 38
204쪽: S. 39f
209쪽: S. 79f

자연적 인간과 정신적 인간–게르하르트 하우프트만 「선로지기 틸」

Gerhart Hauptmann, Bahnwärter Thiel, Stuttgart, 2017.
101쪽 첫 번째: S. 7
101쪽 두 번째: S. 5
101~102쪽: S. 15f
102쪽: S. 25f
103쪽: S. 18f
104쪽: S. 22f

3부 성(性) 그리고 삶, 욕망하는 인간의 발견—세기전환기 독일 문학의 에로틱과 예술성

1장 세기전환기 문학의 전제와 경향

"자연주의의 극복"–내면으로의 시선과 주관성

227~232쪽: 헤르만 바르, 「자연주의의 극복」(1891)

Hermann Bahr: Die Überwindung des Naturalismus. In: Gotthart Wunberg(Hrsg.), *Die Wiener Moderne. Literatur, Kunst und Musik zwischen 1890 und 1910*, Stuttgart 1995, S. 199~205.

"구원할 길 없는 자아"–세계의 일부로서 '나'

236쪽: 에두아르트 폰 카이절링, 「하모니」(1905)

Eduard von Keyserling, Harmonie, S. 127. In: E. v. Keyserling, *Harmonie. Romane und Erzählungen*, München 1998, S. 115~146.

238~243쪽: 에른스트 마흐, 「반형이상학적 서문」(1885)

Ernst Mach, Antimetaphysiche Vorbemerkungen. In: Gotthart Wunberg(Hrsg.), *Die Wiener Moderne. Literatur, Kunst und Musik zwischen 1890 und 1910*, Stuttgart 1995, S. 137~145.

245~246쪽: 헤르만 바르, 「구원할 길 없는 자아」(1904)

Hermann Bahr, Das unrettbare Ich. In: Gotthart Wunberg(Hrsg.), *Die Wiener Moderne. Literatur, Kunst und Musik zwischen 1890 und 1910*, Stuttgart 1995, S. 147f.

247~249쪽: 프리드리히 니체, 『비극의 탄생』(1872)

Friedrich Nietzsche, *Die Geburt der Tragödie*, 28ff. In: F. Nietzsche, *Die Gegurt der Tragödie. Unzeitgemäße Betrachtungen I–IV. Nachgelassene Schriften 1870~1873*, Kritische Studienausgabe, hrsg. v. Giorgio Colli u. Mazzino Montinari, Berlin; New York 1988, S. 9~156.

"문명 속의 불만"–성적인 존재로서 인간 vs. 문명

252~257쪽: 스타니슬라프 프쉬비셰프스키, 「추도미사」(1893)

Stanislaw Przybyszewski, Totenmesse. In: S. Przybyszewski, *Werke 1*, Paderborn 1999, S. 7~41.

258~259쪽: 콘라트 알베르티, 「사실주의의 12조항-문학적 신앙고백」(1889)
Conrad Alberti, Die zwölf Artikel des Realismus. Ein litterarisches
Glaubensbekenntnis. In: M. Brauneck u. C. Müller(Hrsg.), *Naturalismus. Manifeste
und Dokumente zur deutschen Literatur 1880~1900*, S. 118~128[Ursprünglich in:
Die Gesellschaft. Monatsschrift für Litteratur und Kunst. Hrsg. v. Michael Georg
Conrad und Carl Bleibtreu. 5. Jg., Leipzig (W. Friedrich) 1889, Bd. 1, Januar-Heft, S.
2~11].

261~262쪽: 지그문트 프로이트, 『문명 속의 불만』(1930)
Sigmund Freud, *Das Unbehagen in der Kulur*, S. 233ff. In: Sigmund Freud. *Fragen
der Gesellschaft. Ursprünge der Religion*, Frankfurt am Main 2000, S. 191~270.

264~265쪽: 프로이트가 슈니츨러에게 보낸 편지(1922년 5월 14일)
Sigmund Freud, Briefe an Arthur Schnitzler, 14. Mai 1922. In: Gotthart
Wunberg(Hrsg.), *Die Wiener Moderne. Literatur, Kunst und Musik zwischen 1890
und 1910*, Stuttgart 1995, S. 651ff.

"모든 병든 것들을 사랑한다"-데카당스 문학과 유미주의

268쪽: 슈테판 게오르게, 「죽었다고들 말하는 정원으로 오라 그리고 보라」(1897)
Stefan George, Komm in den totgesagten park und schau. In: Stefan George,
Gedichte, Stuttgart 2008, S. 48.

271쪽: 슈테판 게오르게, 〈블래터 퓌어 디 쿤스트〉 창간호 서문(1892)
Stefan George, Erste Folge. Erste Heft (1892). In: *Impressionismus, Symbolismus
und Jugendstil*, Stuttgart 1991, S. 128.

273~274쪽: 펠릭스 되어만, 「내가 사랑하는 것들」(1892)
Felix Dörmann, Was ich liebe. In: Gotthart Wunberg(Hrsg.), *Die Wiener Moderne.
Literatur, Kunst und Musik zwischen 1890 und 1910*, Stuttgart 1995, S. 357.

275쪽: 호프만스탈이 슈니츨러에게 보낸 편지(1893년 9월 9일)
Hugo von Hofmannsthal, Briefe an Schnitzler am 9. September 1893. In: Hugo von
Hofmannsthal und Arthur Schnitzler Arthur, *Briefwechsel*, Frankfurt a. M. 1983, S.
45f.

2장 세기전환기 문학 속의 인간

성적인 존재로서 인간과 문명—아르투어 슈니츨러 『라이겐』

Arthur Schnitzler, *Reigen*. In: A. Schnitzler, *Reigen und die andere Dramen* [Gesammelte Werke in Einzelausgaben, Das dramatische Werk, Bd. 2], Frankfurt am Main 1978, S. 69~132.

291~292쪽: S. 128
292쪽: S. 129
294쪽: S. 73
295쪽: S. 81
295~296쪽: S. 84
296쪽: S. 84
297쪽: S. 84f
299쪽: S. 125

성적인 존재로서 인간과 사회·윤리적 통제—프랑크 베데킨트 『봄의 깨어남』

Frank Wedekind, *Frühlings Erwachen*, Stuttgart 1995.

308~309쪽: S. 8
309~310쪽: S. 45ff
311~312쪽: S. 29ff
312~313쪽: S. 59f
313~315쪽: 에두아르트 폰 카이절링, 『로자 헤르츠 양』(1887)
Eduard von Keyserling, *Fräulein Rosa Herz*, Göttingen 2000, S. 132~133.
316~317쪽: 아르투어 슈니츨러, 『라이겐』
Arthur Schnitzler, *Reigen*. In: A. Schnitzler, *Reigen und die andere Dramen* [Gesammelte Werke in Einzelausgaben, Das dramatische Werk, Bd. 2], Frankfurt am Main 1978, S. 91.

성적 욕망과 문명의 통제 사이의 인간—아르투어 슈니츨러 『꿈의 노벨레』

Arthur Schnitzler, *Traumnovelle*, Berlin 1926.

337~338쪽: S. 55
338쪽: S. 59
343쪽: S. 22f

자연적 존재로서 인간 vs. 아름다운 인간 1-에두아르트 폰 카이절링 「하모니」

Eduard von Keyserling, Harmonie. In: Eduard von Keyserling, *Harmonie. Romane und Erzählungen*, München 1998, S. 115~146.

357쪽: 135f

358~359쪽: 아르투어 슈니츨러, 『라이겐』

Arthur Schnitzler, *Reigen*, S. 124f. In: A. Schnitzler, *Reigen und die andere Dramen* [Gesammelte Werke in Einzelausgaben, Das dramatische Werk, Bd. 2], Frankfurt am Main 1978, S. 69~132.

360쪽: S. 135f

360~361쪽: S. 144

362쪽: S. 122

362~363쪽: S. 145f

364쪽: S. 132

자연적 존재로서 인간 vs. 아름다운 인간 2-토마스 만 「트리스탄」

Thomas Mann, Tristan. In: *Thomas Mann. Gesammelte Werke in dreizehn Bände.* Band VIII, Erzählungen, Frankfurt am Main 1990, S. 216~217.

367쪽: S. 230

368쪽: S. 234f

369쪽: S. 254

370쪽: S. 241

370쪽: S. 242

372~373쪽: 에두아르트 폰 카이절링, 『베아테와 마라일레』(1903)

Eduard von Keyserling, *Beate und Mareile*, 38f. In: Eduard von Keyserling, *Harmonie. Romane und Erzählungen*, München 1998, S. 29~111.

376~377쪽: 261f

아름다운 인간과 삶의 부재-후고 폰 호프만스탈 「672번째 밤의 동화」

Hugo von Hofmannsthal, Das Märchen der 672. Nacht. In: Hugo von Hofmannsthal, *Gesammelte Werke in zehn Bänden. Erzählungen*, erfundene Gespräche und Briefe, Reisen, Frankfurt am Main 1979, S. 45~63.

377~379쪽: 슈테판 츠바이크, 『어제의 세계-한 유럽인의 회상』(1942)

Stefan Zweig, *Die Welt von gestern. Erinnerungen eines Europäers*, Frankfurt am Main 1972, S. 45.

381~382쪽: S. 45f
383~384쪽: 조리스-카를 위스망스, 『거꾸로』(1884)
Joris-Karl Huysmans, *Gegen den Strich*, übersetzt von Brigitta Restorff, München 1995, S. 21ff.
384쪽: S. 48
385쪽: S. 50f
386쪽: S. 47
387~388쪽: S. 46
389쪽: S. 49
390쪽: S. 50
391쪽: S. 58
392쪽: S. 58
393쪽: S. 63
393~394쪽: 호프만스탈이 슈니츨러에게 보낸 편지(1893년 9월 9일)
Hugo von Hofmannsthal, Briefe an Schnitzler am 9. September 1893. In: Hugo von Hofmannsthal und Arthur Schnitzler Arthur, *Briefwechsel*, Frankfurt a. M. 1983, S. 45f.

1. 얀 마뷔즈 〈다나에〉, 12쪽
https://commons.wikimedia.org/w/index.php?curid=151992

2. 티치아노 〈다나에〉, 13쪽
https://commons.wikimedia.org/w/index.php?curid=12742137

3. 렘브란트 〈다나에〉, 13쪽
https://commons.wikimedia.org/w/index.php?curid=157812

4. 구스타프 클림트 〈다나에〉, 표지, 15쪽
https://commons.wikimedia.org/w/index.php?curid=153424

5. 구스타프 클림트 〈유디트 I〉, 16쪽
https://commons.wikimedia.org/w/index.php?curid=153475

6. 카라바조 〈유디트와 홀로페르네스〉, 16쪽
https://commons.wikimedia.org/w/index.php?curid=10774618

7. 구스타프 클림트, 18쪽
https://commons.wikimedia.org/w/index.php?curid=17474423

8. 19세기 말 유럽 지도, 27쪽
https://commons.wikimedia.org/w/index.php?curid=1638715

9. 오토 폰 비스마르크, 29쪽
https://commons.wikimedia.org/w/index.php?curid=5368498

10. 빌헬름 1세, 33쪽
https://commons.wikimedia.org/w/index.php?curid=203273

11. 카를 에두아르트 비어만, 〈보르지히 기차공장〉, 36쪽
https://commons.wikimedia.org/w/index.php?curid=918134

12. 아돌프 프리드리히 폰 멘첼 〈철강압연공장〉, 38쪽
https://commons.wikimedia.org/w/index.php?curid=13318281

13. 1899년 독일 철도망, 40쪽
https://commons.wikimedia.org/w/index.php?curid=5220937

14. 페르디난트 라살, 52쪽
https://commons.wikimedia.org/w/index.php?curid=11878950

15. 빌헬름 2세, 61쪽
https://commons.wikimedia.org/w/index.php?curid=438189

16. 베를린 할레셰스 토어, 67쪽
https://commons.wikimedia.org/wiki/File:Hallesches_Tor,_1901.jpg

17. 베르너 폰 지멘스, 70쪽
https://commons.wikimedia.org/w/index.php?curid=3184540

18. 이뽈리트 텐느, 73쪽
https://commons.wikimedia.org/w/index.php?curid=1687021

19. 에밀 졸라, 75쪽
https://commons.wikimedia.org/w/index.php?curid=788555

20. 루돌프 비르코우, 88쪽
https://commons.wikimedia.org/w/index.php?curid=138879

21. 『종의 기원』 초판(1859) 표지, 92쪽
https://commons.wikimedia.org/w/index.php?curid=320416

22. 에른스트 헤켈, 94쪽
https://commons.wikimedia.org/w/index.php?curid=372557

23. 레클람 우니버잘-비블리오텍, 106쪽
사진: 홍진호

24. 〈디 가르텐라우베〉 초판 첫 쪽, 107쪽
https://commons.wikimedia.org/w/index.php?curid=5390411

25. 파울 하이제, 114쪽
https://commons.wikimedia.org/w/index.php?curid=3182268

26. 도이체스 테아터, 121쪽
사진: 홍진호

27. 폴크스뷔네, 125쪽
사진: 홍진호

28. 오토 브람, 156쪽
사진: 니콜라 페르샤이트, https://de.wikipedia.org/w/index.php?curid=7914253

29. 빌헬름 폰 폴렌츠, 171쪽
https://commons.wikimedia.org/w/index.php?curid=40221756

30. 콘라트 알베르티, 181쪽
https://de.wikipedia.org/w/index.php?curid=6736218

31. 막스 크레처, 191쪽
그림: 프란츠 자카르비나
https://de.wikipedia.org/w/index.php?curid=6731974

32. 헤르만 바르, 233쪽
https://commons.wikimedia.org/w/index.php?curid=1235706

33. 에른스트 마흐, 244쪽
https://commons.wikimedia.org/w/index.php?curid=12030191

34. 프리드리히 니체, 248쪽
https://commons.wikimedia.org/w/index.php?curid=95963

35. 지그문트 프로이트, 263쪽
https://commons.wikimedia.org/w/index.php?curid=2324952

36. 카페 란트만, 266쪽
사진: 홍진호

37. 시집 『정신의 해』 표지, 270쪽
https://commons.wikimedia.org/w/index.php?curid=969620

38. 슈테판 게오르게, 272쪽
https://commons.wikimedia.org/w/index.php?curid=242763

39. 아르투어 슈니츨러, 282쪽
https://commons.wikimedia.org/w/index.php?curid=56009340

40. 카페 쩬트랄, 301쪽
사진: 홍진호

41: 로비스 코린트가 그린 에두아르트 폰 카이절링의 초상화, 356쪽
https://commons.wikimedia.org/w/index.php?curid=429336

42. 토마스 만, 366쪽
https://commons.wikimedia.org/w/index.php?curid=28419

43. 후고 폰 호프만스탈, 380쪽
https://commons.wikimedia.org/w/index.php?curid=6054696

자연주의 및 세기전환기의 독일 문학과 관련하여 참고할 만한 주요 문헌들과 논문들은 다음과 같다. 번역본이 있는 경우에는 번역본만 표기하기로 한다.

1. 역사, 문학사, 시대 개관

마르티니, 프리프: 『독일 문학사』(상·하), 황현수 옮김, 을유문화사, 1989.

마이, 만프레드: 『작품 중심의 독일문학사』, 임호일 옮김, 동국대학교출판부, 2004.

브렌너, 페터: 『신 독일문학사』, 정인모·허영재 옮김, 새문사, 2008.

안삼환: 『한국 교양인을 위한 새 독일문학사』, 세창출판사, 2016.

임종대: 『오스트리아의 역사와 문화』(1·2권), 유로서적, 2014.

지명렬 외: 『독일문학사조사』, 서울대학교출판부, 2002.

카, 윌리엄: 『근대독일사』, 이민호·강철구 옮김, 탐구당, 1993.

키친, 마틴: 『사진과 그림으로 보는 케임브리지 독일사』, 유정희 옮김, 시공사, 2011.

플브룩, 메리: 『분열과 통일의 독일사』, 김학이 옮김, 개마고원, 2001.

Brauneck, Manfred u. Müller, Christine(Hrsg.): *Naturalismus. Manifeste und Dokumente zur deutschen Literatur 1880~1900*, Stuttgart 1987.

Dirlmeier, Ulf u.a.: *Kleine deutsche Geschichte*, Stuttgart 1998.

Fellmann, Ferdinand(Hrsg.): *Geschichte der Philosophie im 19. Jahrhundert*, Reinbek bei Hamburg 1996.

Kieswetter, Hubert: *Industrielle Revolution in Deutschland 1815~1914*, Frankfurt am Main 1989.

Mason, Stephen E: *Geschichte der Naturwissenschaft*, Bassum 1997.

Plumpe, Gerhard & McInnes, Edward(Hrsg.): *Hansers Sozialgeschichte der deutschen Literatur vom 16. Jahrhundert bis zur Gegenwart: Naturalismus − Fin de siècle − Expressionismus 1890~1918*, München 2000.

Ritter, Gerhard A. & Tenfelde, Klaus: *Arbeiter im Deutschen Kaiserreich 1871 bis 1914*, Bonn 1992.

Rothmann, Kurt: *Kleine Geschichte der deutschen Literatur*, Stuttgart 2014.

Ruffing, Reiner: *Deutsche Literaturgeschichte*, Stuttgart 2013.

Sprengel, Peter: *Geschichte der deutschen Literatur von den Anfängen bis zur Gegenwart*, Bd. 9/1, Geschichte der deutschsprachigen Literatur 1870~1900, München 1998.

Sprengel, Peter: *Geschichte der deutschsprachigen Literatur 1900~1918: Von der Jahrhundertwende bis zum Ende des Ersten Weltkriegs*, München 2004.

Stürmer, Michael: *Das ruhelose Reich. Deutschland 1866~1918*, Berlin 1998.

2. 자연주의

노영돈: 「하우프트만의 자연주의 드라마에 나타난 미혼모와 영아살해」, 『독일문학』 47, 2005, 291~311쪽.

박찬일: 「자연주의와 모더니즘－홀츠의 이론 및 작품을 중심으로」, 『독일언어문학』 20, 2003, 213~233쪽.

이관우: 「하우프트만의 『철로지기 틸』에 나타난 양극성」, 『독일언어문학』 25, 2004, 199~219쪽.

조창섭: 『독일자연주의문학』, 서울대학교출판부, 2002.

홍진호: 「몰락한 연극배우는 "이 시대의 거울"?－아르노 홀츠의 예술 이론과 파파 햄릿」, 『뷔히너와 현대문학』 27, 2006, 33~56쪽.

홍진호: 「산업화의 문화적 양상－19세기 후반 독일의 문화산업을 중심으로」, 『비교문학』 42, 2007, 199~216쪽

홍진호: 「자연주의와 세기전환기 문학의 사이에서－에두아르트 폰 카이절링의 『세 번째 계단』」, 『카프카연구』 34, 2015, 301~325쪽.

홍진호: 「자연주의와 세기전환기 문학의 사이에서－하우프트만의 「선로지기 틸」에 나타나는 자연과 문명의 대립구조」, 『독일어문화권연구』 27호, 2018, 299~327쪽.

Cowen, Roy C.: *Hauptmann-Kommentar. 2 Bände*, München 1980~1981.

Hamann, Richard & Hermand, Jost: *Naturalismus*, München 1972.

Kolkenbrock-Netz, Jutta: *Fabrikation – Experiment – Schöpfung. Strategien ästhetischer Legitimation im Naturalismus*, Heidelberg 1981.

Mahal, Günther: *Naturalismus*, München 1975.

Martini, Fritz: Arno Holz: Papa Hamlet, in: ders: *Das Wagnis der Sprache*, Stuttgart 1961, 104ff.

Martini, Fritz: Der kleine Thiel und der große Thienwiebel. Das Erzählen auf der Schwelle zur Moderne. In: Martini, Fritz: *Vom Sturm und Drang zur Gegenwart 1990*, S.267~279.

Marx, Friedhelm: *Gerhart Hauptmann*, Stuttgart 1998.

Meyer, Theo: *Theorie des Naturalismus*, Stuttgart 1973.

Möbius, Hanno: *Der Positivismus in der Literatur des Naturalismus. Wissenschaft, Kunst und soziale Frage bei Arno Holz*, München 1980.

Scherpe, Klaus: Der Fall Arno Holz, in: G. Mattenklott u. K. Sherpe: *Positionen der literarischen Intelligenz zwischen bürgerlicher Reaktion und Imperialismus*, Kronberg 1973, 121ff.

Scheuer, Helmut: *Arno Holz im literarischen Leben des ausgehenden 19. Jahrhunderts. 1883~1896. Eine biographische Studie*, München 1971.

Sprengel, Peter: *Gerhart Hauptmann. Bürgerlichkeit und großer Traum; eine Biographie*, München 2012.

Sprengel, Peter: *Gerhart Hauptmann. Epoche, Werk, Wirkung*, München 1984.

3. 세기전환기 문학

권혁준: 「'위기'의 미학: 세기전환기 언어성찰과 글쓰기 (1)—니체와 마우트너의 언어비판을 중심으로」, 『카프카연구』 25, 2011, 159~188쪽.

권혁준: 「'위기'의 미학: 세기전환기 언어성찰과 글쓰기 (2)—호프만스탈과 카프카의 경우」, 『카프카연구』 29, 2013, 23~50쪽.

쇼르스케, 칼: 『세기말 비엔나』, 김병화 옮김, 생각의나무, 2007.

이재황: 「세기전환기 빈 회화 속의 육체와 성—클림트와 쉴레의 그림을 중심으로」, 『독일어문화권연구』 19, 183~211쪽.

이재황: 「세기전환기의 인간상 '호모 나투라'—그 정신사적 고찰」, 『카프카연구』 17, 2007, 175~208쪽.

인성기: 『빈 모더니즘』, 연세대학교출판부, 2005.

재닉, 엘런 & 툴민, 스티븐: 『비트겐슈타인과 세기말 빈』, 석기용 옮김, 필로소픽, 2013.

Ajouri, Philip: *Literatur um 1900: Naturalismus – Fin de Siècle – Expressionismus*, Berlin 2009.

Crescenzi, Luca: Moderne und "décadence" um 1900. In: *Literarische Moderne*, 2007, S. 317~327.

Fischer, Jens Malte: *Fin de siècle. Kommentar zu einer Epoche*. München 1978.

Lorenzo, Dagmar: *Wiener Moderne*, Stuttgart 1998.

Mennemeier, Franz Norbert: *Literatur der Jahrhundertwende. Europäisch-deutsche Literaturtendenzen 1870~1910*, Bd. I u. II, Bern/Frankfurt/M./New York 1985, 1988.

Rasch, Wolfdietrich: *Die literarische Décadence um 1900*, München 1986.

Rieckmann, Jens: *Aufbruch in die Moderne. Die Anfänge des Jungen Wien*, Frankfurt a.M. 1986.

Sprengel, Peter: Vom "Ursprung der Arten" zum "Liebenleben in der Natur": metaphysischer Darwinismus in der Literatur des frühen 20. Jahrhunderts. In: *Scientia poetica*, 2004, S. 293~315.

Thomé, Horst: *Autonomes Ich und "Inneres Ausland": Studien über Realismus, Tiefenpsychologie und Psychiatrie in deutschen Erzähltexten 1848~1914*, Tübingen 1993.

4. 세기전환기 작가 및 작품

곽정연: 「문학과 영화-슈니츨러의 '꿈의 노벨레'와 큐브릭의 '아이즈 와이드 셧' 비교연구」, 『독일어문학』 14, 2006, 21~40쪽.

권진숙: 「슈니츨러의 작품 '엘제 양'의 주인공 엘제와 프로이트의 사례묘사 '히스테리분석의 단편'의 주인공 도라에 대한 비교연구」, 『독일어문학』 13, 2005, 29~70쪽.

권진숙: 「아르투어 슈니츨러의 단편 『구스틀 소위』에 있어서 내적 독백」, 『독일어문학』 11, 2003, 25~47쪽.

김기선: 「아르투어 슈니츨러의 『윤무』-언어와 행동의 이중성: 모티브 분석을 통해 본 20세기 전환기의 비엔나 사회」, 『브레히트와 현대연극』 18, 2008, 107~132쪽.

김재상: 「빈 모더니즘의 시학적 방향 찾기-호프만스탈의 시학적 에세이들과 시 「나의 정원」을 중심으로」, 『독어교육』 44, 2009, 223~247쪽.

김충남: 「자연주의에서 표현주의로-베데킨트의 『깨어나는 봄』」, 『외국문학연구』 36, 2009, 123~144쪽.

김홍섭: 「1900년경 빈 사회와 여성-슈니츨러의 『꿈의 노벨레』에 나타난 여성의 내적 갈등」, 『독일언어문학』 38, 2007, 69~90쪽.

남정애: 「호프만스탈의 〈편지〉에 나타난 언어회의와 주체의식에 관한 고찰」, 『카프카 연구』 27, 2012, 27~48쪽.

라영균: 「슈니츨러의 단막극 연작 『아나톨(Anatol)』에 나타난 유미주의적 인간상」, 『외국문학연구』 27, 2007, 77~98쪽.

박대환: 「호프만스탈의 작품에 나타난 여성인물의 특성」, 『카프카 연구』 16, 2006, 101~117쪽.

안삼환 외: 『토마스 만-전설의 스토리텔러』, 서울대학교출판문화원, 2011.

제여매: 「후고 폰 호프만스탈의 '언어회의'와 메타포 성찰」, 『독일문학』 48, 2007, 68~87쪽.

홍진호: 「세기전환기 문학 속의 성-세기전환기 문학 속에 나타난 유미주의적 삶과 성의 대립」, 『독일문학』 101, 2007, 88~103쪽.

홍진호: 「슈니츨러의 『라이겐』-변하는 것들과 변하지 않는 것들」, 『독일어문화권연구』 23, 2014, 259~296쪽.

홍진호: 「아름다운 삶의 모순과 유미주의적 멜랑콜리-후고 폰 호프만스탈의 「672번째 밤의 동화」」, 『독일문학』 144, 2017, 47~75쪽.

홍진호: 『꿈의 노벨레』: 꿈속의 현실과 현실 속의 꿈 (I)—알베르티네의 꿈」, 『카프카 연구』 23, 2010, 203~227쪽.

홍진호: 『꿈의 노벨레』: 꿈속의 현실과 현실 속의 꿈 (II)—프리돌린의 경험」, 『뷔히너와 현대문학』 39, 2012, 101~125쪽.

Dangel-Pelloquin: *Hugo von Hofmannsthal*, Darmstadt 2007.

Fliedl, Konstanz: *Arthur Schnitzler*, Stuttgart 2005.

Florack, Ruth: Frank Wedekind, 'Frühlings Erwachen'. In: *Dramen des 19. Jahrhunderts*, 1997, S. 329~345.

Florack, Ruth: Ichverlust im schönen Schein : Ästhetizismuskritik in Hofmannsthals 'Märchen der 672. Nacht' In: *Austriaca 16*, 1991, N.33, S. 123~139.

Frye, Lawrence O.: 'Das Märchen der 672. Nacht' von Hofmannsthal : Todesgang als Kunstmärchen und Kunstkritik In: *Zeitschrift für deutsche Philologie 108*, 1989, S. 530~551.

Galor, Jehuda: Wie man wird, was man ist : zur 'Tristan'-Novelle Thomas Manns In: *Thomas Mann, Romane und Erzählungen*, 1993, S. 47~67.

Geißler, Rolf: Experiment und Erkenntnis. Überlegungen zum geistesgeschichtlichen Ort des Schnitzlerschen Erzählens, in: *Modern Austrian Literature 19*, 1 (1986).

Gruenter, Rainer: *Schloßgeschichten Eduards von Keyserling. Einleitung zu E. v. K.: Werke*, hg. v. R. G., Frankfurt a. M. 1973, S. 7~20.

Hinck, Valeria: *Träume bei Arthur Schnitzler (1862 bis 1931)*, Köln 1986.

Janz, Rolf-Peter: Reigen. In: Klaus Laermann, *Arthur Schnitzler. Zur Diagnose des Wiener Bürgertums im Fin de siècle*, Stuttgart 1977, S. 56~74.

Kafitz, Dieter: Die Dramen Eduard von Keyserlings: zwischen Naturalismus, Biologismus und Dekadenz, in: Ders.(Hrsg.): *Drama und Theater der Jahrhundertwende*, Tübingen 1991.

Klugkist, Thomas: *Glühende Konstruktio: Thomas Manns Tristan und das "Dreigestirn": Schopenhauer, Nietzsche und Wagner*, Würzburg 1995.

Koebner, Thomas: *Arthur Schnitzler. Reigen. Erläuterungen und Dokumente*, Stuttgart 1997, S. 10.

Köster, Thomas: Die Außenwelt als Spiegel der Innenwelt : zur verlorenen Unschuld in Hugo von Hofmannsthals 'Märchen der 672. Nacht' In: *Literatur für Leser*, 1989, S. 147~158.

Martini, Fritz: *Nachwort zu Eduard von Keyserling: Die dritte Stiege*, hg. v. F. M., Heidelberg 1985, S. 295~336. (= Martini, Fritz: Eduard von Keyserlings "Die dritte Stiege" 1990. In: ders: *Vom Sturm und Drang zur Gegenwart*, Lang 1990.)

Mauser, Wolfram: Aufbruch ins Unentrinnbare : zur Aporie der Moderne in Hofmannsthals 'Märchen der 672. Nacht' In: Bei Gefahr des Untergangs, 2000, S. 161~172.

Nehring, Wolfgang: Harmonie. Die Welt Eduard von Keyserlings. In: *The turn of the century. German literature and art. 1890~1915*. Ed. by Gerald Chapple and Hans H. Schulte, Bonn 1981, S. 227~235.

Perlmann, Michaela L.: *Der Traum in der literarischen Moderne. Untersuchungen zum Werk Arthur Schnitzler*, München 1987.

Pfoser, Alfred u. Pfoser-Schewig, Kristina u. Renner, Gerhard: *Schnitzlers 〉Reigen〈. Bd. 1 & 2. Der Skandal*, Frankfurt a. M. 1993.

Rasch, Wolfdietrich: Dcadence-Motive in Eduard von Keyserlings Romanen und Erzählungen. In: *Jahrbuch für Internationale Germanistik XV/1*, Bern; Frankfurt a. M. 1983, S. 8~37. Wiederabgedruckt in W. R.: *Die literarische Dcadence um 1900*, München 1986, S. 224~243.

Scheffel, Michael: "Ich will dir alles erzählen". Von der "Märchenhaftigkeit des Alltäglichen" in Arthur Schnitzlers "Traumnovelle", in: *Text+Kritik*, Bd.138/139, 1998, S. 123~137.

Scheible, Hartmut: *Liebe und Liberalismus: über Arthur Schnitzler*, Bilefeld 1996, S. 182.

Schlör, Irene: *Pubertät und Poesie : das Problem der Erziehung in den literarischen Beispielen von Wedekind, Musil und Siegfried Lenz*, Wisslit 1992.

Spittler, Horst: *Frank Wedekind, Frühlings Erwachen : Interpretation*, München 1999.

Sprengel, Peter: Reigen. Zehn Dialoge. Die ungeschriebenen Regeln der Liebe. In: Hee-Ju Kim u. Günter Saße(Hrsg.), *Arthur Schnitzler. Dramen und Erzählungen*, Stuttgart 2007, S. 101~116.

Thomé, Horst: Die Beobachtbarkeit des Psychischen bei Arthur Schnitzler und Sigmund Freud, in: Konstanze Fliedl(Hrsg.): *Arthur Schnitzler im zwanzigsten Jahrhundert*, Wien 2003, S. 51~66.

Wiese, Benno von: Eduard von Keyserling: Am Südhang. In: B. v. W.: *Die deutsche Novelle von Goethe bis Kafka. Interpretationen. 2 Bände*, Düsseldorf 1962, Band 2, S. 280~298.

KI신서 8225

욕망하는 인간의 탄생

1판 1쇄 인쇄 2019년 6월 7일
1판 1쇄 발행 2019년 6월 17일

지은이 홍진호
펴낸이 김영곤 박선영
펴낸곳 (주)북이십일 21세기북스

출판사업본부장 정지은 **서가명강팀장** 장보라
서가명강팀 윤홍 이정인 강지은
디자인 표지 어나더페이퍼 본문 제이알컴 **교정** 제이알컴
출판영업팀 한충희 김수현 최명열 윤승환
마케팅2팀 배상현 김윤희 이현진
홍보기획팀 이혜연 최수아 박혜림 문소라 전효은 염진아 김선아 양다솔
제작팀 이영민 권경민

출판등록 2000년 5월 6일 제406-2003-061호
주소 (우 10881) 경기도 파주시 회동길 201(문발동)
대표전화 031-955-2100 **팩스** 031-955-2151 **이메일** book21@book21.co.kr

(주)북이십일 경계를 허무는 콘텐츠 리더

21세기북스 채널에서 도서 정보와 다양한 영상자료, 이벤트를 만나세요!
장강명, 요조가 진행하는 팟캐스트 말랑한 책 수다 〈책, 이게 뭐라고〉

페이스북 facebook.com/jiinpill21 **포스트** post.naver.com/21c_editors
인스타그램 instagram.com/jiinpill21 **홈페이지** www.book21.com
유튜브 youtube.com/book21pub
서울대 가지 않아도 들을 수 있는 명강의! 〈서가명강〉
네이버 오디오클립, 팟빵, 팟캐스트에서 '서가명강'을 검색해보세요!

ⓒ 홍진호, 2019

ISBN 978-89-509-8182-2 03100